Bonhage ◆◆ *Röhring*

BAYERN

Bonhage ◆◆ Röhring
BAYERN

Hoffmann und Campe

Inhalt

Inhalt

Horst Krüger
Bayern – meine späte Entdeckung

Früher erschienen mir Menschen, die ihren Urlaub in Bayern verbrachten, als etwas bemitleidenswerte, phantasielose Zeitgenossen; Minderbemittelte im deutschen Fernweh – etwas unterbelichtet in ihrem Weltbild, sozusagen. Mein Gott, nach Garmisch, nach Bad Tölz, an den Tegernsee sind Sie zum Urlaub gefahren – weiter nicht? Es war für mich viele Jahre lang das Land der ersten, der letzten Übernachtung auf Reisen. Man kann da durchfahren – aber bleiben? Ich bin schließlich ein Preuße.

Ich habe erst sehr viel später gelernt, wie schön dieses Land wirklich ist. Komisch ist diese Entwicklung: Früher flog ich mindestens nach Sizilien oder Ägypten – jetzt, älter werdend, habe ich gelernt, die Vorzüge Deutschlands zu schätzen. Bayern ist für mich so eine späte Entdeckung. In den letzten Jahren war ich oft dort und muß sagen: Je näher man das Land kennenlernt, um so mehr vergehen einem schnelle und hochmütige Vorurteile. Man wird aufgeschlossener für den Reiz der Region. Man muß sein Weltbild korrigieren: Bayern ist durchaus eine eigene Reise wert. Es ist mit Sicherheit das schönste Land der Bundesrepublik Deutschland. Es ist unendlich sauber, aufgeräumt, sehr gastfreundlich – selbst Preußen gegenüber. Es wirkt alles so frisch hier, ein Land, wie eben aus seinen Eischalen gepellt. In Bayern ist das Gras noch wirklich grasgrün. Die Wiesen sehen noch saftig und leuchtend aus. Es liegen braune, kräftige Kühe darauf, wie wir Großstädter sie nur noch von den Verpackungen der Schokoladentafeln kennen: wirklich glücklich kauend.

Wenn es hier nicht regnet, was oft geschieht, ist der Himmel gleich blitzblank, also azurblau, wie man als Urlauber ihn eben erwarten darf beim Reiseglück des Südens. Eine Vorahnung von italienischem Himmel. Dann die Häuser hier: mit ihren breit hingestreckten Dächern, ihren kunstvoll geschnitzten Holzfassaden, ihren schön bemalten Hauswänden. Sie sehen haargenau so aus wie vermutet. Von den Menschen, den Einheimischen, also den »autochthonen« Bayern, wie man hier sagt, will ich erst gar nicht reden. Das sind richtige Urviecher. Sie schimpfen zwar auf uns Preußen, sind dann aber doch liberal. Ein kräftiger und gesunder Stamm, unbeirrbar in seiner bayerischen Identität, aber weit weltaufgeschlossener als andere deutsche Stämme. Was wäre München ohne seine bayerische Liberalität und Toleranz gegenüber den Fremden? Es ist eine

Weltstadt und doch unverkennbar die Landeshauptstadt. Was ist Bayern? Ein schneeweißer Gipfel, ein einsames Kloster, wo heute schmackhafte Biere ausgeschenkt werden, ein Kruzifix, das an der Wegkreuzung grüßt. Was will der Mensch mehr? Bayern – das perfekte Urlaubs-Idyll?

Ein Idyll mit Schönheitsfehlern. Wie überall in Deutschland leidet auch dieses Land unter Wachstumskrisen. Es ist ein etwas zwiespältiges Vergnügen, in der Hauptsaison mit dem Auto durch Bayerns schönste Orte zu fahren. Einerseits, wie gesagt, diese frische, knusprige, leckere Schokoladenlandschaft, diese Orgie rustikalen Barocks, die man durch das Autofenster sieht, andererseits die Leiden des motorisierten Tourismus: verstopfte Straßen, überfüllte Parkplätze, überall Verkehrsampeln. Nachmittags um fünf zieht durch die Ortskerne ein nicht abreißender Autostrom, der an Großstädte erinnert. Die permanente Überbelastung der beiden Autobahnen nach Garmisch und Salzburg ist nicht nur aus dem Autoradio bekannt.

Einen grotesken Höhepunkt solcher Schönheitsfehler erlebte ich dort, wo ich ihn am wenigsten erwartete. Wir waren zum Königssee gefahren, der Perle am Watzmann, wie es heißt. Es grüßten tatsächlich die Alpen, eine märchenhaft schöne Bergwelt. Auch der See war so zauberhaft wie erwartet. Nur von den Wiesen war wenig zu sehen. Die Bauern hier hatten sie überall zu Parkplätzen umfunktioniert. Zehntausende von Autos standen eng gedrängt wie Vieh auf der Weide. Sie strahlten, sie blinkten, sie wirkten auch wie glückliche Kühe, obwohl sie beim Einparken und Rausfahren manchmal im weichen Weideland steckenblieben. Ein Gefühl von Amerika überkam mich. Ich mußte an den Parkplatz von Disneyland in Kalifornien denken. Da wurde mir auch beinah schwindlig vor Autodächern. Parkplätze, die endlos sind, haben immer etwas Betäubendes. Und überhaupt: Amerika und Bayern sind sich so fern nicht, wie man oft meint. Es gibt viele Parallelen. Ich sage dies als Kompliment. Ich liebe Amerika, als Reiseland.

Doch muß man sich dort eben ganz anders verhalten. Was in Amerika richtig ist, ist hier total falsch. Man darf nicht durch Bayern rasen. Man muß bleiben, verweilen, seßhaft werden – für Augenblicke. Man muß auch die erste Schwelle der Langeweile überwinden, die sich in diesen anmutigen Kurorten natürlich zunächst einstellt. Von außen und weitem sieht das tatsächlich fast etwas zu putzig und schön aus, einfach perfekt. Offenbar üben sich viele im Überwinden besagter Langeweile mit Erfolg. Wer sind sie? Menschen aus dem Ruhrgebiet vor allem, die hier einen sauberen Himmel, die kräftigen Farben der Voralpen finden. Kölner und Düsseldorfer beherrschen mit ihrem rheinischen Dialekt ganz eindeutig die Fremdenszene. Ältere Damen, die in Garmischer Hotelgärten sitzen, in Hollywood-Schaukeln wippen, erzählen von ihren Schwiegersöhnen, die in Hamburg groß im Container-Geschäft sind.

Oder ist es die Jugend, Mädchen und Jungen aus Berlin oder Hessen, die hier mit der Besessenheit der Spätpubertären der Lust an einsamen Bergwanderungen frönt? Ich traf sie immer wieder am Wegrand: Anhalter, einsame Zugvögel, und nahm sie mit. Mit Gewinn, muß ich sagen. Der Wendelstein, das Wildalmjoch, die Kampenwand hat es ihnen angetan. Jugend sucht immer Kampf, Bewährung, Gefahr. Bayern zum Beispiel bietet auch der Jugend noch echte Abenteuer. Ob es daher kommt, daß hier die Jugend zwar auch unruhig, aber doch deutlich weniger anarchistisch ist als in Berlin oder Frankfurt? Ich frage das nur.

Unsereiner, der nicht mehr gipfelstürmend ist, ist trotzdem recht am Platz. Ich denke jetzt zum Beispiel an Bad Tölz. Ich vergesse die Autoströme, die Rotampeln und Verkehrsschilder, die hier auch vorherrschend sind. Ich stehe auf der Isarbrücke. Ich sehe das Wasser der Isar, das hellgrün, klar und frisch schäumt. Als Anrainer des Mains kann man da nur staunen. Man meint immer, in kleinsten Fontänen Forellen springen zu sehen. Jedenfalls ist von Umweltverschmutzung noch wenig zu merken. Ein Holzfloß kam den Fluß herunter. Es trieb Richtung München. Menschen standen darauf, lachten, winkten, tranken Bier oder Cola. Es war Musik zu hören. Kein Jodeln, keine Zittern, sondern Jazz und Popmusik. Mir gefiel das. Ich dachte: Es muß schön sein, so durch Bayern zu reisen.

Ein andermal sind wir in Oberammergau gewesen. Zunächst sieht es wieder wie das Bilderbuch-Bayern aus, das man erwartet: hübsch. Man findet die erwarteten Meister der Holzschnitzkünste. Hinter allen Schaufenstern recken sich fromme Gestalten, massenhaft. Die Orgie devotionalen Kitsches, die man rund um den Kölner Dom oder in Lourdes oder im portugiesischen Fatima erlebt, findet hier aber nicht statt. Der Einzelhandel hat strenge Auflagen, was er in seinen Fenstern zeigen darf und was nicht. Die Porträts von

Darstellern der Passionsspiele zum Beispiel werden diskreter gehütet als die der Wagner-Sänger in Bayreuth. In den Fotogeschäften gibt es eine amtliche Diaserie der Passionsszenen, mehr nicht. In den Buchläden einen offiziellen Ortsführer, mehr nicht. Fliegenden Händlern, wie sie überall in Wallfahrtsorten mit ihren Bauchläden auftauchen, ist der Zutritt zum Dorf verboten. Zum Lästern ist also kaum Grund.

Abends dann in der Pfarrkirche: Über tausend Menschen standen dicht gedrängt. Hier ging ein festliches Hochamt zu Ende, der offizielle Auftakt der Passionsfestspiele, und zwar in glanzvoller, sozusagen fürstbischöflicher Besetzung. Die ganze römische Kurie schien versammelt, von München bis Südafrika. Äbte, Bischöfe, Kardinäle. Es wogte alles blauviolett, purpurrot, auch schwarz. Ein Orchester musizierte, Chöre jubilierten, und Weihrauch wurde geschwenkt. Ich kann mich nicht als Christ bezeichnen und stelle dennoch fest: Ein solches Fest ist schön und berauschend, ganz tief die Sinne verzaubernd. Der Mensch hat auch ein Recht auf die Pracht und das Wunderbare. Ich will sagen: Ungemein bayerisch ist solche sakrale Entfaltung der Kunst. Dieses Land ist von seinen Wurzeln her barock. Nur wer die Pracht des Barockzeitalters kennt, kann auch Bayern verstehen. Das ist nicht anders als mit Preußen und seinem Klassizismus.

Was weiter, was wäre noch rühmenswert? Ich denke jetzt an den Chiemsee. Ich meine nicht die Herreninsel mit ihrem großen unvollendet gebliebenen Schloß, das einst Ludwig II. bauen ließ. Ach, Ludwig, dieser Märchenkönig, sonderlicher Begleiter, einsamer Kunstschwärmer, auf den man hier immer wieder stößt: Schlösser, phantastische Traumburgen von Neuschwanstein bis Linderhof! Ich sage nur wieder wie eben beim Barock: Wer Bayern wirklich verstehen will, muß auch zu Ludwigs Schlössern pilgern. Der König, der dann so traurig endete, dieser schöne Verschwender, dieser glücklose Bewunderer Richard Wagners – er ist in seinem phantastischen Ungestüm, in seiner rustikalen Naivität etwas ungemein Bayerisches. Deshalb wird er hier noch immer fast wie ein Heiliger verehrt – mit Recht, will mir scheinen. Er ist Bayerns Jugendtraum von sich selbst.

Ich kehre zum Chiemsee zurück. Als ich die Touristenmassen an der Anlegestelle von Herrenchiemsee dicht gedrängt stehen sah, genügte mir ein Blick. Nein danke, dachte ich, vielleicht später einmal? Fahr lieber weiter zur Fraueninsel. Sie kannte ich nicht. Es hat sich gelohnt. Es waren die schönsten Stunden der Reise. Natürlich steigen auch hier Touristen an Land, aber es sind nur wenige. Sie verteilen sich schnell über die Gartenwirtschaften. Es wird wunderbar still, wenn man nur hundert Meter in die Insel hineingeht. Man besichtigt das uralte Münster mit seinen romanischen Fresken. Geschichte schlägt einem kühl entgegen, wenn man dann an einem heißen Sommertag durch das berühmte Portal ins Innere tritt. Geschichte, Verwandlung der Zeiten – was ist das? Man sitzt in einer Kirchenbank, spürt die Vergangenheit, hört den Strom der Jahrhunderte rauschen. Man denkt: Also wenn du einmal etwas Großes und Endgültiges zu schreiben beginnst, dein letztes Buch vielleicht, das, das dann bleiben soll für lange – Frauenchiemsee wäre kein schlechter Ort dafür. Noch eine Utopie in Bayern, nicht wahr?

Garmisch-Partenkirchen: Als ich dort einfuhr, wußte ich noch nicht, daß dies zwei sehr verschiedene Orte sind. Als Tourist sollte man es wissen. Partenkirchen ist jung, neu, modern. In seiner rechtwinkligen Straßenanordnung hat es mich wieder an Amerika erinnert: von Block zu Block. Unser Ferienidyll, unsere Bayernpostkarte ist eher in Garmisch bewahrt. Es ist weniger rustikal, weniger deftig als rund um das Kloster Ettal, aber immerhin. Garmisch ist Badeort mit einem Hauch von Eleganz. Es wirkt weltläufiger, erinnerte mich fast an Wiesbaden.

Ich bekenne es ehrlich: Was jetzt folgen müßte, fand bei mir nicht statt. Es ist beschämend, aber wahr – ich bin nicht auf der Zugspitze gewesen. Unser deutscher Gipfeltraum lag in tiefe, dräuende Wolken verhüllt. Es regnete sanft und beständig, wie es eben nur in Bayern regnen kann. Auf nichts ist in Bayern mehr Verlaß als auf einen schönen, ruhigen Dauerregen, sagen wir Mitte August. Daher kommt nämlich das Grün und die Frische des Landes. Ich ging also des Abends in die Spielbank. Ich hoffe, ich verletze keinen bayerischen Patriotismus, wenn ich sage: mehr nicht? Wer Baden-Baden kennt oder Monte Carlo, kann da nur müde lächeln. Zum richtigen Roulette gehört wohl französische Tradition? Es gehört auf jeden Fall zur Faszination einer Spielbank ein Gefühl von Opulenz und Luxus. Hier nicht. Lautsprecher schreckten mich mitten im Spiel auf: »Die Omnibusse nach München sind abfahrbereit, bitte einsteigen!« hörte ich. Natürlich kann man in einer so profanen Atmosphäre das Spiel nur verlieren. Das Glück ist so billig nicht zu haben.

Also das ungefähr habe ich entdeckt in den letzten Jahren. Ein Preuße entdeckt Bayern und sagt: Was seid ihr doch für ein glückliches Land! Wie schön, daß es das gibt, in Deutschland. Ich meine: Auch die Bayern haben ja wohl an der glücklosen und bösen Geschichte der Deutschen seit hundert Jahren teilgenommen, oder täusche ich mich? All die Kriege, die Deutschland führte, und dann ihr Ende: Versailles oder 1945, unsere Stunde Null. Die Schuld, die wir Deutschen zu tragen und zu begleichen hatten, trug immer der Osten, früher auch Preußen genannt. Von Königsberg bis Magdeburg: lauter Quittungen der Welt – Deutschland hat immer mit seinen Ostprovinzen bezahlt.

Wie schön, daß es auch heute ein Bundesland gibt, das, wenigstens geographisch, von den Weltmächten nie zur Kasse gebeten wurde. Das Land blieb immer intakt. Ich lobe das. Das ist die bayerische Identität. Hier stimmt einfach alles: ein großes, ein reiches, sehr schönes Land. Eine prächtige Metropole mit Glanz und rustikalem Geschmack.

Ein deutscher Stamm, der identisch ist mit seinen Landesgrenzen. Und darin all diese Orte, von denen ich sprach. Glückliches Bayern, sage ich: Bleib so für immer! Ich sage es dankbar und etwas melancholisch. Was ist von Preußen geblieben? Nichts.

Also – laß uns in den nächsten Ferien wieder einmal nach Bayern fahren. Es lohnt. Man duldet uns dort: Reiseerfahrungen eines Preußen.

Zu den folgenden Abbildungen:

1 Die St.-Anna-Kapelle bei Neukirchen beim Heiligen Blut im Bayerischen Wald
2 Sonnenaufgang am Tegelberg bei Füssen
3 Fischer auf dem Chiemsee – einer der letzten seiner Zunft
4 Alles fürs Bier: Hopfenfeld bei Wolnzach in der Holledau
5 In Verbindung mit dem Weltraum: Satelliten-Funkstation Raisting nahe dem Ammersee
6 Nördlingen im Ries: ein mittelalterliches Stadtbild, geprägt von der intakten Stadtmauer mit ihren Toren und Wehrtürmen
7 Totenbretter in der Oberpfalz. Die Bahren der Toten wurden früher nach der Beisetzung in der Natur aufgestellt, heute sind es schön bemalte und beschriftete Erinnerungstafeln, mit denen der Brauch weiterlebt
8 Festtagstracht als lebendige Tradition – Frauen bei der Fronleichnamsprozession in Neukirchen/Oberbayern
9 Als Touristenattraktion weltweit bekannt: Neuschwanstein, das Märchenschloß Ludwigs II., im östlichsten Allgäu hoch über der Pöllatschlucht; im Hintergrund Schloß Hohenschwangau

Zum
Gedenken
an Herrn
Wolfgang
Aschenbrenner
Rentner von
Arrach
∗ 18.8.1896
† 30.1.1963

Zum
Gedenken
an die
verstorbenen
Grachtenbrüder
und

Dessen Ehefrau
Rosa
Aschenbrenner
Rentnerin von Arrach
∗ 20.8.1891
† 24.4.1974

R. I P

O Herr gib ihnen
die ewige Ruhe!

Zum
Gedenken
an Herrn
Josef
Klingseisen
Posthauptschaffner
von Arrach
Gründungs und
Ehrenmitglied
„D'Riedlstoana"
∗ 19.5.1913
† 27.7.1972

Lob der Landschaft

Utta Danella
Am »Bayerischen Meer« und anderen Seen

Die bayerischen Seen in einer kurzen Zusammenfassung darzustellen ist praktisch nicht unmöglich. Das Unmögliche dennoch zu versuchen verlangt Beschränkung und die Suche nach dem Gemeinsamen, das alle diese so unterschiedlichen Gewässer verbindet.

Die Beschränkung beginnt am tiefen Wasser, dort, wo Bayern am Bodensee teilhat; denn Lindau ist eine bayerische Stadt, aber der Bodensee ist nun einmal das »Schwäbische Meer«. Außerdem ist Schwaben nicht nur ein räumlicher Begriff, das Alemannische hat Land und Menschen doch so geprägt, daß man von Bayern im eigentlichen Sinn nicht sprechen kann, auch wenn die Übergänge fließend sind.

Im äußersten Osten wird es noch schwieriger. Der Waginger See hat vieles gemeinsam mit seinen östlichen, österreichischen Nachbarn – Wallersee, Mattsee, Obertrumersee –, die in die Hügel nördlich von Salzburg eingebettet sind. Die Grenze zu Österreich ist nur eine symbolische Linie in der Salzach. Auch besteht der Waginger See eigentlich aus zwei Teilen, nämlich dem gleich angrenzenden Tachinger See und eben dem Teil, der dem etwas verträumten, ländlichen Ort Waging seinen Namen verdankt. Hier ist alles bürgerlich gemütlich. Man kann im Wirtshausgarten ein großes Schnitzel zu mäßigen Preisen essen und abends zum Volkstanz mit echter Bauernkapelle gehen. Natürlich ist die Kurdirektion bemüht, den Gästen etwas zu bieten, und das Eigenschaftswort »verträumt« hört man sicher nicht gern. Aber Gott sei Dank sind sie dort von der großen Aufmachung und dem lauten Betrieb weit genug entfernt und werden es hoffentlich noch lange bleiben.

Denn was will der Mensch eigentlich, der sich gedanklich und dann in persona einem bayerischen See nähert, entweder um dort Urlaub zu machen oder – welch ein Glückspilz – sich dort länger und ausgiebig niederzulassen? Er denkt bestimmt nicht an Betriebsamkeit, berühmte Gastronomie, große Welt und Gesellschaft der oberen Zehntausend. Zumindest gilt das für die meisten und die eigentlich bayerischen Seen.

Einen See gibt es in Bayern, der ist landschaftlich zwar durchaus ein bayerischer See, sogar einer der schönsten. Aber nach allem, was so um ihn herum passiert und haust, könnte man meinen, ein entarteter. Er ist, wie man in Bayern sagt, weitgehend »verpreußt«. Gemeint ist natürlich der Tegernsee. Die Immigration aus dem Norden begann dort merkwürdigerweise schon sehr früh. Doch es blieb immer eine interessante Mischung aus Nord und Süd. Der Ort Tegernsee mit seinem bekannten Kloster hatte 1905 schon 87 evangelische Einwohner. Für die Gegend absolut ungewöhnlich. Anziehungspunkte waren außer den landschaftlichen Vorzügen zwei Heilbadeinrichtungen, in Wildbad Kreuth und in Bad Wiessee. Die wundersame Geschichte des letzteren begann mit einer Ölquelle. Entdeckt im 18. Jahrhundert, nannte man sie die Quelle des St. Quirinius, des Heiligen, der speziell für das Tegernseer Tal zuständig ist. Später gab es Leute, die wollten dort tatsächlich Öl à la Texas in größeren Mengen gewinnen. Diese Absicht schlug fehl – hatte der Heilige seine Hand im Spiel? Statt dessen sprudelte unter dem Öl aus größerer Tiefe das heilkräftige Wasser hervor, dem Wiessee heute seinen Ruf verdankt. Eine andere Quelle sprudelt auf dem Ostufer: das berühmte Bier aus dem Kloster Tegernsee. Denn wie viele bayerische Seen hat auch dieser etwas mit dem Bier zu tun.

Bei soviel Attraktion fanden sich schließlich Prominente und weniger Prominente aller Couleur ein. Ludwig Thoma, als Inbegriff des wahrhaft Bayerischen, Olaf Gulbransson, als einer, der, vom hohen Norden kommend, doch absolut dazu paßte. Es heißt, daß er bei der Gartenarbeit lediglich mit einer großen Schürze bekleidet war, so daß aufmerksame Beobachter auch gelegentlich sein breites Hinterteil in natura bewundern konnten. Hier wohnten aber auch Hedwig Courths-Mahler, Leo Slezak und Ludwig Erhard. Die Bestattung Erhardts am 12. Mai 1977 war ein ergreifender Staatsakt in der Klosterkirche. Dem Gottesdienst mit Musik von Bach folgte ein militärisches Ehrenzeremoniell unter den Böllerschüssen der Schützenvereine. Vor dem Gottesdienst gab es ein Privatissimum im Bräustüberl neben der Kirche, bei dem Franz Josef von Bayern, Helmut Kohl und Bayerns damaliger Innenminister Bruno Merk inmitten des Trauervolks beieinandersaßen und sich mit dem bekannten Klosterbier stärkten. Mitten unter den Arrivierten und vom Wohlstand Hochgetragenen trugen sie dann den zu Grabe, der ihnen das alles klugerweise verschafft hatte; wohl wissend, daß – nach einem bayerischen Sprichwort – »nichts Gescheiteres mehr nachkommt«.

Ja, so ist das am Tegernsee. Trotz aller Preißn drumherum ist er doch bayerisch geblieben. Auch wenn man ihnen allen in den äußerst prominenten Sanatorien und Spezialkliniken um den See herum ihr Geld und ihre überflüssigen Pfunde abnimmt – sie lassen sich das gern gefallen, weil's halt gar so schön ist. Und weil sie unbedingt hundert Jahre alt werden wollen. Überhaupt würden sie am liebsten hier ihr Leben beschließen. Aber soviel Platz ist eben nicht in einem Tal. Seit zwanzig Jahren wird schon um die letzten Wiesen gerungen, die man noch mit Eigentumswohnungen oder Villen vollpflastern könnte. Aber da sind die Bayern inzwischen hart geworden – bis zum Verwaltungsgericht und trotz aller raffinierten Anwälte aus Düsseldorf.

Gleich um die Ecke herum ist der Schliersee. Bei dem gibt es nicht soviel zu kämpfen, obwohl er dem Tegernsee recht ähnlich ist, nur kleiner. Die Lederhosen sind hier noch neu und die Holzbalkone frisch gehobelt und gestrichen, aber sie sind durch und durch echt. Natürlich zieht er auch den Fremdenverkehr an, und so brummt es denn am Sonntag von Autos und Bussen.

Wenige Kilometer hinter dem Schliersee erreicht man über eine Bergstraße den Spitzingsee. Das umgebende Skigebiet ist im Winter ein nach wie vor beliebtes Wochenendziel der Münchener Brettlrutscher. Drei Bergbahnen erleichtern das Hochkommen. Und wer einmal eine so ganz deftige, riesige Torte essen will, der muß ein Tal weiter fahren. Aber das weiß man schon bis Hamburg; es muß nicht voller werden dort, als es ohnehin schon ist.

Mit diesen See-Nachbarn kann ein bestimmter Typ abgehakt werden, den es in der Form in Oberbayern kaum noch gibt. Zumindest nicht so ausgeprägt. Gemeint ist das Fremdenverkehrsziel mit Betriebsamkeit, Verkehrsstauungen und Landnahme durch Auswärtige. Damit kämen wir zum eigentlich Bayerischen, das sieht nämlich anders aus.

Die aus dem Gebirge abschmelzenden Eiszeiten haben im Alpenvorland tiefe Schrunden hinterlassen. Diese sind umgeben von sanften Hügeln, Buckeln, Kiesmoränen und dazwischen hineingetupft kleine Dullen, in denen sich Wasser sammelte. Wie natürlich auch in den tiefen Schrunden, aus denen jene traumhaften Gewässer entstanden sind wie Ammersee, Würmsee, Staffelsee, Simssee und – trotz seiner Größe – auch der Chiemsee, das »Bayerische Meer«. Und dann natürlich die vielen kleinen blauen Tupfen auf der Landkarte, oft unbekannt, abseits der Straßen; das Wasser schmeckt etwas nach der benachbarten Kuhweide, ist vielleicht moorig-braun und größtenteils von Schilf umgeben. Einer ihrer schönsten Vertreter ist der Kirchsee bei Bad Tölz. Hier wird deutlich, was man unter einem bayerischen See verstehen sollte. Das Kloster Reutberg bildet auf der einen Seite einen baulichen Bezugspunkt, auf der anderen Seite ist es ein bewaldeter Buckel, der Schindelberg.

Nie liegt so ein See bezugslos einfach in der Ebene. Seine Umgebung hat vielmehr Begrenzungen in mehreren Stufen. Die nächste Nähe bildet der Uferwald oder der Schilfrand, dann ein Weg bis zum nächsten Hügel oder Dorf, oft auch ein Kloster. Und dahinter erschließt sich die Weite der Landschaft vor der Kulisse der Berge. Dadurch gibt es nicht einfach nur Himmel und Wasser, sondern ein beziehungsreiches Spiel der Dimensionen; Vordergrund, Mittelgrund und Hintergrund. Eine unwahrscheinlich schöne Bezogenheit aller Dinge aufeinander – der nächste Kirchturm schaut über den Hügel, das nächste Bier, das dort gebraut wird, schmeckt ganz unverkennbar – für den Kenner – nach gerade dieser Landschaft. Das ist charakteristisch für den »bayerischen See«. Die Unterschiede liegen dann nur noch in der Größenordnung.

Der Ammersee ist ein größerer See – kein Wunder, daß Andechs ein berühmter Wallfahrtsort im geistlichen wie im gastronomischen Sinne wurde. Andechser Bier kennt man auch im Ausland. In alten Zeiten hatten die Grafen von Andechs weitverzweigte Besitztümer. Der kulturelle Einfluß der Klöster Andechs und Wessobrunn – nicht weit entfernt auf der anderen Seite des Sees – war für Süddeutschland von großer Bedeutung. Und wenn man über den Ammersee blickt, bilden der über dem Westufer thronende Turm von Andechs und der weiße Körper der berühmten Dießener Barockkirche von Johann Michael Fischer die baulichen Bezugspunkte.

Am Süd- und am Nordende des Sees erstreckt sich kilometerweit die Mooslandschaft, in Bayern Filz genannt: der im Laufe der Jahrhunderte verlandete Teil der ursprünglichen Seefläche. Auch ein häufiges Charakteristikum bayerischer Seen. Hier hausen die schönsten Tierarten, die sich in Schilf und Rohr wohl fühlen; der Boden quatscht unter den Füßen, wenn man von den befestigten Wegen abweicht. Im trockeneren Bereich schließt sich regelmäßig der Torfstich an. Ein Landschaftsbild besonderer Eigenart, da hier die menschliche Einwirkung durch die Abstiche zu erkennen ist. Wegen der Bequemlichkeit ist es aus der Mode gekommen, damit zu heizen. Vielleicht sollte man dafür dankbar sein, denn sonst würden diese urtümlichen und romantischen Bereiche im Alpenvorland schon anders aussehen. Vor allem im Gartenbau wird heute aber der Torf noch verwendet.

Bei bestimmten Lichtverhältnissen, besonders am Abend, verfärbt sich die Mooslandschaft, verwandelt sich in einen unglaublich nuancenreichen Farbteppich in allen Braun- und Grautönen bis hin zum Violett. Wenn man etwa abends von der Kesselbergstraße, die den hoch gelegenen, dunkel-unheimlichen Walchensee mit dem ans Flachland angrenzenden Kochelsee verbindet, ins Land hinausblickt, kann man dieses Farbenspiel in seiner ganzen Schönheit sehen. Der Kochelsee bietet ein friedliches Bild mit dem anliegenden Ort und dem Kloster St. Tertulin in Schlendorf an seiner Nordwestseite. Dahinter erstreckt sich das Moos, verschwimmt in den aufsteigenden Nebeln und verliert sich weit hinten in wieder beginnenden Hügeln.

Früher sah man von hier aus den langen Schornstein der Zeche Penzberg, als Erinnerung daran, daß auch unter der Erde noch Schätze lagern. Sie werden allerdings zur Zeit nicht gefördert. Die Zeiten sind zu opulent, als daß einer oberbayerische Kohle aus der Erde hervorholte. Da unten liegt sie gut. Wer weiß, wann wir sie wieder einmal brauchen. So wird uns bewußt, daß Jahrmillionen in Schichten übereinander ihre Spur auf der Erde hinterlassen haben. Was heute an der Oberfläche noch Filz ist und Torf – aus verlandetem Wassergebiet entstanden –, ist in der tieferen Erdschicht schon zu Kohle geworden. Wieviel Zeit hat dies alles, uns zu überdauern. Aber auch dem Wasser der Seen wohnt eine ungeheure

Kraft inne. Hier ist Energie gespeichert, ohne daß darunter die landschaftliche Schönheit der Gewässer leiden müßte. Der Walchensee ist mit dem tiefer liegenden Kochelsee durch große Druckrohre verbunden; das Kraftwerk steht so gut versteckt an der Rückseite des Kochelsees, daß es fast nicht auffällt. Oder wer weiß schon, daß das Leitzach-Kraftwerk am Seehamer See, an der Autobahn nach Salzburg gelegen, der Energieversorgung der Landeshauptstadt München dient? Nur eine dezente Stützmauer am Rand läßt erkennen, daß hier Menschenhand am Werke war. Den See nutzen viele zur Badepause auf dem Weg nach Salzburg.

Manch einer aber zieht es vor, im »Bayerischen Meer«, im Chiemsee, zu schwimmen. Dort führt die Autobahn auf schwierigem Gelände durch das Filz an der Südseite direkt am See vorbei. Dieser nun hat wirklich alles, was wir bereits als charakteristisch für bayerische Seen genannt haben; dazu noch drei ganz besondere Inseln. Nur mit dem Bier hapert es, seit die Benediktinerinnen auf Frauenchiemsee 1845 mit dem Bierbrauen aufgehört haben. Statt dessen gibt es den unvermeidlichen Klosterlikör und einige andere Schmankerln. Vor allem die Fische, von denen ein Großteil der Inselbewohner lebt. Auch die Klosterfrauen haben schon im Mittelalter heftig um den Fischsegen gekämpft, indem sie in Seebruck, wo die Alz den Chiemsee verläßt, ein großes Netz anbringen ließen, damit die Fische nicht abwanderten. Nachts kamen dann die Bauernburschen von unterhalb der Alzmündung und machten das Netz wieder kaputt. Beigelegt war dieser Streit erst, als Herzog Heinrich der Reiche von Landshut eine Fischereiordnung erließ. Das war immerhin 1444, so lange streiten sie da schon.

Wer eine gebratene Renke, frisch aus dem See und gut zubereitet, auf der Zunge zergehen läßt, weiß, warum die gestritten haben. Im übrigen gibt es das örtliche Bier gleich nebenan in Aschau oder Rosenheim und noch woanders. Ich werde mich hüten, das weiter aufzuzählen; es könnte jemand vergessen worden sein.

Über dem See thront unwirsch die Kampenwand, ein zerklüfteter Felsrücken. Da gibt's den schönen Spruch: »I gang scho auf die Kampenwand, wann i mit meiner Wampen kannt.« Aber auch schlimme Dinge sind da schon passiert. Eines Tages buckelten bärenstarke Männer mit Eisenstangen und Flaschenzügen den letzten Hang bis zum Beginn der Felswände hinauf. Eine Seilschaft, die dort zum Übungsklettern war, hatte bei einer Querung das Seil an einem Felszacken angebunden, der unter der Last abbrach. Einer der Bergsteiger lag darunter eingeklemmt. Ein anderer, der ihm helfen wollte, rutschte auch ab. Zuerst machte man aus gebündelten Bergseilen eine Hebebandage um den Riesenbrocken. Dann kamen die Flaschenzüge nach entnervendem Warten. Aber wo setzt man zwischen Felsschrunden einen Flaschenzug an? Endlich verspürte der Eingeklemmte die erste Erleichterung. Eine schauerliche Szene, zwei Menschen unter diesem Giganten, der jeden Augenblick wieder nachrutschen konnte, drumherum zehn Kameraden, die mit kläglichen Mitteln Rettungsversuche machten und dabei selbst gefährdet waren. Bis endlich die Verunglückten zentimeterweise herausgezogen waren. Auch das gehört zu dieser Landschaft: die Gefahr der Berge und die Kameradschaft, die helfen kann.

Der Chiemsee hat fast die Form eines Herzens, durch mehrere Zuflüsse gespeist, vor allem die Tiroler Ache, die aus dem Marquartsteiner Tal kommt. Eine alte Kulturlandschaft liegt hier am Alpenrand. Das Kloster der Fraueninsel geht nach der Geschichte auf Tassilo III. zurück, jenen bayerischen Herrscher, der sein Zepter in dem von ihm gegründeten Kloster Kremsmünster bei Linz verstecken mußte und dann schließlich doch von Karl dem Großen abgesetzt und gefangengenommen wurde. In der Kapelle von Urschalling, auf der Anhöhe zwischen Prien und Bernau, finden sich – neben den ältesten in St. Mang in Füssen – die am besten erhaltenen Freskomalereien Bayerns. Ihr Kennzeichen ist das fehlende Blau. Indigo war im 11. Jahrhundert ungeheuer wertvoll. Als Ersatz wurden einige blaugraue Erdtöne verwendet, die im Fresko der Zone um den Weltenherrscher vorbehalten blieben. Die Apostel, die anderen Figuren und vor allem die lustigen Schablonenornamente als Begrenzung sind in den gängigen Mineralfarben von braun und gelb gehalten.

Wenige Kilometer nördlich liegt das Kloster Seeon auf einer Halbinsel. Ein Holzsteg führt vom Kloster über den hier recht kleinen See zum dazugehörigen Dorf. Alles ist von einer genialen Selbstverständlichkeit und Einfachheit. Genau wie die Bootshütten und Fischerhäuser auf der Fraueninsel. Besonders wenn man sich erinnert, wieviel Fürchterliches unsere Zeit an den Rändern der Gewässer anrichtet, muß man das bewundern. Was haben diese Menschen hier über

Jahrhunderte hinweg gewußt und verstanden, um so zu gestalten! Und es ist unverkennbar, daß nicht alles Zufall oder Mangel an Geld war. Hier war durchaus bildender Geist am Werk.

Den See umkränzen die Ufergemeinden mit ihren barocken Zwiebel-Kirchtürmen. Als Krone des Ganzen setzte Ludwig II. sein berühmtes Schloß Herrenchiemsee auf die größte der Inseln, die den Namen »Herreninsel« aber einem alten Männerkloster verdankt. Ein wahrhaft bayerischer König, der sein Land so liebte, daß er ihm weitere Höhepunkte auf seine Weise zu schenken suchte. Die visionäre Kraft, mit der er es tat, überstieg das Begriffsvermögen seiner Landeskinder, und auch heute sägen manche Literaten an seinem Ruhm, wollen ihm »Linkes« unterjubeln, reden von Pseudostilen. Es ist ja so bequem, wenn einer angeblich als »Verrückter« geendet ist. Bis heute besteht im wirklich bayerischen Volk eine Affinität des Herzens zu diesem König, der sein Volk und sein Land auf seine Weise liebte, und die Gedanken verbinden sich mit ihm in noch anderer Weise als nur im historischen Gedenken. Daß er vereinsamte, daß er schließlich Neuschwanstein baute, sein Montsalwatsch mit Wagnerdekorationen, wer will darüber verbindlich urteilen? Wir fahren jedenfalls noch fleißig nach Bayreuth. Und die aus Übersee und viele andere kommen von weit her, um Neuschwanstein zu sehen; wie jener amerikanische Tourist, der kürzlich aus gewagter Fotoposition in den Tod stürzte.

Auch hier war eine landschaftlich einmalige Situation in Verbindung mit einem See vorhanden. Der Alpsee liegt unterhalb der älteren Feste Hohenschwangau, zwischen umgebenden Bergen, am Angelpunkt zwischen Ebene und Gebirge. Vom Turm Neuschwansteins kann man ihn sehen.

Ludwig nahm – wie man weiß – sein geheimnisvolles Ende im Würmsee, im Sprachgebrauch: Starnberger See. Ein Kreuz im Wasser läßt die Frage offen, ob er zu der ihn auf der Roseninsel erwartenden Sissi von Österreich hinüberschwimmen wollte, denn er war ein guter Schwimmer, oder im Kampf mit seinem Leibarzt unterging. Nichts ist so anregend wie Geschichten, die vieles offenlassen und doch tragischen Hintergrund haben.

Der Starnberger See ist zusammen mit dem Ammersee und Chiemsee das große Segelrevier der bayerischen Wassersportler. Aber die Surfer ziehen den Walchensee vor, weil dort angeblich mehr und häufiger Wind herrscht. So könnte man noch manche Seen aufzählen: die vielen kleinen Gewässer um den Chiemsee herum, den anderen Alpsee bei Immenstadt, den Eibsee und Rießersee bei Garmisch, den Forggensee als Erweiterung des Lechs.

Da, wo die baulichen Zutaten am sparsamsten sein mußten, die Berge sich aber zu voller Gewalt entfalten, liegt einer der Höhepunkte bayerischer Gebirgsgewässer, der Königssee. Busse und Autos müssen am Seebeginn stehenbleiben. Die Stille der Natur nimmt uns auf. Nur noch Boote können durch die Länge des Sees gelangen. Hier, wo die Felswände senkrecht in den See stürzen, wird dann auch das berühmte Echo geblasen. Der Gamsbart zittert auf dem Hut des Bootsführers, wenn er sich bemüht, den Felswänden den Nachhall zu entlocken.

Die Kapelle St. Bartolomä ziert den hinteren Teil des Sees mit ihrer dicken, runden Kuppel; menschliche Bemühung, eine Form zu finden, die sich vor dem Hintergrund der Watzmannwände noch behaupten kann. Das dazugehörige Wirtshaus ist zwar sehr wichtig für alle, die da ankommen, aber baulich tritt es in den Hintergrund. Und wer noch weiter will, muß zu Fuß auf dem schmalen Pfad am See entlanggehen und dann die steilen Steige ins Steinerne Meer hinaufschnaufen. Etwa die gefürchtete Saugasse zum Kärlingerhaus. Auch da oben ist ein bayerischer See, ein rundes Auge der Natur, an dessen Ufer die Murmeltiere ihre Männchen machen und laut pfeifen, wenn jemand kommt.

Dies soll der letzte See sein, von dem hier die Rede ist.

Um sie alle zu erleben, brauchte man viel Zeit, die fast kein Mensch mehr hat. Womit wieder einmal ersichtlich wird, wie arm er ist, der Mensch von heute, weil er die Schönheit der Natur, die ihm so nahe ist und die ihn glücklich machen könnte, oft gar nicht zu sehen bekommt.

Wolfgang Boller
Die Deutsche Alpenstraße – Fragment in sechs Sätzen

Die Straße beginnt zwischen Obstgärten am Bodensee und endet in einer Gebirgsschlucht des Berchtesgadener Lands. Sie schlingt sich in einer eigenwilligen Choreographie von Schleifen und Talsprüngen zu Füßen der Allgäuer und der Bayerischen Alpen durch das hügelige Voralpenland. Sie schreitet und zögert, triumphiert und resigniert. Sie erhebt sich zu majestätischen Aussichtsterrassen und weiß, auf geliehenen Pfaden wandelnd, immer einen Weg.

Die Deutsche Alpenstraße ist die älteste deutsche Ferienstraße. Sie mißt in ganzer Ausdehnung 465 Kilometer. Ihr Gefälle zwischen der höchsten und niedersten Stelle beträgt rund 550 Meter. Sie berührt 21 Seen und 64 Kurorte, darunter 35 Skidörfer mit nahezu 70 Bergbahnen und vielen tausend Kilometern Pisten, Loipen und Bergwanderpfaden. Sie wird von 25 Schlössern und 25 Burgen überragt und von Kleinodien barocker Kunst begleitet – von Gotteshäusern, Klöstern, Wallfahrtskapellen, Kreuzwegen und Mariensäulen. Die Deutsche Alpenstraße hat auch eine zeitliche Dimension. Sie führt mitten durch den bäuerlichen Festkalender mit seinen Trachten und Traditionen: vom alemannischen Fastnachtstreiben der Masken und Geister in Allgäuer Dörfern bis zum Christkindlschießen der Weihnachtsschützen in der ehemaligen Fürstpropstei Berchtesgaden. Doch dann wieder, zwischendurch, gibt es sie manchmal überhaupt nicht. Die Deutsche Alpenstraße ist ein Fragment in sechs Sätzen.

I

Zuerst heißt sie B 308. Auf Lindauer Gebiet in der Gemarkung Schönbühel zwischen Tannen und Apfelbäumen setzt die Ouvertüre mit einer sanften, süßen Melodie ein. Frühe Motive sind unentwirrbar bis zuletzt eingeflochten: Wälder und Viadukte, Idiotenhügel und Bergbahnen, Obstler und Fremdenzimmer. Die Straße führt durchs Ferienland. Sofort macht und erfüllt sie erste Versprechungen. In sieben Kehren steigt sie durch die Rohrachschlucht nach Scheidegg hinauf. Vom Blasenberg im Dreiländereck öffnet sich ein Fünfländerblick auf die deutschen, österreichischen und Schweizer Alpen, zu den Bergen von Liechtenstein bis zu den französischen Südvogesen. Auf der ersten Teilstrecke bis Immenstadt ist die Ferienstraße vollkommen. Sie umgeht Städte und Dörfer, erreicht beim Rheumabad Weiler die tiefste Stelle (631 Meter) und sogleich, wie im Flug einer Riesenschaukel, die Aussichtshöhe Paradies (934 m) bei Kremler-Bad: ringsum die Gipfel der Nagelfluhkette, Säntis und Altmann, im Norden die Weite des oberschwäbischen Hügellands. Dann findet die Straße vom Taumel der Schönheit wieder zu sich selbst zurück, passiert an der Bahnbrücke bei Oberstaufen die Wasserscheide zwischen Rhein und Donau, schmiegt sich ins Konstanzer Tal, spaziert am Südufer des Großen Alpsees entlang und wird bei Immenstadt von der Bundesstraße 19 erstmals unterbrochen.

Die Deutsche Alpenstraße hat viele Namen und Rangordnungen. Am häufigsten ist sie Bundesstraße: B 308 bis Oberjoch und B 305 ab Bernau, dazwischen B 19, B 310, B 309, B 17, B 23, B 2, B 11 und B 307. Sie ist aber auch Landstraße, Autobahn, Forststraße, Privatweg oder Dorfstraße. In Oberjoch heißt sie Paßstraße, in Wertach Grüntenseestraße, in Oberammergau Dorfstraße, in Garmisch-Partenkirchen Hauptstraße, in Schliersee Miesbacher Straße, Rathausstraße und Seestraße. In Füssen geht sie mitten über den Augsburger-Tor-Platz, in Berchtesgaden über den Bahnhofsplatz, in Marktschellenberg über den Marktplatz. Die Deutsche Alpenstraße ist eine kühne, schöne und nützliche Verbindung auf einer gedachten Strecke über die Alpenbalkone. In ihrer Vollendung ist sie privilegiert und vorfahrtsberechtigt, auf krummen Ortsdurchfahrten von Verkehrszeichen und Ampeln reglementiert. Zweimal führt sie über mautpflichtige Waldstraßen, zweimal ist sie mit Schlagbäumen gesperrt. Die Deutsche Alpenstraße ist eine Königin, die bisweilen Lumpen trägt.

II

Hinter Sonthofen setzt die Unvollendete mit einem Paukenschlag wieder ein (B 308): Von Hindelang tänzelt sie in 105 Biegungen und Spitzkehren zur Scheitelhöhe des Oberjochpasses hinauf (1180 Meter, Steigung 7 Prozent). Von den Parkplätzen der »Kanzel« schaut man hinaus ins Hindelanger Tal mit Breitenberg, Rotspitze, Nebelhorn und den Immenstädter Bergen.

Oberjoch, Deutschlands höchstgelegener Wintersportort, bewacht den extremsten Gipfelsturm der Deutschen Alpenstraße, die von nun an unbeständig wird, Zahlen und Namen wechselt, sich am Ufer des künstlichen Grüntensees für eine Handvoll Kilometer ganz vergißt, um sich vor Nesselwang, bei der Brücke über die Wertach, als B 309 wieder ihrer Pflichten zu entsinnen.

Mit dem Abstieg zum Weißensee, zum Weitergleiten nach Füssen an der Grenze zwischen Allgäu und Oberbayern, Wechselstube auch der Klangfarben alemannischer und bajuwarischer

Mundart, findet die Symphonie aus Bruchstücken ihre überzeugendsten Melodien. Der See und die Flanken der Füssener Berge, die Türme und Dächer, Sankt Mang und das Hohe Schloß gleichen Kulissen, die sich verschieben und öffnen, um immer größere Schönheiten zu enthüllen.

Die Deutsche Alpenstraße kommt vom Ufer des größten deutschen Sees, dem Bodensee, den man auch »Schwäbisches Meer« nennt. Sie streift die Gestade des Chiemsees, genannt »Bayerisches Meer«, und blinzelt zum höchsten deutschen Alpengipfel hinauf: zur Zugspitze, 2963 Meter. Der längste Skilift (Kranzegg) und die längste Sesselbahn (Nesselwang) in ihrer Reichweite sind da wohl Kleinkram.

Von der österreichischen Grenze ist sie nie weiter als 20 oder 25 Kilometer entfernt, am nächsten in Scheidegg, Oberjoch, Füssen, Reit im Winkl und Berchtesgaden. Einmal, bei der Kaiserwacht-Schlucht zwischen dem Sylvenstein-Stausee und Achenpaß, kommt sie ihr so heftig ins Gehege, daß sie schier die Balance verliert.

Sonst strebt sie von Höhepunkt zu Höhepunkt und reiht Schlösser und Barockkirchen gleich einer Kette von Kostbarkeiten aneinander, nirgends aber in solcher verschwenderischen Fülle wie zwischen Füssen und Garmisch-Partenkirchen, wo es eine Deutsche Alpenstraße nicht gibt.

III

Zwischen Füssen und Garmisch-Partenkirchen herrscht im Kreis der beteiligten Gemeinden, Ministerien und Trassenprojektoren kein Einvernehmen über die gedachte Strecke. Sie soll einmal über Kenzenhütte und Bäckenalm oder am Hohen Straußberg vorbei zum letzten Felsenabsatz der Hochplatte, jedenfalls quer über das Ammergebirge führen (in der Luftlinie etwa 30 Kilometer) und erhebende Ausblicke erschließen. Zunächst beschreibt sie auf zwei Bundesstraßen, der B 17 und der B 23, einen ungefähr doppelt so langen Umweg durch den Pfaffenwinkel. Man kann sagen: Es gibt in Deutschland keine zweite Straße, die auf engerem Raum so viele Seltsamkeiten und Herrlichkeiten um sich versammelt wie die Deutsche Alpenstraße dort, wo sie es nicht ist.

Der Bayernkönig Ludwig II. hat auf angrenzenden Hügeln seine Märchenschlösser gebaut, für reiselustige Ausländer Symbole des rätselvollen deutschen Wesens: Neuschwanstein vor allem, Hohenschwangau und Linderhof.

Von den Wagnerklängen der Bergkuppen zu den Chorälen der Ebene: Am Straßenrand stehen die Barockkirche St. Coloman und die romanische (innen ebenfalls barockisierte) Klosterkirche zu Steingaden, ein wenig abseits die Türmchen der Wies, Europas schönster Rokokokirche. In Oberammergau wandelt sich die Bundesstraße 23 zur Dorfstraße mit Passionsspielhaus, Heimatmuseum und vielen Herrgottsschnitzern. Im prächtigen Haus auf dem Dorfplatz (Nr. 20) mit der Lüftlmalerei vom Essen und Trinken, Tanzen und Spielen ist Ludwig Thoma geboren, Sohn des Revierförsters Max Thoma und der Oberammergauer Tochter Katharina. Die Benediktinerabtei Ettal steht scheinbar mitten im Weg, als sollte die Ersatzalpenstraße durch die Klosterpforte eintreten und im Münster enden.

In melodischen Kehren senkt sie sich dann das Loisachtal hinunter, im Blick das Panorama: Wettersteingebirge mit Dreitorspitze, Alpspitze und, beim Näherkommen, die Zugspitze.

Die Deutsche Alpenstraße gleicht den frommen und ausgelassenen Festen der vielen kleinen Dörfer und Märkte ringsumher mit ihren gemütlichen Zwiebeltürmen und Bauernwirtschaften. Manchmal geht sie feierlich durch die Felder zum See wie auf dem blumenbestreuten Weg einer Fronleichnamsprozession. Dann wieder hüpft und tanzt sie wie die Gaudiburschen auf der Kirchweih, wiegt und dreht sich wie die Madeln mit ihren weißen Strümpfen und fliegenden Röcken, tanzt ein Paar Schuh ums andere durch und kann kein Ende finden. Der Heiland steht am Straßenrand oder schaut von Kalvarienbergen zu ihr herunter. Die Heiligen alle haben sie gesegnet. In den Duft von Ginster, Harz und Weißbier mischt sich alleweil ein Rüchlein Weihrauch.

IV

Ein kleines entscheidendes Stück von 13 Kilometern fehlt zwischen Garmisch-Partenkirchen und dem Tegernsee. Die Lücke ist um so schmerzlicher, als man auf einem Schleichpfad nur mit Einwilligung des Bayerischen Forstamts weiterreisen darf.

Hinter Garmisch-Partenkirchen, Deutschlands Wintersportmetropole mit einem Dutzend Bergbahnen, 33 Skilifts, Olympia-Eisstadion und vier Sprungschanzen, eröffnet die komfortabel ausgebaute Alpenstraße (B 2) Ausblicke auf das Karwendelgebirge mit Wörner und Viererspitze. Nach zwölf Kilometern ist alles wieder vorbei. In Wallgau endet die Deutsche Alpenstraße beim Mauthäuschen und den Warnschildern des Forstamts Walchensee. Die Verwaltung läßt die Weiterreise in bedrohlichem Licht erscheinen: »Gefährliche Wegstrecke. Benutzung auf eigene Gefahr«. Und für den Wintergast: »Glatteisgefahr. Weg nicht gestreut. Schneereifen oder Schneeketten erforderlich«. Doch der Pfad entlang des wüsten Kiesbetts der Isar zu den Wäldern der Kindheit Ludwig Thomas und zum Sylvenstein-Stausee ist harmlos, lieb und romantisch, auch wenn in der Tiefe des 80-Millionen-Kubikmeter-Speichers einst das alte Wildschützendorf Fall versunken ist. Nach dem klagenden Solo des Waldhorns wieder die strahlenden Tutti der Ferienstraße: Auf der eleganten Faller Klammbrücke geht's über den Stausee, der wie ein Fjord in dunklen Alpenwäldern liegt, bei der Zollstation Kaiserwacht ohne Grenzkontrolle durch ein Zipfelchen Österreich und über den Achenpaß (941 Meter, 14 Prozent Steigung) auf Tegernseer Gebiet.

Plötzlich, als würde ein Vorhang weggerissen, geht die Talenge der Weißach in die Weite des Tegernseer Tals über. Wieder faßt der Blick alle Schönheiten dieser Welt. Mit Katzenbuckeln und wechselnden Namen kriecht die Deutsche Alpenstraße nun durch die schönen Dörfer am See, den die Dichter so liebten. Auf dem Gottesacker von Egern sind Ludwig Thoma und Ludwig Ganghofer begraben, Hedwig Courths-Mahler und auch der Tenor Leo Slezak.

V

Zwischen Tegernsee und Chiemsee mit der berückenden Pracht der Ufer und Barockkirchen, der Seen, Segel und dem Gebirgspanorama des Wendelstein erfährt die Deutsche Alpenstraße ihre tiefste Demütigung. Von Bayrischzell erhebt sie sich wie auf Flügeln als großartigster Bergpaß Deutschlands zur Höhe des Sudelfelds (1092 Meter, 11 Prozent Steigung), eines populären Skigebiets mit 16 Seilbahnen und Lifts, die stündlich 11 200 Menschen transportieren können, 25 Kilometern Pisten und 2200 Parkplätzen. Doch wenige Kilometer weiter, beim Naturdenkmal Tatzelwurm, ist sie vom Erdboden verschwunden, als hätte sie der ehdem in der Klamm bei den Wasserfällen hausende Drache mit einem einzigen Biß verschlungen.

Die Wonnen der freien Fahrt enden an einer Tafel mit der Gebührenordnung der vereinigten Forstbesitzer. Die gedachte Strecke führt jetzt über einen privaten Waldweg mit Schlagbaum nach etwa acht Kilometern. Maut für die schmale Passage zum Inn kassiert die Interessengemeinschaft Tatzelwurmstraße.

Auch im Inntal gibt es für die folgenden 20 bis 25 Kilometer keine Deutsche Alpenstraße. Man fährt auf Landstraßen minderer Ordnung von Degerndorf über Nußdorf, Fraßdorf und Niederaschau (Blick: Kampenwand und Chiemsee) nach Bernau oder, wahlweise, über die Autobahnen E 86 und E 11 in Richtung Rosenheim und Salzburg.

In Bernau beginnt die letzte Teilstrecke: die wahre, majestätische Deutsche Alpenstraße – Modell, Utopie und Finale wie in der Oper, wenn das Ensemble zuletzt noch einmal geschlossen auf die Bühne kommt und alle Patzer vergessen sind.

VI

Das Glanzstück der Deutschen Alpenstraße ist 86 Kilometer lang. Es beginnt in Bernau beim Gasthof Alter Wirt, in dem am 26. Oktober 1504 der Kaiser Maximilian I. (im Landshuter Erbfolgekrieg) auf seinem Kreuzzug gegen die Festung Marquartstein übernachtete. Der triumphale Abschluß führt, bis zuletzt als B 305, über Grassau durch das Tal der Tiroler Ache, durch Wälder und grünes, buckliges Voralpenland nach Reit im Winkl vor der Kulisse des Wilden Kaisers.

Nun senkt sich die Straße nach Inzell. Ruhpolding mit Night-Club, Pils-Pub, Mode-Stadl und Dr. Degener-Promenade bleibt links liegen. Die Straße versinkt in der Weißenbachschlucht und wird nun, bei Gefälle und Steigungen von 10 und 11 Prozent, von Biegung zu Biegung hinter dem Schneizlreuther Talboden und zwischen den Felswänden der Reiter Alpe und des Lattengebirges immer alpiner. Über dem Horizont ragen die Berchtesgadener Berge mit Watzmann und Hochkalter, bis in der Tiefe unter der Südwand der Reiteralm das Tal von Ramsau liegt.

Auf den letzten Kilometern rafft die Deutsche Alpenstraße noch einmal all den goldenen Überfluß dieser Bergwelt an sich, verläuft zwischen senkrechten Wänden, am Ufer von Gletscherbächen, passiert den Felsentunnel des Ramsauer Tors und folgt der Ramsauer Ache bis zum Bahnhofsplatz von Berchtesgaden. Das ist der offizielle Schlußpunkt. Genaugenommen geht die Straße aber mit 10prozentigem Gefälle in Richtung Salzburg noch ein bißchen weiter, vorbei an der Berchtesgadener Schnitzschule, an der Brauerei, am Salzbergwerk und quer über den Marktplatz von Marktschellenberg. Zuletzt heißt sie dann noch einmal Hauptstraße.

Zwischen den Schlagbäumen des deutschen und österreichischen Zolls, in der düsteren Schlucht am Hangendenstein, ist die Deutsche Alpenstraße zu Ende.

Hans Eckart Rübesamen
Bergsteiger in der Welt des Watzmann

Unter den drei Lokalheiligen des Berchtesgadener Landes bietet aus der Sicht des Fremdenverkehrs nur einer Anlaß zu reiner Freude: Ludwig Ganghofer, der unverwüstliche Bestseller-Autor in Deutschlands Leihbüchereien. Das treuherzige Image, das der Alpenwinkel im Südosten der Bundesrepublik seinen Romanen (»Die Martinsklause«, »Der Klosterjäger« und »Schloß Hubertus«) verdankt, ist mit keinem noch so stolzen Werbeetat aufzuwiegen. Als stummer, doch einflußreicher Gast sitzt der bayerische Balzac nicht selten mit am Tisch, wenn die Familie ihre Dispositionen für die nächste Urlaubsreise trifft. Die Kurdirektion, ihrem literarischen Werbehelfer zu tiefem Dank verpflichtet, bedient sich gern des honorarfreien Slogans, den Ganghofer eigens für sie erfunden haben könnte: »Herr, wen Du lieb hast, den lässest Du fallen in dieses Land!«

Mit Sicherheit hat Ganghofer dabei nicht an Hitler und seine Vasallen gedacht, die ja erst später in dieses Land gefallen sind und ihm zu weltweiter Publizität »verholfen« haben. Insbesondere bei den Amerikanern, die vom Obersalzberg nicht lassen können, obgleich dort kaum noch Originales und wirklich nichts Interessantes zu sehen ist. Die Deutschen dagegen, selbst wenn sie noch von Autobahn und Arbeitsdienst schwärmen sollten, zeigen nur mehr wenig Interesse, die Jungen gar keines. So braucht offiziell gar nicht erst verdrängt zu werden, was schon längst in der Mülldeponie der Weltgeschichte verschwunden ist.

Um so heftiger wogte der Streit der Meinungen jahrelang um den Lokalheiligen Nummer drei, den Watzmann – genauer darüber, ob man eine Seilbahn auf den fotogenen Haus- und Renommierberg bauen solle oder nicht. Die dafür waren, sprachen in schöner Bescheidenheit nur von der »Falzköpflbahn«. Denn die geplante Anlage solle, so hieß es, den Gipfel unangetastet lassen und auf 2000 Meter Höhe, beim Watzmannhaus, enden. Die Gegner auf der anderen Seite sahen in der Bahn, die ja innerhalb des Naturschutzgebietes und Nationalparks gefahren wäre, einen weiteren räuberischen Eingriff in die Natur und argwöhnten zudem, daß die Bahn, allen Beteuerungen zum Trotz, eines Tages doch bis zum Gipfel verlängert werden würde.

Jetzt ruht der Streit, den zunächst einmal die »Grünen« für sich entscheiden konnten. Doch bei der Dickköpfigkeit mancher Bahnverfechter wäre es nicht verwunderlich, wenn er irgendwann einmal von neuem losbräche – vielleicht nachdem sich eine sprudelnde Kapitalquelle hat erschließen lassen, an der es zur Zeit ohnehin fehlt.

Wer auch nur einmal klaren Auges gesehen hat, wie der Watzmann mit »Frau« und fünf »Kindern« das Berchtesgadener Land überragt (die Sage erzählt vom hartherzigen König Waze, der zur Strafe für seine Grausamkeiten samt Familie versteinerte), wird Verständnis dafür haben, daß dieses beherrschende Massiv die Phantasie beschäftigt und Emotionen wecken kann. Der Watzmann, 2713 Meter hoch, ist eben nicht allein einer der höchsten Gipfel in den Bayerischen Alpen, nur noch von der Zugspitze und ihren Trabanten übertroffen, er ist vor allem der markanteste. Auf seine Weise spielt er in Berchtesgaden die gleiche dominierende Rolle wie das Matterhorn in Zermatt, der Eiger in Grindelwald. Und so hat er auf die Menschen zu seinen Füßen gewirkt wie die Mächtigen immer schon: furchterregend und anziehend zugleich – bis schließlich die Anziehungskraft überwog. Das Hocheck, die am leichtesten zu ersteigende Nordspitze des dreigipfeligen Hauptberges, trug bereits zu Beginn des 19. Jahrhunderts Bildstöcke und Kreuze und war ein vielbesuchter Wallfahrtsplatz.

Die Alpinisten kamen erst nach den Wallfahrern, säumten nun aber nicht, das Watzmann-Massiv von allen Seiten zu besteigen, nach immer neuen Zugängen zu suchen. Das 19. Jahrhundert ist ja das Zeitalter der großen Pioniertaten in den Alpen: im Wallis, im Berner Oberland und in den Dolomiten so gut wie im Berchtesgadener Land. Am Watzmann blieb lange Zeit nur eine Seite ausgespart: die Ostwand über dem idyllisch gelegenen St. Bartholomä. Sie wirkt nicht nur – auf den ersten Blick – gewaltig, sie ist gewaltig: mit fast 1900 Metern die höchste Felswand der Ostalpen und die dritthöchste in den Alpen überhaupt; furchterregend, atemraubend für alle, die sich ihr zu nähern wagen.

Eines Tages aber mußte auch die Ostwand »fallen«, wie es in der dramatischen Diktion jener Jahre hieß. Am 6. Mai 1881 konnte der Wiener Hochtourist Otto Schück seinem Bergführer ins Tourenbuch schreiben: »Unter Führung des Johann Grill bestieg ich heute den Watzmann von St. Bartholomä am Königssee durch das Eistal« – eine bescheidene Feststellung für eine der spektakulärsten Erstbesteigungen der Zeit. Herr Schück ist denn auch, zu Unrecht, schnell in Vergessenheit geraten. Sein Führer Grill indessen, der Kederbacher genannt, hat sich einen festen Platz in der Ahnengalerie der großen Bergführer gesichert. Fünfzigmal stand er auf Viertausendern, damals eine gewaltige Leistung, und noch im Alter von 57 Jahren hat er innerhalb von zwei Wochen zweimal die Ostwand durchstiegen.

Der vierte Durchsteigungsversuch, im Jahr 1890, forderte das erste Opfer. Der Todessturz des Berchtesgadener Bergführers Christian Schöllhorn hatte zur Folge, daß Bergführern der Einstieg in die Ostwand untersagt wurde. Das Verbot ist im Jahr 1909 wieder aufgehoben worden. Mittlerweile hat sich die Zahl der Toten in der Ostwand auf 94 erhöht – fast die doppelte Zahl der Opfer, welche die Eiger-Nordwand (»Mordwand«) verlangt hat, wie der Alpin-Experte Toni Hiebeler feststellt. Dabei sind unterdessen »leichtere« Routen gefunden worden als die von den Erstbesteigern bewältigten. Brauchten Schück und der Kederbacher noch 14½ Stunden, so ist die Ostwand bei guten Verhältnissen heute in fünf bis acht Stunden zu durchsteigen.

Jahr für Jahr versuchten sich mehr Bergsteiger an der Wand. 1952 wurde von Mitgliedern der Bergwacht und der Münchner Alpenvereinssektion Bayerland in mühsamer freiwilliger Arbeit auf 2300 Meter Höhe eine »Biwakschachtel« in der Ostwand errichtet, ein winziges Hüttchen, aus Flugzeugtragflächen montiert, in dem bis zu sechs Personen Platz finden und das schon manchem, der seine Kräfte überschätzt hatte, das Leben gerettet haben mag. Geringschätzig begannen die »Extremen« unter den Kletterern vom Massentourismus in der Ostwand zu sprechen und sich anderen Zielen zuzuwenden.

Der Nimbus der Watzmann-Ostwand wirkt heute vorzugsweise auf die schifferlfahrenden Ausflügler auf dem Königssee, die Spaziergänger in St. Bartholomä, die sich bis zur ehemaligen »Eiskapelle« vorwagen, die Wanderer im Nationalpark, die mit herrlichen Einblicken in die Wand belohnt werden. Doch die extremen Kletterer, die mit fortschreitender Perfektion von Technik und Ausrüstung immer noch größere Herausforderungen suchen, brauchen nicht »auszuwandern«. Da ist zum Beispiel der langgezogene Untersberg, der das Berchtesgadener Land wie ein mächtiger Riegel nach Norden abschließt. Seine Schauseite ist die Südostflanke über der Berchtesgadener Ache mit Geiereck, Berchtesgadener und Salzburger Hochthron, durch deren senkrechte, stark zerklüftete Wände sich äußerst schwierige, wenn auch kurze Kletterrouten ziehen.

Nach Westen – Richtung Reichenhall – hinausgeschoben ist der Block der Reiteralpe, auch sie wie der Untersberg ein typisches Tafelgebirge. Das Hochplateau, im nördlichen Teil mit Wiesen und Zirbenwäldern bedeckt, im Süden mit weitläufigen, zuweilen labyrinthisch wirkenden Karrenfeldern, wird von markanten Randgipfeln umrahmt, deren Wände steil abfallen. Einige der schwierigsten Klettertouren in den Berchtesgadener Alpen sind die Südabstürze der kühn aufragenden Mühlsturzhörner und Grundübelhörner, die sich vom Tal der Ramsau aus höchst eindrucksvoll präsentieren.

Es liegt in der Natur der Sache, daß sich der Alpinismus zunächst einmal an den Spitzenleistungen orientiert. Sie sind es, die ins Auge fallen, sie sind die Höhepunkte im Leben dessen, der nach Erfolg und Selbstbestätigung strebt. Doch die Berchtesgadener Alpen stellen nicht nur ein Aktionsgebiet für Ausnahme-Bergsteiger dar. Auch der »durchschnittliche« Alpinist findet hier ein weites Feld, das er in allen Richtungen nach Belieben, Ausdauer und Können durchstreifen kann, stets in engem Kontakt mit einer ursprünglichen, einzigartigen Bergnatur.

Da ist einmal, östlich des Königssees, der Göllstock mit dem Hohen Göll, dem Hausberg Nummer zwei von Berchtesgaden; der mächtige Felsklotz schaut in fast jedes Haus hinein. Es gibt hier Anstiege aller Schwierigkeitsgrade. Doch auch die einfacheren Routen erfordern Bergerfahrung. Dann das Steinerne Meer im südlichsten Teil der Berchtesgadener Alpen, dessen helle Karrenfelder wie die Wellen eines erstarrten Ozeans schimmern. Felsige Rippen und Rinnen, Buckel und Mulden bilden die Hochfläche aus Dachsteinkalk, die von oft bescheiden wirkenden, nach Süden jedoch in mächtigen Wandfluchten abbrechenden Gipfeln umrahmt wird.

Und da ist schließlich der einzige nennenswerte Gletscher auf deutschem Boden, der 1000 Meter lange und 250 Meter breite Blaueisgletscher in der Hochkaltergruppe, spaltenreich und extrem steil. Alle Hochtouren und Überschreitungen in dieser Gruppe sind ernste Unternehmungen, nur etwas für Alpinisten mit Erfahrung in Fels und Eis. Das gilt besonders für die klassische Route am Hochkalter, die »Blaueisumrahmung«, an der nur ein guter Kletterer mit sehr guter Kondition seine Freude hat. Kein Zweifel: Die Berchtesgadener Alpen sind das vielseitigste und abwechslungsreichste Gebirge in den Bayerischen Alpen.

Carl-Albrecht v. Treuenfels
Die beiden Nationalparke: Bayerischer Wald und Berchtesgaden

Hätte Bayern eine Meeresküste, so gäbe es im Freistaat wohl jegliche Art von Naturraum, der sich in Mitteleuropa findet. Doch auch ohne rollende See, Schlickwatt und breiten Sandstrand verfügt das größte Bundesland über eine derartige Vielfalt von Landschaftsformen, freilebenden Tier- und Pflanzenarten, daß kaum eines der anderen Länder der Bundesrepublik Deutschland sich damit vergleichen kann.

Da sind die Alpen, eine einzigartige großräumige Naturlandschaft, an der allerdings zunehmend die »Erschließung« durch Zersiedelung und Fremdenverkehr nagt. Da sind gleich mehrere Mittelgebirge verschiedenen erdgeschichtlichen Ursprungs und somit voneinander abweichender Prägung: der Bayerische Wald, die Fränkische Alb, die Röhn und – zu Teilen – das Fichtelgebirge, der Spessart, der Odenwald sowie die Schwäbische Alb. Selbst ein Ausläufer des Thüringer Waldes nordöstlich von Coburg gehört zu Bayern. Von den großen bergigen Waldgebieten ist noch der Steigerwald zu nennen.

Mit der Zahl der Berge und Wälder konkurriert die der Flüsse, die sich durch Bayern ziehen und dazu beigetragen haben, unterschiedlichste Landschaftsformen auszubilden: die Donau mit ihren – arg zusammengeschrumpften – Auwäldern, der Inn und die Isar mit ihren kiesigen Schotterbänken und -ufern, der Main mit seinen vielen Windungen. Nicht nur Altmühl, Fränkische Saale, Iller, Lech, Naab, Tauber und Regen fließen durch recht unterschiedlich strukturierte Landstriche: Jeder Fluß hat sich im Verlauf langer Zeitabschnitte sein besonders reizvolles Bett geschaffen.

Von den bayerischen Seen sind vor allem jene bekannt, die mehr dem Fremdenverkehr dienen: Ammersee, Starnberger See, Tegernsee, Chiemsee und Königssee. Doch gibt es auf den rund 70 500 Quadratkilometern Bayerns (zum Vergleich: die Bundesrepublik umfaßt gut 356 000 Quadratkilometer) eine Vielzahl mittlerer und kleinerer Wasserflächen, auf und an denen es ruhiger zugeht. Nicht wenige stehen unter Natur- oder wenigstens Landschaftsschutz. Manche haben einen schützenden Moorgürtel. Die bekanntesten Moore, in Bayern auch Moose und Filze genannt, sind ebenfalls diejenigen, an deren ohnehin nur noch klägliche Restflächen endgültig zerstörende Hand angelegt wird. Bestes Beispiel ist das Erdinger Moos, in dem der noch bis nach seiner Fertigstellung im Jahr 1992 umstrittene Großflughafen für München erbaut wurde.

Ziemlich genau ein Drittel der bayerischen Staatsfläche ist mit Wald bedeckt, doch daraus zu schließen, hier gäbe es noch unendlich viel ursprüngliche Natur, wäre falsch. Der überwiegende Teil von Wäldern, Seen und Flußtälern ist wirtschaftlich genutzt, ganz zu schweigen von den intensiv bearbeiteten Feldfluren. Letzte ursprüngliche Naturräume werden auch in Bayern nicht besser behandelt als im übrigen Deutschland: Selbst eine so einmalige Landschaft wie das Altmühltal wurde hier dem Bau des Rhein-Main-Donau-Kanals geopfert. Am 31. Dezember 1990 standen in Bayern 1,58 Prozent der Landesfläche unter Naturschutz; die Schutzgebiete in den Alpen machen dabei den wesentlichen Anteil aus. Damit lag der Freistaat unter dem Bundesdurchschnitt von 1,91 Prozent. (Im Stadtstaat Hamburg waren es sogar 3,7 Prozent.) Nach Meinung von Naturschutzfachleuten müßten es in Bayern mindestens 5 Prozent sein, um natürliche Lebensgemeinschaften zu erhalten.

Immerhin konnte der Freistaat aber für viele Jahre als einziges Bundesland mit zwei Besonderheiten aufwarten, bevor 1985 Schleswig-Holstein und danach weitere Bundesländer mit vergleichbaren Einrichtungen folgten: Die beiden Nationalparke Bayerns waren in Deutschland die Vorreiter für acht weitere bis 1993. Sie sind weit über Bayerns Grenzen hinaus bekannt geworden. Der Bayerische Wald als der ältere und Berchtesgaden, der größere, ziehen von Jahr zu Jahr mehr Besucher an.

Die beiden ersten deutschen Nationalparke – der eine im Mittelgebirge, der andere im Hochgebirge – eignen sich gut dazu, Bayerns Tier- und Pflanzenwelt kennenzulernen: Extreme wie auch normale klimatische Verhältnisse, verschiedenste Bodenformationen und landschaftliche Kontraste, eine artenreiche und an unterschiedliche Lebensräume angepaßte Fauna und Flora mit seltensten Vertretern – in den beiden Nationalparks spiegelt sich ein vielfältiges Bild bayerischer Natur wider. Wenn die Gebiete auch noch weit entfernt vom Idealzustand sich selbst überlassener Naturlebensräume sind, so zeigt sich an ihnen doch immerhin das Bemühen, die Natur nicht überall und ausschließlich zu »vermarkten«, sondern sie zumindest auf kleinen Flächen um ihrer selbst willen zu erhalten und kommenden Generationen zu vererben.

Der Naturschutz ist dann auch Sinn und Zweck Nummer eins der bayerischen Nationalparke. Außerdem sollen sie aber auch der Forschung, der Bildung und der Erholung dienen. So heißt es in Artikel 8 des Bayerischen Naturschutzgesetzes vom 27. Juli 1973 u.a.: »Nationalparke dienen vornehmlich der Erhaltung und wissenschaftlichen Beobachtung natürlicher und naturnaher Lebensgemeinschaften sowie eines möglichst artenreichen heimischen Tier- und Pflanzenbestandes. Sie bezwecken keine wirtschaftliche Nutzung. Nationalparke sind der Bevölkerung zu Bildungs- und Erholungszwecken zu erschließen, soweit es der Schutzzweck erlaubt.« Als am 7. Oktober 1970 der »Nationalpark Bayerischer Wald« feierlich eröffnet wurde, ging nicht nur ein jahrelanges Tauziehen zwischen Befürwortern und Gegnern zu Ende, sondern es wurde auch endlich eine recht alte Idee verwirklicht. Bereits kurz nach der Jahrhundertwende waren erste Vorschläge für einen Nationalpark aufgetaucht, nachdem in den USA im Jahr 1872 mit dem *Yellowstone National Park* die erste Einrichtung dieser Art auf der Erde geschaffen worden war. Die deutschen Pläne richteten sich auf ein Gebiet im Böhmerwald, denn damals verliefen die Grenzen noch anders. Zwischen 1930 und 1940 nahmen modifizierte Planungen bereits Gestalt an, aber der Weltkrieg machte alle zunichte. Heute erstreckt sich der Park über gut 13 000 Hektar. Das sind knapp 7 Prozent des größten zusammenhängenden Waldgebietes in Mitteleuropa, das sich über mehr als 2000 Quadratkilometer (200 000 Hektar) beiderseits der bayerisch-tschechischen Grenze bis nach Österreich hinzieht. Der »größere« östliche Teil dieses Grenzgebirges ist der Böhmerwald, Schauplatz und Hintergrund vieler Lieder, Gedichte und Erzählungen.

Der Park mit den beiden Bergen Großer Rachel (mit 1453 Metern der höchste Berg im Nationalpark und nach dem Großen Arber, 1456 Meter, der zweithöchste im Bayerischen Wald) und Lusen (1373 Meter) grenzt im Norden an die Tschechische Republik und findet dort gewissermaßen seine Fortsetzung im großen Landschaftsschutzgebiet Sumava, von dessen 1630 Quadratkilometern ein Teil ebenfalls in einen Nationalpark umgewandelt wird.

Auf eine »Speisekammerfunktion« der in weiten Bereichen noch ursprünglicheren Wälder auf tschechischer Seite hofften denn anfangs auch besonders die Wildbiologen und Naturfreunde für den Nationalpark Bayerischer Wald. Die damals stark gesicherte Grenze war selbst für größere Tiere nämlich noch durchlässig. Gleich im ersten Winter nach der Eröffnung fand sich auch prompt ein Luchs im Gebiet des Rachelsees ein. Mittlerweile hält sich im Bayerischen Wald ständig eine kleine Population von vier bis zehn der pinselohrigen Raubkatzen auf, unabhängig von denen, die in der Gehegezone von Besuchern besichtigt werden können. Freilebende Luchse sind selbst dort eine Sensation, denn der letzte wurde im Jahr 1846 im Bayerischen Wald geschossen. Damit war die Art westlich des Böhmerwaldes für mehr als 120 Jahre ausgerottet.

Luchs, Bär, Wolf, Wisent, Adler und Uhu in undurchdringlichen Urwäldern mit dreihundert bis vierhundert Jahre alten Baumveteranen – wer diese Vorstellung vom Nationalpark Bayerischer Wald hat, wenn er ihn zum ersten Mal besucht, der wird gewaltig enttäuscht sein. Jahrhundertelang ist der Wald genutzt worden. Zunächst »plenterartig« mal hier, mal dort von den Anwohnern und von den Glashütten. Seit etwa 1850 vom Staat nach genauen forstwirtschaftlichen Richtlinien. Und so fährt der Besucher nach dem Passieren der geschnitzten Namenstafel auf gut ausgebauter Straße zunächst durch einen Wirtschaftswald, wie er ihn auch woanders sehen kann. Bäume, überwiegend Fichten, reihen sich altersgleich und in ebenmäßigen Abständen aneinander. Je höher es geht, desto eher wird schon mal Ungleiches sichtbar. Doch wer annähernd einen Eindruck davon bekommen will, wie ein europäischer Urwald einmal ausgesehen hat und wie er hier vielleicht in hundert bis zweihundert Jahren wieder großflächiger wachsen wird, der muß sich auf die Wanderschaft begeben.

In den Tallagen des Parks, immer noch etwa 700 Meter über dem Meeresspiegel, bilden einzelne Hochmoore besonders eindrucksvolle Landschaften. Da ihre Oberfläche durch eine ständig wachsende Torfschicht vom nährstoffreichen Grundwasser abgeschnitten ist, können auf ihr nur Pflanzen gedeihen, die sich mit Regen oder Schmelzwasser zufriedengeben. Mit durchschnittlich rund 1100 Millimetern in den Tallagen und 1800 bis 2000 in den Hochlagen pro Jahr gibt es zwar reichlich Regen und Schnee, doch bringen sie keine Nahrung in Form von Mineralien, Spurenelementen, natürlichem Dünger. So hat sich auf den Hochmooren eine besonders anspruchslose Pflanzengesellschaft angesiedelt. Wegen häufiger Strahlungsfröste, die selbst im Juni noch für Bodenfrost sorgen können, muß alles, was hier wächst, zudem recht robust sein. Derart ungünstigen Bedingungen ist nur die flach

wurzelnde Fichte an den Moorrändern und Fluß-
ufern sowie – auf dem Moor selbst – die Bergkie-
fer gewachsen. Diese gibt es hier aufrecht als Spir-
ke und liegend als Latsche. Wo es der saure Boden zuläßt, kommen auch Moorbirken hoch. Diese lockeren Baumansammlungen der Talauen
werden Au-Fichtenwälder genannt. Wo sie ungestört gedeihen, bringen sie urwüchsige tiefkro-
nige Baumpersönlichkeiten hervor.
Den wenigen Baumarten in den Moorauen entspricht eine nicht sehr reichhaltige übrige Flora.
Neben einer Reihe von Torfmoosen gedeiht auf
den Hochmooren von den Blütenpflanzen die
Heidelbeere mit am besten. Sie dient – neben der
Moosbeere, den Knospen und Nadeln von Fichte und Kiefer sowie den Knospen der Birke – den
dort lebenden letzten Birkhühnern als Nahrung.
Der Bestand dieser schönen Rauhfußhühner, Ver-
wandte der ebenfalls im Bayerischen Wald heimischen Auer- und Haselhühner, ist so zusam-
mengeschrumpft, daß ihr Überleben dort sehr
fraglich ist. Zur rapiden Abnahme hat außer der
Kultivierung naturnaher Flächen, außer der zunehmenden Beunruhigung der Reviere und
der Erschließung der Landschaft nicht zuletzt
auch die noch bis vor kurzer Zeit übliche starke
Entwässerung der Moore beigetragen. Heute versucht die in Grafenau ansässige Parkverwaltung,
die letzten Moore in ihrem Einflußbereich zu re-
generieren: Gräben werden nicht mehr geräumt,
und durch ein Begehungsverbot wird der tritt-
empfindliche Moosboden geschützt.
Wo das Gelände an den Moor- und Talrändern
ansteigt, geht der Au-Fichtenwald in den Bergmischwald über. Er breitet sich bergwärts bis auf
eine Höhe von 1150 Meter aus, dann wird er vom
Bergfichtenwald abgelöst. Der Bergmischwald
macht mit über 60 Prozent den größten Anteil des
zu 98 Prozent bewaldeten Nationalparks aus.
Dank der besseren klimatischen Verhältnisse an
den Berghängen und dank des an Mineralien reichen (und kalkarmen) Bodens gedeihen hier vielerlei Pflanzen. Noch um 1850 wies der Bergmischwald ein nahezu ideales Verhältnis der drei
charakteristischen Baumarten untereinander auf:
41 Prozent Fichte, 34 Prozent Buche, 24 Prozent
Tanne und ein Prozent andere Laubhölzer, wie
Berg- und Spitzahorn, Bergulme, Esche, Sommer-
linde und Eibe. An den feuchten Graben- und
Bachrändern sowie bei den Quellen wachsen
auch heute noch Aspe, Erle, Salweide und Vogelbeere. 80 Prozent dieser Waldgesellschaft galten
damals noch als Urwald.

Als 1970 eine Waldinventur gemacht wurde, um
den Zustand zu Beginn der neuen »Nationalpark-
epoche« festzuhalten, kamen erschreckende Er-
gebnisse zutage: Der Anteil der Tanne war unter
4 Prozent gefallen, die Buche war nur mehr mit
27 Prozent vertreten. Die Fichte hingegen hatte
sich um mehr als die Hälfte auf 68 Prozent vermehrt. Nicht nur die Zusammensetzung hatte
sich ungünstig verändert, sondern auch die Altersstruktur. Zeichnete sich der ursprüngliche
Bergmischwald durch Bäume im Alter von einem
bis zu mehr als 400 Jahren aus, so überwogen im
Gründungsjahr des Parks die jüngeren Jahrgän-
ge bis zu 100 Jahren. Sie standen überdies in »Al-
tersklassenwäldern« beisammen und nicht – wie
es bei der Naturverjüngung der Fall ist – im al-
tersmäßig abgestuften »Plenterwald«.
Um die Voraussetzungen für den geplanten Idealzustand zu schaffen, auf den noch viele Generationen hinarbeiten müssen, waren in den ersten
zehn Jahren Maßnahmen nötig, die sich in einem
echten Nationalpark eigentlich verbieten: Eine
große Zahl von Bäumen mußte gefällt und viele
Hirsche und Rehe mußten geschossen werden.
Diese Eingriffe wurden nicht einhellig begrüßt,
und über den Holzeinschlag, der in Zukunft – mit
abnehmender Tendenz – fortgesetzt werden soll,
gehen die Meinungen weiterhin auseinander.
Doch die Tanne kann sich nur wieder ausbreiten,
wenn sie in Schutz genommen wird. Da sie wegen ihrer harzfreien und nährstoffreichen Nadeln
vom Rot- und Rehwild mit Vorliebe verbissen
wird, und da besonders die Rothirsche mit über
500 Tieren im Parkbereich viel zu zahlreich waren, wurde ihr Bestand auf 150 Tiere verringert.
Um sie in der an natürlicher Äsung armen Zeit
vom Wald fernzuhalten und damit die Tannen zu
schonen, wird das Rotwild seitdem im Herbst ru-
delweise in zwei jeweils etwa 35 Hektar große
Wintergatter getrieben, wo man es bis zum April
mit Futter versorgt.
Auch die Fichten bedurften einer starken Regu-
lierung. Dadurch sollte Platz für die so stark zu-
rückgefallenen Arten Tanne und Buche geschaffen werden, sollte anfangs auch ein staatseigenes
Sägewerk in Betrieb bleiben, sollte sich die öffentliche Kasse füllen. Nicht jeder, dem die Idee des
Nationalparks ernst ist, hatte Verständnis dafür,
daß bis 1982 jährlich im Durchschnitt zwischen
40 000 und 50 000 Festmeter Holz geerntet wurden. Wo doch ein Urwald gerade von totem Holz
lebt, dessen Anteil unter natürlichen Verhältnissen bis zu 30 Prozent der gesamten »Biomasse«

ausmachen kann. Zwar war auch bereits in den ersten zehn Jahren seines Bestehens im Nationalpark der Jahreseinschlag um die Hälfte geringer als der auf rund 100 000 Festmeter geschätzte jährliche Zuwachs, doch konnte erst in den achtziger Jahren die Hiebmenge entscheidend zurückgenommen werden. 1993 fielen nur noch rund 2500 Festmeter an, aber nicht wegen der Holzgewinnung, sondern wegen der Anlage eines 500 Meter breiten »Kahlstreifens« zum Schutz vor Borkenkäfern entlang der Grenzen zu benachbartem Privatwald. Im Park selbst können sich die Borkenkäfer als Teil des natürlichen Systems frei entfalten. Dieser Erfolg für den Naturschutz ist in erster Linie das Verdienst des langjährigen Nationalparkleiters Dr. Hans Bibelriether.

Viel Geduld ist erforderlich, wenn ein – außerdem noch zunehmend durch »sauren Regen« geschädigter – Zivilisationswald in einen Urwald rückverwandelt werden soll. Es gibt indes von Anfang an in einigen Teilen des Nationalparks auf kleinen Flächen naturnahen Bergmischwald, wie er im übrigen Deutschland kaum mehr zu sehen ist. Besonders in schwer zugänglichen Gebieten, in denen das Holz früher nicht oder nur unter allergrößten Mühen einzuschlagen und abzutransportieren war. So ist die Umgebung des Rachelsees, der auf 1071 Metern in einem ehemaligen Gletscherkar liegt, weitgehend verschont geblieben und früh unter Schutz gestellt worden. Sie gilt heute als der urwaldähnlichste Bereich des Bergmischwaldes im Park. Dort stehen noch Baumriesen von 50 Meter Höhe und mit Stämmen von 40 bis 50 Festmeter Masse, der zehnfachen Menge dessen, was ein normaler »Wirtschaftsbaum« liefert.

Knapp 100 Meter oberhalb des Rachelsees beginnt eine neue Waldzone. Auf einer Höhe zwischen 1150 und 1200 Metern Höhe wird das Klima so rauh, fällt im Winter so viel Schnee (der auch lange liegenbleibt), daß hier fast ausnahmslos wetterharte Fichten überleben. Der einzige Laubbaum, der sich vereinzelt halten kann, ist die frostbeständige Eberesche (Vogelbeere). »Bergfichtenwald« wird diese dritte spezielle Waldgesellschaft genannt. Sie hat im Nationalpark durchwegs die urwüchsige Form bewahrt. In gewisser Weise bildet sie ein Gegenstück zum Au-Fichtenwald der Täler. Hier oben sind die Fichten noch stärker mit Flechten und Moosen bewachsen, ihre Gestalt ist noch knorriger, die Altersstruktur noch weiter gefächert. Die Stämme, sofern sie nicht geknickt sind, laufen in spitzen Kronen aus und

sind oft bis auf den Boden hinab beastet. Die Zweige weisen nach unten, so daß der Schnee daran abrutschen kann. Dennoch gibt es – neben den Sturmopfern – viel Schneebruch. So fällt im Bergfichtenwald, der auf dem steinigen Boden ohnehin nur lückenhaft wächst, viel totes und gesplittertes Holz an. Auf solchen Resten fassen junge Bäume Fuß, von denen es etliche schaffen, in dieser »Kampfwaldzone« älter als 300 Jahre zu werden.

In den weitgehend ungestörten Lagen des Bergfichtenwaldes lebt eine Reihe von Tierarten, von denen allerdings die meisten im Herbst ihren Standort talwärts verlegen oder – wie die Vögel – südwärts ziehen.

Wesentlich belebter ist der Bergmischwald. Je vielseitiger er im Altersaufbau und in der Zusammensetzung der Baumarten ist, desto mehr Tierarten siedeln sich dort an. Je naturnäher der Wald, desto lichtdurchlässiger wird er. Dadurch kann sich eine reiche Bodenflora entwickeln, die das Spektrum ökologischer Voraussetzungen ebenso erweitert wie morsches Holz.

Als Anzeiger für intakte ursprüngliche Lebensräume, »Bio-Indikatoren«, gelten selten gewordene Waldhuhn-, Eulen- und Spechtarten. Der Weißrückenspecht, mit weniger als zehn Paaren eine Rarität unter den fünf im Nationalpark vertretenen Arten, braucht abgestorbene Laubbäume zum Leben. Der größte der Sippe, der Schwarzspecht, bevorzugt für die Anlage seiner Bruthöhle ebenfalls Laubbäume, besonders alte Buchenstämme. Bei der Nahrungssuche bevorzugt er Nadelholz, das im Kern faul und damit die Lebensstätte vieler Ameisen und Kerbtiere ist. Überwiegend an Laubbäume ist auch der mit 25 Zentimetern etwa halb so große Grauspecht gebunden. Er findet seine Nahrung am Erdboden. Eine andere ökologische Nische hat der Dreizehenspecht besetzt, indem er sich auf trockenes und morsches Fichtenholz spezialisiert hat. Er kommt daher auch im Bergfichtenwald vor. Zwischen zwei und drei Dutzend Paare leben im Gebiet des Nationalparks. Am anpassungsfähigsten und daher am häufigsten ist der Buntspecht.

Spechte sind – abgesehen davon, daß sie manches Insekt an zu großer Ausbreitung hindern – lebenswichtige Quartierbereiter für andere Tiere. Im Nationalpark profitieren von ihrer Meißelarbeit neben allerlei Säugetieren, wie Fledermäusen, Sieben- und Gartenschläfern, Haselmäusen und Baummardern, auch andere Gefiederte, wie die Hohltaube und zwei besonders seltene Eulen: der Sperlingskauz, seinem Namen gemäß der David unter den Eulen hierzulande, und der um die Hälfte größere Rauhfußkauz. Der auch tagsüber Singvögel, Mäuse und Insekten jagende Sperlingskauz bezieht die Höhlen von Bunt-, Dreizehen- und Weißrückenspecht. Der Rauhfußkauz, Wappenvogel des Nationalparks und mit etwa 25 Paaren dort vertreten, richtet sich in den verlassenen Nestern des Schwarzspechtes ein.

Für zwei Großeulen, die aus dem Gebiet völlig verschwunden waren, gibt es im Park ein besonderes Wiederansiedlungsprogramm: den Uhu und den Habichtskauz. Nach wiederholter Auswilderung von in Gefangenschaft aufgezogenen Jungvögeln kann man sie hier und da beobachten. Es ist gelungen, den Habichtskauz, der in der nahen Tschechei regelmäßig nistet, als Brutvogel wieder heimisch zu machen.

Gezüchtet werden auch Auerhühner, um deren Bestand im Nationalpark die Naturschützer, Biologen und Forstleute ebenfalls fürchten, nachdem nur noch weniger als 50 Vögel gezählt wurden. Das große Waldhuhn – die bis gut sechs Kilogramm schweren Hähne imponieren im Frühling durch ihr Balzzeremoniell – kann nur in gemischten Altholzbeständen mit guter Lichtdurchlässigkeit überleben. Vom Frühjahr bis zum Herbst ernähren sich die gewaltigen Vögel vornehmlich von dem, was der Boden bereitstellt: Blätter, Triebe, Knospen und Beeren sowie Insekten; für die Jungen sind die Waldameisen wichtig.

Ebenso entscheidend wie der richtige Waldaufbau mit der entsprechenden Bodenvegetation und Lichtungen zum hindernisfreien Fliegen ist die Ruhe im Revier der Auerhühner. Nachdem im Winter und Frühjahr immer mehr Störungen durch Skilangläufer in den letzten Refugien verursacht worden waren, hatte die Parkverwaltung 1982 zunächst ein 2600 Hektar großes Auerwildschutzgebiet ausgewiesen. Seit 1987 gilt auf einer Fläche von rund 6000 Hektar außerhalb von Wegen ein absolutes Betretungsverbot. Mit dieser Maßnahme, mit der laufenden Verbesserung der Waldstruktur und mit der Auswilderung von Junghühnern in geeigneten Biotopen kann vielleicht eine neue Zukunft für den Urhahn im Nationalpark beginnen. Mehr Ruhe und »wildere« Wälder kommen auch dem kleinsten der Wildhühner zugute: Das heimische Haselhuhn soll noch recht häufig vorkommen. Wollte man alle im Bergmischwald des Parks lebenden Tierarten aufführen, so müßte man Seite um Seite füllen. Neben unzähligen Insekten und etlichen Amphi-

bien kommen hier und in den angrenzenden Gebieten allein fast 100 der rund 230 in Deutschland brütenden Vogelarten vor. Viele stehen auf der »Roten Liste« der bedrohten Arten.

Auch die Zahl der Säugetiere ist nicht gerade klein. Neben dem Rotwild, das im Bayerischen Wald zwischen 1820 und 1870 ausgerottet war, neben Rehen und Hasen, deren Dichte wegen hoher Schneelagen und niedriger Temperatur (in Tallagen durchschnittlich 7 Grad, in den Hochlagen zwischen 3 und 4 Grad Celsius) nie sonderlich hoch war, gibt es eine Reihe von Beutegreifern: die schon erwähnten Luchse, ebenfalls wenige Exemplare ihrer kleineren Verwandten, der Wildkatzen (über deren Wiederansiedlung es Anfang der siebziger Jahre viel Streit gab), Dachs, Fuchs, Baum- und Steinmarder und Hermelin. Freilebende Fischotter treten trotz schwieriger Bedingungen wieder in geringer Zahl auf. Früher konnte der heutzutage zu den seltensten Säugetieren Europas zählende »Wassermarder« von den Bergbächen in die Talgewässer ausweichen, wenn bei steigendem Säuregehalt des Wassers zur Schneeschmelze die Bachforellen, Neunaugen und Koppen ebenfalls talwärts zogen. Doch heute gibt es in den tieferen Lagen kaum noch saubere Wasserläufe. Uferverbauungen, Sperren und Verrohrungen haben ein übriges bewirkt, um Fischen und Ottern ein Weiterleben unmöglich zu machen. Mit den Fischen verschwanden auch Muscheln, Krebse und manche der ans Wasser gebundenen Kleinsäuger wie Spitzmäuse, von denen der Otter ebenfalls lebt.

Bär und Wolf, gemeinsam mit dem Luchs einst die »Spitzenregulatoren« des Schalenwildes, wurden im vergangenen Jahrhundert im Bayerischen Wald ausgerottet. (Der letzte Wolf wurde 1846 geschossen, der letzte Bär 1854.) Obwohl einem Rudel Wölfe von Fachleuten im Bayerischen Wald eine gute Überlebenschance eingeräumt wird und sich damit das Rotwildproblem von selbst lösen würde, bleiben sie wohl für alle Zeiten auf die Gehegezonen beschränkt. Zu groß ist die unbegründete Angst vor dem »bösen Wolf« – die sich nach dem Ausbruch von acht Gehegewölfen Anfang 1976 zur Hysterie bei einem Teil der Bevölkerung, der Politiker und der Presse steigerte. Gerade die jahrelangen Beobachtungen an Wölfen im Nationalpark Bayerischer Wald durch den Verhaltensforscher Dr. Erik Ziemen haben bewiesen, daß freilebende Wölfe Menschen nicht gefährlich werden. Sowenig wie Wolf und Bär wieder gezielt angesiedelt werden, so gering ist die Aussicht, das einzig noch lebende europäische Wildrind im Bayerischen Wald in freier Wildbahn zu sehen. Wisente, in einem großräumigen Gatter in kleiner Herde untergebracht, waren im Mittelgebirge früher wohl auch nur in den Tallagen zu Hause.

Daß der Bayerische Wald auf einem – uralten – Gebirge wächst, wird dem Wanderer auf Schritt und Tritt durch viel verwittertes Gestein bewußt. Zwar war der bayerisch-böhmische Gebirgszug schon vor rund 600 000 Jahren im Relief ausgeformt, doch haben danach acht aufeinanderfolgende Eiszeiten Spuren hinterlassen. Besonders eindrucksvoll sind diese auf dem baumfreien Gipfel des Lusen, wo gewaltige, durch Frostsprengung entstandene Felsblöcke wie auf einer großen Abraumhalde übereinanderliegen.

Es gäbe noch viel zu berichten über den Nationalpark Bayerischer Wald: über den mühevollen Abbau der Gegensätze von Schutz und Nutzung (von den 13 000 Hektar wurden während der ersten zehn Jahre lediglich 4000 Hektar forstlich nicht bearbeitet; seit 1994 ruht bis auf den erwähnten Grenzstreifen zum Schutz benachbarter Privatwälder vor Borkenkäferbefall die Holznutzung), über die rund hundert Forschungsprojekte, über das 1982 eröffnete Informationszentrum und über die lehrreichen Einrichtungen für die Besucher. Nicht zu vergessen wäre dabei auch der gewaltige Anstieg des Fremdenverkehrs, den die Gemeinden im und am Bayerischen Wald dem Nationalpark zu verdanken haben.

Aber wenden wir uns dem anderen, dem jüngeren Nationalpark in Bayern zu: Bevor der 210 Quadratkilometer umfassende »Nationalpark Berchtesgaden« zusammen mit seinem nördlichen Vorfeld, dem 250 Quadratkilometer großen »Alpenpark«, am 1. August 1978 gegründet war, hatte es – mehr noch als beim Bayerischen Wald – heftige Auseinandersetzungen gegeben. Obwohl sich seine Flächen weitgehend über unzugängliche und wirtschaftlich wertlose Gebirgslagen erstrecken, bedurfte es jahrelanger Bemühungen, sowohl Behörden- und Amtsvertreter als auch die Inhaber privater Rechte von der Notwendigkeit eines neuen großräumigen Schutzkonzeptes zu überzeugen. Neben der Forstverwaltung waren da die Bauern, die noch Almwirtschaft betrieben oder ihr Vieh aufgrund jahrhundertealter Rechte im Wald weiden durften. Da gab es Rechte auf Holznutzung, auf Jagd, auf Fischerei, auf das Brennen von Meisterwurz- und Enzianschnaps und auf die dazugehörige Ernte der

entsprechenden Wurzeln. Da existierten Pläne für die Erschließung von Skigebieten, für den Bau von Bergbahnen. Viele Bewohner des Berchtesgadener Landes, die vom Fremdenverkehr leben, befürchteten Einschränkungen für ihre Gäste. Andere erhofften sich vom Nationalpark einen weiteren Aufschwung. Unter den Befürwortern befanden sich prominente Kenner des Gebietes, die einen langfristigen Schutz dieser einmaligen Landschaft und statt der sonst üblichen Investitionen in die Wirtschaftsstruktur ausnahmsweise einmal Investitionen zur Verbesserung der Naturstruktur erwarteten. Denn: Obwohl der Bereich des heutigen Nationalparks mit einer unbedeutenden Abweichung an seiner Nordgrenze schon seit 1921 als Naturschutzgebiet (und seit 1910 auf 8300 Hektar als Pflanzenschonbezirk) ausgewiesen war, gab es immer wieder zum Teil schwerwiegende Eingriffe in den Kreislauf der Natur, fehlte vor allem ein Gesamtkonzept für die Erhaltung der Landschaft, von Fauna und Flora um Watzmann und Königssee. So schreibt denn auch die »Verordnung über den Alpen- und den Nationalpark Berchtesgaden« vom 18. Juli 1978 die Ausarbeitung eines Nationalparkplanes vor. Hauptinhalt eines solchen Planes sind die Naturschutzziele, doch wird die Parkverwaltung bei deren Durchsetzung noch für lange Zeit mit Kompromissen leben müssen.

Wie im Bayerischen Wald so ist auch im Nationalpark Berchtesgaden der Wald in weiten Teilen durch den Menschen völlig aus dem natürlichen Gleichgewicht geraten. Der ursprüngliche Wald sähe so aus: Zwischen 500 und 800 Metern Höhe Laubwald, überwiegend durch die Buche gekennzeichnet und mit wenig Anteil von Fichte und Tanne. Zwischen 800 und 1400 Metern etwa Bergmischwald (Buche, Tanne, Fichte und sporadisch einige andere Arten), wobei die Fichte mit steigender Höhe zunimmt. Von 1400 bis 1800 Metern sollten im subalpinen Nadelwald Fichten, Lärchen und Zirbeln überwiegen, die oberhalb der Waldgrenze von den Latschenfeldern abgelöst werden. Doch es sieht anders aus: Rodungen zur Gewinnung von Almweideflächen, Kahlschläge für Brennholz (in früheren Zeiten insbesondere für die Saline von Reichenhall), die Waldweide und übermäßige Rotwildhege für Jagdzwecke haben den Wald jahrhundertelang in seiner Entwicklung beeinträchtigt.

So fielen allein 600 Hektar den Almen zum Opfer. Einst waren es rund 100, 1993 wurden noch 23 bewirtschaftet. Die neben der sommerlichen

Viehhaltung auf den Almwiesen betriebene Waldweidewirtschaft, sie erfaßt rund 2700 Hektar, läßt auch heute noch kaum einen Baum älter als fünf oder zehn Jahre werden. Die Rinder, schlimmer noch Schafe und Ziegen, fressen alle jungen Pflanzen, mit Vorliebe die belaubten. Vorausgesetzt, sie sind nicht schon vom Rotwild »verbissen« und damit vernichtet worden. Die Waldweiderechte blieben vorerst bestehen, doch sollen sie – nach Maßgabe der Verordnung – »ehemöglichst bereinigt« werden. Das Rotwild wurde von über 600 auf etwa 250 Tiere reduziert; statt früher elf Fütterungen gibt es nur mehr vier.

Wie im Bayerischen Wald so sollen auch im Nationalpark Berchtesgaden mittel- und langfristige Maßnahmen eine Umwandlung des Bergmischwaldes herbeiführen. Knapp 40 Prozent der Parkfläche sind bewaldet, und davon wiederum nicht ganz 30 Prozent, nämlich etwa 2500 Hektar, sind in eine »Waldpflegezone« einbezogen. Rund 20 Prozent der Parkfläche werden wohl auch in absehbarer Zeit nicht vollkommen sich selbst überlassen bleiben, wie es sich für einen echten und endgültigen Nationalpark gehörte. Von den verbliebenen 80 Prozent entfällt der größte Teil ohnehin auf Fels, Schuttflächen, alpine Matten, Latschen- und Grünerlenfelder sowie kaum zugängliche Teile des subalpinen Nadelwaldes. Wenn auch die 20 Prozent zu den produktivsten Biotopen gehören, so siedelt im übrigen Bereich ebenfalls eine vielfältige, häufig allerdings weit verstreute Tier- und Pflanzenwelt. Der besondere Artenreichtum gerade der Flora in diesem Abschnitt, der geologisch zu den Kalkalpen zählt, hat mehrere Gründe: Zum einen haben sich während der Eiszeiten in den Ostalpen, an deren westlichem Rand der Nationalpark liegt, mehr Pflanzen behaupten können als in den höheren Westalpen. Auch die Wiederbesiedlung nach dem Abschmelzen erfolgte im Osten schneller, da es hier nicht so große Gletscher gab wie im Westen. Zum anderen treffen im Bereich des Nationalparks Einflüsse des atlantischen und (im Süden) des kontinentalen Klimas zusammen. Darüber hinaus machen sich die großen Höhenunterschiede bemerkbar: Zwischen 540 Metern (Berchtesgaden) und 2700 Metern (Großer Watzmann) gibt es unzählige Standort- und Klimavarianten für Alpenveilchen, Alpen- und Schneerosen, Zwergprimel, Enzian, Edelweiß und viele, viele andere. Die unterschiedlichen Biotope des Nationalparks mit seinen vier Gebirgsstöcken Reiteralpe, Hochkar, Watzmann und Hagen-

gebirge (westlicher Teil) sowie den sie jeweils trennenden Tälern Hirschbichl, Wimbach und Königssee sind außerdem durch ungleiche Steinstrukturen und -ursprünge gekennzeichnet.

Was die Tiere betrifft, so sind die meisten der heute noch in den Alpen heimischen Arten hier zu Hause: Gams, Alpensteinbock (ca. 60 bis 80 Tiere im Gebiet der Röth und der Teufelshörner, wo einige in den dreißiger Jahren ausgesetzt wurden), Rot- und Rehwild, Alpenschnee- und Feldhase, Alpenmurmeltier, Auer- und Alpenschneehuhn, Steinadler, Kolkrabe und Alpendohle, um nur einige der größeren zu nennen.

Einst waren es wesentlich mehr. So ist überliefert, daß allein der Fischmeister von Bartholomä am Königssee Mitte des 17. Jahrhunderts 127 Bartgeier (Lämmergeier) und sein Nachfolger 25 Bären erbeutet hat. Manche Landschaftsbezeichnungen zeugen noch heute vom Großwildreichtum vergangener Zeiten. Einige der ausgerotteten Arten sollen erneut angesiedelt werden. Mit Unterstützung des World Wildlife Fund for Nature – WWF – hat 1982 ein Projekt begonnen, das den Gänsegeier im Berchtesgadener Land wieder heimisch machen soll. Der größere Bartgeier kommt mit der Hilfe eines alpenweiten Wiederansiedlungsprogramms vielleicht von selbst. Ebenso wie der Luchs, der sich in den letzten Jahren immer häufiger als »Grenzgänger« zeigt.

Doch solange die Bundeswehr ihre stundenlangen Flugübungen mit Hubschraubern mitten im Nationalpark absolviert, solange es kaum Weggebote gibt, solange auf den Almwiesen noch Herbizide ausgebracht, Enzianwurzeln für Brennzwecke ausgegraben werden dürfen und solange die Waldnutzung und Viehhaltung in den Bergen des Nationalparks nicht weiter drastisch eingeschränkt und eines Tages aufgegeben wird und andere naturschutzwidrige Belastungen wie etwa die Bekämpfung des Borkenkäfers nicht aufhören, so lange wird ein echter Nationalpark auf sich warten lassen.

Die Aufnahme in das UNESCO-Programm »Man and Biosphere« (MAB) und die Erklärung zum Biosphärenreservat einschließlich des Vorfeldes helfen dem einen oder anderen Politiker vielleicht zu der Einsicht, daß mehr als bisher getan werden muß, um internationalen Naturschutzkriterien zu genügen. Vornehmlich mit Hilfe des angesehenen Begriffs Geld verdienen zu wollen, zahlt sich auf Dauer nicht aus.

Paul Otto Schulz
An der weiß-blauen Donau: Von Ulm bis Passau

Ein Phantomjäger vom NATO-Flugplatz Neuburg a. d. Donau überfliegt die bayerische Flußstrecke Ulm–Passau in 20 Minuten. Sie ist 365 Kilometer lang. Die Mündung der Donau am Schwarzen Meer würde das Flugzeug von der deutschen Grenze erst in zwei Stunden erreichen. Es müßte 2223 Kilometer zurücklegen. Und noch vor wenigen Jahren hätte es nach Österreich die Ufer von sechs sozialistischen Staaten einschließlich der UdSSR passieren müssen. Auch nach dem Fall des Ostblocks ist dieses Rechenexempel reine Theorie, es soll nur die geographischen und machtpolitischen Dimensionen des zweitlängsten europäischen Stromes vor Augen führen.

Doch die Donau beginnt nicht bei Ulm, sondern – ja, wo? Entweder 251,5 Kilometer weiter aufwärts, bei Donaueschingen, oder gar 300 Kilometer, kurz oberhalb des Schwarzwälder Uhren-Städtchens Furtwangen. Um die Ortsbestimmung der Donauquelle entfesselte das Innenministerium von Baden-Württemberg eine überflüssige Kontroverse, die allerdings erwähnenswert ist, weil sie auf Landkarten und in Schulbüchern ihren Niederschlag finden wird. Amtlich soll der Donaueschinger Schloßbrunnen als Donauquelle bezeichnet werden. Das hieße, dem Furtwanger Quelltopf dieses auch touristisch attraktive Prädikat abzusprechen. Nach international anerkannter Geographieregel gilt jedoch als Ursprung eines Flusses – so er keiner zentralen Quelle entspringt – der längste seiner Quellflüsse: Das ist in diesem Fall die Breg mit ihren 48,5 Kilometern, die Brigach mißt 5,5 Kilometer weniger. Unterhalb von Donaueschingen vereinigen sich beide. Der Quellendiskurs wird die vielen Schülergenerationen eingepaukte Eselsbrücke nicht einstürzen lassen: »Brigach und Breg bringen die Donau zuweg.«

Ein Flüßchen wird zum Fluß, wenn es Arbeit zu leisten vermag. Von der Illermündung an, zwei Kilometer oberhalb Ulms, wird die Donau schiffbar: für Sportboote und kleine Motorschiffe, einst für die »Ulmer Schachtel«. Die hölzernen Flachkähne – Ordinarischiffe, Zillen oder Plätten genannt – beförderten neben dem Ruhm der alten Reichsstadt, die mit ihrem Münster den höchsten Kirchturm der Welt (161 Meter) ihr eigen nennt, Handelsgüter, aber auch Auswanderer in die Donauländer und selbst Truppen, als Türkenheere Wien bedrohten. Die Schiffahrt der Schachteln blühte Jahrhunderte, bis die Eisenbahn sie aus dem Rennen warf.

Ein Stück dieser Schiffer- und Flößertradition vermochte die Ulmer »Gesellschaft der Donaufreunde« wieder ins Leben zu rufen. Alljährlich im Sommer legt sie mit ein oder zwei fachmännischen Rekonstruktionen vor der malerischen Stadtmauer ihres zünftigen Quartiers an der Blaumündung ab zu einer völkerverbindenden Vergnügungsfahrt, die sie zu festlichen Empfängen nach Wien, Budapest und Belgrad führt. Den Elementen sind sie nicht so hilflos ausgesetzt wie ihre Altvordern: Ihre Schachteln sind mit einem Außenbordmotor von 85 PS ausgerüstet, die Strömung wurde durch Wehre und Staustufen gezähmt, gefährliche Untiefen sind behoben, die Ufer begradigt – geschlafen wird nicht in der Deckhütte, sondern in Hotels. Zurück bringt sie die Eisenbahn; ihre Schiffe, zerlegt, begleiten die Heimfahrer in Containern.

Da hatten es ihre tüchtigen Vorbilder nicht so bequem. Plätten, die sie nicht unten als Brennholz verkauften, wurden, mit neuen Waren und Passagieren, in Geleitzügen von Pferdegespannen in zeitraubender und halsbrecherischer Weise flußauf »getreidelt«. Manch Schiff und Mann gingen dabei perdü. Die »Wasserreuter« bildeten eine verwegene Truppe. Sie nahmen den untersten Rang der Schiffsleute ein. »Sperrts Deandln ei, d'Wasserreuter kemman!« Dieser Schreckensruf war in Dörfern zu hören, wo immer sie rasteten. In einem alten Reisebericht heißt es: ». . . ich wußte auf einige Augenblicke nicht mehr, ob ich im Lande der Irokesen oder unter Deutschen wäre, so verwildert fand ich ihre Gestalt, und so unverständlich ihre Sprache.«

Ein Herr Kyselak, der 1825 mit einem Ordinarischiff nach Wien reiste, schildert die Reiter noch grimmiger: »Sie kümmern sich . . . wenig um Leben oder Tod ihres Nebenmannes. Reißt der Strom einen oder mehrere hinab, oder schleudert der Faden, wie man das Zugseil auch nennt, Pferd und Reiter über den Hufschlag [den Treidelpfad] hinaus, so ist man nur besorgt, den Strick, woran der Verunglückte hängt, rasch abzuhauen, und die übrigen Pferde, um das Schiff nicht zu gefährden, nur um so hitziger anzutreiben.« »Gib di, Loisl!« riefen sie, wenn der Ertrinkende um Hilfe schrie. Man fischte nur dessen Hut heraus – er sollte Glück bringen.

Auch die Schiffmeister waren von grobem Holz. »Tuat's die Hüat runter und bet's, sonst kimm' i euch!« Diese herzhafte Aufforderung zum Gebet wird dem sogenannten schwarzen Hörndl aus einer Wöhrder – also Regensburger – Schifferdynastie von einem vornehmen Hofmeister nachgesagt ... Es war Sitte, vor der Abreise Gottes Segen zu erflehen.

Dagegen nimmt sich der Schlachtruf der »Donaufreunde« – »Ulma Spatza, Wassaratza!« – regelrecht zivil aus, und er ist noch nicht ganz verhallt, da haben sie schon die Landesgrenze überquert: Sie verläuft hier in der Mitte des Flusses, der kaum breiter als 40 Meter ist. Drüben liegt Bayerns schwäbischer Teil, sichtbar vor allem durch das seit 1811 bayerische Neu-Ulm, das mit dem baden-württembergischen Ulm eine sehr vorteilhafte wirtschaftliche und kulturelle Symbiose eingegangen ist. Lästerzungen behaupten, das Schönste an Neu-Ulm sei der Blick auf Ulm.

Eine Flußfahrt ist lustig, zuweilen auch romantisch. Denn noch gibt es die Ausblicke, auf die Carl Friedrich von Weizsäckers Ausruf zutrifft: »Wie herrlich sind alte Kulturlandschaften!« Wir passieren Leipheim mit seinem charaktervollen Stadtbild, Günzburg mit Dominikus Zimmermanns Frauenkirche und das Atomkraftwerk Gundremmingen – den ersten Dämpfer für Donauromantiker. Gundelfingen folgt, das noch Reste der Stadtbefestigung aufweist. Der 53 Meter hohe Schimmelturm markiert Lauingen, Dillingen rückt heran, überragt vom ehemaligen bischöflichen Barockschloß, dann Höchstädt mit seiner spätmittelalterlichen Pfarrkirche und dem Schloß.

Berühmt wurde Höchstädt durch die »Völkerschlacht« am 13. August 1704, auch nach Blindheim (Blenheim) benannt, die den Verlauf des Spanischen Erbfolgekrieges entscheidend beeinflußte. Das bayerisch-französische Heer wurde von den Kaiserlichen unter Prinz Eugen und den Engländern unter dem Herzog von Marlborough geschlagen. Kurfürst Maximilian II. Emanuel, der in den Türkenkriegen als »der Blaue König« (wie ihn die Muslime wegen der Farbe seines Rocks nannten) manchen Sieg erfocht, verlor seine Streitmacht und schied damit aus der europäischen Politik von Rang aus. Marlborough wurde von seiner dankbaren Königin mit einem Palast beschenkt: Blenheim Palace, in dem Winston Churchill, ein direkter Nachkomme des Herzogs, geboren wurde. Churchill besuchte das Schlachtfeld zweimal ... Ein kleiner Ort mit weltgeschichtlichen Reminiszenzen: Blindheim.

Linker Hand begleitet ein Höhenzug den Flußlauf, leicht gewellte Ausläufer der Schwäbischen Alb, rechts dehnt sich das Donauried, ein flaches Wiesen- und Ackerland, gelegentlich von Pappelwäldchen bestanden. Die Donau biegt in einer scharfen Rechtskurve ab, in der zwei Nebenflüsse aus der Ebene einmünden: die Zusam und die Schmutter. Auf dem ansteigenden linken Ufer erhebt sich breit Donauwörth. Um 1300 war es eine bedeutende Handelsstadt, kreuzt hier doch die wichtige Nord-Süd-Achse Nürnberg–Augsburg den Fluß. Donauwörth ist der Grenzort an der »Dreistammesecke« Schwaben, Franken, Bayern. Der Lech, der nur wenig weiter abwärts einmündet, ist die Trennlinie zwischen dem schwäbischen und bayrischen Dialekt, aber auch zwischen der Spätzle- und Knödelküche, er ist es freilich »fließend«. Die Stadt wurde 1945 zerbombt, inzwischen wieder vorbildlich aufgebaut, es gibt vieles von der alten Pracht zu besichtigen, zum Beispiel die Reichsstraße und die barocke Hl. Kreuz-Kirche.

Nach zehn Kilometern etwa das Barockschlößchen Leitheim, von dessen Anhöhe man einen Fernblick über die Ebene nach Süden genießt. Im 1751 ausgemalten Festsaal veranstaltet Baron Tucher, der Schloßherr, erlesene Kammerkonzerte – ein musischer Akt der Revitalisierung.

Die Ufer rücken zusammen, nun steigt rechts eine Höhe an, ein Jurabuckel, darauf thront die Oberstadt Neuburgs. Schon prähistorisch besiedelt, dann waren Römer ansässig. Hier war ein Herzoghof, ein Königshof, um 800 ein früher Bischofssitz, doch endlich, und darauf stützt Neuburg noch immer sein Prestige, die Residenz des Pfalzgrafen Ottheinrich von Pfalz-Neuburg, dem späteren Kurfürsten von der Pfalz in Heidelberg. Sein Schloß mit dem Arkadenhof ist durchaus imponierend, und die Schloßkapelle mit Fresken von 1543 ist das älteste Beispiel evangelischer Kirchenausstattung in Altbayern. Die Vielfalt Neuburger Architektur ist ein verlockendes Reiseziel.

Hinter der Stadt dehnt sich das Donaumoos, eine seit 1790 kultivierte Moorlandschaft, die in Flußnähe nun zusehends zersiedelt wird. Ingolstadt ist nahe, kündigt sich an durch die beiden übereck gestellten Turmklötze des Münsters (ab 1425), das als größte spätgotische Hallenkirche Bayerns gilt, »Zur schönen, unser lieben Frau«. Es folgen die Moritzkirche, der archaische »Herzogkasten«, Restbau des Alten Schlosses, und dann das stattliche Wehrschloß Ludwig VII. des »Gebarteten«. Er war Herzog von Bayern-Ingolstadt, Bruder der französischen Königin Isabeau, Erzieher und Onkel des späteren Königs Charles VII., den die Jungfrau von Orleans in Reims zur Krönung führen sollte. Ludwigs Anspruch auf Eleganz prägte das alte Ingolstadt. Der Ausbau zur bayerischen »Schanz'« fügte im 19. Jahrhundert klassizistische Festungswerke im Rund- und Polygonalsystem hinzu, von denen viele erhalten sind.

Man kann Ingolstadt nicht verlassen, ohne sich im Armeemuseum, das im Neuen Schloß eingerichtet ist, durch die exotische Türkenbeute an den »Blauen König« erinnern zu lassen. Von den 30 000 Bayern, die an seinen Feldzügen teilnahmen, kam kaum einer zurück: Wer nicht gefallen war, verhungerte oder verdarb in den Winterquartieren. Hat dieser Volksheld seine Soldaten im Stich gelassen, »verheizt«?

Ein zweiter Gang ist erforderlich, der uns zum ehemaligen Betsaal der Jesuitenkongregation »Sta. Maria de Victoria« führt – und weitere Visiten nach sich ziehen wird. Zunächst die »Lepanto-Monstranz« in der Sakristei, der spektakulärste Kriegsbericht vom Seesieg Juan d'Austrias über die Türken 1571 en miniature. Berichterstatter war der Augsburger Goldschmied Johann Zeckl, er benötigte für seine Schlachtbeschreibung für 991 Gulden Gold und Silber und 30 Jahre seines Lebens. Es war ein Sieg des Glaubens – die heidnische Gefahr war fürs erste gebannt – und ein Sieg eines Sohnes aus der Nachbarstadt Regensburg. Juan war der Sohn Kaiser Karls V. und der Bürgertochter Barbara Blomberg. Noch etwas gibt es hier zu sehen: das bescheidene von Kugel zerschrammte Vortragkreuz des kaiserlichen Feldherrn Tilly (Nachfolger des unglücklichen Wallenstein), der bei Rain schwer verwundet wurde und in Ingolstadt 1632 verschied. Und dann tritt man in den Betsaal und ist bestürzt, überwältigt, entflammt: Maria die Siegreiche – der Superlativ des schwelgerischen Madonnenkultes des Rokoko! Die ausführenden Künstler: die Gebrüder Asam, Cosmas Damian, der Maler, und Egid Quirin, der Stukkateur. Was sie entfesselten, ist in der modernen Profansprache ein »echter Trip«. Sie waren Raumgestalter, Ausstatter, Bühnenbildner, Regisseure: sie machten aus Kirchen und Kapellen ein sinnliches, ekstatisches Theatrum sanctum, inszenierten mit den Heiligen ein himmlisches Theater. Die Stätten ihres Wirkens sind an den nun folgenden altbayrischen Ufern das Kloster Weltenburg, die Klosterkirche St. Emmeram in Regensburg, die Straubinger Ursulinenkirche und die ehemalige Klosterkirche von Osterhofen.

Ingolstadt ist auf unserer Fahrt die erste bedeutende bayerische Industriestadt (vor allem Auto-produktion). Seine Potenz als Energiespender am Schnittpunkt dreier Pipelines demonstriert es besonders nachts den Kraftfahrern auf der Autobahn, die hier den Fluß kreuzen, mit seinen Crack-Anlagen und Raffinerien, eine jede hochgetürmt und mit Lichtern bestückt wie ein Little Manhattan. Ein Ballungszentrum entstand wie an Rhein und Ruhr. Die Essen mischen sich bereits unter die Hopfenplantagen der Holledau.

Aber noch einmal triumphiert die Natur! Nach Vohburg, Pförring, Neustadt, Bad Gögging – Orte wie aus einem Bauernroman – folgt das Dörfchen Eining mit Resten eines römischen Castrum über dem stillen Altwasser, und dann der Weltenburger Donaudurchbruch: Es ist eine Landschaft mit dem Diplom des Europarats. In einem fünf Kilometer langen Tal, gesäumt von fast 70 Meter hohen Kalkfelsen, überwindet der Strom den Fränkischen Jura. Auf den Höhen Wälder, darin verborgen der Wall einer keltischen Fluchtburg. Vor dem »Canyon« das Kloster mit der Asamkirche und dem guten Klosterbier für das leibliche Wohl. Es ist betriebsam hier wie an einem Wallfahrtsort. Hinter der Schlucht, deren grandiose Szenerie man am besten von Bord eines der weißen Ausflugdampfer betrachtet, liegt Kelheim mit seinen Mauern, Torbauten und Türmen und seinem für altbayrische Gründungen typischen rechteckigen Marktplatz, wie man ihn auch in Straubing und Deggendorf sieht. Der Ort profitierte bisher von den Touristen, die den Michelsberg zur Befreiungshalle (1842–63 errichtet zur Erinnerung an die Siege über Napoleon, Bauherr König Ludwig I.) ersteigen, immerhin 350 000 Besucher im Jahr. Zudem wünschte der Bürgermeister sich einen Großhafen: Aus Kelheims Lage an der Mündung der Altmühl ergab sich eine »Standortverbesserung« durch den Bau des Rhein-Main-Donau-Kanals, den Umweltschützer, Wirtschaftler und selbst Minister einen Skandal nannten.

Im »Garten des Menschlichen« des Philosophen und Physikers Carl Friedrich von Weizsäcker heißt es: »Eine Menschheit, die die Schönheit des Landschaftsgleichgewichts als ökonomisch belanglos mißachtet und zerstört, eine solche Menschheit ist verrückt. Sie begeht damit fast stets auch einen ökonomischen Fehler, der sich als Fehler erweist, wenn es zu spät ist. Natürlich sage ich nicht, der Mensch dürfe die Natur nicht verändern. Das wäre absurd. Aber der Schönheitssinn ist ihm mitgegeben, um auch seine eigenen Werke mit einem anderen Maßstab zu messen als dem Maßstab dessen, was er in der Verblendung des im Augenblick lebenden Ich für nützlich hält.« Und in diesem Fall ist selbst die Nützlichkeit kein überzeugendes Alibi. Sie ist offensichtlich auch von Experten im voraus schlüssig weder zu beweisen noch zu bestreiten. Das zweifelhafte »Jahrhundertbauwerk« wurde 1992 seiner Bestimmung übergeben.

Von hier an trägt der Fluß die »Europaschiffe«, Lastkähne bis 1350 Tonnen, von einer Länge bis zu 80 Metern. Uferbefestigungen, Schleusenkammern, Stauwerke und Brückenhöhen sind dieser Schiffskapazität angemessen. Zum Teil ist das schon geschehen, die Schleuse bei der Römergründung Bad Abbach räumt alle Zweifel aus: Die Donau wird ein Kanal.

Mit Regensburg taucht ein Kapitel Weltgeschichte auf: Reichsunmittelbare Stadt seit 1245, die heimliche Hauptstadt des Imperiums, wenn Kaiser wie Barbarossa oder Karl V. den Reichstag einberiefen. Die Babenberger wurden hier 1156 zu Herzögen von Österreich erhoben, Wallenstein als Feldherr 1630 auf dem Regensburger Kurfürstentag abgesetzt. Als Bonaparte einzog, war es für immer mit der Reichsherrlichkeit vorbei . . . Ein wenig davon konnten jedoch die Fürsten Thurn und Taxis bis in die neunziger Jahre herüberretten.

Früh schon war Regensburg durch das Märtyrertum des Hl. Emmeram (8. Jahrhundert) ein geistliches Zentrum mit unermeßlichen Stiftungen und Wallfahrten. Der gotische Dom, im 13. Jahrhundert begonnen, ein Bauwerk höchsten Ranges, birgt wertvolle Werke sakraler Kunst, dazu ein Domschatzmuseum. Doch fast scheint es, als wären die Regensburger auf ihre römischen Mauerreste ebenso stolz. Eine Sehenswürdigkeit ist die Steinerne Brücke, erbaut im 12. Jahrhundert, und seitdem sagenumwoben. Im Schatten des würzig duftenden »Historischen Wurstkuchl« (gleich rechts neben dem ersten Brückenbogen) erholt man sich gut von einem Bummel durch die engen Altstadtgassen. Im Regensburger Hafen, dem wichtigsten deutschen Donauport (knapp 3 Mio. Tonnen 1978), geht es beschaulich zu. Hier, am nördlichsten Wendepunkt des Flusses, trog die Hoffnung auf den Rhein-Main-Donau-Kanal: Der Güterumschlag ging um die Hälfte zurück. Auf der Rangliste deutscher Binnenhäfen rangiert Regensburg etwa auf dem 20. Platz. Frachter vom Schwarzen Meer haben bis hierher eine Höhe zu erklimmen, die der des Eiffelturms entspricht.

»Regensburg liegt gar schön«, notierte Goethe auf seiner Italienreise. »Die Gegend mußte eine Stadt anlocken . . .« Mörike, der seinen Bruder auf dem Pürkelgut bei Regensburg besuchte, fand die hiesigen Verhältnisse »in vieler Beziehung sehr über meinen Erwartungen«, und er schildert diese treffliche Gegend eingehender: »Zuerst die heitere, freie Lage des Guts auf einer weiten Ebene, nördlich durch einen Höhenzug begrenzt, von welchem Walhalla mit solcher Deutlichkeit herüberschimmert, daß man die Säulen beinahe zählen kann . . . Diese schön bewachsenen Höhen . . . gehören durch den unbeschreiblich mannigfaltigen Wechsel der Beleuchtung, vornehmlich dem tiefen Blau der vorderen Partien, zum Lieblichsten, was dieser Aufenthalt darbietet.«

Der schön bewachsene Höhenzug ist der Saum des Bayerischen Waldes, der uns bis Passau begleiten wird. Die Walhalla: eine weiße Fata Morgana griechischer Klassik im satten Grün. Sie wurde von Leo von Klenze im Auftrag des Bayernkönigs Ludwig I. als Ruhmeshalle großer Deutscher errichtet (1830–42). Diese Nachbildung der Akropolis erweckt von fern betrachtet mehr Bewunderung als im Innern, zu deutlich hat mancher jene Fotografien vor Augen, auf denen großdeutsche Chauvinisten mit einem unheilschwangeren Pathos vor den 120 Marmorbüsten dem »deutschen Geist« ihre Reverenz erwiesen. Zauderer mag Gerhard Zwerenz zum Aufstieg ermutigen. Er meint, wenn es mit Hilfe der Walhalla gelänge, »Menschen hier auf die Anhöhe zu führen und ihnen durch den Blick ins Tal zu zeigen, was Natur sein kann, ist das Bauwerk gerechtfertigt«.

Das Tal, die weite Ebene – stromab schweift der Blick über das goldene Ackerland des Gäubodens. Ein sagenhafter Strupo soll dort mit seiner Sippe gehaust haben, ihm habe Straubing seinen Namen zu verdanken. Kostbar ist der Boden in der Tat: 1950 fanden Archäologen den römischen »Gäubodenschatz«, er enthielt zum Beispiel Parademasken, wie sie prachtvoller die Museen in Köln oder Mainz nicht besitzen; im Straubinger Gäubodenmuseum sind sie zu sehen und andere antike Kostbarkeiten. Populärer sind die Agnes-Bernauer-Festspiele, die man doch endlich Trauerspiele nennen sollte gemäß dem Anlaß (ein Bayernherzog ließ 1435 seine bürgerliche Schwiegertochter in der Donau ertränken), und das rauschende Gäubodenfest mit Agrarmesse. Altbayrisch ist allweil Trumpf, als hätte man hier die weiß-blauen Rauten erfunden und nicht drüben in Bogen: Die letzte Bogener Gräfin brachte 1242 diese dekorative Wappenzier als Mitgift in eine Wittelsbacher Ehe ein.

Die niederbayrische Kornkammer dehnt sich, im Spätsommer mit einem strohgelben Estrich, über die Isar bis zur Vils. Vilshofen, so lange ist es noch gar nicht her, daß es für ganz Deutschland ein politisches Stichwort war. Jeweils am Aschermittwoch, wenn die Christlich-Soziale Union sich hier vereinte, wurde der Marktflecken zum »Mekka des krachledernen Exorzismus«, wie ein Berichterstatter schrieb. Aber dann zogen die Politiker weiter, nach Passau.

Wem es bei den Bauern auf die Dauer zu bieder wird, fahre bei Deggendorf, dem Tor zum Bayerischen Wald, über die Brücke und statte zwei Berühmtheiten Visiten ab, die unvergeßlich bleiben werden, den Barockklöstern Metten und Niederaltaich. Das Prunkstück von Metten ist die von J. F. Holzinger ausgestaltete Bibliothek (1706–20), das der Nachbarabtei die Hallenkirche, deren Chor (1724–26) J. M. Fischer errichtete. Freilich mag es Mitmenschen geben, die beider Orte weniger enthusiastisch gedenken: die Schüler der Benediktiner-Internate vor den großen Ferien. – Hier und da sieht man einen Angler, Fischer ernährt der Fluß nicht mehr.

Nähern wir uns Passau auf einem schwanenfarbenen Passagierschiff des Bayerischen Lloyd. »Diese Stadt liegt höchst romantisch in einer wildschönen Gegend, die immer schöner wird, je mehr man sich ihr nähert... Noch ehe man an die Brücke kommt, erheben sich schon linker Hand rauhe Felsen, welche bis oben heran grün bewachsen sind, da denn zwischen den Bäumen die großen Felsmassen hervorsehen. Am rechten Ufer der Donau liegt die sehr schöne Stadt Passau auf einer Anhöhe...« So und so weiter schwärmte der kühle Berliner Friedrich Nicolai, der 1781 auf einer Schachtelfahrt nach Wien hier an Land ging. Es ist einiges noch mit seinen Augen zu sehen: die Altstadt, die Uferpromenade, der Dom (mit dem höchsten hochbarocken Innenraum Süddeutschlands und der größten Orgel der Welt – 17000 Pfeifen) und das »Oberhaus«, das ist die Feste der Passauer Bischöfe auf Nicolais »Felsenmassen«. Der Dom ist übrigens der Pate des Wiener Stephansdoms. Aber die Passauer Bürger wollen und müssen auch in der Jetztzeit leben, und deshalb haben sie modernisiert, erweitert, saniert und angebaut, und manches ist ihnen nur so gelungen, wie es in allen »Fußgängerzonen« unserer Städte leider ebenfalls aussieht – den Charakter ihrer Donau-Inn-Ilz-Stadt, die Stilvielfalt, den Perspektivenreichtum und die heimeligen Gassen und Plätze vermochten sie freilich trotz allen zu erhalten.

Vom Oberhaus, das fand der berühmt-gefürchtete Theaterkritiker Alfred Kerr auch, kann man diese Szenerie viel eingehender betrachten: »Alles liegt nah beieinander, nein, eng übereinander... O lebendige trotzdem feierliche Dom-, Gewölbe- und Wirtshausstadt...«

Auf den Wegen dieses hohen Ufers – von denen man einen grandiosen Panoramablick genießt – geht ein 1977 aus der DDR zugezogener Lyriker zuweilen spazieren, dem ein Gedicht einfiel, das sehr, sehr lange mit dieser Stadt und dem Strom leben wird. Reiner Kunze schrieb:

Passau sticht in See

Der dom ein
kreuzmastsegel, an dem, matrosen gleich,
steinmetze klettern

Der Schlot des Peschlbräus zeigt rauch, die kessel
stehen unter dampf

In dreier flüsse wasser zielt der bug, ein schiff
das
seenot kennt

Gleich hinter der Stadt rücken die Grenzpfähle mit dem schwarzen Adler Österreichs ans rechte Ufer; das linke bleibt noch 25 Kilometer weißblau bis zur Höhe von Engelhardtszell mit dem alten Hospiz »Cella Angelorum« der Donauwallfahrer. Bis zum Schwarzen Meer sind es von hier noch 2201,7 Stromkilometer.

Alois Fink
Immer am Rande: Niederbayern

Niederbayern – das ist vor allem der Gäuboden, das Rottal, die Hügellandschaften die Isar und den Inn hinauf, die Holledau und der Bayerische Wald. Niederbayern ist ein bayerisches und deutsches Randgebiet. Dabei geht es nicht nur um die Frage der Verkehrsverbindungen. Dieses Am-Rande-Liegen ist schon ein ganzes Stück Geschichte. Geschichte der Landschaft und Geschichte des Landes.

Geschichte der Landschaft – das wäre also die Geologie. Eine aufregende und faszinierende Sache, die sich bereits vor Millionen von Jahren abspielte. Durch sie wurde das, was heute um uns ist, in der Heimat und in der Welt, nachhaltiger bestimmt, als es die paar tausend Jahre menschlicher Geschichte konnten. Damals war unsere scheinbar so feste Erdoberfläche in einer einzigen Bewegung: Strom und Gegenstrom, Aufbäumen und Zusammensinken, Erstarrung und neues Aufbrechen. In der Eiszeit wurden die niederbayerischen Landschaften geprägt. Am Ende dieser Entwicklung ist das Feinmaterial der Alpenverwitterung mit den Schmelzwassern nach Norden getragen worden – das grobe Material blieb am Alpenrand und im Alpenvorland hängen. Das Feinmaterial also kam nach Niederbayern: Sand, Lehm und Ton. Es entstand der Löß des fruchtbaren Gäubodens südlich der Donau.

Lößgebiete sind überall auf der Erde die ältesten Siedlungsräume gewesen. Nun ist aber dieser fruchtbare Schwemm- und Lößboden Niederbayerns nicht nur eine flache Ebene. Das ganze Gebiet wurde noch von der Alpenfaltung erfaßt, so daß wie Inseln und Inselzüge die bewaldeten Hügel in der Landschaft stehen. Von Anfang an waren Ackerland und Wald, Ebene und Hügel harmonisch aufeinander abgestimmt. Eine Landschaft, die von der Donau in zwei Hälften geschieden wird: den heutigen Gäuboden im Süden und, auf der anderen Seite, im Norden, den Bayerischen Wald. Das sind nicht nur zwei Landschaftsformen, sondern zwei ganz verschiedene Vegetations- und Wirtschaftsverhältnisse, auch mit einem unterschiedlichen Menschenschlag. Zwei Zahlen über das Alter dieser Landschaft, auch wenn man damit eigentlich keine Vorstellung verbinden kann: Der Gäuboden ist etwa 50 Millionen Jahre alt; der Bayerische Wald, eines der ältesten Gebirge der Erde, rund 500 Millionen Jahre. Er ist ein wieder verwittertes Gebirge. Seine alten Gesteine enthalten nicht nur Flußspat, Graphit, Porzellanerde und Kristallschiefer, man

hat in ihnen auch kugelig-knollige Gebilde gefunden, die zu den ältesten Anzeichen von Leben auf der Erde gehören. Es ist ein immer noch problematisches Fossil, das man für eine Art Alge hält und das von phantasievollen Geologen *Eozóon Bavaricum* genannt wurde, das heißt etwa »das bayerische Morgenrötetier«. Die Höhenunterschiede der niederbayerischen Siedlungen betragen bis zu 1000 Meter, was natürlich auch klimatische Unterschiede ergibt. Der Winter im Wald dauert Monate länger als im Gäu. Ein Wald- und ein Ernteland, und vom Gäuboden aus schaut man über die hellen Flächen des Feld- und Ackerlandes über die Donau zu den dunklen Hängen des Bayerischen Waldes...

Ich hatte schon als Kind eine unbestimmte Vorstellung, daß jeder Jahreszeit, ja sogar oft gewissen Tagen einer Jahreszeit eine Farbe, ein Geruch, eine Landschaft eigentümlich sei. Für mich war der Herbst immer blau und golden; und die herbstliche Landschaft schien mir immer an unserer Donau zu liegen, an der Schwelle zwischen dem goldenen Gäu und den blauen Waldbergen. Blau und golden: jenes Blau, das ein berühmter Roman des 17. Jahrhunderts ›Sterbeblau‹ nennt. Die Musik Mozarts, Heiterkeit und Trauer – so wie der blaueste Himmel, wenn man lange hineinschaut, in seinen Tiefen fast schwarz wird. Und ein Gold, wie es das frühe Mittelalter als zeit- und raumlosen Hintergrund seiner heiligen Bilder liebte.

Die Donau verleiht diesem Lande, dem man so viel Beständigkeit und Beharrungsvermögen, auch Unbeweglichkeit nachsagt, einen merkwürdig lebendigen Akzent. Sie bedeutet nicht nur Trennung, sie führte auch zusammen, Eigenes und Fremdes. Von alters her ist die Donau eine internationale Straße, die seit der Nibelungenzeit die Menschen an den Ufern mitgeformt hat. Sie spielte eine große Rolle bei der wirtschaftlichen und kulturellen Erschließung des Südostens.

Vier Kilometer oberhalb von Passau wurde das Kachlet-Werk, ein großes Stauwerk, über die Donau gebaut. Das Wort »Kachlet« kommt von kacheln, d. h. straucheln; die Felsenriffe, die hier in der Donau waren, sind früher ungezählten Schiffern zum Verhängnis geworden. Hier mußte nach einer niederbayerischen Sage ein Fährmann den Tod übersetzen. »Und von der Stunde«, so schließt diese Sage, »brach in der Gegend von der Donau weg bis weit hinein in den Bayerischen Wald ein großes Sterben aus, die Pest, und holte alle Leute fort bis auf drei. Die Dörfer und Bauernhöfe verödeten, daß die Brennesseln zu den

Fenstern hineinwuchsen.« Die Sage hat ihren geschichtlichen Hintergrund. Um die Mitte des 14. Jahrhunderts war die Pest im Lande, eingeschleppt durch Donauschiffer aus dem Balkan. Man sagt, daß damals fast jeder dritte Niederbayer auf den Pestkarren gekommen sei. Fast alle Sagen und Geschichten zu beiden Seiten der Donau haben etwas mit dem Tod zu tun. Im Bayerischen Wald gibt es noch den Begriff »Weih'zen«, das ist das Herumirren der Seelen von Verstorbenen, und auch der Volksglaube ist noch lebendig, daß in jeder Fichte eine Waldler-Seele weiterlebte. Überall finden wir dort auch die Totenbretter: Das Brett, auf dem der Tote aufgebahrt lag, wird beschriftet mit Namen und Daten und am Wege aufgestellt. Meistens steht unten noch ein Vers, ein Nachruf oder die Schilderung des Unglücks, bei dem der Tote umkam.

Das alles erhöht nicht nur die Melancholie der Waldlandschaft: es ist vielmehr der starke Ausdruck einer Landschaft, die noch ganz und gar mythisch ist. Wenn wir jetzt noch einmal an die Sage vom Fährmann denken: Vielleicht liegt ihr nicht nur das geschichtliche Erlebnis der Pest zugrunde, die von den Schiffen ins Land kam. Es könnte sein, daß hier viel tiefer zurückgreifende Linien zutage treten, die alte Vorstellung von Charon, dem Totenfährmann der Unterwelt, etwa. Es ist eine mythische Landschaft an der Donau, in der Heidnisches und Christliches ineinander verwoben sind. Mit der Drud werden heute noch die Waldkinder geschreckt, und auch die Schrazeln, eine zwergenhafte Urbevölkerung, sind im niederbayerischen Sprachgebrauch noch weit verbreitet. Die Donau ist von gefährlichen Nixen bewohnt, eine von ihnen heißt »die raffende Rau«. Habsucht und Gier werden in den niederbayerischen Sagen immer gerächt – nicht ohne Anlaß natürlich; dafür findet ein armes und gutmütiges Bäuerlein in seinem Getreideschuppen lauter Gold. Nicht alle Sagen haben eine Tendenz, die sich ohne weiteres mit dem Christentum vereinbaren läßt: Der Obermaier von Mengkofen zum Beispiel muß am Aussatz sterben, weil er sich an seinen Feinden *nicht* gerächt hat, die ihm den Hof anzündeten. Jedenfalls hatte der Minister Graf von Montgelas, der im Sinne der gestrengen Aufklärung derlei Aberglauben in Bayern ausrotten wollte, in dieser Gegend viel Ärger. Aber die noch fast mythische Kraft der niederbayerischen Landschaft zeigt sich nicht nur in Sagen und im Volksglauben, sie zeigt sich unmittelbar dem Auge. Der breite Strom, die unabsehba-

ren Wälder – man muß einmal auf dem Arber stehen nach einem Gewitterregen und sehen, wie diese Wälder rauchen, weißdampfende Wolken über den dunklen Gründen. In solchen Augenblicken mag der Mühlhiasl aus Apoig, der »Waldprophet«, seine packenden Gesichte in die Zukunft gehabt haben.

Vom Waldland an der Donau kommen auch die ersten Darstellungen der Landschaft, die die deutsche Malerei kennt; von Wolf Huber, Ruland Frueauf, Albrecht Altdorfer und auch weniger bedeutenden Malern. Ihre Werke haben alle etwas Gemeinsames, das wir bis heute im Bereich niederbayerischer Kulturerzeugnisse finden können: eine faszinierende Verbindung von realistischer Zeichnung und visionärer Begabung, von Landschaft und mythischer Schau. Bei der Wahl der Stoffe steht Derb-Sinnliches und sogar Grausames neben legendenhafter Anmut und einer Versenkung in die Wunder von Licht und Schatten, in die Wandlungen von Stimmungen und Farben.

Die Spielfreude mit Licht und Schatten finden wir genauso bei dem Landshuter Bildschnitzer Hans Leinberger, der den naturalistischen Kern seiner Figuren noch einmal mit dem ganzen Zauber und der Ausdruckskraft der späten Gotik umgibt. Nicht anders hundert Jahre früher Stethaimer, der niederbayerische Baumeister: seine Pfeiler macht er noch schlanker, er steigert kühn die Höhe seiner Hallenkirchen und verbirgt Gerüst und Konstruktion. Seine Räume, von aller Schwere befreit, erfüllen eine Sehnsucht dieses so erdschweren Landes, sie weiten sich ins Unendliche und bringen, wie die Landschaftsmaler, Lichterlebnisse zur Wirkung, wie sie dem bayerischen Stamm erst später noch einmal gelungen sind, im Barock und Rokoko. Es ist, glaube ich, auch kein Zufall, daß innerhalb der bayerischen Barockkunst diejenigen Werke, in denen der visionäre Gehalt am stärksten zum Ausdruck kommt, in denen das Materielle am meisten ins Licht und in einen höheren Raum entrückt ist, im Donauraum stehen: die Schöpfungen der Brüder Asam in Weltenburg und Rohr. Und es zeugt für die fortwirkende Kraft dieser Landschaft, daß in ihr auch in neuerer Zeit noch künstlerische Leistungen hervorgebracht werden, in denen Realismus und Traum eine tiefe innere Verbindung haben. So steht das Werk des 1959 gestorbenen Alfred Kubin unter ganz ähnlichen Spannungen wie das der alten Meister. Neben dem heidnisch-mythischen Erbe keltischer Überlieferung lebt auch noch eine Erinnerung an das Römische, das hier jahrhundertelang seine äußerste Grenze hatte; neben dem Unheimlichen und Unendlichen die Bemühung um Ordnung und Maß. Man denke an Dichter wie Stifter, Carossa, Britting.

Es gibt wenige Landschaften, wo die Menschen noch so sehr und so direkt aus der Erde und mit der Erde leben. Im Gäuboden ist es das Getreide und andere Ackerfrucht, im Rottal Tierzucht, Obst und Ackerbau, in der Holledau der Hopfen, und im Bayerischen Wald sind es Holz, Stein und Glas. Hinzu kommt da und dort die Ausbeute von einigen Bodenschätzen. Viehzucht gibt es natürlich mehr oder weniger in allen Gebieten Niederbayerns.

Die Besiedelung des Bayerischen Waldes ging von dem alten Siedlungsgebiet an der Donau aus. Seit 450 v. Chr. sind die Kelten nachweisbar. Bis zum fünften Jahrhundert n. Chr. war die Donau Grenze des römischen Imperiums, dann brachen germanische Stämme ein, seit dem frühen sechsten Jahrhundert die landsuchenden Bajuwaren. Vom achten bis zehnten Jahrhundert sind es die Mönche der Benediktinerklöster Niederaltaich und Metten, die in den »Nordwald« eindrangen, rodeten und kultivierten. Vorher gab es nur einige wenige Saumpfade im Zusammenhang mit dem Salzhandel, die durch die finsteren und unwirtlichen Wälder führten; ein solcher Weg ist von Deggendorf aus nach Zwiesel und weiter nach Prachatitz seit dem sechsten Jahrhundert bezeugt. Nur sehr langsam und in kleinen Wellen oder besser Rinnsalen drang die Zivilisation des Südens nach Norden in die Wälder vor. Die ersten Glashütten finden wir zu Beginn des 15. Jahrhunderts fast ausschließlich in den damals noch kaum besiedelten riesigen Urwäldern um Zwiesel. Es waren Wanderhütten, die einfach weiterzogen, wenn der umliegende Wald abgeholzt war. Der letzte Bär übrigens wurde im Bayerischen Wald 1854 geschossen; allein zwei Brüder haben zwischen 1760 und 1800 in der Gegend um Zwiesel über sechzig Bären erlegt.

Die ältesten Städte waren römische Gründungen; ihren späteren Aufschwung verdanken sie alle den Wittelsbachern. Geradezu Modelle für bayerische Städtebilder sind beispielsweise Straubing, Deggendorf, Dingolfing: eine platzartig ausgeweitete Hauptstraße als Markt, frei im Zentrum das Rathaus, an zwei Seiten von Torbauten abgeschlossen.

Niederbayern mit seinen kinderreichen Bauerngeschlechtern war ein willkommenes Menschenreservoir für die Heere der Kaiser, Könige, Für-

sten und Päpste, und die Niederbayern standen hoch im Kurs. Als der Landgraf von Hessen im 18. Jahrhundert auch niederbayerische Söldner nach Amerika verkaufen wollte, verlangte er für 50 Niederbayern fast doppelt soviel wie für 50 Hessen – sogar die Preußen waren billiger.

Überhaupt kann dieser Landschaft die Geschichte nicht in irgendeinem nationalen oder sonstigen Glorienschein vorkommen. Ihre geschichtliche Erinnerung kennt fast nur Grenzkämpfe, durchziehende Heere mit Mord, Brand und Plünderung, Unterdrückung und Abhängigkeit. Geschichte und Obrigkeit wurden von jeher mehr als Verhängnis empfunden, dem man nicht entrinnen konnte. Gegen das man höchstens »aufrebelliert«. Und das vermehrt die Kontraste in der niederbayerischen Art.

So selbstverständlich weithin die Armut ist, so gern wird daneben mit dem Reichtum geprotzt, wie ja auch der niederbayerische Barock etwas Pralles und Hochfahrendes hat, daß zum Beispiel in der ehemaligen Klosterkirche »Mariae Himmelfahrt« in Aldersbach um den Thron der Dreifaltigkeit von dem Passauer Bildhauer Götz gleich 88 Engel versammelt wurden, ein richtiges Gedränge; oder daß die drei »reichen Herzöge« Bayerns die Landshuter Herzöge waren, alles das gehört zu unserem Bilde. Solche Kontraste standen nicht nur nebeneinander, wir sehen sie auch nacheinander im Auf und Ab der Zeiten. So hatte der Bayerische Wald zur Zeit Karls IV. und der anderen Böhmenkönige eine Blütezeit, vor allem durch Glasmacherei und Waffenschmieden. Die benachbarte Oberpfalz war gewissermaßen das Ruhrgebiet des Mittelalters, und daran hatte auch der übrige Wald teil. Die Glasherstellung war eine der bedeutendsten Industrien Europas. Man hatte alles beieinander, was man brauchte: Quarz und Holz für das Glas, Erz, Kohle und Wasser für die Hammerschmieden. In dieser Zeit lag der Bayerische Wald einmal nicht am Rande, wegen der Nähe des Hofes in Prag, der die Glasindustrie besonders gefördert hat. Um 1705 gab es im Wald 2000 Glashütten.

Am Ausgang des Mittelalters zogen die Erbfolge- und Bruderkriege, die das Land Bayern vierteilten, natürlich auch Niederbayern in Mitleidenschaft. Während des Dreißigjährigen Krieges soll jeder siebente niederbayerische Hof eingeäschert worden sein. 1634 kam noch einmal die große Pest ins Land und im 18. Jahrhundert furchtbare Dürre und Hungersnot. Die Volkserhebung von 1705, bei der die Oberländer mit der Sendlinger

Bauernschlacht 1705, die Unterländer erst im Januar 1706 scheiterten, hat von Niederbayern ihren Ausgang genommen.

Eigentlich hatten nur die wenigen Städte auch ihre großen Tage in der Geschichte, etwa Landshut durch den Fürstenhof und später durch die Universität, oder Straubing durch die Bedeutung seiner Kaufmannschaft und in der Gegenreformation durch die Jesuiten. Vor allem aber Passau, das durch seine alte Geschichte und durch seine reiche Kultur zur Zeit seiner Fürstbischöfe eine besondere Stellung weit über Niederbayern und Bayern hinaus hatte. Es war eine europäische Stellung. Die Geschichte des Rottals, zu dem früher noch das Innviertel im heutigen Österreich gehörte, ist besonders mit dem deutschen Südosten verbunden. Es ist Kolonisationsgebiet von Passau, wo zur Zeit des Bischofs Pilgrim (971–91) das Nibelungenlied aufgezeichnet wurde.

Es ist immer ein fragliches Unterfangen, den Menschentyp einer besonderen Region zu schildern, zum Beispiel den Charakter »des Niederbayern«, den es so allgemein natürlich gar nicht gibt. Vielleicht können wir uns behelfen, indem wir einfach aufzählen, was da alles nebeneinandersteht: Beharrungsvermögen und überraschender Ausbruch, schwerfällige Langsamkeit und gewitztes Erfassen des Vorteils, das betont Amusische und eine auffallende Musikalität, besonders im Bayerischen Wald; zähes Festhalten am Eigenen, an Menschen und Besitz und oft rücksichtslose Ausnützung der Arbeitskraft von Mensch und Tier. Sparsamkeit und Verschwendung, ruhige Überlegtheit und Rauflust, Geducktheit unter die Obrigkeit und häufige Konflikte mit den Gerichten, Großzügigkeit und Mißtrauen gegen alles Fremde. Auf jeden Fall aber ist der Niederbayer zäh, arbeitsam und tüchtig. Er hält viel aus, aber wenn es zu viel wird, ist er gefährlich. Nicht immer durch Aufbrausen oder Raufen – allein seine Zähigkeit gibt ihm die Möglichkeit eines Widerstandes, dem auf die Dauer der Gegner nicht gewachsen ist.

Die Randlage Niederbayerns und besonders des Bayerischen Waldes bringt große wirtschaftliche Probleme. Aber ein Notstandsgebiet ist der Bayerische Wald heute nicht mehr. Von großer und noch wachsender Bedeutung ist der Fremdenverkehr. Am häufigsten besucht ist wohl immer noch das Arbergebiet; man sollte aber auch den vorderen Bayerischen Wald nicht vergessen, der nicht weniger reizvoll ist. Und das Dreiburgenland, den Dreisesselberg oder das Gebiet um die Burgruine Weißenstein mit ihrem herrlichen Rundblick. Die Berge etwa von Deggendorf donauabwärts schieben sich dicht an den Strom heran, aber schon der Bogenberg ragt mit seiner Steilwand fast 116 Meter senkrecht über den Fluß, er ist der am weitesten vorgeschobene Gneis- und Granitkegel der Waldberge. Von alters her hat die steile Höhe über der Donau die Menschen angezogen.

Die Donau verleiht dieser so beharrenden Landschaft einen eigentümlichen Akzent. Man kann sich kaum einen größeren Gegensatz denken als den Gäubauern, der einem vorbeiziehenden Schiff nachschaut, und den Schiffer, der immer auf Fahrt ist. Und wo die Schiffer verkehren, an den Ankerplätzen, in den Schifferkneipen von Passau bis Regensburg, da geht der Bauer nicht hin...

Ruhig und sicher zieht so ein Schiff gegen die Strömung. Links dehnt sich die Ebene mit farbigen Feldern, Wiesen, dunklen Waldstreifen, rechts hebt sich das Land in sanften Schwellungen zu den schwarzen Waldbergen hinauf. Einen Augenblick lang ist es, als sei das Schiff fest verankert und die Landschaft habe eine große Wanderung begonnen: die Ufer fließen vorbei mit spielenden Kindern, die herüberwinken, mit den komisch-ernsten Prozessionen der Gänse und den friedlichen Kühen dahinter. Häuser und Zwiebeltürme fahren vorbei und weiße Wege.

Langsam sammelt sich das Abendlicht im Westen. Die Berge werden blaß und durchsichtig und schwimmen schwerelos davon, so wie die Orte hinter uns geblieben sind: Passau, das Kachlet, Vilshofen, Osterhofen, Niederaltaich, Deggendorf, Kloster Metten, Schloß Offenberg und die Fischer- und Bauerndörfer.

Wolfgang Buhl
Franken in der Nußschale: Die Fränkische Schweiz

Die Fränkische Schweiz ist zugänglich aus allen Richtungen der Windrose. Aus dem Süden kommt man von Gräfenberg her. Im Westen ist Forchheim die Eingangspforte, ihr festlicher Triumphbogen. Sein östliches Gegenüber ist Pegnitz. Und wenn man sich ihr von Norden nähern will, gilt es, dem Lauf der Aufseß zu folgen, wie man ihr überhaupt am natürlichsten über ihre Gewässer nahe kommt, also Püttlach und Wiesent, Trubach und Ailsbach und eben der Aufseß, an der ein großes Stück ihrer Geschichte liegt.

Jede Himmelsrichtung hat ihre Jahreszeit. Vom Süden her ist es im Frühling am schönsten. Dann schäumt dieses Stück Erde weithin im Gischt blühender Obstbäume. Eine solche Brandung gibt es hierzulande nur noch an der Bergstraße oder drüben bei der größeren Schwester unterm Elbsandsteingebirge.

Forchheim empfiehlt sich für die Eröffnung offizieller Visiten im Sommer. Pfalz und Rathaus geben dem Gast historische Anmut mit auf den Weg, hinein in den »Grund«, dem breitläufigen Tal unter der Ehrenbürg.

Zur Bayreuther Festspielzeit ist die Einfahrt von Norden anzuraten. Man wird staunen, wie wohltuend leer die Straßen hier dann sind. Die hupenden Chöre der Blechkarawanen aus ganz Nordbayern haben sich verzogen. Alles, was Zeit hat, trifft sich in Bayreuth, der Weltstadt auf Zeit.

Der Schlemmer kommt im Herbst. Er fällt von der östlichen Höhe ein. Dann liegt ihm der Sauerampfer à la Bocuse aus Pflaums Pegnitzer Posthotel nicht nur wie eine Feder im Magen, sondern die Pottensteiner Pittoreske als leuchtender Malkasten geduldig zu Füßen. Der Karpfen der Fränkischen Schweiz ist die Forelle, selbstverständlich. Und die nächste Zwischenstation also der Feiler in Muggendorf, dito.

Weil wir einmal beim Essen sind: Wer hört oder noch besser schmeckt, daß es hierorts nicht weniger als vier Kloßsorten gibt – Klöße, wohlgemerkt, und um Himmels willen nicht Knödel –, und daraus mehr auf schlaraffige als historische Ursprünge schließt, ist auf dem Holzweg. Nirgends, wahrscheinlich, wird die fragile Kunde vom Kloß so zur diffizilen Völkerscheide wie hier und damit zum Nachgeschmack allen Anfangs und Endes: Von den »Rohen« nach Thüringer Art und den »Gekochten« des fränkischen Rheingaues über die Serviettenspektakel Böhmens und des Nürnberger Umlandes schließt sich der ethnische Kreis in der zähneknackenden Gerste der »Ge-

gangenen Gekochten« eingeborener Kochkünstler, von denen es einer mit Fug und Recht sogar zu Weltruhm brachte. Dieser Herrscher im Reich des Würstchens, Johann Georg Lahner, geboren 1772 in Gasseldorf bei Ebermannstadt, Haus Nr. 49, Metzgergeselle alldort, fand auf der Walz in Frankfurt die Ingredienzien für eine Spezialität, die er alsbald in einer kleinen Selcherei in der Wiener Neustiftgasse kreierte, so daß man sie dort nicht nur »Frankfurter« und in Frankfurt »Wienerle«, sondern überall, wo man noch Sinn und Verstand für schöne Vergleiche besitzt, mögen sie noch so sehr hinken, den Walzer der Würstchen nannte. Ist das nichts? Und spiegelt es Lahners Heimat, die Kleinlandschaft des Fränkischen Jura, nicht treulicher als manches große Poetenwort?

Daß die Franken im Großen klein, im Kleinen aber desto größer seien, ist zwar altbekannt, jedoch von kaum einem nachdrücklicher betont worden als vom Schloßherrn des nur ein paar Dutzend Kilometer nördlich Gasseldorfs gelegenen Oberaufseß. Er ist verwandt mit dem Gründer des Germanischen Nationalmuseums, dem Freiherrn Hans von und zu Aufseß, den er »des Reiches ersten Konservator« nannte. Dieser schuf sein Haus, heute eines der schönsten und bedeutendsten Museen überhaupt, vor allem aus dem »Kleinkram« der Fränkischen Schweiz. Der lag im wahrsten Sinne des Wortes auf der Straße; grub doch der eifrige Sammler einmal sogar wertvolle Wiegendrucke aus, mit denen soeben Straßenschäden behoben worden waren, die wir heute Schlaglöcher nennen. Da kann sich selbst der Laie vorstellen, wie die 1500 Originalurkunden, beginnend im Jahre 905, die fast 1600 Kupferstiche und Holzschnitte, nahezu 2000 Haus-, Jagd- und Luxusgeräte und 9000 Siegel und Siegelstöcke zusammenkamen, die den Grundstock dieses Museums bilden sollten, unter der – wie könnte es anders sein – ein wenig gönnerhaften Duldung Ludwigs I. Die Fränkische Schweiz als Fundgrube einer Kultur, die lokale Begrenzung längst gesprengt hatte – wird das nicht immer wieder vergessen? Im Großen klein, im Kleinen groß zu sein – was anderes bedeutet es, als im Großen übersehen zu werden? So ist der Lauf der Welt.

Die Fränkische Schweiz ist Franken in der Nußschale. Nirgends präsentiert sich der fränkische Diminutiv typischer. Wie schrieb Elias Canetti: »Von Superlativen geht eine zerstörende Gewalt aus.« Nennt eine Landschaft, deren einziger Superlativ das genaue Gegenteil ist! 175 000 Jahre, ungefähr, hat sie auf dem Buckel, der überall seine Runzeln und Schrunden zeigt. An die 200 Burgen krönten einst die Felsen des Ritterkantons Gebürg. Fast 700 Höhlen sind wissenschaftlich erschlossen. War da nicht seit einigen hunderttausend Jahren einer tätig, der von moderner Kunst mehr versteht als mancher Moderne? Nennt jemand aus dem Stegreif einen formschöneren Tropfstein als den Streitberger »Millioner«? Wo ist Bizarreres auf die Welt gesetzt als in Tüchersfeld, dessen Häuser unter den Krempen der Dolomitfelstürme um so goldener leuchten, je länger die Schatten der Steinmorcheln werden, die sie beschützen? »Und dann das sanfte, schöne Tal in der Mitte, voll Dörfer, aus deren Hütten grauer Rauch wie Nebel stieg, die fettesten Triften, durch die sich ein kleines Flüßgen, wie ein Silberfaden durch einen grünen Teppich, dem Aug erquicklich, schlängelte.« Man sieht, da bleibt selbst dem Satiriker, in diesem Falle Georg F. Rebmann, der Spott in der Kehle stecken.

Was die Frage stellen läßt, ob das Idyll denn nicht doch eine Idee zu niedlich, die Welt in dieser Nußschale alles in allem zu heil und unberührt sei, um noch von dieser Welt zu sein, zwischen der Hast auf der Autobahn München–Berlin im Osten und dem Frankenschnellweg zwischen Nürnberg und Forchheim im Westen ein Stück natürlichen Friedens von nahezu unsäglicher Keuschheit. Sind, pardon, Asphalt und Elektrizität darin nicht beinahe Anachronismen? Nicht zufällig ist das Gerücht unausrottbar, Richard Wagner habe in Gößweinstein das Vorbild für seine Gralsburg entdeckt. Balthasar Neumanns Wallfahrtskirche Zur Heiligen Dreifaltigkeit, genau gegenüber, zeichnet ihre Laternen in einen Himmel aus blauem Glas. Trübt ihn wirklich, und das ist gar nicht so selten, das bekannte nordbayerische (nicht fränkische) Tief, so spanne man den kunstvollen der Basilika über sich aus: Schwereloser ist weiß-blaue Heiterkeit auch nicht im frommen Süden.

Übrigens Frömmigkeit. Auch da führt eine Spur vom Wiesenttal nach Wien. Friedrich Grau, Sohn eines Wagners zu Waischenfeld, in der katholischen Kontroverstheologie als *Nausea* bekannt, brachte es 1541 unter Ferdinand I. zum Bischof der Donaumetropole. Er muß, Erbteil seines Stammes als Volk der Mitte, ein großartiger Diplomat gewesen sein. Die Religionsgespräche von Hagenau und Worms, auch das Konzil von Trient 1551 sind dafür Bestätigungen. Findet man sein Grab im Stephansdom, so das seines Nach-

barn aus Wonsees, Friedrich Taubmann, Sohn eines Schusters, in Wittenberg, wo er Professor der Dichtkunst, gleichzeitig aber auch »Kurzweiliger Rat« des Kurfürsten von Sachsen Christian II. war und damit zu den wenigen Akademikern zählte, die je als offizielle Hofnarren Witze rissen. »Francos amicos habe, non vicinos«, stammt von ihm, daß man die Franken zu Freunden, nicht bloß als Nachbarn haben solle, der Rat also, den 350 Jahre später Thomas Dehler gern zitierte, neben Friedrich von Müller aus Kunreuth, dem Weimarer Kanzler und Freund Goethes, einer der wenigen Politiker, deren Schicksal mit der Fränkischen Schweiz verbunden war. Im Sommer 1967 starb der erste Justizminister der Bundesrepublik im siebten Jahr seiner Amtszeit als Vizepräsident des Deutschen Bundestages beim Schwimmen in Streitberg, drei Monate nach Konrad Adenauer, dem er so kräftig die Zähne gezeigt hatte. Begraben ist er Am Goldberg, dem Friedhof über seiner Heimatstadt Lichtenfels nahe der Grenze, die der deutschen Mitte durchs Herz ging, jener Mitte, als deren Mittler er sich immer begriffen hatte. Sein Tod in Streitberg beendete eine politische Ära an jener Stelle, wo genau 174 Jahre zuvor eine literarische begonnen hatte.

Wilhelm Heinrich Wackenroder beschrieb die Gegend um Streitberg am 2. Juni 1793 auf seiner berühmten Pfingstreise, die er gemeinsam mit seinem Freunde Tieck unternahm, in einem Brief an seine Eltern. Die beiden hatte keineswegs allein die lästige Pflicht ins Sommersemester nach Erlangen getrieben, um dort, im zwei Jahre zuvor ebenso wie Ansbach preußisch gewordenen Städtchen »zur Hebung des Kollegienbesuches beizutragen«, sondern – vor allem Wackenroder – die Neugier, den »in Kupfer gestochenen und illuminierten kleinen Prospekten« seines Vaters an Ort und Stelle zu begegnen. Er weiß nicht, daß ihn die Nachwelt einst als den ersten Romantiker feiern wird. Nürnberg, die »vormals weltberühmte Stadt«, deren Wiederentdeckung er einleiten wird, hat er noch nicht gesehen. Noch kein Gedanke an seine »Herzensergießungen eines kunstliebenden Klosterbruders«. Zwar kennt er Raffael, aber nicht Dürer. Gewiß, Studien der altdeutschen Poesie bei dem damaligen Berliner Prediger und späteren Literaturhistoriker Erduin Julius Koch haben ihn präpariert; er kommt nicht unvorbereitet nach Franken. Aber ehe ihn Nürnberg überwältigt, nimmt ihm seine Umgebung den Atem. Der Pfingstritt ins »Muggendorfer Gebürg« und das Fichtelgebirge ist alles andere als ein Sonntagsspaziergang. Die Wildnis des Wiesenttales und des Ochsenkopfes sind damals, für Städter zumal, Herausforderungen nahezu hochalpinen Zuschnitts. Aus gutem Grund läßt er seine Eltern deshalb im Glauben, mit dem Wagen unterwegs zu sein. Die Freunde sind hingerissen von der ungezähmten Wildheit der Natur, die sich vor ihnen öffnet. Ein ungeheurer Abenteuerspielplatz tut sich auf. Und die Reste von Burg Neideck darin als die größten Brocken vorm Zugang in die Vergangenheit.

Niemand, sicherlich, kann genau ermitteln, was den Auslöser betätigte, welcher die Blende hinüber in längst Vergessenes aufriß. Nürnberg wurde immerhin sechsmal und Ansbach zweimal besucht, auch die Galerie in Pommersfelden erhielt zweimal die Ehre. Und dann das mächtige Erlebnis des Bamberger Henrici-Festes, dessen Schilderung Wackenroder so faszinierend gelang. Er hielt jede Einzelheit der Zeremonie des Hochamtes fest und ließ sich widerstandslos von dem Zusammenstoß mit der festlich-exotischen Welt des Südens überwältigen.

Wenn Heinz-Otto Burger, der langjährige Erlanger Literaturhistoriker aus Schwaben, den Geburtstag der deutschen Romantik deshalb auf diesen 23. Juli 1793 festlegte, so sei ihm, um im Bilde zu bleiben, der 2. Juni gewissermaßen als Hochzeitsdatum vorgeschlagen. An diesem Tag entstand die schönste Geistesbewegung, die es in Deutschland je gab, aus einer preußisch-fränkischen Kopulation. Als die Romantik in Bamberg ans Licht gehoben wurde, war sie schon eine Weile im Mutterleib der Fränkischen Schweiz am Leben.

1829 schrieb der Bamberger Privatgelehrte Joseph Heller: »Was die Schweiz an Großem giebt, findet man hier in verjüngtem Maßstabe.« Und wenn er fortfährt: »Hier läßt sich die Natur mehr zum Menschen herab«, so traf er mit diesem schönen Satz Hans Max von Aufseß' Vorstellung vom »Schlupfwinkel des deutschen Gemüts« schon sehr genau. Zumal dieser Hellers nirgends zu belegende Behauptung, die Bezeichnung Fränkische Schweiz gäbe es bereits seit 1536, mit dem Hinweis auf eine von Kraussold und Bock 1837 verfaßte »Geschichte der Fränkischen Schweiz« ergänzt, in der die beträchtliche Rolle beschrieben wird, welche der »Schweizergrund« innerhalb des von Kaiser Maximilian I. Anfang des 16. Jahrhunderts begründeten Fränkischen Reichskreises gespielt habe. Dieses Tal könnte wiederum mit jenem »Schweizerkrieg« von 1499 zusammenhängen, an dem Willibald Pirkheimer als Oberst mit 300 fränkischen Landsknechten teilnahm und den er später in seinem ziemlich martialischen Werke »Bellum Helveticum« beschrieben hat.

Wir sagten es schon: Die Fränkische Schweiz ist zugänglich aus allen Richtungen der Windrose. Jede Himmelsrichtung aber hat nicht nur ihre Jahreszeit, sondern auch ihr Kunstwerk. Franken wird im Osten und Westen gerahmt von Matthias Grünewald. Der Weg von Pegnitz nach Lindenhardt ist nicht weit. Der renovierte Altar, rückseits nahezu kindhaft einfach, wirkt wie aus einer Unterwasserlandschaft aufgetaucht: der gebeugte Schmerzensmann in der Mitte, vor blauem Grün drängen sich auf den Seitentafeln die vierzehn Nothelfer. Bei diffusem Licht könnte man meinen, es seien Fische.

Gegenüber im Westen das kaiserliche Forchheim. Auch hier, wie in Creußen und Trockau, die Ausläufer oder, wie man's nimmt, Vorboten der kirchlichen Stadtkultur von Nürnberg und Bamberg. Im Pfalzmuseum wirft so ziemlich alles, was des leibhaftigen Ansehens wert ist bei der Fahrt hinauf nach Pottenstein, seine graphischen Schatten voraus. – Im Norden dann wartet die zarte Rokokowildnis von Sanspareil. Wer Wert auf noch lebhaftere Inszenierungen legt, hat Bayreuth vor der Nase. Zwischen Wilhelmine und Wolfgang liegen keineswegs Welten.

Und vom Süden her? Immer wenn ich durch Egloffstein komme, muß ich an jene Caroline denken, die als Oberkammerherrin in Weimar Goethe durch Überlassung eines Lehnstuhls, den sogar zu bedichten der Olympier sich nicht zu schade war, diesem nicht nur Gebresten zu lindern half, sondern auch den Tod erleichterte. Höchstwahrscheinlich starb Goethe in diesem Stuhl. Zwar stammte das Möbel nicht aus Egloffstein, sondern aus Heckenhof – aber tut´s der Phantasie Abbruch? Wie nahe war sich damals, was heute noch in unterschiedlichen Welten liegt. Also denn doch lieber hinauf nach Gößweinstein. Dort, im Blick von der Höhe oder gar von der Basilika, begreift man am besten, daß das, was einem da zu Füßen liegt, eigentlich keine Berge hat, sondern nur Täler. »Die deutscheste aller Landschaften« hat Karl Leberecht Immermann sie genannt, und Jean Paul trug sich ins Fremdenbuch des Gasthofs Münch am Lustgärtchen Sanspareil mit den Worten ein: »Zum Andenken an diese artig auseinandergebrochene Schweiz, wahrscheinlich von Riesen, um sich ein wenig damit zu steinigen.«

Ernst Hess
Bayerische Nachzügler: Rhön und Spessart

Bayern sind die Rhöner – wenn überhaupt – mehr durch Zufall geworden. Gefragt hat sie dabei niemand, und was hätten sie auch sagen sollen. Ihre Fürstbischöfe in Fulda, Würzburg oder Bamberg waren von Napoleon gerade aller weltlichen Macht beraubt und wieder in die Seelsorge geschickt worden. Da traf es sich gut, daß der König von Bayern auf dem Wiener Kongreß gnädigst seine Bereitschaft erklärte, die herrenlosen Untertanen in sein Reich aufzunehmen. Seitdem nennt sich das »Rhönhäuschen« an der Straße von Bischofsheim nach Wüstensachsen »Erste Bayerische Bierstation« – oder auch »Letzte«, je nachdem, aus welcher Richtung man kommt. Und bis vor einigen Jahren trennte ein weiß-blauer Schlagbaum die hessischen Döllbacher von ihren südlichen Nachbarn, als gelte es noch immer, den unverhofften Landgewinn gegen das habgierige Preußen abzusichern.

Den Nachzüglern in der mehr als tausendjährigen Geschichte Bayerns galt – wie so oft – die besondere Liebe der königlichen Eltern im fernen München. Ludwig I. schlug seine Sommerresidenz in Brückenau auf und verwandelte den ehemals fuldischen Salzbrunnen am Fuß der Rhön in ein bezauberndes Biedermeierbad. Jahr für Jahr weilte der baulustige Souverän in seinem nördlichen Arkadien, von den Brückenauern tatsächlich »geliebt und verehrt«, wie es so schön heißt. Nur einmal zeigten sich die biederen Franken schockiert: Als Lola Montez bei ihrem Geliebten in der Rhön erschien und dessen Kurerfolg erheblich gefährdete.

Sonst ging es in dem ländlichen Bad mit seinen berühmten Eichenhainen, Pavillons und Brunnenhallen eher friedlich zu. Dafür traf sich im benachbarten Kissingen die große Welt, allen voran Fürst Bismarck, der den Schröpfköpfen seiner Petersburger Ärzte an die fränkische Saale entwischt war. Nicht einmal das Attentat des Böttchergesellen Kullmann konnte die Treue der durchlauchtigen Herrschaften ernsthaft erschüttern. »Die Sache ist zwar nicht kurgemäß«, soll der eiserne Kanzler mit Blick auf sein angeschossenes Handgelenk gebrummt haben, »aber das Geschäft bringt es eben so mit sich.« Siebzehnmal haben eifrige Statistiker den Reichsgründer im Gästebuch der Stadt geortet, zuletzt 1893. Mit seinem Abschied begann der Glanz rasch zu verblassen, Kissingen war nicht mehr länger für einige Wochen im Jahr der »Schwerpunkt des Deutschen Reiches«, sondern ein Bad wie viele andere.

Dem rauhen Charme der bayerischen Rhön erlagen beileibe nicht alle Besucher. Goethe rümpfte 1780 hörbar die Nase, als er mit seinem Herzog durch Fladungen und Ostheim reiste. Es handele sich um »leidige Orte und böse Nester«, die man möglichst rasch in Richtung Weimar hinter sich gelassen habe. Mag sein, daß der verwöhnte Dichterfürst die Ansprüche zu hoch schraubte. Denkbar ist aber auch, daß ihn die Armut der Bewohner und die Erbärmlichkeit ihrer Behausungen erschreckte. Was die Rhön nämlich in unseren Tagen so einzigartig macht, erwies sich in früheren Zeiten mehr als Fluch: Auf den blanken Kuppen wuchsen hauptsächlich Steine, und nicht einmal Schafe fanden zwischen den Hochmooren und Basaltfelsen genügend Nahrung. »Wir arme Leut' von Bruckenau«, schrieben die elenden Leineweber, Töpfer und Wilddiebe unter ihre schüchternen Gesuche an die geistliche Obrigkeit in Fulda. Und Leopold Höhl war keineswegs ein Zyniker, als er 1892 im »Rhönspiegel« die Speisekarte seiner Landsleute wie folgt charakterisierte: »Der Rhöner ist vorzugsweise Vegetarier – aber nicht aus freier Wahl...« So wird verständlich, daß die Kleinbauern und Tagelöhner keinen Blick für die landschaftlichen Schönheiten ihres Armenhauses hatten und lieber auswanderten. Um so mehr, als die geistlichen Grundherren beim Steuereintreiben noch weniger Spaß verstanden als ihre weltlichen Kollegen. Im reichen Würzburg wie anderswo sah man keine Veranlassung, die Not der Untertanen zwischen Bischofsheim und Hammelburg zu lindern, da »sie uns zähe Soldaten, Pfaffen, Musikanten und Huren liefern«.

Zweifellos ist Unterfranken auch heute noch eine harte Nuß in Bayerns Maul. Bis München sind es mehr als 300 Kilometer, und alle Straßen nach Osten endeten noch vor nur wenigen Jahren zwischen Minenfeldern und Spanischen Reitern. Wer will da den Jüngeren verdenken, daß sie sich immer häufiger Gedanken über ihre Zukunft machen und abwandern. Zurück bleiben die Alten, noch immer stolz auf ihre Heimat, die früher einmal das Herz Deutschlands war. Zurück bleiben die unzähligen Bildstöcke, Kapellen, Brückenheiligen und Mariensäulen, die Wegekreuze und Kirchenburgen. Es ist ein frommes Land, bis jetzt jedenfalls, die Prozessionen, Wallfahrten und Flurandachten sind kaum zu zählen. Doch der Zeitgeist hat sich auch in der Rhön eingenistet. Beim sonntäglichen Hochamt bleibt manche Bank leer, und den traditionellen Rosenkranz beten fast nur noch die Großmütter. Das ist im übrigen Bayern sicher nicht anders. Doch hier trifft der Wandel den Nerv, galt doch das Land südlich von Fulda seit jeher als sichere Bastion des Katholizismus.

Wenigstens der Kreuzberg kann sich über ein Nachlassen des Pilgerstroms nicht beschweren. Das liegt zum einen daran, daß die Klosterbrauerei ein köstliches Starkbier produziert, zum anderen bietet sich vom Gipfel ein geradezu klassisches Panorama der Rhön. Nie ist es hier schöner als im Herbst, wenn sich der Nebel löst und einem das Land wie ein alter Gobelin zu Füßen liegt. Falb ist das feste Gras jetzt geworden, die Wildrosen sind verblüht und der Wind zaust unbarmherzig die Wacholderbüsche. Es ist ein karges Gebirge, mächtig trotz bescheidener Höhe, ohne größere Wälder und einsam. Zwischen den langgezogenen Kuppen kauern sich fast holzschnitthaft die Dörfer und Höfe, deren schwarzweißes Fachwerk eher streng als behäbig wirkt. Und wenn granitfarbene Wolken am Himmel aufziehen, dann erhält die Landschaft fast heroische Züge.

In den kleinen Städten an Streu, Brend und Saale ist nichts prächtig oder von großer Dimension. Die seltene Schönheit des Schmucklosen gibt ihnen den unbestreitbaren Reiz und Charme. Spitzwegidylle ohne Ende, an Flüssen, die eigentlich Bäche sind, unter mutig gewölbten Sandsteinbrücken und in engen, buckligen Gassen. Verfall auch an manchen Orten und deutliche Zeugnisse von Armut der Bewohner. Schon die Truppen des Fuldaer Fürstabtes von Buttlar spotteten über das kleine Bischofsheim am Fuß des Kreuzbergs, es sei uneinnehmbar: Die baufälligen Mauern würden den Angreifern von allein auf den Kopf fallen, und ein Aushungern sei unmöglich, da die Bischofsheimer schon Jahrhunderte lang Erfahrungen im Hungerleiden gesammelt hätten.

Uns gefällt das Gewirr der Fachwerkhäuser, der gedrungenen Walmdächer und gemütlichen Weinstuben, in denen das Land des Bocksbeutels schon ganz nahe ist. Die Architektur der Rhön wirkt bescheiden, drängt sich nicht auf, sondern will entdeckt werden. Münnerstadts Basilika etwa, mit einigen Figuren Tilman Riemenschneiders und Tafelbildern des Veit Stoß vom ehemaligen Hochaltar. Oder Ostheims Kirchenburg, die größte und wohl auch am besten erhaltene Anlage in Deutschland. Wenn nach dem Hochamt der Organist ungebeten, aber beherzt seine Zugabe spielt, dann bleiben die Alten gern noch ein we-

nig länger im Halbdunkel, schließen wohl auch die Augen und lauschen dem frommen Klang. Ihre harten Gesichter wirken dann wie aus dem Holz des Gestühls geschnitzt, untrennbar verbunden mit der vertrauten Bank. Draußen vor dem Portal bricht sich das Sonnenlicht an der Doppelmauer, wandert über bemooste Biberschwänze und blankes Pflaster hinunter zum Flüßchen Streu, wo sich Enten und Bläßhühner das Gefieder putzen. Gottes Frieden über allem, möchte man denken. Die Zonengrenze verlief nur wenige Kilometer entfernt durch die Äcker und ehemaligen Weinberge der Ostheimer, wurde das Städtchen doch 1945 mehr durch Zufall den Amerikanern überlassen. Aus Gründen »besserer Übersicht« – wie es in den Grenzprotokollen heißt – schlug man die thüringische Exklave kurzerhand Bayern zu.

Die Chronik Ostheims ist voll von solchen Wechselfällen. Wie Schachfiguren schoben die Bischöfe von Mainz und Würzburg, die Äbte von Fulda, die Grafen von Henneberg sowie die sächsischen Herzöge Burg und Kirche hin und her. Kein Wunder, daß sich die geplagten Untertanen schließlich lieber auf ihre eigene Kraft verließen und das Gotteshaus auf dem Hügel in eine trutzige Wehranlage umbauten. Fortan gab es reichlich Unterkunft für Mensch und Vieh, Schießscharten, Pechnasen und Kanonen nebst 66 Kellern für die Vorräte, von alters her bis heute den gleichen Besitzern zugeteilt.

Am Nordufer der Saale, zwischen Westheim und Hammelburg, steht auf freiem Feld ein spätgotischer Grenzstein mit den Wappen des Fuldaer Fürstabts Johann Friedrich von Schwalbach und des Fürstbischofs Julius Echter von Mespelbrunn. So weit reicht der Spessart allerdings nicht, die Grenze zur Rhön verläuft nordwestlich von Bad Brückenau und bleibt unsichtbar. Aber irgendwann verdichtet sich das Grün, die Abstände zwischen den Dörfern werden länger, die Hügel flacher. Silberdisteln, Wacholder und Wildrosen bleiben zurück, statt korallenroter Vogelbeerbäume wandern Eichen und Ulmen mit den Straßen nach Süden. Dort, wo der Wald am dichtesten ist, wo die Sonnenstrahlen vergeblich eine Ritze im grünen Dach suchen und nur gelegentlich auf eine verkrautete Lichtung fallen, liegt Fürstbischof Echters Stammschloß: Versunken in sein Spiegelbild träumt Mespelbrunn im Wasser des Burggrabens, konkurrenzloses Lieblingsmotiv der Kalenderfotografen und Bildbandverfasser. Ein Dornröschen, das jährlich von einer halben Million

Prinzen erbarmungslos wachgeküßt wird, ohne dabei seine natürliche Anmut zu verlieren. Perfekter kann eine Komposition von Architektur und Landschaft kaum sein, selbst Giebel, Erker und Balustrade finden ihr Gegenstück im Filigran der mächtigen Buchenzweige.

Doch Mespelbrunn ist nicht der Spessart und dieser mehr als nur ein Schloß im Wald. Zugegeben, die Liebe auf den ersten Blick fällt schwer, man muß wohl hier geboren sein, um den anspruchslosen Dörfern einen gewissen Reiz abzugewinnen. Nichts außer dem Wald hat größere Dimension; Mittelmaß und falsch verstandener Fortschritt treten in Wochenendsiedlungen besonders schmerzhaft zutage. Da drängen sich Gartenzwerge in winzigen Gärten, röhrt der Hirsch als Fresko vom Einfamilienhaus, und viele Gastwirte haben ihre alten Schilder gegen uniforme Neonkästen ausgetauscht. Zum Glück gibt es den Main, der den Spessart fast vollständig umschlingt, gibt es verborgene Mühlen und abgelegene Gehöfte, das rotbraune Fachwerk Miltenbergs und die Schlösser in Aschaffenburg oder Kleinheubach. In seinem Innern war der riesige Forst zu allererst kurmainzisches Jagdrevier und sonst nichts. Aus den armseligen Dörfern rekrutierten sich die Treiber und Wildhüter, mehr aber noch die Wilderer und Räuber. Denn Hirsche, Rehe und Sauen tummelten sich so zahlreich in den Wäldern wie die Kaufleute auf dem Weg von Nürnberg nach Frankfurt. Romantisch war das Leben dieser Spitzbuben und Schnapphähne allerdings nur bei Wilhelm Hauff, dem Erfinder des edelsten und besten Räuberhauptmanns. In Wirklichkeit folgte dem elenden Leben meist ein elender Tod: magere Beute, Verhaftung, Folter, schließlich das Schafott oder – weit häufiger – der Strick.

Ein paar Wilderer mag es auch heute noch im Spessart geben, wie überall, wo der Wald gleich hinter dem Küchenfenster beginnt. Aber die Wegelagerer und Halsabschneider sind in die großen Städte gezogen, wo Zentralheizung, Fernsehen und ungesicherte Bankfilialen das Räuberleben angenehmer machen. Früher mögen die Kaufleute aufgeatmet haben, wenn sie mit ihren Fuhrwerken den düsteren Forst hinter sich hatten. Heute rasen sie in einer knappen halben Stunde auf der Autobahn durch das einst gefürchtete Revier. Und allenfalls im Frankfurter Bahnhofsviertel fallen sie unter die Räuber.

Ach ja, die Autobahn. Ein Aufschrei des Entsetzens erhob sich seinerzeit, als die Pläne bekanntwurden, den Spessart mit Beton und Asphalt zu halbieren. Das vierspurige Bauwerk verschlang schließlich nicht nur Milliarden, sondern auch das »Wirtshaus im Spessart« bei Rohrbrunn, durch Hauffs Räubermärchen und Hoffmanns Filmkomödie gleichermaßen berühmt. Inzwischen hat man sich mit den »verkehrspolitischen Notwendigkeiten« (womit sonst?) abgefunden, manchen erscheinen die gigantischen Pfeiler der Haseltalbrücke gar als Musterbeispiel einer kühlen Ästhetik.

Dagegen findet sich in den kleinen Städtchen am Main, den Weindörfern, Burgen und Klöstern am Rande des großen Waldes noch manches Idyll – trotz der Zement- und Kieswerke, der roten Steinbrüche und rauchigen Schlote. Die Landschaft ist weitgehend intakt, der Fluß nicht mehr so schmutzig und die Menschen in ihrer Mehrheit besorgt über jeden Eingriff in die bedrängte Natur. Eng schmiegen sich die Fachwerkhäuser in Miltenberg oder Großheubach aneinander, das Gewirr der Gäßchen, Plätze und Brunnen spottet jeder Sanierung und wird wohl deshalb von Fremden und Einheimischen gleichermaßen geliebt. Aus den Fenstern quellen Geranien, leuchtend rot und ebenso unverzichtbares Zubehör fränkischer Marktflecken wie buckliges Pflaster und St. Nepomuk auf der Sandsteinbrücke. Um so schärfer ist der Kontrast zum Innern des Waldes, wo sich schmucklose Dörfer endlos hinziehen, unverkennbar das Ergebnis kurmainzischer Fronherrschaft. Der schmale Grundbesitz der Treiber und Bauern war der Realteilung unterworfen und mußte an alle Kinder gleichmäßig vererbt werden. Was Wunder, daß die Äcker und Wiesen immer kleiner, die Häuser schäbiger und der Hunger unerträglicher wurden. Dafür baute sich der geistliche Landesherr in Aschaffenburg eine Zweitwohnung, die alle bis dahin bekannten Schloßbauten des Reichs an Pracht (und Kosten) übertraf: Johannisburg, viertürmiges Kleinod der Renaissance, aus rotem Miltenberger Sandstein gehauen.

Verständlich, daß die Leute im Spessart auch heute noch ein eher distanziertes Verhältnis zur Obrigkeit haben, obwohl die Regierung schon längst nicht mehr in Mainz, sondern in München sitzt. Politisch zu Bayern gehörig, wirtschaftlich und kulturell dem Frankfurter Raum verbunden, fühlt sich der Spessart noch immer als »das letzte Haar im Schwanz des bayrischen Löwen«.

10 Die Türme der Frauenkirche – das Wahrzeichen der Landeshauptstadt München. Die charakteristische Turmbedachung – die »welschen Hauben« – wurde erst 1525 aufgesetzt, dreißig Jahre nach Vollendung des gotischen Kirchenbaus

11 Über den Dächern der Innenstadt: Blick vom Justizpalast zur Theatinerkirche und zum Arabella-Haus

12 Das Rathaus – 1867–1908 nach Plänen von Georg Hauberrisser und nach flandrischen Vorbildern erbaut – mit Marienplatz und der von Kurfürst Maximilian errichteten Mariensäule

13 Die »Wiesn«: Das traditionsreiche Münchner Oktoberfest begann 1810 mit einem Pferderennen der Nationalgarde und lockt jedes Jahr Hunderttausende auf die Theresienwiese

14 Das Gelände der Olympiade 1972 mit den Sportanlagen, die zum Teil überspannt sind von einem einzigartigen Plexiglas-Netzdach

15 Ein neuer Akzent im Münchner Stadtbild: das Verwaltungsgebäude einer bayerischen Großbank am Mittleren Ring

16 Ein bedeutendes Stück Nachkriegsarchitektur in München: das einem Vierzylindermotor nachempfundene Verwaltungsgebäude der Bayerischen Motorenwerke mit dem dazugehörigen schüsselförmigen BMW-Museum

17 Die Maximilianstraße – eine städtebauliche Magistrale zwischen Max-Joseph-Platz und dem Maximilianeum; auf Befehl König Max' II. 1853 begonnen und 1875 vollendet

18/19 Die Biergärten, hier im Englischen Garten, sind eine bei Einheimischen wie Touristen gleichermaßen beliebte Münchner Institution. Unter schattigen Bäumen trinkt man hier zur richtigen Münchner Brotzeit eine frisch gezapfte »Maß«

20 Das Riesenrad auf dem Oktoberfest, das schon im September beginnt. Dieses weltberühmte bayerische Nationalereignis gilt als das größte Volksfest der Welt

21 Unverfälscht münchnerisch: der Viktualienmarkt zu Füßen des Alten Peter mit dem reichen Warenangebot seiner Marktstände

22 Ein bayerischer Volkssport: das Eisstockschießen – vor der Kulisse von Schloß Nymphenburg, der früheren Sommerresidenz der Wittelsbacher

23 Sockel des Friedensdenkmals mit dem Friedensengel. Das Denkmal auf dem östlichen Hochufer der Isar wurde zur 25. Wiederkehr des Friedens nach dem Deutsch-Französischen Krieg von 1870/71 von der Stadt München gestiftet

24 Die beiden Marmorlöwen des Bildhauers Wilhelm von Rümann flankieren die Freitreppe der Feldherrnhalle, die 1841–44 nach Plänen von Friedrich von Gärtner errichtet wurde

25   Die Neue Pinakothek –1981 im neuen Haus am alten Platz in der Barer Straße wiedereröffnet – bietet die beste bayerische Sammlung europäischer Malerei und Skulptur des 19. Jahrhunderts. Die Abbildung zeigt Ferdinand Hodlers Gemälde »Die Lebensmüden«

26   Schloß Nymphenburg von der Gartenseite. Die Graubündner Zuccalli und Viscardi sowie der Bayer Joseph Effner haben diese großartige Schloßanlage geschaffen

27 Das Alpenpanorama zum Greifen nahe – eine Szenerie, die München nur an Föhntagen bietet

28 Sonntagmorgen im Englischen Garten – im Hintergrund das Turmpaar der Frauenkirche und die Theatinerkirche

29 Winterszene am Chinesischen Turm, dem ein wenig skurrilen, hölzernen, mit Lärchenschindeln gedeckten Aussichts- und Musikpavillon im Englischen Garten

30 Das Denkmal Max' I. Joseph, von Rauch und Klenze, vor dem 1963 wiedereröffneten Nationaltheater, in dem Richard Wagners »Tristan«, »Die Meistersinger von Nürnberg« und »Der Ring des Nibelungen« uraufgeführt wurden

Herbert Riehl-Heyse
Bayern und Bier

Etwa ein halbes Jahr nachdem die kleinen grünen Männchen endlich in München gelandet sein werden, könnte es sein, daß sie folgenden Funkspruch in Richtung Mars absetzen: »Hübsche größere Ansiedlung in hügeligem Gelände entdeckt. Stop. Besonders hervorstechend zwei lange Türme, oben abgerundet. Stop. Staatswesen wird offenbar zusammengehalten durch die Ausgabe einer gelbbraunen Flüssigkeit mit weißer Haube. Stop.«

Beweise? Beweise hätten die extraterrestrischen Kundschafter wirklich genug für derartige Berichte. Sie hätten sich ja nur ein wenig umschauen müssen in der bayerischen Landeshauptstadt. Oder ist vielleicht nicht wahr, daß im Monat März an ein paar aufeinanderfolgenden Tagen vor stattlichen Münchner Häusern mit großen Sälen plötzlich die ehrfurchtgebietenden Limousinen der Staats- respektive Stadtgewalt auftauchen, bestaunt von viel Publikum, eskortiert von Hunderten· von Polizisten? Ist es nicht richtig, daß dann die obersten Repräsentanten des öffentlichen Lebens entsteigen, um sich in den Sälen mit sehr viel anderen Männern und Frauen zu versammeln, die auch nur hereingekommen waren, nachdem sie sich einer strengen Kontrolle unterzogen hatten? Und zeigt sich etwa nicht, nach dem Abspielen vieler Märsche und nach der ehrerbietigen Begrüßung der erschienenen Repräsentanten, daß die hohe Versammlung zu dem einzigen Zweck zusammengekommen ist, dem feierlichen Anbohren eines großen Fasses beizuwohnen, aus dem dann die oben erwähnte Flüssigkeit quillt, die in den Reden geheimnisvoll immer wieder als »Salvator« oder »Triumphator« bezeichnet wird, was immer das sein soll? Zwei Monate später, im Mai, wird ein ähnlicher Staatsakt abgehalten, nur daß die Flüssigkeit dann »Maibock« genannt wird.

Oder der Monat September, in welchem sich in der Stadt eine erstaunliche Veränderung abspielt. Eine riesige Zeltstadt wird plötzlich auf einer großen Wiese errichtet, mitten in der City. Hunderte von Lastwagen sind jeden Tag unterwegs von und zu dieser großen Wiese, so lange, bis eines Tages ein gewaltiger Menschenzug sich in Bewegung setzt in Richtung auf die Zeltstadt, in der schon wieder die Spitzen des Staatswesens (man kennt sie noch von den Ereignissen des Märzes und des Mai) warten, bis der oberste Repräsentant der Stadt die gelbe Flüssigkeit zum Fließen gebracht hat. Danach gibt es donnernden Applaus, Märsche werden gespielt – und nichts mehr ist wichtig in der Stadt, zwei Wochen lang, außer eben die Feierlichkeiten rund um die gelbe Flüssigkeit.

Wenn aber zwischendurch grade mal nicht festlich getrunken würde in München, wenn es Demonstrationen gäbe, erregte Stadtratsdebatten und so: Dann wäre die Chance groß, daß unsere Gäste vom Mars, wenn sie inzwischen schon Zeitungen lesen könnten, diesen entnehmen würden, daß ein sogenannter Brauereilöwe gerade dabei ist, sich eine neue Brauerei unter die Pranken zu holen, und daß dies zu einer Zusammenlegung mit einer anderen Sudstätte führen würde, die ihm schon gehört, wodurch einige hundert Arbeitsplätze in der Stadt in Gefahr gerieten. Abschließende Erkenntnis also: »In München, wie offenbar in ganz Bayern, dreht sich wirklich alles ums Bier. Stop.« Ende des Funkspruchs.

Wir gehen im folgenden Abschnitt, bei dem wir überprüfen wollen, wie falsch die kleinen grünen Kundschafter, wenn sie denn kämen, mit solchen Erkenntnissen eigentlich lägen, nun völlig ernsthaft vor und stellen als erstes fest, daß die Sache so schlimm zweifellos nicht mehr ist, wie sie einmal war. Man erkennt das unschwer an der Entwicklung der Debatte über die Bierpreise, die in ihrer Brisanz doch sehr nachgelassen hat. Nehmen wir dagegen den 1. Mai 1844, einen Tag, der für München durch zwei Ereignisse in die Geschichte eingegangen ist: Das eine ist, daß an jenem Tag Erzherzog Albrecht von Österreich die Prinzessin Hildegard von Bayern heiratete, was durch ein großes Fest gebührend gefeiert wurde. Das zweite aber – und durch dieses wurde das er-

73

wähnte Hochzeitsfest doch erheblich gestört – hing mit der Tatsache zusammen, daß an jenem Tage der Preis eines Liters Bier von 6 Kreuzern auf 6½ Kreuzer erhöht wurde. Als sich diese Provokation herumzusprechen begann, machte sich, ausgehend vom Maderbräu im Tal, wo sich einige Soldaten und »mehrere Individuen aus der arbeitenden Klasse« (Polizeibericht) weigerten, den erhöhten Preis zu bezahlen, eine explosionsartig wachsende Unruhe unter der Bevölkerung breit, die im Laufe des Abends zu erheblichen Ausschreitungen führte. Erst wurden nur die Fenster und Maßkrüge im Maderbräu zerschlagen, später – als die Polizei massiv zum Schutz der Brauereien einschreiten mußte – kam es zu tätlichen Angriffen, zu Steinwürfen und Ausschreitungen mit schlimmen Folgen auf beiden Seiten: ein Feldwebel und sechs Gendarmen wurden schwer verletzt, 142 »Excedenten« wurden verhaftet.

Wie gesagt, so gewalttätig geht es nun nicht mehr zu, wenn in Bayern um Bierpreise diskutiert wird. (Noch 1888 hatte man immerhin eine Kompanie schwere Reiter auf den Nockerberg entsenden müssen, um die Bierrebellen der nächsten Generation zur Vernunft zu bringen.) Daß aber das Thema nicht mehr ernst genug genommen würde, läßt sich andererseits auch nicht behaupten. Jedes Jahr, so etwa einen Monat vor Ausbruch des Oktoberfestes, spielt sich das gleiche Ritual ab, wenn der jährliche Bierpreis festgesetzt wird (bei dem die Stadt als Konzessions-Vergeberin ein Mitspracherecht hat): Verhandlungsdelegationen werden gebildet, Pressemitteilungen lanciert (»unglaublich gestiegene Tarife für Bedienungen«), erste Preisvorstellungen von den Brauereien öffentlich genannt und von den Politikern empört zurückgewiesen. Wenn die entscheidenden Konferenzen dann wirklich stattfinden, werden die Türen zum Rathaussitzungssaal von Lokalreportern belagert, die wie zufällig einen Temperamentsausbruch des Oberbürgermeisters zu hören bekommen (der schließlich weiß, wer vor der Tür steht), bis dann mit letzter Kraftanstrengung ein Kompromiß gefunden worden ist, den der Sprecher der Wies'n-Wirte endlich mit tiefernster Stimme kommentiert: »Wir werden damit leben müssen.« Aus lauter Mitleid mit den armen Gastronomen (und den nicht minder armen Brauern) trinken die Oktoberfestgäste dann doch wieder ein paar Maß mehr, als sie sich eigentlich leisten könnten. Daraufhin wird im nächsten Jahr der Bierpreis erhöht, wegen der gestiegenen Nachfrage.

Manchmal muß man sich wirklich fragen, was bayerische Menschen den ganzen Tag täten, wenn sie nicht die tausend Probleme rund um das Bier als Diskussionsstoff hätten. Ganze Wochen können in München damit hingehen, daß die erregende Frage diskutiert wird, ob das Oktoberfestbier auch weiterhin aus Eichenfässern gezapft wird oder ob es in Containern auf die Festwiese geschafft wird, von wo es dann mittels einer Pipeline in die Krüge fließen soll. Der Oberbürgermeister äußert sich dazu, der Ministerpräsident sagt, man dürfe nicht »die Axt ans Eichenfaß legen«, die Sprecher sämtlicher Brauereien erläutern in getrennten Presseerklärungen, warum die Umstellung zwar sein müsse, aber vielleicht doch noch zu früh kommt. Danach ist dieser spezielle Aspekt, wenn man Glück hat, ein Vierteljahr kein Thema mehr, aber auch nur deshalb, weil in dieser Zeit die Frage diskutiert werden muß, welche Kabarettisten bei der nächsten Starkbierprobe welcher Brauerei das Wort ergreifen, und ob denn auch gewährleistet sei, daß die anwesenden Mitglieder der bayerischen Staatsregierung (die jederzeit ein Honorar nehmen könnten für nebenberufliche Werbetätigkeit zugunsten der örtlichen Brauereien) durch die auftretenden Künstler einerseits erwähnt, andererseits aber nicht zu sehr beleidigt würden.

Nein, da ist kein Zweifel erlaubt: Ohne das Bier wäre Bayern auch heute noch nicht erklärbar. Es ist offenbar wirklich der Stoff, der die Menschen – von Achternbusch bis Strauß, von den Klosterbrauereien bis zum Ausschank in sündigen Schwabinger Etablissements – am nachdrücklichsten miteinander verbindet, bei aller notwendigen Kontroverse im einzelnen. Gewiß muß in diesem Land endlos darüber debattiert werden, welche Biersorte etwa der Münchner Großbrauereien »absolut net zum Saufen« oder »das einzig trinkbare Bier« ist, auch darüber, welchen Einfluß es auf den Volkscharakter habe, daß das helle Bier dem dunklen gegenüber in den letzten fünfzig Jahren einen derart triumphalen Siegeszug angetreten habe. Aber das sind tiefsinnige, wortkarge und vor allem auch sehr sachverständig geführte Gespräche unter friedlichen Menschen, die bei allem sonstigen Dissens einen gemeinsamen Grundkonsens haben. In dieser Stimmung versammelt man sich im Sommer an großen Tischen im Biergarten am Chinesischen Turm (im Münchner Englischen Garten) oder das ganze Jahr über am Stammtisch in der Dorfkneipe – und spricht alles durch. Jeder darf dabei mitreden, der sich durch den Genuß einiger Halber als Kenner aus- gewiesen hat, den Nebenmann freundlich als »Herr Nachbar« anredet und nicht gerade zu be- haupten wagt, ein gewisses ostfriesisches Pils sei besser als manches in Bayern gebraute. Wenn überhaupt, dann darf sich solche, im Grunde nicht unzutreffende Bemerkungen allenfalls ein Einheimischer erlauben, der auf diese Weise kurz seine Weltläufigkeit unter Beweis stellen will – und dann allerdings zum Abschluß betonen muß, er esse ja manchmal auch chinesisch, ohne des- halb etwas gegen den einheimischen Schweins- braten zu haben.

So sind denn auch all die Weltrekorde um den bayerischen Bierverzehr nichts, womit man sich hierzulande aufplustern würde, höchstens die Bestätigung einer Selbstverständlichkeit. Wo sonst als in Bayern könnte (mit 200 jährlichen Li- tern pro Kopf) der Weltrekord im Biertrinken ge- halten werden? Wo anders als in Bayern gäbe es, umgerechnet auf die Bevölkerungszahl, so viele Brauereien (etwa knapp tausend bestehen noch im Freistaat)? Und wo sonst als hier fände man so viele Wissenschaftler, die auf Wunsch bestätigen, daß das Bier jede beliebige Krankheit zwischen Kreislauf, Leberinsuffizienz und Krebs auf einzig- artige Weise bekämpft, und darüber hinaus noch, das hat der Weihenstephaner »Bierprofessor« Piendl in einem Vortrag ausdrücklich herausgear- beitet, die »Kontaktfreudigkeit und Geselligkeit der Menschen erhöht«.

Im Zweifel kann man all diese Behauptungen im- mer noch mit dem alten Reinheitsgebot des Her- zogs Wilhelm IV. belegen, der im Jahre 1516 in einem Edikt verboten hat, daß zur Bierherstel- lung etwas anderes als »Gersten, Hopfen und Wasser genommen und gepraucht sölln werdn«, wobei er zwar Malz und Hefe vergessen hat, was aber nichts macht, weil das Reinheitsgebot jedem Zweifler beweist, daß die Bayern ein altes euro- päisches Kulturvolk sind, und weil es einen so prächtigen biologisch-dynamischen Eindruck macht. So vergißt man ganz das bißchen Alkohol, das bei der Gärung entsteht und das bei übermä- ßigem Genuß auch einen bayerischen Saufkopf ganz schön betrunken macht, mit allen schlim- men Konsequenzen.

Wer solche kleinlichen Einwände trotzdem for- muliert, bekommt von Münchner Lokalhistori- kern als letztes Argument dann gerne eine hüb- sche Anekdote um die Ohren gehauen, zum Bei- spiel jene vom Bierführer Simon Meisinger aus dem Faberbräu, die man einfach kennen muß,

wenn man mitreden will über Bayern und sein Bier. Der Simmerl, so geht die Geschichte, sei bis zum 14. Januar 1841 nur ein ganz gewöhnlicher Kutscher von Biergespannen gewesen und be- kannt als besonders kräftig, was aber allgemein nicht als verwunderlich angesehen worden sei, weil er ja jeden Tag seine 15 Maß Bier geschluckt habe. An jenem Januartag nun sei Jean Dupuis nach München gekommen, Frankreichs bester Ringer, der soeben eine Tournee durch Deutsch- land hinter sich gehabt habe, wo er jeden aufs Kreuz gelegt habe, der es wagte, gegen ihn anzu- treten. Jetzt, in München, habe er 1000 Gulden ausgesetzt für den, der stärker wäre als er. Und der Stärkere sei wer gewesen? Natürlich der Sim- merl vom Faberbräu: Der sei schlicht auf die Büh- ne gegangen, habe den Franzmann in die Höhe gewuchtet und dann auf den Boden knallen las- sen, daß es nur so gekracht habe – wie ein zeitge- nössischer Chronist des Vorfalls schreibt. Die ganze Stadt sei aus dem Häuschen gewesen, Flugblätter hätten die gewaltige Kraft des Biers gefeiert, eine bayerische Heldensage sei dadurch entstanden. – Gegen so etwas kommt man mit Aufrufen zur Mäßigung einfach nicht an.

Muß noch etwas gesagt werden? Vielleicht noch dies: daß Bier in Bayern so ungefähr zu allem paßt und daß es fast immer dabei war, wenn in diesem Land Geschichte gemacht wurde, egal, welche Folgen das hatte. Es war im Bürgerbräu, wo ein gewisser Adolf Hitler seine vielstündigen Reden hielt, welche die bierbäuchigen Bürger genauso erregten wie die arbeitslosen jungen Männer, die von den Nationalsozialisten ein Bier spendiert be- kamen. Es war im Schwabingerbräu, wo der Oberbürgermeister Vogel zum erstenmal mit den jungen Genossen seiner Partei aufs heftigste an- einandergeriet, die vielleicht auch deshalb so ag- gressiv waren, weil das Bier in diesem Etablisse- ment notorisch teuer ist. Und es ist das Hofbräu- haus, in dem sich nicht nur die japanischen und amerikanischen Gäste ihren vom Reisebüro ver- sprochenen obligatorischen Rausch antrinken. Auch die Mitglieder des CSU-Parteitages versam- meln sich dort seit einigen Jahren regelmäßig und rufen jeden preußischen Fraktionsvorsitzenden der CDU/CSU, der als Gast zu ihnen spricht, be- geistert zum Kanzler und Bayern aus – ohne daß einer von ihnen bisher das eine oder das andere geworden wäre.

Aber das macht ja nichts. Hauptsache, das Bier schmeckt. Kurzfristige Frustrationen werden ein- fach hinuntergespült.

Roger Anderson
München privat

Wir saßen in einem dänischen Ferienhaus, als das Angebot aus München kam. Fünfzehnhundert Mark mehr im Monat! Ich multiplizierte sofort mit zwölf. Die Frau sagte weder ja noch nein, die Kinder maulten, und ich hatte mich längst entschieden. Fünfzehnhundert Mark waren vor dreizehn Jahren eine Menge Geld; dafür wäre ich selbst nach Feuerland oder Fulda gegangen, und ich weiß noch, daß mir die Eitelkeit wie eine Droge ins Blut schoß. Mein Selbstbewußtsein wurde zu einem riesigen Ballon, der abhob und zu den Sternen schwebte. Ich lief über den Strand und warf mich der Brandung in die Arme, als sei sie bereits die Stadt München.

Ich kannte München damals so gut wie überhaupt nicht; es sei denn von früheren Urlaubsfahrten als automobilistisches Nadelöhr. Ergebenes Eintauchen in stundenlange Staus ... Erleichtertes Aufatmen, wenn die Fichten von Fürstenried in Sicht kamen und freie Fahrt in Richtung Garmisch signalisierten.

Dann der Ankunftstag. Acht Stunden von Hamburg über wintertrübe Autobahnen, ein widerborstiger Stadtplan auf dem Beifahrersitz, ein schiefer Hals vom Ausspähen nach den Straßennamen. Staunen über Schneehaufen am Bürgersteig, unbeholfener Umgang mit dem Auto, durchdrehende Räder beim Einparken, Eis statt Asphalt.

Der Stadtteil, in dem mein Ein-Zimmer-Apartment lag, hieß Neuhausen und wirkte sozialistisch trostlos. Dunkelgraue Häuserzeilen aus den allerersten Nachkriegsjahren oder noch davor; ein Architektureintopf ohne Wursteinlage für Arbeitsbienen ohne Fortune. Selbst die Gaststätten erschienen mir öde, obgleich sie gemütliche Namen hatten. Die Speisen waren viel preiswerter als in Hamburg und wurden in großen, merkwürdig ungeschlacht wirkenden Portionen serviert. Das meiste schmeckte wie von Berufsschwindlern zubereitet, und ich weiß noch, wie ich einmal vor einer Schweinshaxe erschrak, deren Borsten mich vom Teller her wie Speere bedrohten. Gewiß hatte man hier auch in der Küche Depressionen.

Auf der Suche nach besseren Eßgründen stieß ich bald auf den Stadtteil Nymphenburg. Er grenzte westlich an Neuhausen und blieb trotzdem auf Distanz. Es war wie das Verhältnis zwischen Himmel und Hölle: Nachbarn zwar, aber doch durch Welten getrennt.

Klapperten in Neuhausen die Mülldeckel mit den Maulwerken der Eingeborenen um die Wette, so lag über Nymphenburg vornehme Stille. Verschlungene Villenstraßen umspielen behutsam das Schloß. Die Anwesen wirken klein und auf raffinierte Art verwunschen. Sie scheinen dahinzuträumen. In Nymphenburg dachte ich an Kaiser Barbarossa.

Am Romanplatz gab es den einzigen Delikatessenladen weit und breit. Die ältlichen Verkäuferinnen trugen hochgeschlossene schwarze Kleider mit weißen Krägelchen und lächelten immerzu, während sie Probierhäppchen mit römischer Salami oder Ardennenschinken auf Zahnstocher spießten und über die Ladentheke reichten. Die Verkäuferinnen wurden leutselig behandelt, als gehörten sie noch dem königlichen Gesinde an. Dieser Umgang hatte weder etwas Untertäniges noch etwas Herrschaftliches. Mir kam er eher ländlich vor, prallvoll von bajuwarischem Rustikalcharme, über dessen Ingredienzen ich mir lange im unklaren war. Heute würde ich sagen: eine Mixtur aus Salon und Kuhstall.

Auffallend war das Alter der Kundschaft. Luxus-Senioren, umhüllt von Tweed und Loden, von Kamelhaar und Kaschmirwolle, liefen mir scharenweise über den Weg und erstarren in der Erinnerung zu Momentaufnahmen. Ich sehe sie noch vor mir: sich vorsichtig aus einem Cabrio stemmend, gemessen im Blumenbeet rechend, geduldig den Hund ausführend, freundlich in die Wintersonne des Lebens blinzelnd. Sie schienen ein Alter erreicht zu haben, das sich seit Jahren nicht mehr von der Stelle bewegte: Nymphenburg-Statisten auf ewig.

Mehrmals umwanderte ich in den Mittagspausen auch das Schloß. Schön und gestorben bot es sich den Blicken dar. Kein König wohnte mehr in ihm, keine Rösser bäumten sich in den Marställen, kein Edelfräulein promenierte im Park. Eine museale Stille nistete kalt im Gemäuer.

Zwischen den endlos langen Auffahrtsalleen zog sich der Kanal schnurgerade von Ost nach West; zugefroren im Winter und Schauplatz einer Tätigkeit, die ich von Hamburg her nicht kannte. Menschen männlichen Geschlechts, ausgestattet mit Unmengen an Zeit, standen zahlreich auf dem Kanal und versuchten, mit Eisstöcken einen Holzwürfel zu treffen. Die zünftigen Schützen hatten Stahlspiralen unter den Sohlen und kleine Schnapsflaschen in den Manteltaschen. Das eine schützte vor dem Ausrutschen beim Abwurf, das andere vor allzu grimmiger Kälte.

Gespielt wurde in Mannschaften und ohne Rücksicht auf Beruf und Alter. Beamte, Rentner, Schüler, Handwerker und Freiberufler verfolgten gebannt die unerfindlichen Wege des Eisstocks, dessen hauptsächliches Talent wohl darin bestand, Freude und Schadenfreude immer wieder neu zu verteilen.

Das Eisstockschießen war das erste, was mir in München gut gefiel. Es vermittelte ein Zugehörigkeitsgefühl, das durch nichts erkauft zu werden brauchte. Wahrscheinlich war es schon vor hundert Jahren auf dem Nymphenburger Kanal so zugegangen: Das Volk vergnügte sich, und Majestät schaute aus dem Schloßfenster (von einer Gardine verborgen) gütig lächelnd zu.

Einige Monate später kam die Familie nach. Wir fanden 24 Kilometer südwestlich vom Stachus ein großes Haus aus Holz, mit alten Tannen rundum und einem kleinen Abhang im Garten, auf dem man im Winter rodeln konnte. Manchmal, wenn es dunkel war und ich krebsrot aus der Sauna kam, warf ich mich nackt auf den Schlitten, um im nächsten Augenblick wieder in die Hitze zu flitzen.

Unser Haus lag in der Zugspitzstraße. Zunächst glaubte ich, daß man an besonders klaren Tagen besagten Gipfel von unserer Straße aus sehen konnte. Vergeblich stellte ich mich auf die Zehenspitzen. Damals wußte ich noch nicht, daß es in jedem besseren bayerischen Dorf eine Zugspitzstraße gibt.

Fünf Autominuten entfernt begannen große Wälder, die bis nach Starnberg reichten und deren endlose Forstwege ich mir zu eigen machte. *Jogging* war Anfang der siebziger Jahre noch ein Fremdwort, und die Spaziergänger staunten nicht schlecht, wenn ich frühmorgens mit meinem Hund durch die grüne Stille trabte. Wir waren bei jedem Wetter etwa eine Stunde unterwegs.

Mit dem Umzug rückte München 24 Kilometer weiter weg und fiel auf den Rang eines Arbeitsplatzes zurück. Zwei Jahre später, als ich frei zu schreiben begann, war es nicht einmal mehr das, sondern nur noch ein tosender Unterhaltungssack, den ich griffbereit in Reserve hatte. Es war ein gutes Gefühl, durch die Wälder zu laufen und München so nah zu wissen.

So geht das nun seit dreizehn Jahren (was, so lange schon?). Die Kinder sind ziemlich unbemerkt groß geworden, einige liebe Menschen gibt es nur noch in der Erinnerung, und mehrere Umzüge (von Waldrand zu Waldrand) haben stattgefunden. Das Gepäck wird allmählich leichter. Wolf Biermann hätte längst gequängelt und gefragt: Soll das schon alles gewesen sein?

So kann nur ein Preuße fragen, der nicht in Bayern lebt. Vielleicht hätte ich anfangs ähnlich erlebnishungrig reagiert, wer weiß? Inzwischen sehe ich die Dinge anders, das heißt: Irgend etwas hat mich dazu gebracht, die Dinge anders zu sehen. Dieses Irgend etwas muß auf unerforschliche Weise mit Bayern zusammenhängen; mit der Natur vor allem, mit den Jahreszeiten, wohl auch mit den Menschen, die hier leben. Und mit vielem, von dem ich zuwenig weiß.

Die Jahreszeiten sind für mich das Größte. Besonders der Herbst macht einen wirr und weich. Es gibt kaum etwas Zarteres an Traurigkeit als beispielsweise ein strahlender Oktobertag irgendwo zwischen München und Karwendel. Da geht ein Mann den Serpentinenweg hoch, setzt sich unterwegs auf einen Baumstumpf und schaut zu Tal. Das Laub hat sich längst gefärbt, bunte Blätter schweben sacht zu Boden, aber die Mittagssonne scheint noch genauso heiß wie im Sommer. Es ist unwahrscheinlich still, hin und wieder erhebt ein Vogel seine Stimme.

Überm Tal steht leichter Dunst, und darüber ragt ein Horizont aus Stein in den Himmel, grau und hoffnungslos ewig. Wie eine Tenniswand knallt er den Blick retour. Weil die Sonne so brennt, wischt sich der Mann auf dem Baumstumpf den Schweiß von der Stirn, aber gleichzeitig spürt er ein seltsames Frösteln. Um ihn ist ein spinnwebenfeines Vergehen. Es trägt ein Glitzerkleid und scheint zu lächeln. Nirgends stirbt die Natur so jung und schön wie in den Bergen.

Wer in einen solchen Tag gerät, der bleibt nicht gern allein. Weil ihm aber auch nicht nach Arbeit zumute ist, findet er es schön, daß die Biergärten noch aufhaben. Sie sind die bajuwarischen Oasen im irdischen Jammertal. Wie beim Eisstockschießen herrscht im Biergarten Klassenlosigkeit zwischen Arm und Reich. Er ist ein sozialer Freiraum für Menschen unter sich, in dem gleichberechtigt und ohne dünkelhafte Riten miteinander umgegangen wird. Ohne Anleitungs- oder Benimmvorschriften entwickelt sich ein atemberaubender Balanceakt ohne Netz, bei dem niemand abstürzt und jeder glücklich ist. Je nach Witterung sind die Münchner Biergärten leer, gut besucht oder überfüllt. Wer einen betritt, muß wissen, daß der restliche Tag dem Biergarten – und nur dem Biergarten – gehört. Manche kommen schon am Vormittag, andere am frühen Nachmittag, der große

Rest gleich nach Arbeitsschluß. Die meisten bleiben, bis die Dunkelheit hereinbricht und der Schneewind von den Bergen sie nach Hause weht.

Das Bier ist kellerkühl, der Radi messerscharf. Im Biergarten gibt es viele Kinder, viele Hunde und jede Menge Gesellschaft – wenn man mag. Meist mag ich, und während ich rede und zuhöre, stelle ich erfreut fest, wie mir Bier und Brotzeit schmecken und wie gut mir das Einfache bekommt. Nach der zweiten Maß folgen weitere Erkenntnisse; bereits etwas unscharf, aber immer noch brauchbar. Wenn du, sage ich zu mir, schon mit so Wenigem so zufrieden bist, dann wärest du schön dumm, nach mehr zu streben und dich für fragwürdige Reichtümer abzuzappeln. Bleib lieber sitzen und – carpe diem! – trink noch eine Maß.

Manchmal wird aus einem Biergartentag unversehens eine Biergartenwoche. Eine Woche unter alten Bäumen und fröhlichen Menschen – eine Woche? Die Zeit muß Siebenmeilenstiefel angehabt haben, so schnell ist sie gerast! Der Terminkalender kriegt eine Unwucht, und das schlechte Gewissen fragt: Diese Tage – hast du sie vertan? Sind Träume Zeitverluste? Ich lasse das schlechte Gewissen fragen und schweige bockig.

Auf alle Fälle wird in und um München mit der Zeit anders umgegangen als anderswo. Der einheimische Standpunkt könnte lauten: Arbeit macht nicht selig. Selig macht die Freiheit, das zu tun, was einem gerade beliebt. Wozu das führen kann, merke ich hin und wieder an den Anrufen: »Sie wollten Ihr Manuskript doch schon vor einem Monat...« Vorwurfsvolle Pause.

Ja, und dann setze ich mich in einem Verzweiflungsrausch an die Maschine, und dann ist das Manuskript tatsächlich in allerletzter Minute fertig, und der Autor stiert schweißgebadet vor sich hin, erschöpft und leer, für mindestens eine Woche erledigt. Sage da noch einer, in München würde nicht gearbeitet... Manchmal, besonders im Sommer, bündeln sich die Stimmen im Anrufbeantworter. »Nun habe ich in dieser Woche schon dreimal angerufen«, klagt ein Nordlicht, »nie waren Sie da...«

O je, überlege ich schuldbewußt, wo kann ich bloß gewesen sein? Mit dem Hund im Wald? Im Kino? Bei Kollegen? An der Isar spazieren? Bei Freunden auswärts? Im Starnberger See schwimmen und danach im Biergarten? Ich weiß es einfach nicht.

Ansonsten bin ich, was Deutschlands heimliche Hauptstadt angeht, ein sträflicher Ignorant. Ich lese morgens in der besten Tageszeitung, die ich kenne, zunächst das Streiflicht und am allerflüchtigsten das Lokale. Gauweiler? Kronawitter? Zehetmeier? Sind sie eigentlich noch im Amt?

Ich war auch noch nie im Deutschen Museum, einmal (zufällig) in der Alten und neulich (gezielt) in der Neuen Pinakothek. Meinen Eindruck von Museen schleppe ich nun schon ein ganzes Leben mit mir herum: sehr schön, aber viel zuviel.

Ich besuche selten ein Theater, oft ein Kino und spiele nicht (wie inzwischen wohl jeder mündige Münchner) mindestens einmal täglich Tennis. Ich laufe vor dem Oktoberfest davon, und am Wochenende gehe ich ungern in den Wald, wo Scharen von Städtern den Rehen ihre schicke Wanderkleidung zeigen. Dafür gehe ich an heißen Tagen oft in den Englischen Garten, wo es vorkommen kann, daß mich ein nackter Familienvater mit ebensolchem Anhang freundlich grüßt.

Steht mir der Sinn nach Ausgefallenerem, begebe ich mich in Käfers Feinkostladen, in dessen Nischen und Winkeln die Münchner Schickeria mit rührender Werktreue tagtäglich sich selbst spielt. An der Sektbar dösen stets dieselben älteren Platzhirsche, an den Probierständen bestaune ich die Verzweiflungstaten der Coiffeure und Visagisten an (noch lebenden) Modellen, und in der Abteilung für Fleischwaren höre ich andächtig zu, wenn es darum geht, ob es diesmal ein Prager Saftschinken, eine Mortadella aus den Abruzzen oder eine echte Krakauer (»Mei, und die Polen haben nichts zum beißen...«) sein soll. Mit einem Paar Luxuswürstchen im Einkaufskorb schiebe ich schließlich hochbefriedigt wieder ab. Umhüllt vom Duft der großen, weiten Welt denke ich, daß München immer noch etwas Königliches hat. Die Hofschranzen von einst umkreisen sich heute bei Käfer.

Nach solchen Exkursionen in ferne Galaxien schere ich stets etwas benommen in die Vergangenheit aus, als noch Pferdedroschken auf Schwabings sandigen Straßen fuhren, als täglich rauschende Künstlerfeste stattfanden, als ein Graf Keyserling gleich um die Ecke wohnte und die Welt noch nicht aus Plastik war.

Ein alter Freund von mir erzählt manchmal davon. »Eines Tages hat der Ringelnatz zu mir gesagt: ›Du, ich lad dich auf ein Glas Wein ein.‹ Ich bin mitgegangen, und ich habe bei ihm tatsächlich auch nur ein Glas Wein getrunken. In das Glas paßte ein Liter hinein.« Vielleicht ist mir der Maßkrug deshalb so sympathisch.

Josef Othmar Zöller
Weltstadt im Ruhestand: Augsburg

Das Bild der Heimatstadt prägt sich bleibend durch die Erlebnisse der Kindheit. Und das Bild der Heimatstadt vergoldet sich zunehmend mit der zeitlichen Distanz zu ihr.

»Mein« Augsburg beginnt nicht bei den reichen Fuggern und nicht bei Kelten und Kaisern. Mein Augsburg beginnt im Vorort Pfersee. Das Dorf im Westen der Stadt, im Jahre 1911 »eingemeindet«, hat gegenüber anderen Vororten nur einen, allerdings besonderen Vorzug – seit 1570 war dort eine Familie Mozart ansässig, und 1614 ist dort ein Dorfrichter namens Jerg Mozart gestorben, dessen Nachfahren meist Maurer und Wirte und die Vorfahren von David, Leopold und Wolfgang Amadeus Mozart waren. Wenn sich Salzburg die Mozartstadt nennt, dann darf sich Pfersee getrost »Mozartdorf« nennen.

Auch meine »Kirchen-Geschichte« beginnt nicht beim Hohen Dom, bei St. Ulrich und der Vielfalt Augsburger Kirchen zwischen Gotik und Barock – meine Kirchen-Geschichte beginnt bei meiner Taufkirche Herz Jesu in Pfersee: Dieser Kirchenbau nimmt in der sakralen Architekturgeschichte Deutschlands die Mittlerfunktion ein zwischen der unbeholfenen Baurats-Gotik und der Moderne – die Herz-Jesu-Kirche von Augsburg-Pfersee mit ihren reinen Jugendstilornamenten ist ein europäisches Dokument der Sakralarchitektur am Anfang dieses zu Ende gehenden Jahrhunderts, in der sich noch einmal der Ausdruckswille spätnazarenischer Bildkunst demonstriert, die gebändigt wird durch großzügig angebundene Raumgestaltung. Man könnte sagen Jugendstil im Großformat. Zu Unrecht ist der aus dem Bayerischen Wald kommende Architekt Michael Kurz vergessen.

Irgendwie fiel für mich als kleiner Bub der heilige Augustinus mit dem Kaiser Augustus zusammen. Überhaupt war für mich damals klar, daß der Gründer von Augsburg nur ein Heiliger gewesen sein konnte.

Das erste öffentliche Geschichtserlebnis eines jungen Augsburgers »ischt d's Turamichele«. Das ist so charakteristisch, daß man es nur mundartlich benennen kann. »D's Turamichele« ist eine fast zwei Meter große mechanische Spielfigur, den hl. Michael darstellend, die alljährlich am 29. September wie ein barocker Held geschmückt aus dem Fenster des Perlachturms tritt und den Triumph des Guten über das Böse demonstriert: Unter lautem Mitzählen der Kinder stößt der Michael mit einer großen Lanze auf den unter ihm liegenden Drachen-Teufel. Stundenlang warten die Kinder darauf – denn es geht darum, den besten Platz zu bekommen: rund um den Augustusbrunnen, schräg gegenüber der mächtigen Renaissancefassade des von Elias Holl erbauten Rathauses.

Von diesem Augustusbrunnen aus eröffnet sich augsburgische Geschichte von 2000 Jahren wie in einem Bilderbuch voller Symbole: Da ist der Kaiser selbst, der große Augustus, Imperator der Zeitenwende, souverän in eher beruhigender als beherrschender Geste den rechten Arm ausstreckend, als wolle er die Legionäre trösten, die geschlagen vom Teutoburger Wald heimkehrten und hier wieder ein Lager errichteten, leicht zu schützen zwischen zwei wilden Strömen. Die keltischen Vindelizier hatten sich den Römern freiwillig unterworfen – des Augustus Stiefsöhne Drusus und Tiberius sind die eigentlichen »Stadtgründer« dieser Augusta Vindelicum. Ein Gründungsjahr ist mit historisch gesicherter Zuverlässigkeit nicht auszumachen. Deshalb ist es auch historisch kaum ernsthaft zu widerlegen, wenn unsere Stadtväter das Datum auf das Jahr 15 vor Christi Geburt festgelegt haben – so daß 1985 die 2000-Jahr-Feier sein konnte.

Es muß eine bedeutende und blühende Römerstadt gewesen sein, die Provinzhauptstadt Augusta Vindelicum, die Hauptstadt von Raetia secunda. »Sic transit gloria mundi!« heißt der tragische geheime Wappenspruch Augsburgs: unbekannt wie das Gründungsjahr ist ihr Untergang. Die Alemannen haben gründliche Zerstörungsarbeit geleistet. Die einst stolze Augusta ist eine jener Städte mit den wenigsten Zeugnissen aus ihrer römischen Vergangenheit.

Vielleicht halten sie deshalb den Augustus so hoch in Ehren – keiner der bedeutenden Kaiser und Könige, die mit Augsburg eng verbunden waren, nicht einmal Maximilian oder Karl V., hat ein so herrliches Standbild, keiner bestimmt heute noch so die Stadt. Um den freien Raum, auf dem er steht, um den Rathausplatz kämpften die Augsburger Bürger gegen Banken und Stadtrat, gegen Architekten und gegen Historiker.

Und der Rathausplatz blieb frei – wie auf einer der großen Piazze in Rom steht Kaiser Augustus auf dem Sockel, umspielt von Fontänen und umlagert von vier allegorischen Figuren, die eigentlich Urheber der Stadtgründung, sozusagen der Grund der Gründung sind: »Vater Lech«, dessen wuchtige Bronzefigur von fern an den Moses von Michelangelo in San Pietro in Vinculi zu Rom erinnert, die »Dame Wertach«, ebenso edel wie geschmeidig als vollreifes Versprechen der Fruchtbarkeit, und die kleineren Fluß-Symbole Brunnenbach und Singold.

Rom ist auf sieben Hügeln erbaut – Augsburg auf einem. Und dieser Siedlungshügel der alten Augusta wird umarmt vom Lech im Osten und von der Wertach im Westen, bis sich beide im Norden der Stadt vereinen. In diesem geschützten und wasserreichen Winkel gedieh die Stadt in ihrer wechselvollen Geschichte. Die Binnen-Geographie Augsburgs wird von diesen wilden Gebirgsflüssen und deren Bändigung durch Kanäle wie durch den Längshügel bestimmt – heute noch tragen wichtige Stadtteile den Namen der Flüsse und Bäche: »Lechhausen«, Hettenbach, Senkelbach, »links der Wertach« und viele andere.

Die Bändigung der Flüsse und ihre Nutzung wie auch der Bau von Brücken verbesserte noch die außerordentlich günstige Wirtschaftsgeographie von Augsburg, heute kann man hier über 600 Brücken und »Brückle« zählen, mehr als in Venedig. Mühevoll allerdings quälen sich Lech und Wertach, zuweilen wie zu breit geratene Rinnsale, die 15 Kilometer durch das Stadtgebiet. Das Wildwasser ist gezähmt, allein die Wertach wird, bis sie nach Augsburg kommt, zwölfmal gestaut, das Wasser dann auch noch in Fabrikkanäle abgezweigt. Und dem Lech ergeht es genauso: Wasserkraft ist Arbeitskraft.

Die Gestalten der vier Flüsse, die den römischen Kaiser am Augustusbrunnen umgeben, stehen für die geopolitische und ökonomische Bedeutung Augsburgs im Mittelalter. Bereits das alte Römerkastell der Augusta Vindelicum war wie in ein Spinnennetz in das römische Straßensystem eingewoben gewesen und so mit den Brennpunkten Europas verbunden, vor allem durch die Via Claudia Augusta, die von Augsburg direkt nach Rom führte.

Aufs »Turamichele« wartend, erleben die Kinder am Augustusbrunnen die ganze Geschichte der Stadt. Sieht man über das schöne Bronzeprofil des Kaisers hinauf auf den Giebel des Rathauses, dann sieht man die Zirbelnuß, das alte römische Pyr, Symbol der Fruchtbarkeit – und ein paar Meter tiefer in einem großen Quadrat den Habsburger Doppeladler, das stolze Wahrzeichen der unabhängigen Freien Reichsstadt.

Die Zirbelnuß, das Wahrzeichen Augsburgs, prägt auch das Stadtwappen – da findet sich kein Stückchen bayerischer Heraldik: rot-grün-weiß die Farben, grün die Fruchtfarbe des Pyr, rot-weiß die Farben des Herzogtums Schwaben. Bis ins 13. Jahrhundert hinein war Augsburg Entwicklungsland, wie man es modern formulieren könnte, eine nach und nach sich befestigende Bischofsstadt. Denn seit 955 der legendäre Bischof Ulrich, Augsburgs Stadtheiliger, das Land vor den Hunnen gerettet hatte, waren die Bischöfe – nicht immer Heilige, meist Herrscher – die Herren der Stadt. Erst als sich durch die Ausformulierung eigener Handwerker- und Bürgerrechte die Augsburger ihre »Reichsunmittelbarkeit« erkämpft hatten, begann die große Zeit. 1276 bestätigte König Rudolf das 1156 von Kaiser Barbarossa ausgestellte Stadtrecht; 1316 versicherte Ludwig der Bayer die unveräußerliche Stellung als Reichsstadt. Um 1300 gab es etwa 10 000 Einwohner, um 1600 schon 50 000.

Die Weltbedeutung Augsburgs fällt zusammen mit der Hochblüte der Habsburger – Kaiser Maximilian I. ließ sich nicht ungern »Bürgermeister von Augsburg« nennen, er war selbst Hausbesitzer in seiner Lieblingsstadt. Als er nach dem Augsburger Reichstag in den späten Herbsttagen des Jahres 1518 Abschied nahm, sagte er, seinen nahen Tod vorausahnend: »Nun gesegne dich Gott, du liebes Augsburg, und alle frommen Bürger darinnen! Wohl haben wir manchen frohen Mut in dir gehabt! Nun werden wir dich nicht mehr sehen!«

Im Grunde lebt und leibt Augsburg heute noch aus dieser Hoch-Zeit, es ist eine Weltstadt im Ruhestand. Daten und Namen genügen, um dieses Augsburg zu charakterisieren: Das Profil der Stadt ist bis heute geprägt von Frühling und Herbst des Mittelalters, von Handel, Handwerk, Kultur und Industrie – denn das macht bis heute die Bedeutung oder auch den Reiz Augsburgs aus, daß es die Stadt des hl. Ulrich und Bert Brechts ist, daß sich Rudolf Diesel und Hans Holbein, Konrad Peutinger, der große Humanist und Intellektuelle, und Hans Burgkmair, der geniale Naive, im Brennpunkt dieser 2000jährigen Stadtgeschichte vereinen lassen; da darf es nicht wundern, daß Mozart und Luther und dann der Augsburgfeind Napoleon zur Stadtbiographie gehören.

Augsburg hatte – und man muß dies auch in zeitgeschichtlichen Dimensionen werten – bis ins 17. Jahrhundert hinein eine Bedeutung wie heute etwa der Welt-Ölhafen Rotterdam oder im Bereich der Kultur Paris, Rom, München. Augsburg war im 16. Jahrhundert die Modestadt Europas: Man kleidete sich »welserisch« – die Philippine

Welser, eine Augsburger Patriziertochter, galt als die schönste Frau des Jahrhunderts, heiratete dementsprechend einen Habsburger Kaisersohn (Ferdinand II.) und wird heute noch in Tirol hochgeehrt, natürlich auch in Augsburg.

Standesgeschichte – Schicksalsgeschichte: Als eine arme Augsburger Schönheit von einem bayerischen Herzogssohn geheiratet wurde, haben die bayerischen Reaktionäre mörderisch zugeschlagen – als die Tragödie von Carl Orff »Die Bernauerin« im Jahre 1960 in der Augsburger Freilichtbühne am Roten Tor in einer unvergessenen Inszenierung des damaligen Intendanten Karl Bauer aufgeführt wurde, war das mehr als ein Theaterereignis: eine die ganze Stadt erschütternde Geschichte! Denn das ist das Besondere an Augsburg und den Augsburgern heute: Sie identifizieren sich mit ihrer Geschichte, sie sind im besten Sinne kultivierte »Weltstadt-Provinzler«.

Der 4. März 1806 ist der schwarze Tag des modernen Augsburg: Da wurden – im Vollzug des »Preßburger Friedens« von 1805 – die Augsburger »bayerisch« und verloren ihre Reichsstadt-Freiheit. Und die Bayern demütigten Augsburg so sehr, daß bis auf den heutigen Tag zwischen Augsburg und München keine rechte Liebe aufkommen kann. Noch in einem 1980 erschienenen Augsburg-Buch für Kinder steht auf Seite 66 lapidar und unkommentiert: »Vom Westgiebel des Rathauses wurde der bronzene Reichsadler herabgenommen. Das Stadtrechtsbuch kam nach München!« Mit besonderer Freude führen die Augsburger ihre Gäste heute noch zu einem Bild Hans Holbeins in der Staatlichen Gemäldegalerie, »Die Geißelung Christi«. Die Peiniger, die Christus geißeln, tragen weiß-blau geräutete Hosen. Und im renommierten Café Bertele, gleich gegenüber dem Rathaus, gab es bis zum Ende der fünfziger Jahre noch einen Bürgerstammtisch, auf dessen Fähnlein stand: »Blau darfst du werden – aber niemals weiß-blau!«

Noch einmal bäumte sich dieses Augsburg auf und wurde – vermutlich angestachelt vom Konkurrenzneid gegen München – zu einer der größten Industriestädte: Aus der Tradition der Spinner und Weber wurde Augsburg zu einer der führenden Textilstädte der Welt im 19. Jahrhundert, aus der Tradition der Gold- und Kupferschmiede und der Waffenschmiede vor allem gedieh Augsburg zur Industriestadt, und der in Augsburg erfundene Dieselmotor machte das Augsburger Markenzeichen noch einmal weltberühmt. Die MAN hatte zu ihrer Blütezeit 22 000 Arbeiter und

war wie andere Augsburger Großbetriebe bereits im 19. Jahrhundert modellhaft für den »sozialen Wohnungsbau« – auch hier die Tradition der »Fuggerei«, der ersten Sozialsiedlung der Welt, fortsetzend. Die Haindl'schen Papierfabriken waren lange Zeit Marktführer.

Und schließlich erschien in der Fuggerstadt die bedeutendste Zeitung des deutschsprachigen Europa: die »Allgemeine Zeitung«, deren Mitarbeiterliste sich liest wie ein deutscher Dichter-Almanach des 19. Jahrhunderts zwischen Stifter und Heine. Hoffmann von Fallersleben reimte über sie:

Mit der Allgemeinen Zeitung
ist es gar ein wichtig' Ding,
denn die lieset Louis Philipp
und auch Droste Vischering.
Ja man will sogar auch wissen,
daß sie geht nach Prag und Wien
und noch immer nicht verboten
sei in Potsdam und Berlin.

Die ungeheure Dynamik der Industriestadt Augsburg läßt sich an den Zahlen der Bevölkerungsentwicklung ablesen:

1830: 30 000 Einwohner
1860: 40 000 Einwohner
1870: 51 000 Einwohner
1890: 75 600 Einwohner
1900: 90 000 Einwohner
1910: 102 500 Einwohner

Im Jahre 1911 kam die große Eingemeindungswelle der heute noch auf ihren Eigennamen pochenden Vordörfer – 1916 hatte Augsburg 146 000 Einwohner. 1985, 2000 Jahre nach der Gründung, zählte man in Augsburg zwar 247 000 Einwohner, aber die Vitalität der Stadt von heute ist nicht zu vergleichen mit der Dynamik des späten 19. und frühen 20. Jahrhunderts. Folgerichtig hat die MAN – nach wie vor das Schlüsselwerk der Augsburger Industrie – heute nicht mehr 22 000 Beschäftigte, sondern nur noch 7000. Für Geist und Gegenwart Augsburgs gibt es ein untrügliches Zeichen. Im Februar 1944 wurde Augsburg durch einen Bombenangriff vor allem in seiner Innenstadt total zerstört. 90 000 Augsburger wurden über Nacht obdachlos – die Kuppel des Perlachturms stürzte auf die Straße, das Rathaus mit dem Goldenen Saal, des »reichsten Saales« der Welt, brannte aus, so daß buchstäblich flüssiges Gold in den Brandherd rann.

Die Augsburger bauten ihre Stadt nicht wie damals üblich als moderne Stadt wieder auf – sie

81

bauten »ihre Fuggerstadt« wieder auf, funktionstüchtig, aber bei aller Zukunftsorientiertheit der Tradition verbunden. Wenn Bürgerinitiativen zur Erhaltung kultureller Werte beitragen, so haben die Augsburger eine Rettungsaktion ohnegleichen geleistet. Sie sammelten Million um Million, um Kulturdenkmale sowie den freien Rathausplatz zu retten und das berühmte Zeughaus vor der »Integration« in das Kaufhaus eines Weltkonzerns zu bewahren. Das ist Augsburger Bürgergeist mit Kaufmannssinn: Als man sich fragte, wo denn die Hunderttausende von Tonnen Schutt hingebracht werden könnten, da meinte einer: »Di fahr' mer en Rosenauberg naus und schichten den Dreck jetzt scho so auf, daß mehr dann, wenn mer wieder a Geld ham, daraus a groaß Fußballschtadion macha kennen.«

Ob die jungen Augsburger, die im Rosenaustadion stehen oder spielen, heute noch wissen, wie das Stadion entstanden ist? Eigentlich müßten die Augsburger am Rosenaustadion unterhalb der schönen Kongreßhalle ein kleines Denkmal für das »Trümmer-Bähnle« von damals setzen.

»Dr Bummel« ist eine Augsburger Spezialität – eine Mischung aus Liebespfad und Heiratsmarkt. »Corso« sagen sie im Augsburg benachbarten Italien und »Paseo« in den spanischen Städten und Dörfern. »Dr Bummel« begann am Königsplatz, einem Kommunikationszentrum, wie man heute sagen würde.

Heute gibt es diesen Königsplatz nicht mehr – was Hitler, der seine Zerstörung beschlossen hatte, nicht geschafft hat, das haben von Ratsherrn unterstützte Städteplaner erreicht: Der Königsplatz ist heute autogerecht umgebaut – eine Leerstelle der Stadtarchitektur.

Und trotzdem: Dieses Augsburg lebt auch im Schatten von München, denn viele, die einst am Königsplatz heimlich händchenhaltend von großer Karriere träumten, haben Karriere gemacht, aber keinen Platz mehr in Augsburg. Die Fuggerstadt ist zu klein für ihre vielen Begabungen, sie gibt einen Großteil ihrer Intelligenz an München und andere Städte ab, weiß das und leidet gelegentlich darunter.

Nicht selten aber kann man berühmte, bekannte und unbekannte Ex-Augsburger dabei beobachten, wie sie aus Köln oder Hamburg, aus München, Rom, Wien, Warschau oder Amerika kommend, die Maximilianstraße hinauf- und hinunterspazieren, ein bißchen Stolz und ein bißchen Heimweh im Gemüt, hier die Krypta in St. Ulrich besuchend und dort im Herkulesbrunnen neben dem Schaezler-Palais plätschernd, hinuntergehen in die Dominikanerkirche zur römischen Sammlung oder im Hof des Maximiliansmuseums den abgewrackten Reichsadler anschauen, im Damenhof des Fuggerhauses sich auf die Treppen setzen, die Fresken im ehemaligen Weberzunfthaus wieder bestaunen und dann sich an den Vater Lech am Augustusbrunnen lehnen – als ob gleich »ds Turamichele« kommt, mit Freuden feststellen, daß seit dem letzten Besuch endlich wieder droben im Geviert unter der Zirbelnuß der Reichsadler glänzt. Mittagessen in den Siebenschwabenstuben: »Schupfnudel mit Sauerkraut« oder »Kässpatza«; nach Lechhausen nunter, ob's »Schlößle« noch steht, und nach Leitershofen naus durch Pfersee und Stadtbergen zum Café Völk, »wo si d'Mama so gern hinfahren hat lassen«; am Spätnachmittag im Dom und wieder enttäuscht, daß die Prophetenfenster so hoch sitzen, daß man sie nicht richtig sehen kann; und am Abend Tante Dodi und den Onkel Leonhard in »d'Welserkuchl« einladen.

Ich bin neulich in der Früh mit einem dieser Ex-Augsburger nach München gefahren. Wir hatten Gespräche, Verhandlungen, Geschäfte. Der Taxifahrer vor dem »Bayerischen Hof«, Ausländer riechend, fragt, ob er direkt nach Riem oder noch ein bißchen »Sightseeing« fahren soll. Gute Idee. Mein Freund möchte wieder einmal von der Feldherrnhalle die Ludwigsstraße hinunterschauen zur Uni, den Weg sehen, den wir jahrelang gelaufen sind als Augsburger »Fahrstudenten«.

Und als wir dann neben dem Feldherrn Tilly stehen und diese Prachtstraße der Landeshauptstadt bis zum Siegestor hinunterschauen, die Uni und die römischen Brunnen nur ahnend, sagt er: »Eigentlich ist das eine langweilige Mauerflucht – kein Vergleich mit der Maximilianstraße in Augsburg.«

Ein paar Wochen später ein Brief aus Cleveland, Ohio: »Und diese zwei Tage in Augsburg waren doch die schönsten, und glaub mir, nicht allein wegen der Nostalgie. Unser Augsburg hat seinen Charakter bewahrt. München ist eine unheimlich schöne und in seiner Größe doch noch gemütliche Stadt. Aber unser Augsburg hat seine heimliche Schönheit, es ist nicht gemütlich, sondern gemütvoll.

Wir in Amerika sagen, daß aus der Provinz die Energie kommt, wenn in der Hauptstadt die Lichter ausgehen.«

Sigfrid Färber
Zweitausend Jahre in zwei Stunden

Um in Regensburg diese mächtige Zeitspanne in so kurzer Frist abzuschreiten, stellt die Stadt nur eine Bedingung: Man muß zu Fuß gehen! Aber keine Angst: Die Wege sind nicht weit in der Altstadt. Sie ist für heutige Raumbegriffe klein, eben mittelalterlich, aber angefüllt mit Inhalt, beinahe berstend von Geschichte, überreich an Denkmälern, Kunstwerken und Merkwürdigkeiten vom 2. bis zum 19. Jahrhundert.

Nun, in zwei Stunden kann man wohl zweitausend Jahre durchmessen, aber man kann keineswegs alles sehen, was sehenswert wäre, und so taucht immer die Frage auf: Wo beginnen und wo enden? Der erste, und sicher zugleich der beste Regensburger Fremdenführer war Mephistopheles, der dienstbare Geist des Erzzauberers Doktor Johannes Faust. Er stieg nämlich, wie wir im Volksbuch lesen, auf seinem Zaubermantel in die Lüfte und zeigte seinem Herrn die Stadt mit den sieben Namen von oben: Regensburg, Tiberia, Quadrata, Hyaspolis, Reginopolis, Imbripolis, Ratisbona. Es gibt noch etliche Namen mehr für Regensburg, insgesamt vierundsiebzig hat man zusammengezählt, bizarre griechisch-lateinisch-germanische Mischnamen. Drei sind historisch, und sie genügen vollauf, das erstaunliche Alter der Stadt zu belegen: Rathaspona (keltisch) – Castra Regina (römisch) – Reganespurc (bajuwarisch).

Regensburg ist also die Übersetzung von Castra Regina, lateinisch wie deutsch mit Betonung auf der ersten Silbe, weil es sich um die Burg an der Einmündung des Regens in die Donau, am nördlichsten Punkt des großen europäischen Stromes, handelt. Kaiser Marc Aurel ließ sie 179 n. Chr. erbauen, und wenn wir vor der Römermauer am Ernst-Reuter-Platz, also vor der Südostecke des einstigen Castrum stehen, dann sprechen uns noch heute Wucht und Stärke dieses Bauwerks aufs lebhafteste an. Vom mephistophelischen Zaubermantel aus könnten wir gleichzeitig auch die Nordostecke sehen und das römische Paradestück Regensburgs, die Porta Praetoria, und könnten ferner bemerken, wie der Rechteckumfang von Castra Regina noch heute unverwischt ins Stadtbild eingeprägt ist.

So spricht uns Geschichte an, fast möchte man sagen: springt uns an, wohin wir uns wenden. Mittelalterliche Geschichte vor allem. Da tritt uns, wenn wir die Ostenallee rechts liegen lassen, ein Bauwerk entgegen, eine strenge, nüchterne frühgotische Basilika mit hochgebautem Chor, die Mi-

noritenkirche, und sie erinnert daran, daß im aufgewühlten 13. Jahrhundert die Bettlerorden in die Städte kamen, und alle, die es überhaupt gab, in die Großstadt Regensburg. Hier, im einstigen Minoritenkloster, hatte Bruder Berthold, der größte deutsche Volksprediger des Mittelalters, seine Heimstatt; heute sind das aufgehobene Kloster und die verweltlichte Kirche mit neuen Anbauten zum Stadtmuseum geworden, das in über hundert Räumen 2000 Jahre Kulturgeschichte Ostbayerns darstellt.

Dort könnten wir auch die Stadtgeschichte ablesen, eine Geschichte, die vor allem in ihrer ununterbrochenen Fortdauer und Beständigkeit durch zwei Jahrtausende von europäischer Bedeutung ist: Keltensiedlung Rathaspona (um 500 v. Chr.), Römerburg Castra Regina, erste Hauptstadt Baierns, karolingische Königspfalz unter Karl dem Großen und Hauptstadt des Ostfrankenreiches unter Ludwig dem Deutschen, wiederum baierische Hauptstadt nach dem Aussterben der Karolinger, Welt- und Welthandelsstadt des frühen und hohen Mittelalters und Freie Reichsstadt seit 1245, Niedergang im 15. und 16. Jahrhundert, aber evangelische Reichsstadt mit zahlreichen reichsunmittelbaren katholischen Gebieten seit 1542, Reichstagsstadt seit alter Zeit und Sitz des Immerwährenden Reichstages von 1663 bis 1806, und nach halbtausendjähriger Reichsfreiheit kam Regensburg wieder zum Land Bayern, 1810.

Gleich um die Ecke stehen wir auf einem Platz, wo baierische Herzöge und deutsche Könige, Agilolfinger, Karolinger, Welfen und Wittelsbacher Burgen und Kirchen ineinandergefügt haben: auf dem Alten Kornmarkt. Römisch, romanisch, gotisch – ein für Regensburg kennzeichnender Dreiklang. Da steht der massige Turm der Herzogspfalz, Römerturm genannt, und daneben der Herzogshof selbst mit einem erhaltenen romanischen Pfalzsaal aus der Zeit um 1200. Weiter die Alte Kapelle, die Bauelemente aller Stilrichtungen seit der Karolingerzeit aufweist und im Innern durch eine überschwengliche Spätrokokoausstattung blendet. Auf der anderen Seite erhebt sich das zweitürmige romanische Niedermünster, und hinter Herzogshof und Römerturm wächst die kühne Gotik des Domes St. Peter in den Himmel.

Im Niedermünster mußten wir Einlaß suchen, denn hier hatten die Archäologen bei Ausgrabungen Anfang der achtziger Jahre aufschlußreiche Funde gemacht. Die heute noch stehende Kirche stammt aus der Zeit um 1200; ihr ging eine dreischiffige Basilika voraus, die Herzog Heinrich I. um 950 erbauen ließ und wo er auch mit seiner Gemahlin – die zuvor unbekannten Grablegen wurden gefunden – bestattet wurde. Aufgedeckt wurden ferner ein Saalkirchenbau aus dem Ende des 8. und die Agilolfinger-Pfalzkapelle aus dem späten 6. oder frühen 7. Jahrhundert mit dem Grab des um 700 verstorbenen heiligen Erhard, dessen Gebeine 1052 zur Ehre des Altars erhoben wurden. Was bis dahin scheinbar legendär war, konnte nun durch die Ausgrabungen belegt werden. In die römische Zeit schließlich führten uns der in der Tiefe aufgefundene Sarkophag, in dem Erhard ursprünglich lag, und die Grundmauern eines Profanbaus mit Fußbodenheizung. Aus Erd- und Steingeruch, auf Brettern über Grabungsschnitten und vorbei an Stapeln von Aberhunderten von Pappschächtelchen mit oft nur winzigen Fundstücken traten wir wieder hinaus ins Freie, in die Ecke des Domplatzes, des Altdorferplatzes, wo sich ein hinreißendes Architekturbild auftut, eine Fuge in Stein: Die eigenartigen frühgotischen Strebemauern der Ulrichskirche sind das Fugenthema, die aufschwingenden hochgotischen Strebebogen des anschließenden Domes St. Peter die kühne Durchführung des Themas, der Domostchor der Orgelpunkt und Schlußakkord. Die Passacaglia zu dieser Fuge aber ist die Domwestfassade mit den Türmen. Sie läßt auf einen Blick den Dom als ein Werk der Jahrhunderte erkennen – am rechten Südturm die strengen frühgotischen, am linken Nordturm die bewegten spätgotischen Formen. Als Höhepunkt der Regensburger Kirchenbaukunst des 13. Jahrhunderts erstand der Dom nach dem Vorbild der Kathedralen Frankreichs, vom Ende des 13. bis zum Anfang des 16. Jahrhunderts, und um 1850 erhielt er die fast genau hundert Jahre später wieder erneuerten krabbengeschmückten Helmspitzen. Wir erkennen im Regensburger eine Parallele zum Kölner Dom. Der Kölner Dom ist größer, der Regensburger Dom ist echter, mittelalterlicher, auch wenn wir an die achthundert Glasscheiben im Innern denken. Er ist Bayerns Hauptwerk der Gotik.

Gegenüber seiner Westfassade liegt das gotische Haus an der Heuport, das nun das alte Kaufmannsviertel der Patrizierburgen eröffnet. Die überaus reichen Regensburger Handelsherren, die Venediger, wie man sie auch nannte, haben nach dem Muster der italienischen Adelsburgen vom 13. bis zum 15. Jahrhundert ihre Turmhäuser, wie in Bologna oder San Gimignano aufra-

gend, in der Donaustadt errichtet. Sechzig waren es einst, zwanzig sind es noch heute. Wir können etliche sehen, wenn wir jetzt durch die Goliathstraße, die enge Kramgasse und die Wahlenstraße oder auch durch die Tändlergasse zum Watmarkt und weiter zum Alten Rathaus gehen: das Goliathhaus mit einem Renaissancefresko des biblischen Riesen, den ganz und gar italienischen Baumburgerturm und den Goldenen Turm, den höchsten, neunstöckigen.

Glanzstück dieser patrizierherrlichen Bauten ist das Alte Rathaus. Wann wurde es erbaut? pflegt der wissensdurstige Besucher zu fragen. Es ist gewachsen, antwortet der kundige Führer. Denn es ist ja ein Gefüge von Gebäuden: in der Mitte der frühgotische Turm, links der Reichssaalbau von 1360 mit Portal und Erker nach einem Brand von 1408, das Treppenhaus, umgebaut 1564, rechts die Gebäude des 17. und 18. Jahrhunderts mit dem Ratskeller. Das Ganze steht noch genauso da wie auf alten Stichen, die pomphafte Aufzüge aus der Zeit des Immerwährenden Reichstages darstellen. Es ist, einschließlich seiner mittelalterlichen Gerichtsstätte mit Fragstatt, eines der originalsten gotischen Rathäuser Deutschlands, da Regensburg im 19. Jahrhundert, Gott sei Dank, kann man sagen, zu müde und zu arm war, um neugotische Auffrischungen vorzunehmen. Am stolzesten können die Regensburger darauf sein, daß der Reichssaal, wo schon vor dem Immerwährenden Reichstag viele einzelne stattgefunden hatten, ursprünglich als Festsaal des Patriziats erbaut wurde. Der Kaiser hatte damals nirgendwo einen so großartigen Saal. So wurde der Stadtsaal zum Reichssaal. Bei Eröffnung einer Tagung, im Licht der Kerzenlüster und beim Gesang der Domspatzen, ist der Raum heute wie vor sechshundert Jahren der Festsaal Regensburgs.

Reichsstädte gab es viele – überlegen wir beim Weitergehen zum Haidplatz –, aber Regensburg war die östlichste des Reiches und die einzige in Altbayern, trotz wirtschaftlicher Nachteile diese Stellung behauptend oder auch weil sie vom Kaiser dazu gezwungen wurde. Jetzt stehen wir vor einer Kaiserherberge, dem Goldenen Kreuz, das wie das Haus zur Neuen Waag und das Thon-Dittmer-Haus als Patrizierburg erbaut wurde. Karl V., der dreimal in Regensburg Reichstag hielt, hatte hier 1546 seine Liebesbegegnung mit dem Bürgermädchen Barbara Blomberg, das dem Kaiser an seinem Geburtstag einen Sohn gebar, den ruhmreichen Don Juan d'Austria, der durch seinen Sieg in der Seeschlacht von Lepanto das Abendland vor den Türken rettete. Der Kaiser anerkannte ihn neben seinem Sohn Philipp II. und vergaß auch die Regensburgerin nie, die man ihm einmal als Ehrengabe für eine Nacht zugeführt hatte.

Wir könnten jetzt durch das zunächst unscheinbare Weingäßchen ins Herz der Altstadt und Zentrum ihrer Sanierung, zum Kepler- und Runtingerhaus, kommen; aber wir entscheiden uns für die Schottenkirche St. Jakob. Diese Kirche ist ja Regensburg, wie es leibt und lebt, romanisch und geheimnisvoll, das Portal ein rätselhaftes Bilderwerk in Stein, immer wieder neu gedeutet, nie in allen Einzelheiten, wohl aber in seinem Sinn erklärt: Es zeigt Gestalten und Gesichte der Versuchung und Verheißung auf dem Weg des Menschen aus der Zeit in die Ewigkeit; die Kirchenpforte ist Symbol der Himmelspforte, und der Pförtner Rydan, eine Halbrelief-Steinfigur im Innern, hantiert mit Riegel und Schlüssel, um die Pforte zu schließen. Diese, neben der Allerheiligenkapelle im Domkreuzgang, schönste der zahlreichen romanischen Kirchen Regensburgs war Klosterkirche, ursprünglich Besitz eines iroschottischen Konvents, dann Emigrantenstation der schottischen Katholiken, weshalb wir auch den Beichtvater Maria Stuarts, einst Abt des Klosters, hier begraben finden. Das Kloster, das immer ein Eigenleben führte, was den Bischöfen nicht behagte, konnte erst um 1870 aufgelöst und in ein Priesterseminar umgewandelt werden. Die große Regensburger Tradition lebt aber in einem in Fort Augustus am Loch Ness neugegründeten Kloster fort.

Wenn wir uns zur Altstadt zurückwenden, erregt am Bismarckplatz die ehemalige Französische Gesandtschaft unsere Aufmerksamkeit, das schönste der klassizistischen Bauwerke, mit denen Carl von Dalberg, 1804 bis 1810 Fürstprimas von Regensburg, durch seinen Hofarchitekten Emanuel d'Herigoyen die Stadt schmücken ließ. Aus dem hohen Portikus des Palais schaut man auf das Stadttheater, das nach Bränden und Umbauten dank einem Apollosymbol gerade noch seine klassizistische Form behauptet, rechter Hand aber auf die ernste, gebieterische Fassade der frühgotischen Dominikanerkirche, Gegenstück zur Minoritenkirche, wo Albertus Magnus, der Doctor universalis des 13. Jahrhunderts, wirkte.

Drüben am Emmeramsplatz steht die gleichnamige ehemalige Kloster- und heutige Pfarrkirche, verbunden mit dem Gefüge des Schlosses der Fürsten von Thurn und Taxis, einen Stilbogen von dreizehn Jahrhunderten umspannend, die älteste christliche Kulturstätte Regensburgs – und als Gegenstück nahe der Dominikanerkirche die evangelische Dreieinigkeitskirche, evangelisch geplant und gebaut mitten im Dreißigjährigen Krieg, ein Auftragswerk von Rat und Bürgern. Katholische Klosterkirche – evangelische Stadtkirche, sehr ausdrucksvoll beide in ihrer Art.

Hart stießen sich einst die Glaubensgegensätze im engen Stadtraum – an der Stelle der Neupfarrkirche stand einst die Synagoge, die, 1519 zerstört, durch eine Marienwallfahrt ersetzt, dann aber, ehe noch der Steinbau vollendet war, in eine evangelische Kirche verwandelt wurde –, bis sich die Glaubensgegensätze also nach dem bitteren Krieg befriedeten und Regensburg alle Menschen großzügig aufnahm, die Schutz in Freiheit suchten, Flüchtlinge aus Wien, Salzburg, Linz, München, im 18. Jahrhundert auch aus Paris, die alle Regensburger wurden.

Jede Regensburger Stadtführung endet mit einer Entschuldigung: Man kann in der kurzen Zeit beim besten Willen nicht alles, nicht einmal alles Bedeutende zeigen! Diese Entschuldigung bringen wir vor in der Historischen Wurstküche. Wir schauen auf den Donaustrom, die Lebensader der Stadt seit Anbeginn, auf die Steinerne Brücke, das älteste deutsche Brückenbauwerk, errichtet 1135 bis 1146 durch Herzog Heinrich X., den stolzen Welfen. Die Brücke war achthundert Jahre lang der einzige Verkehrsweg, der in Regensburg über beide Donauarme führte. 1935 wurde die Nibelungenbrücke, 1967 die Pfaffensteinerbrücke gebaut, und erst als der Verkehr auch über die letztere floß, konnte man die Steinerne Brücke sperren, um endlich die 1945 sinnlos gesprengten Bogen wiederherzustellen. Es war nur einer der Kriege, den die Brücke erlebte – der napoleonische, der Dreißigjährige, der hussitische gingen voraus.

Die Brücke selbst ist ein Werk des Friedens; ihr altes Siegel, das neben dem Stadtsiegel geführt wurde, ist nun das Siegel der neuen Universität; sie nahm auch jetzt den friedlichen Verkehr wieder auf, diese Brücke über den Donaustrom und über den Zeitenstrom.

Hermann Glaser
Zwischen Idyll und Industrie: Nürnberg – Fürth

Das kräftige allgemeine Lachen war mit Verärgerung, ja Empörung durchsetzt – es zeigte, daß die volle abendliche Maschine der PAN AM, von Berlin kommend, auf Nürnberg einschwenkend, vorwiegend mit Einheimischen besetzt war: Die Stewardeß hatte angekündigt, man werde nun auf dem Flughafen Fürth landen. Mehr als ein Fauxpas: Für Nürnberger ist unvorstellbar, daß man ihre große Stadt mit dem kleinen Nachbarn verwechselt. Fürth ist eben Anhängsel – wie schon Ernst Moritz Arndt 1801 auf einer Reise von Bayreuth nach Wien es beschrieb: »Die Stadt ist bloß Fabrikstadt und ein Ableger von Nürnberg, denn mit dessen Sinken hat diese angefangen zu steigen, und soll sich noch immer aus Nürnberg rekrutieren.« Fürth sei eine offene Stadt, wie ein Dorf, in tiefem Sande gelegen und in den stumpfen Winkel hineingebaut, den die Pegnitz und Rednitz hier bei ihrer »Vereinbarung« bildeten.

Das Luftbild bestätigt die Lage. Es zeigt dem Fremden zudem die topographische Einheit der beiden Städte, welche die Einheimischen sich gegenseitig psycho-historisch verweigern. Es gab freilich durchaus Zeiten besonderer Annäherung, in denen vor allem der kleinere Bruder die Hand nach dem größeren ausstreckte. Am 22. 11. 1904 beantragte das Fürther Kollegium der Gemeindebevollmächtigten beim Nürnberger Magistrat, daß man wegen eines Zusammenschlusses beraten solle. In Nürnberg war man abgeneigt. Auch die Fürther Bürger protestierten. Prinz Ludwig meinte 1908, daß der große Justizpalast, zwischen beiden Städten gelegen, doch ein Bindeglied sein könne. 1912 griff der Erste Bürgermeister von Fürth den Gedanken der Vereinigung wieder auf; es blieb bei der Idee, das »Freie Bürgerkomitee Fürth« mobilisierte die Gegenkräfte. Aber die Diskussion kam nicht zur Ruhe. Als nach dem Ersten Weltkrieg der Nürnberger Oberbürgermeister Dr. Luppe eine Verschmelzung anstrebte, hieß sein Gegenspieler: »Verein zur Wahrung der Interessen der Stadt Fürth« (»Treu Fürth«). Dennoch kam es im Fürther Stadtrat am 1. 12. 1921 zu einer Abstimmung, bei der 30 Stimmen für und nur zwölf gegen das Zusammengehen abgegeben wurden. Die nachfolgende Volksabstimmung ergab ein anderes Bild; die Mehrheit der Einwohner war dagegen, der Stadtrat trat zurück; die Verfechter der Fürther Selbständigkeit konnten sich bei den Neuwahlen durchsetzen.

So wird weiterhin der nordbayerische Großraum mit seiner erklecklichen Einwohnerzahl (Nürnberg: 483 000, Fürth: 99 000, Erlangen: 102 000, Schwabach: 35 000) auf »ewig geteilt« bleiben und in seiner Aufsplitterung München nicht Paroli bieten können; dort ist man durchaus daran interessiert, daß das nordbayerische Wirtschafts- und Industriezentrum mit vielen Stimmen, das heißt uneinheitlich, spricht. Die Planer wissen ein Lied davon zu singen, wie schwierig es ist, die stadtterritorialen Eigeninteressen wenigstens von Fall zu Fall auf einen gemeinsamen Nenner zu bringen.

Freilich sind Nürnberg und Fürth seit kurzem noch enger zusammengerückt: Die U-Bahn-Linie zwischen den beiden Städten wurde im März 1982 eingeweiht; sie fährt unter (an einer Stelle auch über) der Trasse, die von der in Fürth von 1792 bis 1806 wirkenden preußischen Verwaltung in vierjähriger Bauzeit angelegt worden war. Als Nürnberger Straße in Fürth, setzt sie sich in Nürnberg als Fürther Straße fort. Die preußische Regierung wollte mit Hilfe dieser Straße das Fürther Gewerbsleben fördern, indem man »das Nürnberger Publicum durch einen guten Weg zu Vergnügungsreisen nach Fürth einladete«. Durch sie war dann der Weg der ersten deutschen Eisenbahn, der Ludwigsbahn (und später der Straßenbahn), vorgezeichnet.

Das alte Nürnberg, schrieb der dänische Dichter Hans Christian Andersen, als er 1840 zu Besuch kam, »war die erste Stadt, die in den gigantischen Gedanken der jungen Zeit mit einstimmte, Städte durch Dampf und eiserne Bänder aneinander zu ziehen«. Der »Spannungsbogen«, der dergestalt die beiden Städte zusammenband, bestand aus einem Gleis, zwei Weichen und sieben Drehscheiben. Dennoch begann hier der große »Vernetzungstraum« Wirklichkeit zu werden: Aus den sechs Kilometern der Eisenbahnstrecke Nürnberg – Fürth waren 1845 bereits 2200 und 1917 65 000 Kilometer geworden. Die Vertikale des besinnlich-frugalen Biedermeier schlug in die Horizontale der expansiv-ungestümen Industriegesellschaft um. Nürnberg, die Stadt, die kurz vorher ihre romantische Entdeckung erlebt hatte – »Du vormals weltberühmte Stadt! Wie gerne durchwanderte ich deine krummen Gassen; mit welcher kindlichen Liebe betrachtete ich deine altväterischen Häuser und Kirchen, denen die feste Spur von unsrer alten vaterländischen Kunst eingedrückt ist!« (Wilhelm Heinrich Wackenroder 1797) –, Nürnberg, die Stadt Dürers, Hans Sachsens, Adam Krafts, Wilibaldus Pirkheimers und vieler anderer »hochgelobter Ehrenmänner«, begann aus ihrem wirtschaftlichen Dornröschenschlaf aufzuwachen und zum Vorort des Maschinenzeitalters zu werden. Seit der Mitte des 19. Jahrhunderts entwickelte sich hier eine leistungsfähige Industrie. Eine besondere Rolle spielten die Bleistift- und Spielzeugfabrikation sowie die Metallverarbeitung. Aus kleinen Werkstätten gingen Großbetriebe hervor – etwa die Maschinenfabrik Cramer-Klett (heute MAN) und die Elektrogerätefabrik Sigmund Schuckert (heute aufgegangen in Siemens). Die Bevölkerungszahl stieg von 25000 Einwohnern im Jahr 1806 auf 100000 im Jahr 1881.

Freilich sorgte das intakte mittelalterliche Stadtbild, machtvoll umrahmt von dem im 13. und 14. Jahrhundert entstandenen, 1452 endgültig fertiggestellten Mauerring und gekrönt von der Burg, deren Ausbau als Kaiserpfalz auf die Stauferkaiser zurückgeht, dafür, daß Nürnberg mehr als lebendiges Museum denn als problembeladene Großstadt empfunden wurde. So auch von einem später berühmt gewordenen Fürther Kind. In seinen autobiographischen Aufzeichnungen »Mein Weg als Deutscher und Jude« beschreibt Jakob Wassermann den Gegensatz von Fürth und Nürnberg: »Erstickend in ihrer Engigkeit und Öde die gartenlose Stadt, Stadt des Rußes, der tausend Schlöte, des Maschinen- und Hämmergestampfes, der Bierwirtschaften, der verbissenen Betriebs- und Erwerbsgier, des Dichtbeieinander kleiner und kleinlicher Leute, der Luft der Armut und Lieblosigkeit im väterlichen Haus. Im Umkreis dürre Sandebenen, schmutzige Fabrikwässer, der trübe, träge Fluß, der geradlinige Kanal, schüttere Wälder, triste Dörfer, häßliche Steinbrüche, Staub, Lehm, Ginster. Eine Wegstunde nach Osten: Nürnberg, Denkmal großer Geschichte. Mit uralten Häusern, Höfen, Gassen, Domen, Brücken, Brunnen und Mauern, für mich dennoch nie Kulisse oder Gepränge, oder leerer, romantischer Schauplatz, sondern durch vielfache Beziehung in das persönliche Schicksal verflochten, in der Kindheit schon und später gewichtiger noch.«

Das Nürnberger kollektive Bewußtsein sieht wohl bis heute die kulturelle Physiognomie der beiden Städte in dieser Weise: die eigene Stadt »der edlen Künste voll« und die Nachbarstadt so, wie sie im Dürerjahr 1971 ein welterfahrener Essayist zur unverhohlenen Freude seiner Zuhörer und Leser beschrieb: »Zufällig war er nach Fürth geraten. Schienen, Schuppen, altmodische Häuser, Indu-

strieanlagen, Eisenbahnbrücken, eine verrostete, trübe Welt hinter Scheibenwischern. Mein Gott, dachte er, Fürth sieht ja aus, wie wir uns immer die DDR vorstellen: total vergammelt. Er erinnerte sich an den folgenden Montag, wo wieder goldene Sonne über der Stadt lag. Frühlingsgeruch. Nürnberg erwachte und war jetzt schön: die Knusper- und Lebkuchen- und Bratwürstchenstadt, die er erwartet hatte.« (Horst Krüger)

Bei ihrer stolzgeschwellten Selbsteinschätzung übersehen die Nürnberger gerne, daß Fürth gerade die Stadt war, die sich den Bevölkerungsgruppen und Personen öffnete, die in Nürnberg nicht geduldet oder gar unterdrückt wurden – wie Handwerker, Reformierte und vor allem Juden. Die letzteren sind in Fürth seit 1440 nachweisbar; eine alte Redensart lautete: »In Fürth, in Fürth, da gibt's viel' Juden und viel' Wirt.« Jakob Wassermann schreibt: »Ich bin in Fürth geboren und aufgewachsen, einer vorwiegend protestantischen Fabrikstadt des mittleren Franken, in der es eine zahlreiche Gemeinde gewerbs- und handelstreibender Juden gab. Das Verhältnis der Zahl der Juden zur übrigen Bevölkerung war etwa 1:12.« Bedeutende Persönlichkeiten sind aus dieser jüdischen Gemeinde hervorgegangen, so – außer Wassermann – der 1826 geborene Leopold Ullstein, der Begründer des großen Berliner Verlagshauses, und der 1923 geborene Henry Alfred Kissinger. Vom besonderen Bürgersinn seiner jüdischen Bewohner profitierte übrigens nicht nur Fürth, sondern auch Nürnberg; der Kaufmann Heinrich Berolzheimer zum Beispiel (1836–1906) stiftete in Fürth das Berolzheimerianum, ein Haus für die Erwachsenenbildung, und in Nürnberg das Luitpoldhaus (mit ähnlicher Zielsetzung); ferner stellte er einen Teil der Geldmittel für das Nürnberger Künstlerhaus zur Verfügung; als er starb, war er Ehrenbürger von Fürth und Nürnberg geworden.

Stolz können die Fürther nicht nur angesichts ihrer geschichtlich erhärteten Toleranz, sondern auch darauf sein, daß die Fürther Urkirche, die fränkische Feldkirche St. Martin im Rednitztal, zugleich Mutterkirche der Kapelle St. Lorenz zum Heiligen Grab in Nürnberg war, aus der später die so bedeutsame St. Lorenzkirche (mit dem Sakramentshäuschen von Adam Kraft und dem Englischen Gruß von Veit Stoß) hervorging. Übrigens ist auch der Name Fürths früher belegt als derjenige Nürnbergs: 1007 wird in einer Urkunde Kaiser Heinrichs II. der »locus Furti« dem Domkapitel in Bamberg geschenkt (gemeint war damit der Königshof bei der Rednitz-Übergangsstelle). Das wohl um 1040 auf Veranlassung des Kaisers Heinrichs III. als politisch-militärischer Stützpunkt gegründete Nürnberg wird 1050 erstmals urkundlich erwähnt – aus erfreulichem Anlaß: Auf »eigenem Grund und Boden«, auf dem Nuorenberc (felsiger, steinerner Berg), verfügte der Herrscher die Freilassung der Leibeigenen Sigena.

Solche dem Fürther Selbstbewußtsein schmeichelnden historischen Reminiszenzen ändern freilich nichts daran, daß die Stadt Fürth in (fast) allem dem großen Nachbarn nachstand und nachsteht. Zwar meint der Fürther heute nicht mehr, wie im 18. Jahrhundert, Nürnberg, wenn er sagt, er gehe in die Stadt; doch sehr viele Wege führen eben dann doch zwangsläufig zu der oder über die fränkische Metropole mit ihrer wirtschaftlichen, kulturellen, insgesamt gesellschaftlichen wie politischen Bedeutung. So wie der Fürther Bahnhof dem Nürnberger, diesem 1901–06 errichteten monumentalen Prachtbau, nicht das Wasser reichen kann, so auch nicht die »Fürther Spielvereinigung« dem »Club« (1. FCN). Und zu einem eigenen Theater ist Fürth auch nur periodenweise gekommen, meist wurde das Theater in Fürth vom Nürnberger Stadttheater mit bespielt. Und so fort. Selbst im Dialekt meint man gravierende Unterschiede feststellen zu können – und zwar solche, die, zumindest nach Ansicht der Nürnberger, ein starkes Niveaugefälle von der Reichsstadt mit ihrem bürgerlich-sprachlichen Selbstbewußtsein zur Industriestadt mit ihrem verwaschenen Anpassungsidiom erkennen lassen. Der Sprachforscher meint freilich: »Während für manchen Laien ... immer noch das Bewußtsein herrscht, der Nürnberger Dialekt unterscheide sich sehr stark von dem der Stadt Fürth, kann die moderne Dialektgeographie durch die Kombination zahlreicher einzelner Sprachkarten zeigen, daß es hier zwar eine Anzahl von Unterschieden gibt, daß die Mundart der beiden Städte aber doch insgesamt eindeutig zu ein und demselben größeren Dialektraum gehört.« (Hugo Steger)

Wanderer, näherst du dich Nürnberg vom Süden oder vom Norden, so wird es dir so ergehen, wie Ernst Penzoldt es beschrieb: »Der Weg ist sandig, langweilig, einförmig und geht größtenteils durch ein Tannengehölz. Die hochgespreizte astarme Weißtanne steht hier sparsam und weitläufig umher ... Ein dürrer, kränkelnder Wald gewährt keinen erhellenden Anblick.« Aber muß-

ten die Nürnberger auch auf Sand bauen – »des Deutschen Reiches Streusandbüchse« hieß die Stadt –, mit ihrer tüchtigen Erdenschwere haben sie sich, wirkend und werkend, tief genug verankert; man spült sie nicht so leicht weg. Die Reisenden loben seit Jahrhunderten an den Nürnbergern, daß sie »nicht hoffärtig, nicht ambitosus, weder ehr-, geld- noch rachgierig« seien, sondern ein stilles, ruhiges, »muthsames, friedliches Gemüt« hätten, ernst, überfleißig, aufrichtig wären und den gemeinen Nutzen bei weitem höher als den eigenen schätzten. Tüftler sind die Nürnberger: im Kleinen groß (manchmal auch im Großen kleinlich)! Der »Nürnberger Witz« – neben der Inspiration kam's freilich vor allem auch auf Fleiß und Zähigkeit, auf die Transpiration, an – schuf die Grundlage für ein jahrhundertelang blühendes Handwerk und eine bedeutende Industrie. Diese einmalige Mischung von Vergangenheitsaura und technischem Futurismus hat der Nürnberger Arbeiterdichter Karl Bröger pathetisch besungen:

... Jeder Stein erklingt unter deinem Fuß,
schickt ein Haus dem anderen Haus seinen Englischen Gruß.
Jauchzt die Esse steil aus rauchgeschwängerter Luft,
tönt der Kirchturm Antwort
aus seinem marienseligen Himmelsduft.
Dome, Kapelle, für Beter gewölbtes Schiff,
Bahnhofshallen, Fabriken, von Arbeit durchstampft,
durchgellt vom Sirenenpfiff,
ihre Gesänge münden aus Duft und Weihrauch,
aus Dunst und beißendem Qualm,
alle in einen riesenstimmigen Lebenspsalm.

Die Apokalypse der Bombennächte im Zweiten Weltkrieg bedeutete für den Nürnberger Lebensmut die härteste Belastung: nach Dresden war Nürnberg die am stärksten zerstörte Stadt des ehemaligen Deutschen Reiches. Nur neun Prozent des Wohnraums blieben unversehrt; die Altstadt wurde vollständig in Schutt und Asche gelegt; die Bevölkerung sank von 420 000 bei Kriegsausbruch auf 175 000 im Jahr 1945. Der Wiederaufbau, der sich an das alte Stadtbild anlehnte und damit die Fehler der vielerorts praktizierten Kahlschlag-Fortschrittsgläubigkeit vermied, hat die Stadt wieder mit einer besonderen Lebensqualität ausgestattet.

Viel länger als die materielle dürfte die geistige

Rehabilitierung in Anspruch nehmen. Nürnberg ist in einer besonderen, und zwar vierfachen Weise mit dem Nationalsozialismus, mit der Epoche des Dritten Reiches verknüpft und entsprechend mit Makel behaftet: durch die Parteitage der NSDAP, die seit 1927 in dieser Stadt veranstaltet wurden; durch die »Nürnberger Gesetze« (1935), die den antisemitischen Rassenhaß und, korrespondierend dazu, die Überheblichkeit deutsch-germanischen Übermenschentums in gesetzgeberische Form brachten; durch den lange Zeit als Gauleiter der Franken fungierenden Julius Streicher, der (etwa in dem durch wirtschaftliche und sexuell-aggressive Motive bestimmten pornographischen »Stürmer«) auf infame Hetze gegen jüdische Mitbürger fixiert war; und schließlich durch die nach dem Kriege in den Nürnberger Prozessen vollzogene »Abrechnung« der alliierten Siegermächte mit den führenden Kräften und Organisationen des Dritten Reiches.

Das Reichsparteitagsgelände, gigantomanisch konzipiert und teilweise entsprechend realisiert, für eine tausendjährige Beständigkeit gedacht, aber bereits nach einigen Jahrzehnten durch Witterungseinflüsse zerbröckelnd, schien gerade in Nürnberg, der »deutschesten aller deutschen Städte«, am richtigen Platz. Doch war Nürnberg bis 1933 keineswegs eine besonders »braune« Stadt. Die Wahlen, z. B. die Reichstagswahl 1932, zeigten, wie gut die antifaschistischen, demokratischen, vor allem sozialdemokratischen Kräfte sich behaupten konnten. Zudem war die Entscheidung Hitlers, Nürnberg zu einem Zentrum der nationalsozialistischen Bewegung zu machen, durch eine gewisse Zufälligkeit bestimmt: Das Ziel der bayerischen Regierung, der »roten Stadtverwaltung« die wichtige Polizeiexekutive aus der Hand zu schlagen, führte 1923 zur Verstaatlichung der Polizeiorgane. Im Widerspruch zur Bevölkerungsmentalität und den mehrheitlichen politischen Kräften legten diese damit den Nationalsozialisten gegenüber eine ausgeprägt »tolerante« und bald auch mit ihnen verdeckt oder offen kollaborierende Haltung an den Tag. Die NS-Führungskräfte erfüllte dies natürlich mit besonderer Sympathie der Stadt gegenüber. Darüber hinaus bot gerade Nürnberg dem nationalsozialistischen Regime genau die Kulisse, die es zur fassadenhaften Abdeckung seiner nationalistisch-chauvinistischen wie rassistischen Politik benötigte. Hier war in einer einmalig architekto-nischen und städtebaulichen Weise die Ausstrahlungskraft mittelalterlicher und auch bürgerlich-großbürgerlicher Kultur »zu Hause«; hier konnte an eine »Reichsherrlichkeit« angeknüpft werden, die von ihrem Gehalt her zwar dem »Reich der niederen Dämonen« völlig entgegengesetzt war, sich aber glanzvoll hochstilisieren ließ. Indem die Nationalsozialisten mit dem »Zugriff« auf Nürnberg die dort gewissermaßen in nuce präsente und präsentierbare deutsche Kultur sich zu eigen machten, wurden weite Teile der deutschen Bevölkerung dazu verführt zu glauben, im Nationalsozialismus eine Bewegung vor sich zu haben, die an Tugenden und Werten sich orientierte, während sie in Wirklichkeit die Banalität des Bösen verkörperte.

Nürnberg–Fürth – aus historischer Vogelschauperspektive betrachtet: Ein Rundblick wie dieser kann nur ein paar Sektoren anvisieren und versuchen, die Verwerfungen und Umbrüche, die von unten her die Oberfläche, die Physiognomie dieser Stadt- und Kulturlandschaft prägen, wenigstens stellenweise zu markieren. Ein starker »Weltentdeckungsdrang« geht von dieser Gegend aus, aber sehr oft ist in ihr auch das Nesthockeridyll anzutreffen. Der Wittenberger Student der Theologie, Johann Klaj, der 1644 dem Kriegsgeschehen in Sachsen entfloh, sah in der »altadelischen Neronsburg«, seiner neuen Heimat – er wurde hier zu einem bedeutsamen Dichter der »Pegnitzschäfer« –, die »schöne Kaiserin«, den »Ausbund Teutscher Erden«, »die Sonne dieser Welt«. Für Heinrich Heine ist dagegen Prototyp der Rückständigkeit ein Nürnberger Spießbürger, »der, mit weißer Nachtmütze auf dem Kopfe und weißer Tonpfeife im Maule, am lauen Sommerabend vor seiner Haustüre saß und recht behaglich meinte, es wäre doch hübsch, wenn er nun so immer fort, ohne daß sein Pfeifchen und sein Lebensatem ausgingen, in die liebe Ewigkeit hineinvegetieren könnte«.

Die Stadtlandschaft Nürnberg–Fürth verkörpert in sehr eigenartiger Weise den Topos Stadt schlechthin, wie sie im Urteil der Generationen schwankt. Sie bietet ein progressiv-wagemutiges, romantisch-verinnerlichtes, barock-sehnsuchtsvolles, spießbürgerlich-kleinliches, parterre-affirmatives Bild. Ein Vexierbild. Seine Dimensionen, Strukturen und Figuren lassen sich nicht sofort erkennen, sondern nur aus einem langen geschichtlichen Prozeß, oft mutmaßend, herauslesen.

Karlheinz Deschner
Von Bamberg, wilden Enten und zahmen Heiligen

Dem Andenken des fast einzigen meiner Lehrer, dessen ich mich dankbar erinnere, Dr. Andreas Fehn. Und seinem Schüler, dem Lehrer Sepp Schmidt.

Schon wieder die Altenburg! Der Schreckensruf stets, sah ich, im Auto neben meinem Vater, den einsam runden Turm am Horizont... Wie fern die Stimme meiner Mutter schon, das Haus, die Gärten, Weiher. Holzkähne, ertrunken fast in Wasserlilien, Schilf. Seerosen, Froschchoräle und Springbrunnenlitaneien. Wie nah die Kerker meiner Kindheit nun, Internate am Kaulberg, Schulen. Schon wieder die Altenburg...!

Erwachsen aber, vom blöden Zwange frei, ging ich nicht ungern in die Stadt; ja, bald verliebt, wahrhaftig, in den Alptraum meiner Jugend: den blauen Bogen ihrer Berge, die nahen grünen Hügel, hohen Turmparaden, die Enge dort und Weite, die schöne Überschaubarkeit. In Stein scheint's zu entschweben, in Dächern zu beflügeln sich, die Gassen voller Schwung, und wunderliche Winkel, deutschbieder meist, doch auch vergammelt fast, schier südlich. Die Regnitz ja nicht zu vergessen, die Brücken, Stege, Mühlen. Ein Ort, fand Immermann, wie die Kommode einer alten Großmama.

Und überall Erinnerungen.

Gleich das Balthasargäßchen da am Kaulbergfuß. Versteckt etwas, fast finster. Hier sollte, postalisch erbeten, mein erstes Rendezvous sein. Und wirklich, kaum glitt ich, auf dem Schulweg, herzklopfend oben ins Gäßchen, kam unten auch schon die Umschwärmte vom Schönleinsplatz. Wir gingen aufeinander zu, begegneten uns just in der Mitte, und ich schritt, ohne hinzusehen, starr vorbei. Nie ahnte auch die kleine Baroneß vom Jakobsberg, ein schmales, weizenhelles Wesen, wie meine Phantasien sie umwoben, ja wußte kaum von meiner Existenz.

Ein andrer freilich nahm mich dann und wann zur Kenntnis. Er wohnte nächst der Stephanskirche. Ein schönes Domizil; frei, hochbaumüberdacht. Gleich dort, wo die Straße in den Hohlweg knickt, hinunter zum Böttingerhaus; spätbarock prätentiös, doch arg bedrängt auch. So beklemmt wie ich selber, dachte ich an ihn, der darüber hauste. Mein Mathelehrer. Ein einzelgängerischer Oberbayer. »Jojooh, Deeeschner«, pflegte er zu sagen, »ein bliiihndes Huuuhn fihndet auch einmal ein Kooorrn...« Galt fast als Genie. Auch als Kryptokommunist. Hob pflichtgemäß, wenn er zur Stunde kam, die Klasse aufgestanden war,

den Arm, scheinbar zum »deutschen Gruß«, den er nie sprach, und ließ dann Arm und Hand, steif ausgestreckt, zur Platzanweisung bloß, langsam wieder sinken: »Seeetzen!«

Manchmal stehe ich kurz auf der Oberen Brücke, gleich neben dem hl. Nepomuk, und starre zu meiner Schule hinauf – ein heller Fels im Baumstrom am Himmelsrand. Oder ich steige zum Kanal hinunter. Plötzlich allein. Im Herzen der Stadt. Und ganz nah am Wasser. »Lebe fern von Verwandten und nahe am Wasser!« Alter Chinesenspruch. Ja, früher wußten die Chinesen noch viel Kluges zu sagen. Aber heute? Sie kennen *Shijie Diming Cidian*? Nein? Ein Lexikon geographischer Namen; 1981 in Schanghai erschienen. Auf Seite 1019 steht da, in achtzig Schriftzeichen: »Stadt im Land Bayern der Bundesrepublik Deutschland. Unweit des Zusammenflusses von Regnitz und Main gelegen. Einwohnerzahl 72 000 (1978). Im Jahre 902 urkundlich erwähnt. Verkehrsknotenpunkt. Bedeutender Mittelpunkt von Industrie und Handel. In industrieller Beziehung sind Textil und Maschinenbau (u. a. Elektrogeräte) am wichtigsten. Außerdem gibt es Betriebe, in denen Klaviere, Porzellan und Schuhe hergestellt werden.« Alles. Punktum. Bamberg, von Schanghai gesehen. Doch in den Randbezirken tut sich wirklich was. Das ufert aus, frißt um sich wie Krebs, metastasiert. Spätfolgen der Marshall-Plan-Pest. Tödlich vermutlich. Doch sehen Sie den Erpel dort, der eben um die Biegung schlingert? Oft sogar mit den Breitseiten voraus. Passiert rudernd den dunklen Brückenbogen und klettert rotfüßig jetzt auf die lange Landzunge im Fluß. Betritt da offensichtlich sein Privatgrundstück – und seine Ente. Selbst Kinder sah ich selten hier; aber, jojooh, den Deeeschner schon in schüttere Baumschatten gleiten, und, wahrhaftig, neben einer braunäugigen Ente. Sodomie? Hurerei und Greuel? Schwarze Messen?

Oh, Messen gibt es hier genug. Und Schwarze auch. Doch Seltsames ganz andrer Art. Mir fällt ein Interview ein; mit einem Herrn der Stadt. Und die Frage nach der merkwürdigen Lage des Alten Rathauses, das da, ein hochkajütiges Schiff aus dem Spätmittelalter, bizarr dreigeteilt und barock-rokokohaft aufgeputzt, zwischen Oberer und Unterer Brücke ankert, der steinalte Kiel beidseitig vom Fluß umströmt. »Ja«, sagte der Herr, »die damaligen Oberen erlaubten nicht, das Rathaus auf ihren Grund zu bauen.« »Die Oberen«, präzisierte der Reporter. »Sie meinen, der Bischof!« Tatsächlich trieb da die Liebe ihres

Oberhirten die Schäflein buchstäblich ins Wasser. Und heute genießen wir's! So wendet der Himmel doch alles zum Besten. Und sprießt nicht, nach Atomschlag und Kreuzzug, auch wieder das schönste Grün aus den Ruinen...?

Gehn wir ein Stückchen am Kanal entlang. Einer der angenehmsten Wege Bambergs. Dicht am schmalen Wasserarm, baumüberschüttet drüben, hinreißend alt schwingende Häuser hier. Eines, bis unters Dach, mit drei grauen Laubengängen, fast wie von einem großen Fischnetz überworfen. Im ersten Stock gar eine Hauskapelle; gotisch. Weiter draußen, an der Regnitz, die »Concordia«, ein Wasserschlößchen. Von venezianischer Grandezza, doch auch ein bißchen nordisch steif, mit Brüstungen, Säulen, einer Dachbalustrade, am andern Ufer dem Wasser entwachsend und gleich vom dünnwaldigen Stephansberg überwölbt. Ort unserer Tanzstunden bei Herrn Stock (mit Ente) – Tan-go-schritt... Bei Dunkelheit, in honiggelbes Licht getaucht, wie aus einer Traumlandschaft tretend, während im Hintergrund, apart kontrastreich, grünfahl der Dom viertürmig in den Nachthimmel fingert – und alles auch, kaum verschwommen, sich vertiefend, verdoppelnd, im Wasserspiegel. Selbst im Winter, über rauchblauem Fluß, von Frühdunst noch umflort, von rührend zarten Sonnenspritzern schon betupft, ist dieser weitere Sitz eines Böttinger, mit vergreistem Haupt dann, von überreiften Bäumen umfroren ein bewegender Anblick.

Sie müssen ihn nicht haben. Ich selber beschrieb's nach einem Kunstband, der beides, Sommernacht- und Wintertagsansicht, gleich nebeneinanderstellt. Aber vielleicht besorgen Sie sich (auch) das Buch. Es erspart uns den Weg, dazu allerlei Unschönes dazwischen, und wir biegen schon viel früher, kurz nach der Unteren, der Oberen Brücke, über den Brucknersteg zu den Mühlbrücken hinüber. Und von dort, zum Beweis, daß Sie Bamberg nicht nur aus Kunstmappen kennen, jetzt ein Foto (wegen der Wasserstrudel!) vom Alten Rathaus, das da, mit dem »Häuslein« uns zunächst, einem Fachwerkschmuckstück, gleichsam dem Schiffsschwanz oder -steuer, förmlich nach einer Aufnahme ruft.

Und dann gleich zum Geyerswörth daneben! Denn hier, im ehemaligen Stadtschloß der Bischöfe, erschließen wir uns, über einem idyllisch vergrabenen Polizeirevier, mit dem Turmschlüssel einen einzigartigen Blick auf die Altstadt; den schönsten. Wie einander animierend, einander übersteigend und selber wieder türmeüberstie-

gen, wachsen da die sieben Hügel, grandios bewegt und mild zugleich, ins Wolkenreich – gerüstet wie zu heitrer Himmelfahrt. Doch ist noch, wenn Sie gestatten, selbst die Hölle hier mit Anmut gepflastert, ja, Victor Auburtin fand sie besonders traulich. Mein Schulweg führte jahrelang daran vorbei. Und auch im Teufelsgraben, nah dem Karmeliterkloster, einem meiner einstigen Verliese, läßt sich's lustig leben. Lachen doch selbst die Verdammten – ein Papst, immerhin, ein König, ein Bischof, unter nur sechs Verworfenen, wohlgemerkt – auf dem Gerichtstympanon am Fürstentor; zugegeben, etwas schrill. Bloß nicht die eine freilich, die dem Herrn auch noch am nächsten steht, näher als jeder Selige, und doch recht wohlig den Mund verzieht, nein, richtig lüstern. Und was für einen Mund! Verdammt will ich sein, stünd' ich nicht tausendmal lieber neben ihr, als bei den dümmlich feixenden Geretteten linksaußen, die, über steil gefalteten Händen, schmallippig und schadenfroh die Guckerchen verdrehn, halbe Spitzbubenvisagen. Ja, heiter, heiter. Auch Jacob Burckhardt liebte das Verlotterte, Fidele der alten Pfaffenstadt. Und Varnhagen traf ins Schwarze (in Bamberg keine Kunst): »Bei aller Altertümlichkeit sieht es heiter aus.«

Das fränkische Rom. Da steigt's hinauf also. Ohne sich zu übereilen, zu überheben, schwingen die Höhen voller Anmut nach oben, wiegen sich rhythmisch der Stephansberg, der Kaulberg, Domberg, Jakobsberg, Michelsberg, Abtsberg (von mir in den letzten Schuljahren schon ziemlich glücklich bewohnt), sechs Hügel, nur vom Schreckgespenst meiner Kindheit, vom »castrum in Altenburch«, noch überragt, das seine felsigen Grundmauern, sang Alphonse de Chateaubriand, tief in die Wogen von Wäldern, Wiesen und Blumen versenkt. »Bamberg, Bamberg! Bei diesem Namen hüpft mein Herz...« Nüchterner betrachtet: die Sicht vom Stadtschloß des Bischofs zu seiner – 1553 im Zweiten Markgräflerkrieg eingeäscherten – Burg, wo er häufig residiert und das Evangelium auch mit Kanonen verkündet hat (nur zwecks besseren Hörens). Sie wissen: Unterm Krummstab war im Grunde gut leben. Am besten im Grabesgrunde.

Ach, dies Blühn zum Himmel vom Geyerswörthturm aus! Die sanften Aufschwünge, der warme Wellengang der Dächer, die grüne Gischt der Bäume, Gärten, des Michelsbergerwalds, die Schiffe der Kirchen dazwischen, der Triumph der Türme. Noch bei Nacht, dies und jenes wie von unsichtbaren Sonnenfluten überschüttet, ein berückendes Bild! Nicht zuletzt auch flußabwärts, wo das heitere Klein-Venedig, fast magisch, wie aus kunterbunter Zauberkiste aufgebaut, zwei Gaustadter Fabrikschlote, gleich riesigen Rufzeichen, als Höhepunkt beschließen. Eine der herrlichsten Gegenden Deutschlands, wie Jacob Grimm, die schönste Gegend der Welt gar, wie Herder behauptet hat. Ein Theologe freilich; das zählt nicht. Sie kennen Nietzsches schlimmes Wort. Aber Nietzsche meint auch, die Dichter lügen zuviel. Und, was mich betrifft, ich stand auf dem Geyerswörthturm nie. Es gibt aber dazu, glauben Sie mir, den Schlüssel im Polizeirevier; und den geschilderten Blick auf ungezählten Ansichtskarten, farbig und schwarzweiß. Auch sehr schön. Ich bitte Sie, wohin käme ein Autor, hätte er alles erlebt und bestiegen, was er beschreibt! (Die Sache mit der Ente aber stimmt.)

Und nun zurück zur Oberen Brücke, zur hohen Brucken, mit Johann Fischart zu sprechen; wir standen ja noch kaum darauf. Wir nehmen wiederum den Weg dort am Kanal. Oh, doch, sträuben Sie sich nicht, das kann man zweimal sehen, zumal in umgekehrter Richtung. Und – aber, schauen Sie, da, wahrhaftig, eine Ente! Nicht im Wasser, nein, im Fenster! Eine echte Wildente. Fast am Busen einer Dame. Ein treuherziges Bild. Beide äugen herab – die Ente unverwandt, doch, wie mir vorkommt, arg melancholisch zum Wasser, die Dame gar nicht unfreundlich auf mich; eher erwartungsvoll, aufmunternd, weshalb ich stehenbleibe. Die möchte zum Fluß, gelt?! Ohnanaah! Gooohrnedgoooooohrned! Das war nicht etwa die Ente! Ich bin, methodischer Zweifler, natürlich skeptisch; werde aber, wie oft in Bamberg, eines andern belehrt. (Ich sage nicht: eines Bessern.) Die Ente, eine Stockente, in früher Jugend bereits von der Lady, gleich da unten, doodoooh, an Land gezogen und domestiziert, eiverdammt, die möchte gar nicht mehr, hör ich, ins Wasser.   Nedumsverreckn!   Glaahmsämäs, glaaahmsämäs!! Die sitzt da, am Busen, zwar nicht der Natur eben, sondern der Dame, starrt zum romantischen Kanal, wie gebannt, möchte und möchte nicht und ja, vielleicht doch, ach, ich denke seither fort und fort daran, es geht mir nicht aus dem Sinn...

Aber jetzt zur Hohen Brucken und zum schäumenden Mühlviertel geblickt. Leider nicht gerade Herbst – wenn das alles, im Negligé noch, sich die Augen reibend, aus Morgenrauch und Flußnebeln geistert, ein kaum genug zu bewundern-

der Striptease dann, dem der hl. Nepomuk, etwas unnatürlich, aber keusch, den Rücken kehrt. Drüben meine Schule wieder. Der Stephansturm. Daneben und etwas höher, im ziegelroten Dächergestrüpp des Kaulbergs, der wohl zweitältesten Bürgersiedlung, die Obere Pfarre – wie ein mächtig auftauchendes Boot, das mit gotischem Bug gewaltig die Sommerwolken teilt. Wir schwenken. Der bauchige Rathausdurchgang, rokokohaft heiter. Ein Antiquariat. Und jetzt die gräßliche Kreuzigungsgruppe auf der andern Brückenseite. Jedem reinen Geist ein Schauder, ragt es hinein in unsre Zeit. Storm. Mitten vor Klein-Venedigs Anmut gesetzt.

Doch läßt sich dies Klein-Venedig auch näher genießen und unbelästigt. Am liebsten steige ich dazu vom Domberg herab. Ich steige überhaupt, natürlich (ja, natürlich!), stets gern von den Höhen des geistlichen Lebens in die Niederungen des profanen, zu dem meinesgleichen, glücklicherweise, gehört. Am liebsten wähle ich den Katzensteig (korrekt: Katzenberg), eine vom Domplatz fast versteckt und jäh abfallende Treppe, die dann auf ein gemäßigter sich senkendes schlauchhaftes Plätzlein führt. Der angemooste Stein heute von Baumschatten matt überflochten. Oben lohnt sich's wirklich. Zwei mächtige Bäume über weihergrün zurückfließenden Mauern. In die Äste, noch laublos, scheint, von weit höher, eine altgelbe, abgründig ragende Hausfront zu stürzen. Daneben, höher noch, ein Stück Domturm, ein Eckchen der Neuen Residenz, von der Napoleons Marschall Berthier 1815 aus dem Fenster sprang und in den Tod. (Die Sommerwolken vorhin aus einem Bildband wieder.)

Wie immer: Bamberg sollten Sie nicht nur im Juli sehn, August. Nein, zu allen Jahreszeiten. Auch im Winter, wenn es schneit; alles blau und blauer in die Dämmrung schlüpft und Lichter wie goldne Bienen daraus glimmen. Oder wenn die schneeüberstülpten Giebel, die winterlichen Dächer, Türme, die etwas kränklich blasse Stadt nun noch ehrwürdiger machen, ganz und gar greisenhaft, als würde sie nie wieder jung. Als rieselten nie mehr um die Mauern des Kreuzwegs hinauf nach St. Getreu die zartbelaubten Schnüre und Schleier von Birken oder Weiden vor die Michelsbergwiesen, den plötzlich doch wieder grüngrünen Hang, über dem das Turmpaar schimmernd den ach wie frühlingshaften Himmel anspießt. Alsdann – im Oktober? Zur Altenburg! Oktober wird's wieder... In sagenhaften Herbst hinein, entzündetes Gemäuer, ins kaum noch wärmende Nachmittagslicht, unsäglich auf Haut, auf Stamm und Stein – o unergründliches Geleucht! Entrückt und fremdvertraut. Botschaft, offenkundig und so unlösbar verschlüsselt. Sonnenblumen. Oktober wird's wieder ... Licht auf dem Bergfried, dem Mauerwerk, verbröckelnd mürb im Blätterschutt. Licht, Licht! Licht dort auf den Mauern ...

Doch – nicht nur die Jahres-, auch die Tageszeiten sind wichtig. Die wechselnden Beleuchtungen. Unsre tägliche Illumination gib uns heute! Die sieben Hügel vor angaloppierender Gewitterfront. Oder, schöner noch, Wetterleuchten über fernhin sinkende Stadt. Oder im Gegenlicht, aus einem herbstumtanzten Garten am Berg, neben dunklen, gelblaubdurchbuschten Stämmen, den St. Jakobsturm sehn, dahinter das Geviert der Domtürme, pflaumenblau schattenhaft, auch die Nester der Dächer darunter, alles wie aus Watte. Oder eben jetzt das Haus Katzenberg 6, im hellen olivgrünen Mittagslicht, als sei es gerade aus dem Meer getaucht. Scheiners Weinstuben daneben. Zum Kachelofen. Schräg gegenüber die Hofbräuschenke. Das Schlenkerla. Vis-à-vis das Ringlein. Und zwischen beiden eines der fesselnden Gassenbilder: das flußlaufhaft sich windende Fachwerk der Sandstraße, der älteste ungeistliche – schon im 10. Jahrhundert von Fischern, Schiffern, von Händlern und Handwerkern, kurz der *misera plebs* besiedelte – Teil der Stadt, in den, himmlisch in jeder Hinsicht, das Michelsberger Kirchturmpaar herunterstrahlt – auf ein Wirtshaus am andern, Alt-Nürnberg, Holzwurm, Wilder Mann, Pelikan, aber auch die Tanzbar Palm-Beach gibt es und, neben dem Spundloch, einen Creativ-Salon! Bamberg up to date. Viele Kneipen in fremder Hand. Südvolk. Ausländer raus? Dann aber die Amis zuerst! Die uniformierten! Und drüben, die Russen? Dito! Mit Montesquieu: Außer denjenigen Euklids übernehme ich keine fremden Meinungen. Schon gar nicht vom Domberg!

Ach, der Dom. Ja, nicht so erhebend, finde ich, wie die Kollegen in Straßburg oder Regensburg, zwei alte Damen, die sich neben Bamberg sehen lassen können. Von außen zwar ganz hübsch, nicht überladen, trotz allen Stilbruchs im Gleichmaß seiner grünen Türme, seiner Chöre, fast wie schwebend. Am eindrucksvollsten: angestrahlt bei Nacht. Steilschräg von unten. Wie ein Skelett! »Was sind denn diese Kirchen noch, wenn sie nicht die Grüfte und Grabmäler Gottes sind ...« Und nie daran denken, was es gekostet! An Blut und Tränen, zertretenen Gesichtern, an halb Versklavten. Generationen! Ja, streckt geisterhaft

bleich sich da nach den Sternen oder wonach immer, irgendwie, trotz allem, mehr ganz schön verrückt noch als verrückt schön.

Und innen ... Lieber Himmel! Wären da wenigstens jene Schätze, die Philipp Ludwig Röder noch fand – »eine Menge Reliquien, die Wunder thun und deswegen reichliche Einkünfte verschaffen ...«: etwas von der Milch Mariä, ein Stück der Ruthe Aarons, ein Partikel des Nagels der Kreuzigung, Weihrauch der morgenländischen Weisen auch nebst allerlei heiligen Fingern, heiligen Kehlen, heiligen Köpfen etc. etc. Aber so! Das ergreifende Grabmal des Bischofs Friedrich I. von Hohenlohe beiseite: vorn Romanik, hinten Gotik, und alles, vorn, hinten, dazwischen, doch verdammt nüchtern, einen schon beinah protestantisch, wie ein Puritanerbethaus angähnend. Ein bißchen Veit Stoß gewiß, Justus Glesker, Riemenschneider. Auch sonst steht noch allerlei Berühmtes da herum ... Hoch zu Roß der Reiter, ergreifend vielleicht: auf sehr guten Fotos! Und sollte ausgerechnet ich zum einzigen Papstgrab diesseits der Alpen pilgern? Der Bamberger Bischof Suidger – der nur Papst Clemens II. wurde, wie zeitgenössische Quellen übereinstimmend versichern, weil man im heiligen Rom selbst kaum einen ehrbaren Kleriker fand – hätte freilich Franken besser nie verlassen. Er starb 1047 bereits, bloß ein Jahr nach seiner Wahl zum Papst, und wahrscheinlich *per poculum veneni*. Die Öffnung seines Grabes 1942 enthüllte nicht nur immer noch »viele licht-gelbe Haare«, sondern auch einen merklichen Bleigehalt in den Knochen, was die schon zeitgenössische Behauptung zu bestätigen scheint, er sei vergiftet worden; vermutlich von Papst Benedikt IX., der Rom mit Raub und Mord erfüllte und zuletzt seine Papstwürde verkaufte: dem späteren Gregor VI. Nein, das Dom-Innre, das läßt mich weit kälter als zum Beispiel die Kirchengeschichte! Immer abgesehen von dem moribunden Hohenloher Asketen (gestorben 1352). Man darf nur nicht wieder daran denken, wie die schon ganz dem Himmel zugewandte Hautundknochenfigur bloß wenige Jahre zuvor doch recht blutvoll vom Leder zog: im Krieg etwa gegen Herzog Albrecht II. von Österreich 1346. Oder 1347, gemeinsam mit dem bischöflichen Bruderherzen Albrecht von Würzburg, im Raubzug gegen Konrad von Schlüsselberg, dessen Juraterritorium die beiden geistlichen Herren, ebenso wie ihn selbst, vernichteten ... Am ehesten bewegt mich da noch was leidlich Hübsches; die hl. Kunigunde beim Auszahlen des Lohns (aus leerer Schüssel: die große Kunst aller Herrschenden), und zumal die junge Hofdame dahinter! Das hätte man auch in den Arm genommen, wie Kaiser Heinrich, der Heilige – seine Josefsehe: eine faustdicke Legende!

Heinrich II. ist der Stifter des Bistums an der Ostgrenze des Reiches. Zweck der Gründung: Auslöschung des Heidentums der Slawen ringsum. Unmittelbarer Anlaß die Tatsache, so bekannte der Potentat vor Bischöfen und Erzbischöfen auf der großen Kirchenversammlung vom 1. November 1007 in Frankfurt am Main, daß Gott ihm Nachkommen versagt und er die Hoffnung auf Kinder aufgegeben habe! Das gab, kirchlich erhellt – eine Josefsehe! Vorausgegangen war der Bistumsgründung Raub, Betrug, Krieg. Vor allem die Abschlachtung der Babenberger, »Zierde der Franken«, deren *castrum babenberg* wohl schon im achten Jahrhundert auf dem späteren Domberg stand. Heinrich II. selber führte einen Krieg nach dem andern. Die meisten und wichtigsten gemeinsam mit Bischöfen, »gute Schäferhunde«, wie er, selber vielfacher Domherr, sie nannte, »heilige Leithammel«: verheerende Feldzüge in Franken, Schwaben, Friesland, Flandern. Grauenhafte Massaker in Italien, in Pavia, in Rom. Langjährige Fehden selbst mit den Luxemburger Brüdern seiner gleichfalls heiligen Gattin Kunigunde. Der Heilige bekriegte den Bischof Dietrich von Metz mit vielen Heiden in seinem Heer. Der Heilige führte drei Kriege gegen das katholische Polen. Der Heilige verfolgte die Katharer, vertrieb die Juden aus Mainz, ließ Priesterkinder »in alle Ewigkeit« versklaven, ihre Mütter auspeitschen. Der Heilige belog und betrog den Markgrafen von Schweinfurt, den Bischof von Würzburg. Der Heilige ließ rauben, morden und brennen. »Sein Andenken«, rühmt der Band *Bamberg. Geschenk eines Jahrtausends (1980)*, »ist besonders lebendig geblieben, weil sich eine Stadt mit ihm und seinem Leben identifiziert: Bamberg.«

Zu Heinrichs II. Zeit feierte Abt Gerhard von Seeon Bamberg als *caput orbis*, als »Haupt des Erdkreises«. Das hehre Beispiel aber des kaiserlichen Heiligen, der, nebst jungfräulicher Gattin im Dom ruht, war natürlich nicht zuletzt für Bambergs Bischöfe verpflichtend. Auch sie griffen oft lieber zum Schwert als zum Kreuz, führten ungezählte Kriege und Fehden, selbst gegen Bischöfe und die eigenen Diözesanen, mit denen sie jahrhundertelang stritten, einmal in einem regelrechten Stadtkrieg sogar. Und kämpften sie auch meist nicht in vorderster Front, nur um sich ihren

Gläubigen zu erhalten, gaben sie diesen doch, im Dreißigjährigen Krieg ebenso wie im fünften und sechsten Kriegsjahr noch des Zweiten Weltkriegs, geharnischte Durchhaltebefehle zugunsten des Kaisers und Hitlers. Ihre Schäflein ließen sie einkerkern, foltern, öffentlich köpfen und hundertweise als Hexen verbrennen. Sie vertrieben die Juden, die Protestanten, sie raubten ihr Vermögen. Sie überhäuften ihre Hörigen mit Lasten und lebten selbst in Pomp und Luxus. Sie verschleuderten die Kirchengüter, machten ungeheure Schulden und bereicherten schamlos die eigenen Verwandten. Noch im 18. Jahrhundert lasen sie die Messe, vorausgesetzt, sie lasen sie, mitunter gleich »neben dem Schlafzimmer«, führten die Bamberger Halsgerichtsordnung ein, die Ehebruch mit dem Tod bestrafte, hielten sich selber jedoch Weiber und trieben es, nebst ihrem Klerus und den Mönchen, derart skandalös, daß ein päpstlicher Delegat vermutete, in Bamberg habe der Teufel größere Gewalt als anderwärts. Vielleicht schauen die Hiesigen – »wunderliche Menschen, denen man sich kaum zu nähern Lust haben kann« (Anselm von Feuerbach), denen nicht erst Wilhelm Heinrich Wackenroder »häufiges Biertrinken« anhängt, P. L. Röder sogar »viehisch wilde« Saufgelage –, vielleicht gucken die widerborstigen Bamberger auch etwas kraft ihrer schwarzen Vergangenheit, statistisch erwiesen, oft tiefer in die Krüge, als man das ohnehin in deutschen Landen tut. Und da wir gerade vor dem »Schlenkerla« stehn, fest entschlossen, in keinen einzigen Christentempel mehr zu gehn – so werfen wir wenigstens einen Blick noch in Bambergs Brauhausjuwel. Zumindest von Aura und Bier her (das Abendmahl nehme ich da so wenig wie im Dom) hält es innen noch mehr als es draußen verspricht, die alte Lebensregel bestätigend: Kirchen von außen, Wirtshäuser von innen. Nur aus dem Türspalt sehe ich, unter durchhängenden, schwärzlich schweren Deckenbalken, meine toten Freunde von der schreibenden Zunft, Ernst Kreuder und Jens Bjørneboe, und manch mir Lieben noch und Liebes…

Doch die Stube ist voll, die Zeit drängt. Hinunter also endlich zum Wasser! Ein Sprung nur durch die Kasernstraße, zuletzt schon ganz auf drüben vorbereitend: Nichts dem andern gleich, blaßbläulich, grün, beige, mattgelb windet sich's, da zurückgelehnt ein wenig, dort leicht vorgebeugt, zu dieser dunkelbunten Brühe hin – tausend Reflexe vom Venedig des Nordens, das doch kaum mehr deutsch, mehr altfränkisch sein könnte.

Drüben ein weißes Schiff, »Stadt Bamberg«; windlos hängend, verschmutzt die Wimpel. Ein Möwenschwarm kreist, sinkt auf die unsäglich verschwommene Wasserpalette. Albrecht Dürer schiffte sich hier ein, nicht ohne zuvor – mit einem Dürer – den Bischof zu beschenken, der ihn dafür »auß der herberg« löste, »do jch bey einen gulden verzehret hab. Item jch hab dem fuhrmann 6 gulden an gold geben, der mich von Bamberg nach Franckfurth führet...« Etwas alterskrumm alles, mit dunklen Laubengängen, Veranden, rührend aneinandergeklammert, als hielt sich's grade noch vor dem Ertrinken. Die Dächer, wie gewunden manchmal von der Last der Jahre, viel altes Holz, viele Schleppgauben, Fenster, gleich großen Augen zum Fluß gerichtet. Wäsche ab und zu, Boote. Im Sommer überquillt's aus schmalen Gärten, grün, blau, rot. Und rot quoll's lang auch aus dem düstren Schlachthaus dort... Fort! Den Fluß hinunter...

Doch dort, gegenüber den Weiden, den Pappeln, starb meine Mutter an einem Abend im August, als im Gewitterwolkenbruch der Nacht daheim die Weiherdämme brachen und die hohen Fichten knickten am Bach... Fort! Fort! Ins Leben der Sandstraße wieder. Zur Unteren Brücke.

Doch dort die Tafel: »Im Weltkrieg 1939–1945 fielen aus der Stadt Bamberg 1992 getreue deutsche Soldaten...« Siegfried Fleischmann. Friedel Porzner. Andreas Däuber. Arnulf Werner. Adam Hornung. Walter Schropp. Georg Ries. Arnulf Rucker. Meine Klassenkameraden. Doch keine Namen da. Arnulf Rucker kam gleich hier aus den Mühlen. Auch sein Bruder Herbert, eine Klasse höher, fiel – und lag zuvor noch auf der Fliegerstube in Rochefort sur mer neben mir. Bombenopfer: 242 Männer, Frauen, Kinder. Und 1642 Vermißte. »Wir gedenken ihrer in unauslöschlicher Dankbarkeit.« Kaum einer liest's. Doch darunter, in blaßgrüner Handschrift: »wofür?« Ich möchte den Kritzler umarmen!

Und heute? Kein Ausweg mehr. Fern auch die Zeiten, da man noch fliehen, sich retten konnte – als Napoleon, die Schweden, die Hussiten ins Fränkische drangen, als König Philipp von Schwaben, Kaiser Barbarossas jüngster Sohn, »der beste aller Staufer«, in Bamberg, just im Wohnsitz seines Oberhirten, dem Mordstreich erlag und Bischof Ekbert, der Mittäterschaft verdächtig, sich am Hof seines Schwagers, des Königs Andreas von Ungarn, in Sicherheit brachte. Entkommen? Nirgends mehr. Also bleiben bis zum Endstreich. So oder so. Noch dann und

wann ins romantische Mordloch hinauf, von steilen Dächern, Laubengängen überhängend, von Geranien, düstren Stiegen. Hinüber öfter noch ins lichte Rokoko des grünen Rosengartens, Putti und duftend blühende Rabatten; fern der Jura, nah der helle Michelsberg. Erst recht hinüber zu den »Domterrassen«, der schönste Wirtsterrassenblick auf einen deutschen Dom.

Noch schöner nur der Blick vom Spezialkeller aus; neben der Sternwarte, gleich über meiner Schule. Das Bamberger Kellerbier pries Hegel – und traf da einmal ins Schwarze; doch rühmt es auch, was viel bedeutet, ein Bierexperte wie Jean Paul. Hier ist's gutsein. Hier laßt uns enden. An einem schwülen Sommernachmittag, unterm dichten Baumschatten vor, auf die vieltürmige Schöne sehn, nicht zu weit weg von ihr, nicht zu nah, ein bißchen reden, schauen, auch in den Steinkrug dann und wann, allmählich sogar die Bamberger sympathisch finden, hinunterblicken, immer wieder, hinüber, an alles mögliche denken, selbst an Unmögliches, nur kaum je an den hl. Kaiser nebst hl. Gemahlin, auch an Napoleon nicht oder Wallenstein, schon eher an den mächtigen Bayreuther (was hoffentlich zu keiner peinlichen Verwechslung führt!), an E. T. A. Hoffmann auch, mehr noch an Bambergs größten Poeten, den Schöpfer der »Nachtwachen des Bonaventura«, Friedrich Gottlob Wetzel, ab und zu, gelassen fast, die alte Schule sehn; mein Lehrer erscheint, der einzig liebe meiner Lehrer mir, klein und beleibt etwas, Andreas Fehn, betritt an einem Morgen voller Zwielicht im November den Klassenraum, sagt nicht einmal, gleich allen fast, natürlich angebräunt, »Heil Hitler!« heute, nein, sieht nur leicht offnen Munds, auf uns erst, dann durchs hohe Fenster, das draußen, im Nebeln und Nieseln, sterbende Astern irgendwo ahnen läßt, letzten verfaulenden Phlox, schaut wieder zu uns, hebt die Hände, streckt sie der Klasse zu, etwas Schauspieler, mehr Mensch... Spüren Sie's, sagt er, zwickt die Augen zusammen, schließt sie, beginnt die Finger zu bewegen, als würde er, halbblind, die Luft abtasten... Merken Sie's nicht, jetzt, draußen, wie das aufsteigt, das langsam den Rücken heraufkriecht, wie das – er sucht nach Worten, öffnet die Augen wieder und wendet den Blick zwischen uns und der grauen Novemberbrühe draußen hin und her – wie das alles in sich hineinfault...?

Ach, doch sehen Sie – noch immer Bamberg unten, ganz heil und hell und unzerstört, seinen dritten Weltkrieg noch vor sich.

Karlheinz Deschner
Dornröschenträume und Stallgeruch: Rothenburgs arme Verwandte am Main

Sie lieben Rothenburg? Das fränkische Mekka der Bildungswallfahrer? Seine Geradläufigkeit, Gleichwüchsigkeit? Das opernhaft Herausgeputzte stört Sie so wenig wie der stete Strom der Gaffer? Dann reisen Sie erst gar nicht in die kleinen Städtchen um den Main – längst nicht so imposant, so makellos. Entfernt verwandt nur. Viel bescheidener, ärmlicher. Doch irgendwie echter auch, ursprungsnaher noch. Von Touristenkarawanen und Geschäftsgier kaum verdorben. Nicht jedes Ziegelchen und Gräschen numeriert und auf Effekte hin gesetzt wie im deutschen »Pompeji«. Kein Paradehochglanz, bestimmt für hunderttausend Fotoapparate, den Obolus der Pilger. Nein, fast allein bummeln Sie oft, und alles sieht so ungeleckt, so wenig museumsreif aus. Nur dann und wann Ausschnitte wie aus einem Bilderbuch, Idyllen des Spätmittelalters. Und immer wieder schnuppern Sie, weil's herrlich nach Land stinkt, es auch Kuhställe gibt und mistaufladende Bauern; überhaupt alles, was eben dazugehört.

Besonders die Landschaft, in der das vergessen scheint, stehengelassen zwischen Pappeln und Kastanien. Rotüberziegeltes aus alter Zeit, aufgesogen vom Frühsommerlicht, verdampfend fast im Arm eines Weinhangs, am ewig muntren Flußlauf, Nester an einem Höhenfuß, im Schwung einer Erdfalte. Sagen wir, Sie kommen von Bamberg, durch den Steigerwald. Hochstehende Wiesen in schmalhüftigen Gründen und stille Höhenstraßen, langhin nur in Wald verrannt. Selten Felder, obstbaumüberkugelt. Schnell aber wieder vom Laubmeer geschluckt; aufglühende Sonnenaugen am halbdunklen Boden.

Doch bevor Sie, zwischen Zabelstein und Schwanberg, in die fast waldlose Ebene tauchen, werfen Sie noch einen Blick auf mein gelobtes Land, einen langen Blick, am besten zu verschiednen Tages-, Jahreszeiten, unter wechselnden Beleuchtungen. Vom Turm des Zabelsteins also, dessen Holz nach Teer riecht, nach Hafen – und dort sind Schiffe, dort sind Schiffe...! –, wo alles, über leichtwindbewegte Wipfel, ins Flache hinaus sinkt, in kleinen Feldgehölzen vertropft, sich hebt wieder ins fern und ferner Verrinnende, Verschwimmende. Leuchtende Rapsflächen, gelbe Handtücher, am Horizont baumelnd, dichteingebuschte Dörfer da und dort, bachlaufhaft gewundne Wege, ein blauäugiger Weiher, und nah auf den Feldern drunten die Apfelbäume, samtne Schattenbälle unter sich, wie Traumtänzer, die ei-

nen Augenblick innehalten... Oder Sie schaun vom Café des Schwanbergs, wie aus einem Vogelnest, aus Bäumen heraus, während es, über lauter Weinberge, sanfter, südlicher, fast italienisch hier, hinabflügelt und schwerelos an einen Himmel schwingt, der nirgends beginnt, mattgrünes Land dazwischen, Dächer zerstaubt beinah, in Luft aufgelöst, ein Kuckucksruf wie vom Dunst ausgestoßen...

In den alten Orten dort aber döst alles vor sich hin, nickt ein. Das hat seine Tagträume, seine Schlafwandler. Sooft ein Mensch kommt, ist man schier etwas überrascht, und man selber wandelt da, verschlagen in eine Welt, von der man, dem Augenschein zum Trotz, fast zweifeln möchte, daß es sie gibt. Wer wollte hier hausen? Doch man kommt wieder und wieder. Vergangenheit, die überall noch herumhockt, uns anstarrt, die wir selber anstarren, ungläubig, verzückt, mit gelindem Grausen. Gespensterromantik.

Gleich am Schwanbergfuß: Iphofen. Herb; beinah unschön. Ein erstaunlich großer Marktplatz, ein barockes Rathaus, das sich verirrt zu haben scheint, so prätentiös verstiegen steht es da, überhöht noch vom Chor und Turm einer Kirche dahinter, deren Vorgängerin schon 741 bezeugt ist. Der Ort, bereits frühfränkisch, wurde, wie so manche seinesgleichen um den Main, von »großer Geschichte« oft heimgesucht. Wer ahnt's, daß sein verschlafner Marktplatz schon preußische, französische, russische, amerikanische Soldaten sah? Daß der Würzburger Bischof hier am 22. Juni 1525 die Köpfe von acht Freiheitskämpfern rollen ließ, die mit den Bauern das nahe Kloster Birklingen vernichtet hatten? Allein 1632 wurde das Städtchen vierzehnmal geplündert. Und nicht nur einmal kam der »Schwarze Tod«, wenn man das »Pesttor« auch schon um 1600 zugemauert hat.

Drei andre Tore, die eigentlichen Attraktionen, stehen noch. Sehr bizarr das Rödelseer Tor, ein etwas verwackelter vierteiliger Fachwerkbau, höchst ungleiche Türme, die sich leicht nach innen neigen, wo zwischen dem steilen Zipfelmützenturm und dem schmächtigen Randturm ein Stück Blauhimmel im Durchgang winkt, ein Grünausschnitt, und rundherum fast alles eingemulmt in Baumiges und Buschiges. Am besten, man schlägt sich gleich selbst da in die Büsche, streift um den Stadtgraben, wo Iphofen fast nicht zu sehen und darum, es möge mir verzeihen, am schönsten ist. Nur über wild aus dem Graben Wucherndes, Blühendes hin – knapp Türmchenüberragtes, hoch, höher, spitzer, am spitzesten. Irgendwann einmal der schlanke Eulenturm, wo einst der Wächter rief, während unten im Verlies lebenslang Eingekerkerte verfaulten. Romantisch, romantisch. Das fast freundliche Markt Einersheimer Tor. Und das wuchtige, in Pappeln und Birken vergrabene Mainbernheimer Tor, traurigtrotzig, voller Falten, Risse. Daneben schiebt sich, gelbgrauverblaßt, die Spitalfassade aus den Bäumen, die Fenster blind, zerbrochen, wie verweint. Auf dem Dach, fast reglos, ein Taubenschwarm. Gegurr ab und zu, dünne Turmuhrschläge. Zeit vielleicht, einen Iphöfer zu nehmen oder auch zwei; im »Zehntkeller« etwa, wo 1930 »der berühmte Komponist Generalmusikdirektor Prof. Dr. Hans Pfitzner« wohnte – ein, ohne Frage, untadeliges Lokal, das aber mindestens nach Rothenburg gehört.

Nebenbei: Selbst Elisabeth II., Königin von England, ließ sich einst einen 1950er »Julius Echterberg« kommen; zugegeben, nicht im Zehntkeller, sondern zu ihrer Krönung bloß nach London. Und auch beim Besuch der Monarchin in München (1965), so renommiert Iphofen, wurde ein 1959er »Kronsberg« gereicht. »Des mehrteils nahrung steet uf dem weinwachs«, konstatierte, 1476 schon, eine Stadtordnung. Und noch im 17. Jahrhundert hatte man hier das »Bierpreuen« streng verpönt. Lieber als im Zehntkeller jedenfalls oder an der Themse, von München zu schweigen, hocke ich in einer kleinen Kneipe am Marktplatz, die zum Ganzen paßt, es sozusagen verinnerlicht, wie die Türme draußen.

Oder aber wie der »Schwarze Adler« im nahen Mainbernheim – große Torbögen, kleine Giebel und Türmchen mit Hüten, Dächer wie Flußläufe manchmal, verhutzelt und verschrumpelt in Gassenkrümmungen wachsend, in wuchernden Efeu, in Geißblatt, sonnentropfende Geranien. Fast erstaunt stellt man fest, daß auch in Mainbernheim Menschen leben. Ich erinnere mich sogar an die Begegnung mit einem Kollegen, Stadtchronist, Lokalreporter, Ortsgelehrter, derart protestantisch-selbstbewußt, markgräflerisch gesinnt geradezu und so vom Ruhm Mainbernheims beseelt, versteift buchstäblich, daß mich, ginge es mit rechten Dingen zu, zeitlebens Minderwertigkeitsgefühl zerfressen müßte.

Ohne zu erröten, nennt sich Mainbernheim, wie Iphofen, seit Jahrhunderten Stadt, ist jedoch weniger herb, viel organischer. Die Herrnstraße, auffallend breit, mit oft unverfälschten Bürgerhäusern, meist ohne Fachwerk aber, hälftet den

Ort zwischen Oberem und Unterem Tor, Zeugen aus dem frühen 15. Jahrhundert. Und von der Herrnstraße aus mit ihrem blumenumhängten Wappenbrunnen, dem aufrecht hockenden Bären auf der Brunnensäule, münden die Gäßchen – die Badgasse, die Schmiedgasse, Sonnengasse, Klostergasse... – hinauf und hinunter zum Mauerring mit immerhin noch achtzehn, meist runden Türmchen. Sie stehen da, als fühlten sie sich selbst etwas komisch, ziemlich abseitig, verschroben, doch treuherzig auch; wie man sich selber fast vorkommt, wenn man hier geht, auf Schritt und Tritt Pflaster unter den Füßen, das fällt, wohin es will, Durchgänge manchmal, die man nur Rinnsale nennen, die man kaum begehen kann, ohne anzustreifen. Modrige Mauern, Höfe voller Holunder, Brennesseln, aus den Angeln hängende Stalltore, Türschlösser, die rätseln lassen, ob sie Jahrzehnte, Jahrhunderte schon verschlossen sind. Doch auch rührend gepflegte Miniaturgärtchen dazwischen, deren Gras und Grün das einzig Dauernde hier scheint. Beim Pulverturm ein Häuschen, von dem man glauben könnte, daß es mehr der rankende Wein stützt als es selber den rankenden Wein. Herrnhuthischer Singsang steht irr in früher Mittagshitze. Irgendwo Wimmern, von einem Kind, einer Sterbenden vielleicht. Vieles bröckelt da, doch überall wächst's wieder, grünt's. Ein dunkles Vogelhuschen vor aufgescheuchtem Himmel. Und schattenkühl über nördlicher Stadtmauer Kastanienkuppeln, deren Blüten ein weißer Wind in tausend Pflasterritzen weht...

Glauben Sie nun gar, das gleicht einander wie ein Ei dem andern? Dann fahren Sie nach Prichsenstadt. Wie oft mögen Sie auf der Autobahn Nürnberg–Würzburg daran schon vorübergeflitzt sein, ohne seine Existenz zu ahnen! Ich selber fuhr jahrzehntelang vorbei an einem der schönsten Orte zwischen Steigerwald und Main. Und sein doppeltürmiges Vorstadttor mit den zwei kessen Zipfelhauben und dem knappen Querdach, ach, diese gedrungene Wucht und dicke Lieblichkeit unter den ergrauten Ziegelschöpfen ist ohne Zweifel eines der anheimelndsten Tore Frankens. Wo wäre seinesgleichen selbst in Rothenburg? Und biegt man ein, liegt Prichsenstadt da wie eine köstlich gelungene Theaterkulisse; ohne Herbheit, schmuck, aber nicht herausgeputzt, nirgends süßlich, gar verkitscht. Nichts gleicht ganz dem andern, keine Hausfassade, keine Tür, kein Tor, kein Dach; Giebel- und Breitseiten bunt durcheinander, doch alles paßt. Dann und wann ein kleiner Balkon, schmiedeeisern, ein einfaches, gefälliges Wirtshausschild, wie beim »Gasthaus zum Storchen«, der gemütlichsten Kneipe des Orts, die innen mehr hält, als sie von außen verspricht. Wenn auch, wer zufällig ins »Fürstenzimmer« gerät, wo einst Bayerns Prinzregent Luitpold mehrere Tage Manövergast war, sich nicht so fürstlich fühlen mag. Und zarte Wesen mit leichtem Schlaf wahre Martern erleiden durch die Kirchturmuhr. Überhaupt ein grassierendes Übel in Franken, wo die anziehendsten Wirtshäuser oft dicht bei den abstoßendsten Kirchen liegen – eine akustische Epidemie, eine Tyrannei, die es zu brechen gilt. Auch könnte der Storchenwirt freundlicher blicken und sprechen, selbst wenn er's, man sieht es, man hört es, kaum nötig hat. Nicht jeder Gast kann Prinzregent Luitpold sein...

Die Luitpoldstraße, der Karlsplatz, die Hauptstraße sind voller Weingirlanden und Blumen, nicht selten Fachwerk, besonders kunstvoll am sonst schlichten Rathaus hinterm Röhrenbrunnen. Doch nirgends ein Baum. Die Bäume stehen draußen, in vielen Gärtchen längs der ganzen Stadtmauer nebst dem, was von ihr übrig ist, und um wildverschilfte Teiche, einstige Wehrweiher, wo in lauwinderregten Mai-, in Juninächten die Frösche sich rühren, während der kleine Kirchturm mit der süßscheppernden Nachtuhr über Dächer und Türmchen fast geisterhaft entschwert in den Mondhimmel steigt, tief unten aber, zwischen Kirche und Rathaus, der Herr am Ölberg Gesicht und großgefaltete Hände steif unentwegt dem fernen Vater entgegenstreckt, indes die drei kleinen Apostel zu seinen Füßen das Antlitz affektiert nach oben, zum betenden Herrn, meint man, heben, doch seelenruhig pennen, fort und fort – besonders die bartlose Figur mit der schiefen Nase und dem frivol und schmerzlich zugleich verdrehten Mund, ein typisch fränkisches Bauerngesicht, eine rührend komische Gruppe, durch die jetzt eine weißherbeistreichende Katze wie im Slalomlauf gleitet... In der Nähe sinkt manches holunderüberwuchert in sich zusammen; Mauern und Winkel, da riecht's noch nach Hexen.

Auch Prichsenstadt, von Kaiser Karl IV. bereits anno 1367 zur Stadt erhoben, sah wechselvolle Zeiten. Es hatte den König von Böhmen schon zum Herrn und den Burggrafen von Nürnberg – den Bischof von Würzburg zum Gegner. Mit 600 Reitern, 4000 Fußsoldaten und fast 1000 Wagen schloß der geistliche Würdenträger 1461 Prichsenstadt ein, legte Weiher samt Gräben trocken und eroberte den Ort am 23. Juli des folgenden Jahres, beraubte, zerstörte es, verjagte seine Frauen, seine Kinder und schleppte 330 bewaffnete Bürger, 8 Juden, 26 Pferde und andere Habseligkeiten mit sich. 1632 plünderten die Kaiserlichen, brannten, mordeten; sogar der Pfarrer in der Kirche wurde ihr Opfer. 1812 kamen die Franzosen, dann die Russen, 1945 amerikanische Flieger...

Man ahnt von all den Attacken nichts, streift man durchs kleine Prichsenstadt, sieht nur die Zeit stillstehn und ringsum das Vergangene nisten, eingemauert, eingepflastert. Wer wunderte sich, vernähme er, des Abends aus dem »Storchen« tretend, noch immer den Nachtwächter, der da vor kaum hundert Jahren rief: »Hört, Ihr Herren laßt Euch sagen, unsere Uhr hat neun geschlagen. Neun vergaßen Dank und Pflicht, Mensch, vergiß der Wohlfahrt nicht!« Um Mitternacht verkündete er: »Zwölf Uhr ist das Ziel der Zeit, Mensch, bedenk die Ewigkeit!« Um vier, nach dem letzten Hornsignal, setzte er hinzu: »Vierfach ist das Ackerfeld, Mensch, wie ist Dein Herz bestellt! Nehmt, Ihr Weiber, Euere Töchter vor den Söhnen stets in acht, herzlich wünscht Euch Euer Wächter ›Gute Nacht‹.«

Das Schönste aber, doch ich schwanke oft, ist vielleicht Sulzfeld. Man ahnt nicht, was es birgt, sieht man von der benachbarten Höhe über die Pappelprozessionen am Fluß auf den sanften Weinhang mit dem Dorf. Ja, wirklich, Sulzfeld ist Dorf, als einziger Ort unter den bisher gerühmten Perlen mit Stallgeruch. Man ahnt es nicht, sagte ich – und doch, ich komme fast in Verlegenheit, soll ich sagen, was es denn eigentlich sei. Die Ringmauer zwar ist weithin erhalten, aber nicht sehr ins Auge fallend. Auch die Türmchen sind überaus bescheiden oder hausähnlich aufgeschossen, zu adretten Wohnsilos umfrisiert, besonders am oberen Ortsrand, am Grabenschütt. Etwas esoterisch. Leicht distinguiert. Ästheten oder doch solche, die es zu sein glauben, hausen hier, Halbästheten, Viertelintellektuelle vielleicht, rustikale Elfenbeinturmbewohner eben, die sich da, etwa aus Würzburg, dem Norddeutschen, ins »Ursprüngliche« gerettet, ins ganz und gar Ländliche, dem sie einen Hauch Kultur, nun, Urbanität, eine Aura erlesenen Geschmacks mit ihren fast stilgerecht aufgeputzten Nisthöhlen verleihen; Sulzfelds Kleinaristokratie, die Dorfnobilität, die sich bestenfalls von Turm zu Turm grüßt, dezent und hoch über das Volk hinweg und nur vor eigenen Besuchern unterkühlt mit dem Adelsturm renommiert.

Zugegeben, flüchtig überlegte ich selber schon, ob ich in einem dieser Blaustrumpfkästen leben könnte. Aber nein, ich könnte es nicht. Dabei zieht mich Sulzfeld, dessen zwei, drei Ansichtskarten so sind, daß man zögert, sie zu verschikken, ungemein an. Nur – was soll man zeigen? Am besten das Ganze. Wie es da, mit Gassen gleich Sturzbächen, von allen Seiten nach der Mitte zu herunterströmt. Wirklich, einmal muß das so gelaufen und dann darum gebaut worden sein. Überall rinnt's zusammen, taumelt das Pflaster wie Wildwasser herab. Manchmal lächeln in Gassengiebeln grüne Hänge von jenseits des Mains, steigen irr schmale Treppchen hinauf und hinunter, schwingen Dachfirste und Breitseiten, wahre Meereswellen hin und wieder, aufeinander zu und ineinander. Vielleicht sind, außer der Stille, die Dächer in Sulzfeld das Schönste. Als hätte der Wind sie zusammengeweht. Und darunter ein paarmal ganze Häuser wie Schiffe, in den Zusammenstrom zweier Sträßchen gedrängt. Das kühnste, das graue Schiff, Alte Schulgasse/ Langengasse. Ein abgetakelter Dampfer, doch schwungvoll, dreimal wohl hinten so breit als vorn, mit spitz hochgewölbtem Kiel dem Anprall nie kommender Wogen entgegen. Ähnlich prescht ein zweites Haus etwas unterhalb, Papiusgasse 2, in imaginäre Wellenstürme.

Natürlich ist das alles nicht ganz so dramatisch, das Dorf vielmehr ein Inbegriff der Verschlafenheit. Gleich die Alte Schulgasse zum Beispiel. Lebt da überhaupt jemand? Und wie lebt man da? Ein Häuschen, zwei schmale Fenster bloß unterm Dach, eng zusammengerückt, wie der verrutschte Zwicker im Gesicht einer Greisin. Geranien in einem Trog. Kakteen in großen Töpfen, Ziegelschatten fallen lautlos, wie lange Palmenblätter. Schwalbenhuschen, Gezwitscher. Von irgendwo, kaum hörbar, zwei dünne Schläge einer englisch klingenden Uhr.

Gern geh ich im Halbrund innerhalb der Ringmauer hinauf. Peuntgraben. Schon fast südländisch. Ein Musikfetzen, wie in Neapel oder Istrien. Das Pflaster scheint zu schwitzen. Manchmal bricht ein winziges buntglühendes Gärtchen daraus, ein abenteuerlich kleiner Dachgarten steht da, ein bescheidenes Türmchen ab und zu, mit überdachter dunkler Außenholztreppe. Eine Katze, dürr, gefleckt, schnürt im Hausschatten. Ein paar Frauen plaudern leis über das Gäßchen; ich seh sie so den ganzen Sommer hocken. Dann ein kühldunkles Ortstor, in den Sonnensog der breiteren Dorfstraße mündend.

Oben erinnert mich der einfach schlanke Kirchturm, mattgelb und dunkelbraun gerandet, ein wenig an einen Kirchturm am Meer. Der große Zeiger – fünf vor zwei – glänzt im frühen Nachmittagslicht, der Schiefer schimmert matt, Mauerefeu malt dicke Schatten auf den Weg. Ich liebe den Platz um die Kirche, der eigentlich gar kein Platz, sondern nur ein Weg da und einer dort ist, am hübschen Pfarrhaus vorbei, wie ich vermute. Fast alle Pfarrhäuser sind hübsch; aber nicht alle Pfarrersköchinnen. Es ist noch stiller hier als irgendwo in Sulzfeld. Ein bißchen Vogelgezwitscher nur, Windwehen im Holunder. Einmal erschloß mir ein Gärtner den idyllischen Pfarrgarten, zwischen überwucherten Mauern. Der letzte Fluchtort früher. Hier würde ich gern Gemeindepfarrer sein – vorausgesetzt, ich hätte keine Andachten und keine Predigten zu halten, keinen Menschen zu taufen und keinen zu begraben, kurz, ich hätte da weder Pfarre noch Gemeinde, aber eine Frau vielleicht oder zwei. Dazu ausreichend Sulzfelder Maustal fürs reifere Alter. Eine schöne Pfarrstelle, wie? Ich träume auch manchmal vom Hinteren Dorfweg, jenseits der schmächtigen Mauer schon, weißen und blauen Flieder vor mir, auf den Kirchturm hin, nun ganz in Bäumen und schläfrigem Vogelsingsang. Ja, eine schöne Pfarre, wirklich. Und was für ein Arbeiter im Weinberg des Herrn...

Einmal wollte ich das tatsächlich werden. Es liegt freilich weit zurück. Fast ein halbes Jahrhundert. Unglaublich, daß ich so alt geworden bin. Und indem ich's schreibe, fühle ich mich, vielleicht zum erstenmal, ganz hoffnungslos alt. Doch glauben Sie mir, nur ein knappes halbes Jahrhundert früher war ich noch ziemlich jung und schrieb, nicht weit von Sulzfeld, aus Dettelbach: Was nützt es dem Menschen, wenn er die Welt gewinnt, aber Schaden leidet an seiner Seele...

Ich besuchte, knapp zehn, in Dettelbach das Franziskanerseminar. Erst wackelte ich, ein Trimester lang, vom Haus mit dem Pranger (den »hat hohe Rath allhie... laß mach für bös Leut«, anno 1674 bereits) hinaus ins Kloster; und dann vegetierte ich dort den ganzen langen Rest des ersten Gymnasialjahrs. Ich wurde zum Märtyrer; ohne Anspruch allerdings, je ins Martyrologium der römisch-katholischen Kirche zu kommen. Ich halte auch einen Platz in der Hölle für entschieden standesgemäßer. Doch nicht einmal dort werden wir uns treffen. Vielleicht aber einmal in Dettelbach.

Nicht weil es schon 742, im Geburtsjahr Karls des

sogenannten Großen, erwähnt wird (als königlicher Meierhof). Nicht wegen der Ritter von Tetilabach, die da durch das Hoch- und Spätmittelalter die ganze Gegend schröpften. Nicht wegen der wunderreichen Wallfahrtskirche und der Franziskaner, die nach den Tetilabachs alles ausnahmen und einnahmen – denn schließlich ist auch das fast vorbei. Berichtete doch schon Karl Julius Weber, der wache Deutschlandreisende, 1826 in der Vergangenheitsform: »Hier gefielen sich die Kinder des heiligen Franz nicht wenig; robust und von Gesundheit strotzend bedienten sie den Wallfahrtsort mit der größten Artigkeit, so daß er einer der berühmtesten in Franken war, und hatte treffliche Kasuisten, die mit Todsünden und den erläßlichen Sünden und dem Gewissen der Kinder dieser Welt fein umzugehen und schlau zu distinguieren wußten...« Nein, nicht einmal wegen Tante Rettel, Tante Marie, Onkel Franz, dem Pater Direktor und Pater Bademeister, der uns die kleinen Knabenrücken kraulte, müssen Sie kommen, denn die sind alle tot, auch hat es mit Ihnen nichts zu tun (und ich habe darüber anderwärts berichtet).

Doch kommen sollten Sie nach Dettelbach, weil es der verkörperte Dornröschentraum ist mit Stallgeruch. Nicht so dörflich mehr wie Sulzfeld, aber nicht so geleckt auch und fremdenverkehrslüstern wie das recht hübsche Volkach nahebei. Nur einen Tip noch. Falls Sie es ermöglichen können, schauen Sie in hundert Jahren noch einmal vorbei. Das Faltertor und all die Türmchen, die dort phallisch durcheinanderpurzeln, sehen dann wohl wieder aus, wie sie jahrhundertelang aussahen, bevor sie ein ingeniöser Kopf so glattgelb und sauber verputzen ließ wie unten die Bank des Fürsten Castell.

Einstweilen erholen Sie sich davon – natürlich im »Grünen Baum«, im Herzen Dettelbachs. Denn alles ist hier zur Erholung angetan, die Wände, die Weine, die Wirtsleute, ja, noch die Sprüche, die der kluge Herr des Hauses auf seine Speisekarten setzt. Nicht nur: »Wußten Sie schon, daß ältere Herren junges Gemüse besonders schätzen...? Wir empfehlen Gemüseplatte...« Sondern auch: »Der Teufel ist nicht so schwarz, wie man ihn malt« (weshalb ich ja auch den Platz in der Hölle bevorzuge). »Nicht jeder, der den Teufel an die Wand malt, glaubt an ihn.« »Was übrig läßt der Fiskus, das holt Christus...«

Haben Sie auch nach dem »Grünen Baum« noch was im Beutel (die Preise sind reell), dann rasch ein Sprung nur über den Berg, und Sie kehren in Köhlers kleinem Wirtsgarten ein – keiner liegt verlockenderr am Main, und nirgends ist dieser, nebst allem, was darum steht, zwischen Bamberg und Würzburg so lieblich. Doch weil der Wirt vom Gasthaus »Zum Schiff« seine Schönheit nur am Wochenend verkauft, werden Sie oft nach Escherndorf weiter müssen. Macht nichts; schon das nächste Dorf – nicht nur einer der bekanntesten, sondern auch urwüchsigsten Weinorte des Landes. Und wackeln Ihnen, nach dem »Escherndorfer Lump« und »Fürstenberg« (geschätzt besonders aus dem Hause Stumpf) noch immer nicht die Knie, dann auf die Vogelsburg darüber. Und zweifeln Sie nicht gleich an sich, sehn Sie von dort, wo schon die Kelten hausten, den Main jetzt doppelt: er macht nur eine Schleife hier, als wolle er da länger noch verweilen.

Und vielleicht heben Sie nun, wie einst Freund Kreuder, den Arm und deuten über Weinberge und Wasser hin nach dem alten Dach im Wald: »Was ist denn das da...?« Nein, ich wußte es nicht und gräme mich noch heut deshalb – es ist die Hallburg, der schönste Wirtsgarten, den ich in Franken kenne, und Ernesto liebte alte Wirtsgärten über alles. Da also mögen Sie in Ruhe, in tiefer Ruhe, sich noch mehr vertiefen, in das Bier, den Wein, die hohen Bäume ringsum, in den Gerupften, das alte Schloß, die Pferde auf der Weide, in Ihr Gegenüber, in sich selbst. Und wenn Sie dann, mag's am Bier liegen, am Wein, an Ihrem Kopf gar, all die Mauern und Tore durcheinander und nichts mehr an den rechten Ort bekommen, weil Sie finden, daß letzten Endes ja doch alles gehupft ist wie gesprungen, ja, wenn Sie vielleicht das ganze fränkische Gepurzel an Türmchen und Häubchen und Täubchen satt haben inzwischen, dann hilft nur noch eins: zurück in den Wald, auf den Schwanberg etwa oder den Zabelstein, und ein langer Blick, am besten zu verschiednen Tages-, Jahreszeiten, unter wechselnden Beleuchtungen, auf mein gelobtes Land...

Wolfgang Koeppen
Würzburg – Mittelpunkt einer beseelten Welt

Heinrich von Kleist, der die ganze Stadt Würzburg von Heiligen, Aposteln und Engeln wimmeln sah, ihre neununddreißig Kirchtürme mit den Pyramiden verglich, dem Grab eines Bischofs und Königs, in das er wohl versucht war, sich hineinzulegen, und gleich sich berichtigte, »aber die Täuschung dauerte nicht lange«, Kleist 1800 auf einer geheimnisumwitterten, zwingenden Reise, in Begleitung des vermummten Herrn der Literaturgeschichte, fähig der sokratischen Hebammenkunst, hier des Ludwig von Brockes, den Karl August Varnhagen von Ense, Buchhalter der Romantik, 1847, lange nach Kleists Tod, einen »edlen gebildeten Mann voll hohen Ernstes der Seele und von großer Zartheit des Gemütes« nannte, Kleist, sich als Dichter entpuppend in der Beschreibung eines Gewitters über dem Main, den ganzen Kleist vorstellend in diesem einzigartigen Brief aus Würzburg an die unbegehrte Braut Wilhelmine von Zenge, und Leonhard Frank, der Schlossergeselle und spätere feine Mann in den Hotelhallen, der in seinem ersten und schönsten Roman »Die Räuberbande« das Kleinleutemainviertel seiner Geburtsstadt mit neuem Realismus zeichnete, dennoch poetisch verklärte und unvergänglich machte, zugleich, wie einige immer meinen, das eigene Nest schmähte mit der bedrückenden Kindheit, hundert Jahre nach Kleist, die Rebhänge des Schloßbergs voll armer, böser Buben. Kleist und Frank führten mich in meinem zwanzigsten Jahr nach Würzburg.

Ein Brief des Stadttheaters hatte mir eine Stellung als Dramaturg und Gehilfe der Regie versprochen. Auch wollte ich die Universität besuchen, und bald beeindruckte mich wahrlich der Juliusbau der Jesuiten. In seiner Bibliothek roch es nach Schätzen großer Geister und alles durchdringend nach Wein. Ich besuchte das Grab des Herrn Walther von der Vogelweide. Ein kleines Mädchen legte Blumen nieder. Ich dachte es mir schön, in dieser Stadt begraben zu sein. An einem Sonntag erinnerte ich in einer mir anvertrauten Matinee des Theaters vor leeren Stühlen an Max Dauthendey, der 1918 auf der fernen, heißen Insel Java gestorben, 1867 in Würzburg als Sohn eines Fotografen geboren war. Die ganze Stadt erschien mir nach einem Titel des Schonvergessenen ultraviolett, ein glänzender Ort aus Schmerz und Lust, Vergänglichkeit und Ewigkeit, Anziehung und Bedrängnis, des Geselligen und der Einsamkeit zu sein.

Ich kam aus der Norddeutschen Tiefebene, wie man mich in der Schule belehrt hatte, überquerte zum erstenmal den Main, der eine Linie im politischen Reich sein sollte, ich dachte an ein anderes Klima für den Kopf, erreichte Süddeutschland, das man dort, wo ich geboren war, immer verlangend sah, schon als den Süden an sich, sonnenbeschienen und warm, weinselig, geschichtsträchtig, die Häuser gar italienisch, das Vaterland der Kultur mit der ausschweifenden Frömmigkeit des Barock oder voll der Sinnlichkeit des Mittelalters mit seinen Madonnen und Märtyrern. Ich dachte an die gefesselten Hände des heiligen Sebastian. Ich war erwartungsvoll, ich war bereit, war neugierig und lüstern.

Ich traf Eva, wie verabredet, auf dem Markt. Es war im September, dem Erntemonat. Gemüse, Früchte und Trauben zuhauf. Blumen darübergelegt. Das glitt in das Gotteshaus hinein und quoll aus ihm raus. Der tägliche Handel und Wandel war in die Marienkapelle wie hineingeschlagen. Ein Kaffeehaus in der Grundmauer. Es roch nach Hefe und nach Backofen. Zu Rohrnudeln gab es Wein. Noch kannte ich ihn nicht. Noch war ich schüchtern, ihn zu kosten.

Die Kirche über uns war wie ein geschnitzter, kostbarer Schrein. Eva steht, hängt, klammert sich fest im Portal. Im Profil lieblich, die schmale Schulter, die kleine Brust, das lange Mädchenhaar. Sie blickt auf ihren Markt. Sie gehört dem Markt. Tilmann Riemenschneider verlieh ihr Trauer, Melancholie, Resignation. Das rührt.

Auf dem Bahnhof in Würzburg angekommen, aus dem Zug gestiegen, meinen Koffer, von Büchern schwer, an der Hand, Berlin hinter mir, fühlte ich mich auf dem Bahnsteig von Bergen umstellt. Der Main, den die Dichter gepriesen, war fern; es war kein liebliches Tal, es war eine Grube, die ich mir gegraben hatte, in die ich gefallen war. Die Weinberge, des Weingotts Gärten, vielleicht von schönen, trockenen Tagen staubbedeckt, drückten wie grauer Fels auf die Schienen. Die Kirche Stift Haug, in deren weiten Erzengelsaal ich später gern ging, die Orgel, das lateinische Wort, das mich faszinierte, zu hören, mit ihrer mächtigen Kuppel, die Würzburg mit Rom und Florenz eint im Blick von den Höhen ringsum, kam mir in der ersten Stunde, am Wege zum Theater plump, schwer, bedrückend wie der Kerkerbau des Fidelio vor. In einem Gespräch mit dem Bühnenbildner, einem bald berühmten Erneuerer der Opernszene, schlug ich die Kulisse für unseren Fidelio vor, gesehen in der Dämmerung und der Perspektive des Straßenpflasters, doch bestätigte sich der Künstler an dem Vorbild Piranesi, dem Gefängnis als Traum und dekorativen Schrecken.

Das möblierte Zimmer, mir vom Theaterbüro vermittelt, lag im Stadtteil Grombühl, vom Stadtkern, der alt und ehrwürdig war, den ich erkunden wollte, durch die Eisenbahn getrennt, mit ihm durch eine Industriebrücke verbunden, die Leute anzog, die sich hinabstürzen wollten. Auch in Würzburg, der frommen Stadt, gab es Verzweifelte, wie immer und überall. Ich hauste unter ihnen. Ich war enttäuscht und ausgestoßen. Ich wohnte bei der Witwe eines Eisenbahners, der unter die Räder gekommen war. Die Witwe war drall, fleischig, gutmütig, sie lachte gern, wenn ich sie zum Lachen brachte.

Unten im Haus war eine Wirtschaft. Man hörte Stimmen, und der Wein dunstete zu mir rauf. Es regte mich an, obwohl ich damals noch glaubte, mir Wein nicht leisten zu können. Die Anwohner der Straße kamen und ließen gegen Abend in der Gassenschänke ihre Krüge füllen. Ein kleines Mädchen küßte mir auf dunklem Treppenabsatz die Hand. Ich trug einen schwarzen Russenkittel und auf dem Kopf einen breitrandigen schwarzen Hut. Das kleine Mädchen flüsterte ängstlich Hochwürden. Das gefiel mir. Es beschäftigte mich lange. Die Petrinistraße, vom Petriniplatz ausgehend, war ärmlich und den Bergen nah, die mich schon bei meiner Ankunft als Beschränkung des Horizonts verstört hatten. Ich würde nie hinaufwandern. Petrini, erkundigte ich mich, war der Baumeister der Stift-Haug-Kirche gewesen. Ich umschritt nachts seinen Platz und hoffte, etwas zu erleben. Schließlich sprachen die Bäume mit mir.

Ich bin wiedergekommen, habe den Berg erklommen, wurde hinaufgefahren, habe ein Zimmer in der Steinburg, blicke auf die Stadt hinab, nach fünfzig Jahren, sie liegt noch immer, Kleist entzückte es, wie in einem antiken Theater. Die grünen Rebhänge, die Ränge, manchmal von Schutznetzen überdeckt, blaue Logen. Schüsse aus automatischen Anlagen, die Vögel zu erschrecken, die ihren Teil der Trauben begehren. Es ist die Zeit vor der Lese. Der Tag ringt mit dem Nebel. Auf dem Gleis unten nähert sich ein Zug der Stadt. Es ist die alte vertraute Spielzeugeisenbahn im Schaufenster des Warenhauses vor Weihnachten, die Eisenbahn, die man nicht bekommen hat, der Zug, mit dem man stets im Traum gefahren ist.

Der Main glänzt, silbert, bereitet den Nebel vor. Die neununddreißig Türme der Kirchen sonnen sich; stirbt der Papst in Rom, werden all ihre Glocken läuten. Der Klang als Zelt über der Gemeinde und für Minuten die Christenheit des Novalis. Ein Sonnenaufgang im Mai. Ich lag mit einem Knaben in einem Boot auf dem Strom. Wir konnten oder wollten nicht rudern und trieben dahin. Wir wehrten uns kaum gegen den Wassersturz unter der alten Brücke. Die fränkischen Heiligen waren über uns. Herdrauch des Frühstücks aus rotschwarzen Dachpfannen. Ein Augenblick des Friedens.

Die Landschaft kulminiert in der Festung. Ihre Schönheit, ihre Geschichte. Die Festung herrschte mit fester Hand, die den Krummstab hielt. Die Bürger trotzten. Es brachte ihnen nichts und alles: die barocke Stadt, die fürstbischöfliche Residenz, den Pegasus und das Glück des Sommersitzes, des Parks von Veitshöchheim. Die Bauern stürmten gegen den Schloßberg an und starben. Ihre Sensen zerbrachen an den festen Mauern. Florian Geyer trank im freundlichen Hof der Wirtschaft zum Stachel den Wein aus den Kellern der Burg. Leonhard Franks Räuberknaben wurden aus den reifen Trauben vertrieben. Das Grabmal des Fürstbischofs Rudolf von Scherenberg im Dom zeigt das leidende Gesicht eines Mannes, der weiß, daß der Mensch böse ist. Dies steht in der Kuppel der Peterskirche geschrieben. Leonhard Frank behauptete 1918 nach Millionen Kriegstoten, der Mensch sei gut. Der Vatikan war weise.

Zu Neujahr saß ich im Hotel Schwan und blickte auf das kalte Wasser. Ich trank Wein vom Schloßberg gegenüber oder bildete es mir ein. Den Schwan gibt es nicht mehr. Er wurde zerstört. Sie bauen das alte Hotel an schönster Stelle nicht wieder auf. Sie bauen ein Warenhaus, als fehle es uns. Von der Brücke war die Baugrube zu sehen, Grab einer charmanten Silhouette. Und doch empfinde ich mich auf der alten Mainbrücke in Würzburg im Mittelpunkt einer beseelten Welt.

Der vermummte Herr verkehrte im Theaterkaffee, kannte uns alle, lieh fünf oder zehn Mark, wenn wir sie brauchten. Ihm gehörte ein uraltes schönes Haus mit viel Holz in einer engen Gasse. Er hatte die Regale voll von Büchern, viel Theologisches und Urdeutsches. Ich versuchte, das Mönchslatein zu lernen. Er half mir. Er war wohlhabend, ein Frontoffizier von 1914. Sein Stahlhelm lag zerbeult auf einem Ehrenplatz. Er schätzte Ernst Jünger und das Buch »In Stahlgewittern«. Er stellte Geschichte vor und deutete sie auf seine Weise. Er war für Herrschaft. Er führte mich durch die Residenz. Ich hatte an ein großes Pfarrhaus gedacht, und er zeigte mir eine Hofhaltung. Dörfer waren von den Fürstbischöfen dienstverpflichtet worden, den stolzen Bau zu errichten. Sie wurden mit Wein entlohnt. Der Wein in den Kellern des Marienbergs, der Universität, dann der Residenz war die eigentliche Währung des Landes. Es gab wenig Geld. Alle waren arm. Bis auf die Reichen. Er billigte das. Fast zerstritten wir uns. Ich sah ihn wieder im ersten Jahr des Nationalsozialismus, bei einem zufälligen Aufenthalt. Er schritt über den weiten, leeren Platz vor der Residenz, kam vorsichtig auf mich zu, hob den Arm ganz steif gestreckt, schmetterte ein markiges Heil Hitler, sah sich ängstlich um, zog den Kopf, der den Stahlhelm getragen hatte, ein und flüsterte, verschwand.

Da sitzen sie, etwas komisch, die Würzburger Großen auf dem Sockel des Franconia-Brunnens, Walther von der Vogelweide, Tilmann Riemenschneider, Matthias Grünewald, jeder eine große Welt für sich. Und wo ist Balthasar Neumann? Er ist in seinem Haus, hinter dem Brunnen, an dem man sich verabredet, ihn zu besuchen. Sein Grabstein ist in der Marienkapelle an einem Pfeiler versteckt, einfach, schlicht. Sie strömen in das Haus, in die Halle, unter Tiepolos Zelt, magische Farben, Seide, wandern in den Garten, hoffentlich ist der Himmel klar, die Sommernacht warm, das Fest ist auch schön, wenn es regnet, auf einer Bank, vom Altherrnverband der Studenten gestiftet, noch von Gesimsen des Schlosses geschützt, der Einsame. Musik klingt aus den offenen Türen des Saals, erfüllt die Felsenbucht, den Nymphenhain, Jugend sitzt auf den Steinstufen der geschwungenen Treppe, deren jede eine Bühne ist, Duft von den Hecken, der Atem der Bäume, dies alles kostenlos, soweit man im Freien bleibt, Würzburg erhebt sich, ehrt sich mit einem, der nicht der ihre ist, doch für wen hätte Mozart seine Noten schreiben dürfen, wenn nicht für diesen Abend?

Beinahe hätte das Fest nie mehr geschehen können, beinahe wäre der Tempel vernichtet worden, vom Krieg verschlungen, in einem Inferno zerstört, wie die gepeinigte Stadt, es ist ein Wunder, daß es Würzburg wieder gibt, es ist ein Wunder, daß in der Residenz kaum noch die Wunden zu sehen sind, die der Angriff hier geschlagen hatte, es ist alles wiederhergerichtet, in seine alte Ordnung gebracht, die Säle, die Gänge, alle Räume, von kunstsinnigen Handwerkern, die es kaum noch gibt. Die Fenster, die Tapeten, die Böden, die Öfen sind wieder zu dem einmaligen Ensemble vereint und empfangen märchengleich den entzückten Besucher. Der Überschwang ist mit Maß gebändigt, der kühne Einfall vom Kunstverstand, von Kennerschaft kontrolliert, es waren noch Hände da, als die Schöpfungen der Ahnenhände zertrümmert lagen, es triumphierte wieder der Mensch, die Kultur, die von den Griechen kam und noch weiter her.

Im Keller der Residenz der Wein, der den Bau ermöglichte, begleitete, ja heute noch wirtschaftlich trägt. Die alten Fässer aus Holz, Jahrhundertweine fortgepflanzt. Mir klopft das Herz. Ich mag den Wein dieser Stadt, dieser Landschaft. Es ist an den Rebhängen viel getan und bereinigt worden, den Ertrag zu mehren, der Liebhaber schmeckt es. Neue Rebsorten werden probiert. Ich lobe mir den Silvaner und den Riesling. 1927 gab es noch die Bäcker, die eigenen Wein hatten und in ihrem Brotladen ausschenkten. Ich kannte einen in der Semmelstraße. Er lag an meinem Weg von meinem Zimmer zum Theater.

Das alte Theater ist im Feuer verschwunden. Irgendwann hatten dort Kastraten gesungen. Ich erinnere mich an Logen, Ränge, Plüsch und Staub, einen Baldachin. Das neue ist ein moderner, sachlicher Theaterbau. Das Haus riecht frisch. Die Vorstellung ist ausverkauft. Von jedem Platz ist die Sicht gut. Die Bürger sind mit ihrem Theater zufrieden.

Vor dem Theater war Nebel. Das neue, kühle, technisch perfekte Haus verschwand in der Nacht, wie das alte verschwunden war mit seiner Erinnerung an singende Kastraten. Der Prinz von Toscana wohnt nicht mehr in der Stadt. Der Bischof gibt keine Feste. Die Straßen waren menschenleer. Ein großer Lichtwürfel überraschte in der gedämpften Welt. Es war der Glaspalast einer Sparkasse. Arbeitet das Geld, wenn seine Untertanen schlafen?

Im Bürgerspital war die Tür noch offen. Die Weinstube ist gerade renoviert worden. Schon war sie überfüllt. Ich hatte die freundliche Vorstellung, daß sie alle sich freuten, mit ihrem Trinken den guten Wein, laut den Regeln der alten Stiftung, den Spitalinsassen spendieren zu können. Ich finde es gut, daß es eine Stadt gibt, die dafür sorgt, daß ihre armen Alten ihren täglichen Schoppen bekommen. Auf Lebenszeit.

Am Morgen war Würzburg, vom Steinberg aus gesehen, verschwunden. Es war im Maintal untergegangen. So dicht war der Nebel. Unheimlich und sinnlos hallten die Schüsse der automatischen Anlagen, die die Trauben vor den Vögeln schützen sollten. Der Nebel löste sich aber schnell auf, wurde fröhlichgrau. Bald brach die Sonne durch. Wieder fuhr die Spielzeugeisenbahn unten am Main lang. Zu Geschäften nach Frankfurt? Zu Besinnung ins Kloster Himmelspforten? Nach Veitshöchheim! Der Park ist für mich der große Glanz der gefürsteten Gottesdiener, das Paradies der Bischöfe.

Wieder hallten Schüsse; diesmal abgegeben von Soldaten, die in der Nähe des Zauberparks den Krieg übten. Die hohen Hecken sind geschaffen zu verbergen. Die elegante Hofgesellschaft oder die frommen Pilger zu ihrem Hirten waren immer auf anderen Wegen, jeder auf seinem, dem Nächsten unsichtbar. Die Hecken im Herbst riechen nach altem Friedhof. Doch in ein freundliches Verhältnis gebracht waren hier die Lebenden und die Toten. Die Todesfurcht wurde zum Spiel in diesem Park. Vielleicht konnte man entlaufen, möglicherweise gab es ein Versteck. Glaube, Magie und Komödie. Gott ein Verkleidungskünstler. Putten mit Priesterhüten, Wanderhüten, Schäferhüten. Eine Diana mit abgeschlagenem Kopf. Ihrem Hund fehlt die halbe Schnauze. Ein zartes, springendes Böcklein hebt sich zu einem Knaben. Ich streichelte das Böcklein, streichelte den Knaben.

Alles ringsum gestellt zur Freude des Schloßherrn, den es nicht gibt. Der Rokokoakt hat die Frivolität vergeistigt. Der Leib, der schöne Leib wird nicht leiblich begehrt. Die Humanität rechtfertigt sich aus der Antike. Der Christ hier hat die Philosophen gelesen und spricht Griechisch und Lateinisch. Der Kult ist ästhetisch und vergißt den Sozialauftrag der Lehre. Als die Religion sich vom Hebräischen lossagte, in die Weltsprachen ging, verzichtete sie auf die Strenge des alten Jehova. In der Mitte des Parks der Pegasusbrunnen. Es ergriff mich, ihn wiederzusehen. Der Dichter erhebt sich zu Pferd über die Kunstlandschaft. Er erhöhte sie. Er zaubert ihr Gedanken, die sie gar nicht hat. An den Teichzugängen Fische, von Steinmetzen geschaffen und übereinandergelegt. Breite Fische mit großen Schuppen. Karpfen, Brassen, vielleicht der Butt der Brüder Grimm oder schon des Günter Graß. Doch dieser Fisch soll nicht gegessen werden, er hat Lust zu schenken, Lust zu göttlicher Deutung des Lebens, Überwindung des Todes durch Freude. Der Kopf des wundgeschossenen Ebers ist mit einem Kranz geschmückt. Zwei Löwen halten das Wappen des Bischofs hoch. Was konnte dem Fürsten passieren? Fabelwesen, Schildkröten, bratfertige Enten, Leviatane zu seinen Füßen. Der Freßgenuß verwandelte sich in die Lieblichkeit der Kunst.

Ich sehe den Park heute als eine erotische Bemühung, den Tod zu ertragen.

Am Abend die untergehende Sonne. Von Würzburg fortwandernd, rot, rund, japanisch, fremd, unheimlich über Fluß und Tal und Weinberge. Weinberge auf einmal wieder üppig grün. Die Trauben am Steinberg unter blauen Netzen. Allmählich vergeht dann alle Landschaft sanft und zugleich unerbittlich wieder in den weißen Schwaden des Nebels.

Die kleinen Mainfische waren das Gericht der armen Leute im alten Mainviertel des Leonhard Frank. Das Viertel wurde zerstört, und es ist nicht gelungen, es wiederaufzubauen. Es fehlt ihm wohl die enge Wärme. Das ist wie mit den Hafenkneipen von Rotterdam. Sie sind jetzt so neu und sauber. Wer mag sich dort betrinken? Die kleinen Mainfische in Würzburg sind nun selten und eine Delikatesse geworden. Sie werden von den Reichen und auf Spesen gegessen in einem, zugegeben, vorzüglichen und sehr teuren Restaurant. Auch die Kapelle über diesem Viertel, das Käppele, lud besonders die Armen zu Bittgängen ein. Viele rutschten auf ihren Knien die hundert oder mehr Stufen hinauf. Dort wurden sie in einem sehr reichen Saal empfangen. Gott lud sie vornehm ein. Die Bitte, die der Pilger vorbringen wollte, wurde fast gleichgültig und beschämte in einer Welt, die so mit dem Himmel verbunden und in Ordnung war. Auch auf der Terrasse widerfährt dem Wanderer das Wunder. Es ist einfach Glück, in diese Landschaft zu blicken, auf diese Stadt, ihren Fluß und den Wein, der sie umwächst. Vielleicht waren die Engel des Heinrich von Kleist keine Täuschung, wie er dann meinte. Er blieb nur nicht in Würzburg. Er suchte einen anderen Engel.

31 Nürnberg – Blick vom Sinwellturm der Kaiserburg auf einen Teil der Burganlage
32 Die Nürnberger Burg, ein Zentrum der Reichsgeschichte – über vier Jahrhunderte, von 1050–1487, wurden hier wichtige Entscheidungen für das Reich gefällt

33 Würzburg: das Zentrum Unterfrankens und nach dem Aufbau aus Ruinen wieder eine der schönsten Städte Bayerns. Hier ein Fassadendetail des Hauses zum Falken am Marktplatz
34 Würzburg ist dem Lebensgefühl seiner Bewohner nach eher liebenswerte Provinzidylle mit Bischofssitz und Universität

35 Detail der im 13. Jahrhundert errichteten und Ende des 16. Jahrhunderts zur Festung ausgebauten Burg auf dem Marienberg. Heute ist hier das Mainfränkische Museum untergebracht

36 Von Balthasar Neumann, dem gelernten böhmischen Geschützgießer und genialen Baumeister der Würzburger Residenz, skizziert, von Johann Georg Oegg geschmiedet: eines der drei Portale zum Hofgarten

37   Bambergs Altstadt mit Rathaus und Dom. »An Schönheit der Lage kann sich nur Prag mit Bamberg messen«, schrieb Georg Friedrich Waagen 1843 in einem Kunstbüchlein über die Stadt an der Regnitz
39   Escherndorf am Main – Heimat bekannter Frankenweine

38/40   Bayreuth, die große kleine Stadt am Roten Main, seit mehr als hundert Jahren die Stadt Richard Wagners. Das Festspielhaus – am 13. August 1876 mit einer ›Rheingold‹-Aufführung eröffnet – zieht jedes Jahr Tausende von Wagner-Freunden aus aller Welt zu den Festspielen

Aber Bayreuth, das ist auch die Stadt der Markgräfin Wilhelmine, der Bauherrin der Eremitage, und die Stadt Jean Pauls, heute einer der großen Unbekannten der deutschen Literatur, der hier seit 1804 lebte und 1825 starb

41   Die Altstadt von Passau – Universitätsstadt und Bischofssitz zwischen Inn und Donau

42 Augsburg: Maximilianstraße und Ulrichplatz. Die St.-Ulrich-Kirche wurde an die ehemalige Benediktinerstiftskirche angebaut, in der die Grabstätten des heiligen Ulrich und der Märtyrerin St. Afra liegen

43 In der Augsburger Unterstadt, dem Gewerbe- und Handwerkerviertel, entstand 1514–23 die Fuggerei. Eine Sozialstiftung der Fugger mit Wohnungen für mittellose Bürger – die älteste einheitlich gebaute Einrichtung dieser Art in der Welt

44 »Land-Spezialitäten« – bodenständiger Lebensmittelladen in der Altstadt von Regensburg

45 In wuchtigen Bögen überspannt die – im Jahre 1146 vollendete – Steinerne Brücke die Donau in Regensburg und verbindet die Altstadt mit Stadtamhof; links der Turm des Brücktors mit dem Salzstadel

46 Klingenberg am Main. Dieses altfränkische Weinstädtchen – bekannt für seinen roten Spätburgunder – wird schon im Jahre 778 erstmals als Winzerort urkundlich erwähnt

47 Coburg. Die schöne ehemalige Residenzstadt ist heute wichtiges fränkisches Industriezentrum und Drehscheibe des Fremdenverkehrs

48 Der Turm des Liebfrauenmünsters überragt das Städtchen
Wolframs-Eschenbach bei Ansbach in Mittelfranken

49 Rothenburg ob der Tauber – Inbegriff deutscher Romantik.
Die aufregende Geschichte, die lebendige Gegenwart und nicht
zuletzt die weinselige Gastlichkeit locken jedes Jahr Hunderttausende in- und ausländische Touristen nach Rothenburg und
ins Taubertal

50

51

50 Lindau, die größte bayerische Gemeinde am Bodensee, war ursprünglich ein Marktort, der 1220 Freie Reichsstadt wurde. Seebrücke und Eisenbahndamm verbinden die malerische Altstadt auf der Insel mit der Gartenstadt auf dem Festland

51 Wasserburg am Inn: Aus einer Fischersiedlung entwickelte sich das Städtchen zu einem bedeutenden Umschlagplatz in der Zeit des Salzhandels. Die gut erhaltene Altstadt bietet u. a. zahlreiche Bürger- und Stadthäuser mit prachtvollen Fassaden

52 Landsberg am Lech – im Mittelalter ein Wirtschaftszentrum an der Salzstraße von Ost nach West, heute ein Musterbeispiel sorgsam gepflegter Baukunst. Blick vom Lechwehr auf die Heiligkreuzkirche

53 Rothenburg, 60 Meter ob der Tauber gelegen, ist Jahr für Jahr Ziel touristischer Pilgerfahrten ins Mittelalter

Peter Sartorius
See des Geldes und des Geistes

Buchheim blickt über das brüchige Gebirge loser Manuskriptblätter auf dem zernarbten Holzbrett, das er sich in seinem Arbeitszimmer zu einer Schreibtischplatte zurechtgezimmert hat, und sagt: »Ich darf mich als Entdecker des Sees fühlen.« Längere Pause und verlegener Griff des Gastes zu einem Becher Tee, was in den Papierbergen einen mittleren Erdrutsch auslöst. Der Beginn der Unterhaltung steht nicht gerade unter einem glücklichen Stern.

Durften wir von dem großen Meister, dessen Gefühlsausbrüche bekannt und gefürchtet sind, nicht ganz anderes erwarten, etwa vitriolgetränkte Bemerkungen über jene Invasion der Prominenz, welcher die unschuldigen Gestade des Sees seit vielen Jahren ausgesetzt sind? Als Entdecker des Starnberger Sees jedenfalls hatten wir Lothar-Günther Buchheim ganz gewiß nicht im Auge. Was die Erschließung des Sees für die oberen Zehntausend betrifft, so dachten wir eher an die Wittelsbacher, die sich im 14. Jahrhundert nach der Eroberung der Starnberger Burg dort festgesetzt hatten. Drei Jahrhunderte später ließ dann der Kurfürst Ferdinand Maria, ein ebenso vermögender wie kunstsinniger Mann, zum Staunen der einheimischen Fischer unterhalb des Schlosses ein prächtiges Monster zu Wasser, das den Namen »Buzentaur« trug und kunstvoll und detailgetreu nach den Plänen des Dogenschiffes »bucentaro« der Republik Venedig gebaut worden war. 20 000 Gulden investierte der Kurfürst in den schwimmenden Palast und bekam dafür eine mit Gold verzierte 37 Meter lange Galeere, in deren Bauch rund 110 festlich gewandete Ruderer schwitzend in die Riemen und zwei Stockwerke höher noch prächtiger gewandete Musikanten in die Leier und andere Instrumente griffen. In den Prunksälen des Mittelgeschosses ergötzten sich derweil mehrere hundert Höflinge an Musik und Ruderschlag und an »Lust-Seeschlachten«, von denen ein zeitgenössischer Reporter beeindruckt, wiewohl auch reichlich sibyllinisch berichtete: »Darbey seynd zu sehen gewesen zwey Kriegd-

schiff, welche continuirlich mit Feuern und Schlägen gegeneinander gespilet, wie auch 60 allerhand Wasserkugl, die geringst zu 50 Pfund.« Man schrieb das Jahr 1671, und untergegangen ist damals der »Buzentaur« natürlich nicht. Aber ein dreiviertel Jahrhundert später begann er dann doch zu lecken und verrottete von da an in einem Schuppen. Der See jedenfalls hatte fürs erste seine glanzvolle Zeit hinter sich. Von der grotesken Vergangenheit des »Buzentaur« zeugt heute im Hallenbadbau von Starnberg, merkwürdig genug, ausgerechnet ein chinesisches Restaurant, das den Namen übernommen hat.

Aber wir weichen wohl vom Thema ab. Buchheim also nennt sich den Entdecker des Sees. Und was sollen wir ihm bloß darauf entgegnen? Ihm vielleicht mit der erdrückenden Last weiterer Gegenbeweise kommen, wenn er schon nicht die Wittelsbacher gelten lassen will, die ja nicht nur den »Buzentaur«, sondern, viel bekannter, auch ihren populärsten Repräsentanten, den unglücklichen Bayern- und Märchenkönig Ludwig II., im Wasser des Sees verloren haben? Sollen wir Buchheim mit erhobenem Zeigefinger darauf hinweisen, daß schon vor gut einem Jahrhundert ein gewisser Johannes Brahms in seinem Balkonzimmer im Gasthaus Conrad Amtmanns wie folgt an seinen Verleger Simrock schrieb: »Meine Adresse ist Tutzing, und das ist eine sehr schöne Adresse.«? Am besten, wir halten Buchheim gleich Rolf Wünnenbergs liebevoll zusammengestellte Chronik des Landkreises Starnberg vor, die er schon deshalb als Beweismittel schwerlich ablehnen kann, weil er selbst darin ausführlich Erwähnung findet, als bedeutender Schriftsteller und Maler und Kunstsammler und Verleger. Die Zeitungen nennen ihn den »Vulkan von Feldafing«. Aber neben seinem Namen stehen in einer schier unendlich langen Liste auch die Namen all der anderen, welche den See als eine besonders angenehme Wohn- und Erholungsgegend entdeckt haben – lange bevor Buchheim zunächst in Niederpöcking und dann auf einer abgelegenen Wiese an der Peripherie von Feldafing und schließlich in seiner betagten Villa hinter der Bahntrasse seine Kunstschätze hortete, an seinem »Boot« schrieb und seine widerborstigen Bilder malte. Wir könnten zum Beispiel Richard Wagner nennen, der von Ludwig II. subventioniert wurde und sich viel Spott gefallen lassen mußte, als er in Kempfenhausen – nicht weit von jenem Platz entfernt, wo man seinen königlichen Gönner später tot im Wasser treibend finden sollte – ins Pellethaus einzog. Das Witzblatt »Münchener Punsch« jedenfalls vermeldete am 28. Juli 1864, daß der geniale Kopf am See an einer großen »zukunftsmusikalischen Trilogie in drei Opern« arbeite, deren dritte den anspruchsvollen Titel »Ein wahnsinniger Waller, ichthyopsychologisches Seelengemälde« tragen würde. In Wirklichkeit sinnierte Wagner im Auftrag Ludwigs über Staat und Religion, komponierte für den Monarchen den Huldigungsmarsch und beschäftigte sich im übrigen intensiv mit Cosima, der Tochter Franz Liszts und Ehefrau des Wagner-Dirigenten Hans von Bülow, was seinerzeit noch als unerhört skandalös empfunden wurde. Geblieben ist bis heute das lebhafte Interesse der Öffentlichkeit an den Liebesbeziehungen der Prominenz des Starnberger Sees, wiewohl die rechte Erregung sich inzwischen erst dann einstellen will, wenn Leidenschaft mit Schußwaffengebrauch verbunden ist, wie das bei jener Schauspielerin der Fall gewesen ist, die in der Panik der mittleren Lebensjahre vor dem lieblichen Hintergrund des Sees Hand an ihren Geliebten legte.

Wen sollen wir noch als Kronzeugen gegen Buchheim aufmarschieren lassen? Vielleicht Engelbert Humperdinck, der in der Villa Rosenhof zu Starnberg Quartier bezog und dort für seinen Nachbarn, den als Dauergast im berühmten Hotel »Kaiserin Elisabeth« von Feldafing abgestiegenen Max Reinhardt, Schauspielmusiken schrieb? Oder Elly Ney, die nach einem langen, gefeierten Leben in Tutzing zu Grabe getragen wurde? Oder die alte Dame Adele Sandrock? Oder Ina Seidel, die in Tutzing und Feldafing dichtete? Oder Oskar Maria Graf, den ungebärdigen, im Dritten Reich verfemten Schriftsteller? Halt, der hat den See nicht entdeckt. Er ist dort geboren worden, als Sohn des Bäckers von Berg, was immerhin ein Indiz dafür sein könnte, daß der See nicht nur bedeutende Persönlichkeiten anzog, sondern sie auch selbst hervorbrachte. Aber Hans Albers wäre anzuführen, dem es ganz offenbar am See besser gefiel als an der See. Als er starb, hielten die Kapitäne der Dampfer »Bayern« und »Sees-

haupt« in ihrer Bestürzung bei der Vorbeifahrt am Alberschen Ufergrundstück in Garatshausen für eine Gedenkminute die Maschinen an. Natürlich muß man auch die Chemiker Adolf von Baeyer, Heinrich Wieland und Feodor Lynen nennen, die zwar sicherlich ihre Nobelpreise auch dann bekommen hätten, wenn sie sich nicht in der milden Starnberger Luft den großen Atem für ihre Forschungen geholt hätten. Doch immerhin: Sie wirkten hier, und die Starnberger sind stolz darauf.

»Aber die eigentlichen Entdecker der landschaftlichen Schönheiten unseres Gebiets und damit auch die Väter des Fremdenverkehrs«, weiß unser Gewährsmann Wünnenberg, »waren die Münchner Maler um die Wende vom 18. zum 19. Jahrhundert.« Recht hat er. Damals, als – verkehrsmäßig – das Ufer des Sees noch so weit entfernt von München war wie heute der Strand der Adria, wanderten sie mit ihren Staffeleien durch das Würmtal Richtung Süden nach Starnberg und begründeten die später berühmt gewordene Münchner Landschaftsmalerschule. Wilhelm von Kobell malte den Blick über den See hinweg zur Benediktenwand, und dies ist bis heute das klassische Motiv geblieben: das Wasser, die welligen Hügel des Voralpenlandes und dahinter die mächtige Kulisse der Alpen, und das alles im glänzenden Licht oder mit dräuenden Wolken, durch welche als spitze Pfeile die Sonnenstrahlen schießen. Max Josef Wagenbauer hat ebenso am See gearbeitet wie Christian Morgenstern – nicht der Dichter, der eine Generation später lebte, sondern der Maler, der aus Hamburg gekommen war – und sein Freund, der schwermütige Heidelberger Carl Rottmann, der seinen Lieblingsplatz auf einem Hügel über Berg hatte. Die Anhöhe wurde nach ihm benannt, und vor einiger Zeit geriet sie in die Schlagzeilen, weil dort ein Heiratsschwindler und Mörder sein zerstückeltes Opfer zurückließ. Zurück zu den Malern. Lenbach hatte in Starnberg seinen Sommersitz, und auch Kaulbach verbrachte viele Sommer am See. Moritz von Schwind erwarb eine Villa dort, wo es heute den Ort Niederpöcking gibt. Dieser Frontabschnitt bei der Invasion der Hautevolée und Bohème war von Münchner Patrizierfamilien und einem Freundeskreis von Malern erobert worden. Im Volksmund hieß die dort entstandene Künstlerkolonie fortan Protzenhausen. Einer der bedeutendsten Maler des Starnberger Sees wurde Eduard Schleich d. Ä., den sie von der Münchner Akademie wegen mangelnder Begabung gefeuert hatten. Fast alle, die vor und nach ihm den See in idyllischer Verklärung malten, schufen auch so etwas wie einen Werbeprospekt mit den Mitteln der damaligen Zeit. Der Effekt war dementsprechend – sagt Buchheim.

Zeit, Buchheim wieder ins Spiel zu bringen und ihm Abbitte zu tun. Denn natürlich ist das ein Mißverständnis gewesen. Buchheim nimmt keineswegs für sich in Anspruch, den See entdeckt zu haben. Was er entdeckt haben will, das ist lediglich das andere Gesicht des Sees, den eigentlichen Charakter der Landschaft. Buchheim sagt: »Die Münchner Landschaftsmaler, die haben doch immer nur den Schönwettersee gesehen und das gemalt, was die Leute von ihnen erwarteten.« Buchheim selbst hingegen sieht auf seinen einsamen Spaziergängen an Tagen, an denen nasse Kälte einfällt und ein unangenehmer Wind Strände, Landungsstege und Parks leerfegt, eine aufregende Landschaft, einen manchmal unheimlichen, manchmal gigantischen See, der an grauen Tagen endlos wie das Meer ist, und im Hinterland Moore, bestürzend schön wie die sibirische Tundra. Dann malt er kalte, abweisende Bahnhöfe und Kegelbahnen, Torfstiche, Unterholz und spießende Ruten. »Ich muß beim Niederschreiben meiner Augeneindrücke auf Intuition bauen, hoffen, daß etwas einfließt, das ich nicht steuern kann, wenn ich Erscheinungen in Linien und Flächen zu fassen versuche – die Gestik der Landschaft, ihre Topographie, die sinnliche Schönheit vor meinen Augen. Ich muß außer mir sein: high.« Das Zitat stammt aus dem Katalog zu einer Buchheim-Ausstellung, und wir führen es hier nicht ohne Grund an. Denn wahr ist ja, daß Buchheim leicht außer sich gerät, und das nicht nur, wenn er sich seine zwölf Maltöpfchen und die Tuschflasche zurechtlegt. Und deshalb sind wir auch nach Feldafing gefahren. Wir wollten den Vulkan brodeln sehen.

Und wir haben Glück. Die Lavabrocken können wir gleich en masse aufheben. Versuchen wir, sie zu ordnen: Die Landschaftsmalerei, diese ganze Gebirgsscheiße, sei schrecklich verlogen; ganz Deutschland sei damit überschwemmt worden, und die Leute, diese Leute, diese entsetzlich vielen Leute, die sich, von den Malern dazu verlockt, in ihren Villen im Lederhosenstil am See ansiedelten, die seien doch fast alles Blinde. Und die Behörden und Politiker, die sähen in ihrer Ignoranz in dem See doch nur ein Recreation Center. Starnberg sei ein für allemal versaut. Und Feldafing stehe das gleiche bevor. Überhaupt die-

ser Bürgermeister von Feldafing, dieser unfähige Mensch . . . Buchheim blickt den Gast triumphierend an, und der sagt pflichtgemäß: »Sie sprechen doch von Ihrem Bruder?« Buchheim sagt: »Ja, ja.« Mit seinem Bruder, dem Feldafinger Bürgermeister, redet er schon lange nicht mehr. Die ganze Gemeindeverwaltung sähe er am liebsten im Wirtshaus hinterm Bier am Stammtisch, weil sie dort keinen Unsinn anrichten könne. Mit einem tiefen Seufzer sagt Buchheim plötzlich unvermittelt: »Diese Landschaft ohne Bayern und Föhn – unglaublich so eine Vorstellung.«

Nach diesem Ausbruch wenden wir uns beeindruckt wieder ab vom Vulkan von Feldafing, weil wir ein bißchen nachdenken wollen. Buchheim hat ja recht. Aus Landschaft besteht dieser See – zumindest der nördliche Teil, der Uferbogen zwischen Berg an der Ost- und Tutzing an der Westseite – vor allem an kalten, unwirtlichen Tagen. In der übrigen Zeit ist er meist ein Schlachtfeld mit Segelbooten und Surfbrettern und bietet den Reiz eines vor Menschen überquellenden Freibades – was natürlich nicht zuletzt daran liegt, daß der See durch Auto- und S-Bahn auf eine knappe halbe Stunde Fahrzeit an München herangerückt ist. Wenn man, wie Buchheim, vor beinahe einem halben Jahrhundert auf der Flucht vor der Stadt Asyl am See gefunden hat und von der Stadt jetzt wieder eingeholt wird, kann man sicher Zorn darüber empfinden, daß die Marschkolonnen aus München vom Starnberger See Besitz genommen haben. Aber man wird andererseits, wenn man in München lebt, die Behörden rühmen müssen, die für die Öffentlichkeit ein paar schöne Uferpartien vor dem Zugriff des bauwütigen Geldadels gerettet haben. Denn alles, was Geld und Rang und Namen hat, versucht sich an den Hängen über dem Wasser einzubetonieren, an einem See, der alles bietet, was die große Welt zum Leben und Überleben braucht. In Starnberg zum Beispiel einen Yacht-Club, der bis zum Jahr 1937 unter der stolzen Flagge »Königl.-Bayerisch« segelte; bei Feldafing einen besonders schönen Golfplatz; in Ammerland eine feudale Klinik, spezialisiert auf Verjüngungskuren; und in Söcking einen atombombenfesten Bunker mit Alpenblick.

Der Friedensforscher Carl Friedrich Freiherr von Weizsäcker hat ihn in seinen Garten graben lassen, und man könnte ein bißchen ins Sinnieren kommen, wie hoch der berühmte Philosoph und Wissenschaftler die Bereitschaft der Mächtigen einschätzt, Nutzen aus seinen Forschungen zu ziehen, wenn nicht ein anderer Gedanke fast noch reizvoller wäre. Wen sollten wir dem Professor zur Aufnahme in diesen Club der Atomkrieg-Überlebenden ans Herz legen? Natürlich wissen wir gar nicht, ob in dem Verlies überhaupt Platz für die Prominenz des Sees wäre.

dem so wäre, dann könnten wir doch dem Gelehrten mit ein paar Namen zur Hand gehen. Sollte ein berühmter Schauspieler unter den Gästen sein? Voilà: Heinz Rühmann wäre der erste Kandidat; er verbringt seinen Lebensabend in Berg. Oder ein großer Sänger? Wir hätten Dietrich Fischer-Diskau anzubieten, der ein Nachbar Rühmanns ist. Oder hätte die Welt Bedürfnis an Unterhaltung und Komik? Heidi Brühl und Walter Giller (samt Ehefrau Nadja Tiller) kämen da in Frage. Oder sollte es doch besser ein Philosoph sein? Wir denken da an Jürgen Habermas, der sein Haus in Starnberg hat. Oder wie wär's mit dem Chef des Hauses Wittelsbach, Prinz Albrecht, der in Schloß Berg seine Dynastie verwaltet? Oder bräuchte man eine schöne Frau? Petra Schürmann wohnt nicht weit entfernt, in Kempfenhausen. Johannes Heesters wollen wir auch nicht vergessen und auch nicht Ellen Schwiers und Marianne Koch, die in Tutzing wohnt und in Starnberg Krankenhausärztin ist. Auf einen anderen Prominenten, dem vermutlich ein Freiplatz im Bunker sicher gewesen wäre, müßten dessen Insassen freilich verzichten. Walter Scheel wollte an den See ziehen, aber es blieb bei der Absicht, zum Bedauern der lokalen Presse, die eine Zeitlang von der Beschreibung der zukünftigen Villa des früheren Bundespräsidenten lebte. Aber machen wir bei denen weiter, die wirklich zugezogen sind, bei Herbert Reinecker und bei Hans Hellmut Kirst, seinem Schriftstellerkollegen. Auch olympischer Geist wehte schon milde wie der Föhn am Starnberger See. Willi Daume bereitete in Feldafing die Münchner Spiele vor. Tot ist mittlerweile jene legendäre Figur, die in Berg ansässig war und sich dort sogar ohne hochgeschlagenen Trenchcoat-Kragen, tief ins Gesicht gezogenen Schlapphut und dunkle Sonnenbrille zeigte. Greta Garbo? Nicht ganz. Es handelte sich um Reinhard Gehlen, den ersten Chef des Bundesnachrichtendienstes.

Aus aktuellem Anlaß müssen wir noch einmal auf die Wittelsbacher zurückkommen, mit denen die Eroberung des Sees von München aus begann. In ihrem Gefolge waren der Land- und Beamtenadel und der höhere Bürgerstand nach Starnberg und Umgebung gekommen, und die zwangsläufige Folge war, daß rund um den See ein Kranz von Schlössern entstand, von denen eines jetzt wieder besonders in den Blickpunkt gerückt ist, vor allem in den des Geldadels. Die Rede ist von Schloß Possenhofen, das ein wechselvolles Schicksal hinter sich hat. 1834 war es von Herzog Maximilian erworben und zu einem noblen Sitz für »die schönsten Monate des Jahres« aus- und umgebaut worden. Ein großer englischer Park wurde für Ausritte angelegt, und Zinnen und Türmchen wurden errichtet, damit der Blick über die gepflegte Landschaft und den See ungehindert hinüber zu den Gebirgswänden der Alpen streifen konnte. »Ich habe Schöneres nirgendwo gefunden«, schrieb ganz begeistert David Montagu, Botschafter ihrer britischen Majestät, und wir dürfen uns nicht wundern, daß an diesem idyllischen Platz eine Prinzessin aufwuchs, welche die Verklärung der Historie zu einer beinahe überirdischen Schönheit machte: das Mädchen Elisabeth, das später als Sissi, Gemahlin des österreichischen Kaisers Franz Joseph, Karriere machte. Das ist freilich eine andere Geschichte. Wir tippen sie eigentlich auch nur deshalb an, weil sie natürlich in dem cremefarbenen Prospekt gebührend hervorgehoben wird, mit dem das Schloß, das zuletzt arg heruntergekommen war, jetzt an den Mann gebracht worden ist. Im Bauherrenmodell entstanden dort feudale Wohnungen, von denen eine einzelne teurer ist als selbst ganze Bungalows und Villen in der Nachbarschaft. Wer sich im Sissi-Schloß einkaufen wollte, mußte für eine Etagenwohnung, allerdings mit gleich vier Badezimmern, mehr als zweieinhalb Millionen Mark anlegen.

Buchheim sieht das natürlich mit größtem Unbehagen. War da nicht – als wir bei ihm saßen – das Wort von einem vom Geld verdorbenen See gefallen? Ein Eigenleben am See, hatte Buchheim gesagt, habe sich unter den Zuzüglern ohnehin nie entwickelt. Eigenartig, wo doch hier, auf den allenfalls dreißig Kilometern zwischen Berg und Tutzing, soviel Kunst und Geld und Geist versammelt sind wie kaum sonstwo auf so engem Platz. Die Erklärung liegt in der Nähe der bayerischen Metropole. Buchheim sagte: »Sehen Sie, mit dem Vicco von Bülow, dem Zeichner Loriot, der ja auch am See wohnt, habe ich schon vor langem ausgemacht, daß wir uns mal besuchen kommen. Und wo treffen wir uns dann? In einer Münchner Kneipe.«

Herbert Schneider
In Bayern Föhneinfluß

Steckbrief

Der Föhn ist ein Fallwind, der auf der ganzen Breite der Alpen ins nördliche Voralpenland streicht. Er kündet eine Wetterumstellung an, hält aber, so lange er anhält, die Witterung stabil, das heißt in der Regel schön.

Folgender Vorgang liegt zugrunde: Die von Süden kommenden Luftmassen stauen sich an den Alpen, regnen ab und kühlen sich beim Aufsteigen (um über die Alpen zu kommen) stark ab. Beim Herabströmen ins Voralpenland erwärmen sie sich wieder, und zwar auf eine höhere Temperatur als jenseits der Alpen.

Typische Jahreszeiten für den Föhn sind Herbst und Frühjahr. Im Winter ist er selten, im Sommer kommt es fast nie zu Föhnlagen.

Wenn von einem Tag zum anderen das Vogelzeichen von Auto zu Auto überhandnimmt; wenn in erschreckendem Ausmaß Gartenzäune und Litfaßsäulen umgefahren werden; wenn der Verbrauch von Kopfwehtabletten sprunghaft in die Höhe steigt; wenn vielerorts der Haussegen schief hängt; wenn in Krankenhäusern nur in Notfällen operiert wird; wenn in Prüfungen von hundert Kandidaten 95 durchfallen; wenn die meisten Leute durch die Gegend schleichen, als seien sie von Matthofen oder Schlapphausen; und wenn das eigene Ohrensausen die Vorhersage im Radio übertönt, die Wetterlage werde vom Föhn bestimmt, dann herrscht er, der Gefürchtete, tatsächlich in all seiner schrecklichen Macht und Herrlichkeit.

Ja, schrecklich und herrlich ist er, der Föhn, und ein Nichts und Niemand ist gegen ihn der gleichnamige Haartrockner, der seinen schmalbrüstigen warmen Blaserer aus der Steckdose holen muß. Schaut bloß hinaus aus dem Fenster, wie der Naturbursch aus Tirol das Gebirg, siebzig und hundert Kilometer weit entfernt, an München heranrückt, wie er knapp hinterm Burgfrieden die gipfelgezackten Kulissen aufbaut; als sollte »Der Wildschütz Jennerwein« in Freilichtaufführung gespielt werden.

Der Föhn macht vieles, wenn nicht gar alles, erklärlich und entschuldbar. Wenn einer seine Schwiegermutter beißt, kann er in München mit fünf Mark Geldstrafe an das Rote Kreuz davonkommen, falls seinem Verteidiger der Nachweis gelingt, daß an jenem Tag Föhn war. Eine erfahrene Braut wird es ganz in der Ordnung finden, wenn ihr Bräutigam, ein durchaus noch rüstiger Rentner, sich ihr in der Hochzeitsnacht nicht zu nähern vermag; weil eben Föhn ist. Und die Geistesgaben eines bei tückischem Südwind durchgefallenen Kandidaten werden in Fachkreisen nicht schlechter bewertet als diejenigen eines Einser-Juristen, der sein Examen bei Ostwind und einem Hoch aus Sibirien machen konnte.

Den Kindern kann der Föhn noch nicht viel anhaben, den alten Leuten um so mehr. Er, der ein Feind des Kreislaufs und ein Freund des Herzkasperls ist, fährt ihnen in alle Glieder, und manche haben dieselben schon für immer ausgestreckt, wenn er mit Sturmesgewalt an ihren Fensterläden gerüttelt hat. Es gibt hierzulande aber nicht nur Millionen Föhnempfindliche, es gibt auch noch Vorföhner und Nachföhner, weshalb man in Oberbayern nie vor Beleidigungen und Überraschungen sicher ist. Der Vorföhner fühlt den Föhn schon tagelang vorher herannahen. Ist er dann endlich da, so bessert sich sein Zustand wieder, wahrscheinlich vor Freude. Im Nachföhner klingt der Föhn noch einige Zeit nach.

Man hört manchmal von Unglücklichen, die Vorföhner, Föhner und Nachföhner in einer Person sind. Wegen der Schwere ihres Leidens nimmt sie keine Krankenkasse als Mitglied auf.

Und wenn man sich gleich einsperrte, hinter dicken Mauern verschanzte oder in eine Höhle verkröche, man entrinnt ihm nicht, dem Föhn, es sei denn, man ergriffe die Flucht in Richtung Norden. Der Donau zu wird seine Macht immer kleiner, und dahinter hat er kaum noch was zu melden. Man kennt ihn dort nur aus dem Lexikon und fallweise aus unerklärlichen Beschlüssen der Regierung zu München, die nur durch den Einfluß des tückischen Alpengebläses erklärbar sind. So daß man sagen kann, daß letzlich doch *ganz* Bayern unter dem Föhn zu leiden hat.

Es gibt allerdings auch in den hiesigen Landstrichen Menschen, die über eine solch ungehobelte Natur verfügen, daß der Südwind nicht an ihr zentrales Nervensystem vorzudringen vermag. Diese Leute täten freilich besser daran, Föhnfühligkeit wenigstens vorzutäuschen, als sich immer wieder, wenn alles ringsumher stöhnt und ächzt, als unempfindliche grobe Lackln darzustellen.

Ganz abgesehen davon, daß es immer gut ist, den Föhn in der Hinterhand zu haben, wenn man einem Schutzmann den Vogel gezeigt hat und dieser zufällig nicht der verflossene Münchner Oberbürgermeister gewesen ist.

Rainer A. Krewerth
Unter bayerischen Schwaben

Es mag im vorigen Jahrhundert gewesen sein. Oder im vorvorigen. Irgendwo an der großen Straße, die jenseits der Alpen nach Süden führt, nach Rom zu, sitzt unter schattigen Weinranken ein Pilger aus Schwaben. Die Ewige Stadt ist sein Ziel, das Grab Petri, der Heilige Vater. Aber noch ist dieses Ziel weit entfernt. So beschließt der fromme Wanderer, sich ausnahmsweise durch den Genuß eines gekochten Eies zu stärken. Als er es öffnet, piepst ihm ein Bibbele entgegen – ein gelbflaumiges Hennenküken. Doch statt beim Wirt zu protestieren, schlingt er es eilends hinunter. Denn – so sein Kalkül – billiger wäre er seiner Lebtage nicht an ein Huhn gekommen. Und außerdem: Könnte nicht vielleicht der Wirt am Ende einen Aufschlag fordern?

Aus den siebziger Jahren dieses Jahrhunderts stammt ein längst nicht so augenzwinkernd episodenhafter, eher sarkastischer Witz. In einer schwäbischen Familie ist der Sohn gestorben. Er wird eingeäschert. Seine Frau möchte die Urne »zum Andenken« auf das Vertiko im Wohnzimmer stellen. Die Schwiegermutter jedoch – bei aller Trauer über den Verlust des Sohnes – ordnet Nützlicheres an: »Nix da, der kommt in die Eieruhr, der soll schaffen!«

Der Rest der Republik schreibt den Schwaben, den »Häuslesbauern«, mit solchem Witz hämisch Geiz zu, und sie selber (denn ohne Selbstironie sind sie nicht) unterscheiden zwischen grünem und gelbem Geiz. Beim grünen ist noch Hoffnung, der gelbe gilt als unheilbar. Alfred Weitnauer, Heimatpfleger und Publizist aus Kempten im Allgäu, 1974 gestorben, sah hinter vordergründiger Raffsucht mehr. Es sei, schreibt er 1952, »so ähnlich gewesen wie bei den Preußen, nämlich daß sich auch die Schwaben wegen der Armut ihres Bodens großgehungert hätten«. Nur: »Die Preußen erhungerten sich eine militärische Vormachtstellung, die Schwaben eine solche auf dem sympathischeren Gebiet der Weltwirtschaft.«

Die großen Augsburger Kaufmannsgeschlechter, allen voran die Fugger, muß Weitnauer zum Beleg seiner These nicht erwähnen; sie kennt jedermann. Doch in Memmingen, mehr als fünfhundert Kilometer vom Meer entfernt, steht das Denkmal des Burkart Zink, der 1396 in dieser Stadt geboren wurde. Er war nach Weitnauer »der erste Kaufmann der deutschen Wirtschaftsgeschichte, welcher Handel nach Übersee getrieben hat«. Die Schlußfolgerung: »Geschäftstüchtigkeit, das besonders ausgebildete Organ für das Erkennen und Erfassen einer Konjunktur, ist ein Merkmal der Bewohner Bayerisch-Schwabens.«

Einem Preußen wie mir fällt bei derlei Geschichten immer eines auf: Mit zunehmender Entfernung von der Donau, die bei Ulm und Neu-Ulm Bayern von Baden-Württemberg trennt, schwindet das Wissen von der Existenz eines bayerischen Schwaben. Im Norden sind Schwaben eben Schwaben, ob sie nun am Neckar leben oder am Lech. Diese Vereinfachung ist sträflich leichtfertig. Nicht nur, daß die württembergischen und die bayerischen Schwaben sich wenig grün sind, was – bei aller Gemeinsamkeit aus alemannischer Abkunft – seine politisch-historischen Gründe hat. Nein, »von allen schwäbisch oder alemannisch... besiedelten Gebieten des deutschen Sprachraumes hat einzig das Land zwischen Lech und Iller den alten Namen ›Schwaben‹ bewahrt« (Friedrich Zoepfl).

Bayerisch-Schwaben? Politisch ist das der heutige Regierungsbezirk Schwaben mit Sitz in Augsburg, der fuggerverwöhnten »Weltstadt des Mittelalters«. Über sie wird noch einiges zu sagen sein. Geographisch, landschaftlich zählt der Raum zwischen Lech und Iller zu den reizvollsten, abwechslungsreichsten in der Bundesrepublik. Im Norden bei Nördlingen, beiderseits der mittleren Wörnitz, dehnt sich das Ries, ein kreisrunder Kessel von knapp 20 Kilometer Durchmesser, der als einer der am besten erhaltenen Meteoritenkrater auf der Erde gilt.

Weiter östlich faßt die Grenze in spitzem Winkel ein starkes Stück vom Donaumoos ein, einem einstmals unwegsamen Moorgebiet. Donauried und Lechfeld begleiten als Ebenen ihre namengebenden Flüsse. Dazwischen erheben sich Höhenzüge mit Mittelgebirgscharakter. Südlich Bad Wörishofen und Memmingen wird es voralpin, bei Kempten allmählich alpin, bei Oberstdorf hochalpin. Und bei Lindau halten die bayerischen Schwaben sich ein gutes (Ufer-)Stück vom Bodensee reserviert.

Um noch einmal zurückzukehren zur wenig differenzierenden Betrachtungsweise im Norden der Bundesrepublik, wonach Schwaben Schwaben sind oder alles bayerisch ist, was südlich der Donau liegt und lebt. Da erheben sich bei Füssen die stolzen Schlösser Hohenschwangau und Neuschwanstein in reizvoller Nachbarschaft. Neuschwanstein, die steinerne Inkarnation jener Legenden, die ein treues Volk um den urbayerischen »Kini« wob, den »verrückten«, von vielen bis heute verehrten Ludwig den Zweiten. Aber wo steht Neuschwanstein, dieser touristische Wallfahrtsort? Nicht auf schwäbischem, nicht auf bayerischem Grund – nein, in Bayerisch-Schwaben!

Womit es endlich an der Zeit wäre zu klären, woher dieser oft irreführende, weithin unbekannte Begriff stammt. »Nirgendwo auf deutschem Boden«, heißt es bei Alfred Weitnauer, »hat die politische Landkarte um das Jahr 1800 so gesprenkelt ausgesehen wie im östlichsten Teil des schwäbischen Stammesgebietes, im heutigen bayerischen Schwaben. Hier hat es damals rund 160 verschiedene Herrschaften, d. h. kleine, zum Teil souveräne Staaten gegeben, von denen nicht selten einer den andern als ›Ausland‹ betrachtet und behandelt hat.« Was bis dahin Reichsstädten und Klöstern gehört hatte, dazu Grafen und Baronen, das fiel 1803 den Wittelsbachern zu. Die Säkularisation, der Reichsdeputationshauptschluß und andere Ereignisse setzten sie in den Stand, ihren ohnehin schon respektablen Besitz zwischen Iller und Lech bis 1806 im großen Stil zu arrondieren. Lange Zeit gärte es hinter schwäbischen Dickschädeln ob der bayerischen Rigorosität, die aus einem kleinteilig bunten Flickerl- oder Fleckles-teppich eine leicht überschaubare, zentralistisch verwaltete Einheit gemacht hatte. Doch Volkes Wut galt nicht so sehr den Altbayern in der Nachbarschaft; deren sinnenfrohe Geselligkeit kannte man und mochte sie alsbald. Was die schwäbischen Untertanen störte (und vielerorts bis in unsere Tage hinein störte), war damals (und später) die Unterwerfung unter eine ferne, zentralistische Macht in München, die sich am 1. Januar 1806 durch die Begründung eines Königreichs unter Maximilian I. Joseph manifestierte.

Noch 1982 fand der bayerische Staatsminister für Bundesangelegenheiten, Peter M. Schmidhuber, ein plastisches Bild für die sehr verschiedenen Mentalitäten, die knapp 180 Jahre zuvor unter ein Dach gesperrt worden waren: »Während die bayerischen Knödel Symbol des geballten Zentralismus sind, werden die Spätzle zum Sinnbild schwäbischer Vereinzelung und Zersplitterung.« Der Bezirkstagspräsident Dr. Georg Simnacher, wenngleich nach eigener Überzeugung, fremder Einschätzung und sozusagen von Amts wegen ein »Berufsschwabe«, betont dennoch, daß die Unterschiedlichkeit der Leibspeisen nun kein Bauchgrimmen mehr verursachen muß: »Heute ist auch mancher bayerische Knödel auf dem Teller der Schwaben.« Daß dabei eine gewisse Schlitzohrigkeit mitspielen mag, sich in ein ohnehin unabwendbares Schicksal zu fügen, könnte die-

ses gern benützte Sprichwort belegen: »I bin a Schwob, a Schwob bin i, und tue ganz gern sinniere. I stell mi dumm und red net viel und b'halt des mei im Hiere (= Hirn).«

Selbst in der »Weltstadt des Mittelalters«, der Fuggerstadt, die im Zeitalter der Industrialisierung auch gern das »deutsche Manchester« genannt wurde – selbst in der einstmals stolzen Reichsstadt Augsburg gab es keinen Sturm der Entrüstung, bestenfalls einen Sturm im Wasserglas, als sie 1806 bayerisch wurde.

Schuld an allem war Napoleon, der ein starkes Bayern als Bollwerk gegen Habsburg brauchte. Am 4. März 1806 ließ er Augsburg an den Kurstaat übergeben – wie 1805 im Preßburger Frieden bestimmt. Das Establishment der Kaufleute feierte einen Ball, »Champagner tröstete über den Verlust der Reichsfreiheit hinweg« (Heiner Seybold). Dieser Autor gibt trefflich die Stimmung des Volkes wieder: Es »erfreute sich an den augsburgischen, französischen und bayerischen Truppenparaden, an der Illumination und den Festen«.

»Panem et circenses« – das war es wohl (oder wohl auch), was die neue Herrschaft so schnell und so leicht ertragen ließ. Farbenprächtige Spiele fürs Auge bot die funkelnd kostümierte Soldateska, und Brot, Gewinn, versprach den erwerbsfrohen Schwaben das neue Königreich, über das Napoleon seine Hand hielt. Und heute? Heute sind viele der rund 250 000 Augsburger bajuwarischer als die Altbayern selbst. Nur München mögen sie weniger, die »Datschiburger«, wie die Augsburger in der übermächtigen Landeshauptstadt spöttisch genannt werden (obwohl der »Zwetschgendatschi«, den sie backen, ein vorzüglicher Pflaumenkuchen genannt zu werden verdient). Warum der Groll gegen die knapp 70 Kilometer entfernte Metropole an der Isar?

Mag sein, daß sich hier ein letzter Rest der alten Zersplitterung regt – Spätzle-Partikularismus gegen Knödel-Zentralismus? Entscheidend aber ist wohl das Gefühl, von der Geschichte ungerecht behandelt worden zu sein. 1985 feierte die Stadt an Lech und Wertach ihr 2000jähriges Bestehen. Im Jahre 15 vor Chr. entschied ein Feldherr aus dem fernen Rom, auf den Schotterhügeln zwischen diesen zwei Gebirgsflüssen ein Militärlager bauen zu lassen. Es war Drusus, Stiefsohn des Kaisers Augustus. Aus dem Lager wurde »Augusta Vindelicum«, die Keimzelle Augsburgs. Schon ein Menschenalter später war daraus die Hauptstadt der Provinz »Raetia secunda« geworden. Als dies geschah, konnte von München noch lange keine Rede sein. Es dauerte weit über 1000 Jahre, ehe der Welfenherzog Heinrich der Löwe »München« gründete, »Zu den Mönchen«. Und während Augsburg vom strategischen Punkt zur Stadt mit hoher urbaner Kultur gedieh, war »München« nicht viel mehr als ein besiedelter Übergang über die Isar. Doch die Geschichte kehrte die Verhältnisse um; die Daten sind bekannt. In »Datschiburg« ist der Ruhm gern zitierte Vergangenheit, das Prädikat einer Weltstadt nur mehr Marginalie. München hingegen gibt sich und darf sich weltstädtisch geben.

Die Stadt zwischen Lech und Wertach aber, an der Romantischen Straße gelegen, sieht sich auf ihre Historie verwiesen. Und deren üppige Zeugnisse lohnen den Besuch überreich. Im Römischen Museum werden Schätze präsentiert, die aus den Anfangszeiten stammen und noch heute immer wieder aus den Schotterhügeln ergraben werden. Die Fuggerei, 1516 gegründet, älteste Sozialsiedlung der Welt, hat diese Funktion bis heute und ist gleichermaßen Museum und vielbesuchter Touristenplatz. Das Rathaus, von Elias Holl 1615–20 erbaut, darf sich mit dem Prädikat schmücken, das schönste in Mitteleuropa zu sein. Die Kirchen, allen voran Dom und St. Ulrich und Afra, die prächtige Maximilianstraße, die kunstvollen Renaissance-Brunnen des Augustus, des Merkur und des Herkules, die Wälle, Bastionen und Türme, das Geburtshaus Leopold Mozarts, die reichen Kunstsammlungen – dies sind nur wenige weitere Glanzpunkte der einstmals »reichsten Stadt der Welt«.

Das Elternhaus des Eugen Berthold Friedrich Brecht zählt nicht dazu. Grau und bescheiden steht es in der Altstadt; die meisten Touristen finden nicht dorthin. Mit ihrem Dichtersohn tun sie sich schwer, die Augsburger. Er hat ihnen von Anbeginn zuviel Schrecken eingejagt, sie ihm mit ihrer behäbigen Bürgerlichkeit wohl auch, so daß er bald ins nahe München entschwand, um ein großer revolutionärer Dramatiker zu werden.

Andere Landsleute haben den Augsburgern und den übrigen bayerischen Schwaben mehr Freude gemacht, zumindest nach ihrem Tode. Hans Breinlinger hat einige von ihnen köstlich porträtiert. Bezeichnend ist, daß sein Buch den Titel »Schwäbische Dickköpfe« trägt. Dies sind einige der Dickköpfe: Rudolf Diesel, der Erfinder des Dieselmotors; Sebastian Kneipp, der Pfarrer, der die Wasserheilverfahren neu entdeckte und weiterentwickelte; Ludwig Ganghofer, dessen Romane heute wieder zu Ehren kommen; schließlich –

außer dem Genievater Leopold Mozart, der auch in Salzburg sein Augsburger Bürgerrecht nicht verschenkte – doch auch Bert Brecht.

Dickköpfigkeit also als schwäbische Charaktereigenschaft. Vom vielbeschworenen Geiz oder seiner vornehmeren Form, der Geschäftstüchtigkeit, war eingangs die Rede. Der schon erwähnte Alfred Weitnauer ging weiterer Eigenschaften nach, der Einfalt zum Beispiel, der Grobheit, der Zwiespältigkeit, der Eigenbrötelei. Beginnen wir mit dieser. Der Schwabe, schreibt Weitnauer, sei »nicht so gesellig wie der Baier; er ist zurückgezogener, Fremden gegenüber eher scheu, um nicht zu sagen mißtrauisch«.

Als ich 1971 aus dem fernen Westfalen nach Augsburg kam, um dort für einige Jahre zu arbeiten (aus denen dann elf schwäbische Jahre wurden), mußte ich häufig den Weg zu diesem Museum, jener Kirche oder jener Ausstellung erfragen. Die Auskünfte waren meist knapp. Besonders knapp waren sie zweimal: Sie bestanden ausschließlich aus dem Götz-Zitat, was mich nicht wenig erschreckte. Da hatte ich Grobheit, mißtrauische Fremdenscheu und Eigenbrötelei gleich auf einmal. Die Einfältigkeit, gepaart mit übergroßer Sparsamkeit, erfuhr ich im Berufsleben, wenn etwa eine Rechnung nur zur Hälfte bezahlt wurde und ich auf erstauntes Fragen zur Antwort erhielt: »Das versuchen wir immer so.«

Doch ich lernte dazu. Lernte in Augsburg einen der reizendsten, großzügigsten, kunstsinnigsten Freunde meines Lebens kennen, einen Verleger, der schier fanatischer »Datschiburger« selbst dann noch blieb, wenn er alle seine Landsleute am liebsten im Lech ersäuft hätte. So erhielt ich einen Begriff schwäbischer Zwiespältigkeit.

Ich schreibe diese Zeilen wenige Monate, bevor ich in mein geliebtes Westfalen zurückkehre. Wenn ich die Summe aus elf schwäbischen Jahren ziehen müßte, so könnte ich all die Weitnauerschen Charakteristika bestätigen – und aus reicher Erfahrung auch noch deren Gegenteil. Jedenfalls, wenn ich denn schon keine jubelnde Laudatio auf das Land singen kann, das mehr als ein Jahrzehnt zweite Heimat war: Unbeteiligt, desinteressiert haben die bayerischen Schwaben mich nicht einen Tag gelassen. Ausgelernt habe ich dennoch nicht. Das Studium dieses kantigen, komplizierten Stammes zwischen Iller und Lech dauert, zumal für einen Preußen, mutmaßlich lebenslang. Wenn schon die Altbayern sich dieser Mühe ungern unterziehen – hätte ich als gänzlich Fremder bleiben sollen?

Gerhard Herm
Franken und Bayern

Einer derjenigen, denen es die Franken zu verdanken haben, daß sie heute Bayern sind, war der preußische General Friedrich Ludwig zu Hohenlohe-Ingelfingen – ein Franke. Im August 1806 ließ Napoleon den Sechzigjährigen wissen, er würde ihn, neben Bayern, Badenern und Württembergern, ganz gern als selbständigen Kleinpotentaten in den Rheinbund hereinnehmen. Doch als man, nach Verhandlungsende, bei den Trinksprüchen war, erwachte in Friedrich Ludwig die Erinnerung an seine glorreich unter Friedrich dem Großen verbrachten Leutnantstage. Er erhob das Glas auf »l'empereur ce grand captain« – und sprach die Hoffnung aus, ihm demnächst unter Waffen entgegentreten zu können. Daraufhin war es mit dem autonomen fränkischen Fürstentum, aus dem vielleicht einmal ein eigenes Land der Bundesrepublik Deutschland hätte werden können, für alle Zeiten vorbei.

Freilich, die Sterne für ein solches Gebilde standen auch damals schon schlecht. Bayerisch war 1806 bereits die ehemals preußische Markgrafschaft Ansbach (Bayreuth folgte 1810), mediatisiert waren alle wichtigen fränkischen Reichsstädte. Selbständig – wenn auch auf etwas wackeligen Beinen – stand allein noch Nürnberg da, und ein Großherzogtum Würzburg von Frankreichs Gnaden gab es ebenfalls. Währenddessen ging man zu München und Stuttgart bereits in die Startlöcher, um auch von diesen übriggebliebenen fränkischen Fetzen noch zu erschnappen, was zu schnappen war. So kam es, wie es kommen mußte.

Dem Hohenlohe wurde sein beim Champagner geäußerter Wunsch schon bald erfüllt. Am 14. Oktober 1806 stand er Napoleon bei Jena gegenüber. Er war Kommandeur einer preußischen Heeresgruppe, deren Vereinigung mit der Hauptarmee jedoch die Franzosen verhinderten, so daß er so schmählich verlor wie zur gleichen Zeit sein Kopatriot, der Herzog von Braunschweig, bei Auerstedt. Und nochmals acht Jahre später holte der königlich bayerische Minister Maximilian Joseph de Garnerin, bekannt als Graf Montgelas, sich wirklich auch noch Würzburg, die alte Hauptstadt Frankens, wenn es denn je eine gehabt haben sollte.

Doch alle diese Ereignisse zusammengefügt, was ergeben sie? Geschichte? Oder nur Geschichten?

Die Franken scheinen zu jenen besonders deutschen Deutschen zu gehören, die entweder die halbe Welt erobern oder zwischen Nürnberg und Fürth Grenzpfähle errichten; sie haben beides getan. Unter Karl dem Großen brachten sie ein Regnum Francorum zusammen, das von der Seine-Mündung bis zum ungarischen Plattensee, von der Kieler Bucht bis zum Golf von Genua reichte, und in dem Bayern eine nicht einmal wichtige Provinz unter Dutzenden war. Aber kaum lag Carolus Magnus richtig unter der Erde, schwor man linksrheinisch schon »pro deo amur« und rechtsrheinisch »in godes minna«, was zwar beides »aus Liebe zu Gott« bedeutete, jedoch hie altfranzösisch und dort alt-hochdeutsch gewesen ist. Von da an aber war es nicht nur unmöglich geworden, die beiden Hälften des Frankenreiches wieder zusammenzufügen – wenn man von Napoleon absieht, dem es fast gelungen wäre –, von da an begann auch die Francia orientalis, das alte Ostfranken, immer mehr zu zersplittern. Sie wurde zum einzigen deutschen Stammesgebiet, das, zwischen Niederrhein und Maingau, gleich von drei Sprachgrenzen durchzogen ist, der plattdeutschen, der mitteldeutschen und der oberdeutschen. Sie wurde auch zum einzigen Reichsland, das sich nie auf einen Herzog einigen konnte. Statt dessen schossen die Ministädtchen ins Kraut, die Liliputfürstentümer und Zwerggrafschaften. Von jedem Hügel spuckte ein anderer Ritter den Reichsstädtern, Reichsdörflern, Bischöflichen oder Deutschordensuntertanen in die Suppe. Die Nachfolger der karolingischen Welteroberer bewiesen nun, daß sie auch imstande waren, sich auf ihren eigenen Misthaufen für die jeweils rechtmäßigen Herrn Europas zu halten. Doch wären sie nicht die Art von Deutschen gewesen, die sie nun einmal waren, wenn sie darauf verzichtet hätten, diesen Zustand vollkommen zu verinnerlichen. War ihnen das Reich eben noch ein ganzer Kontinent gewesen, so begnügten sie sich jetzt mit der Idee vom Reich. Sie trugen fleißig dazu bei, das, was von Karls des Großen Staat geblieben war, zum Heiligen Römischen Reich Deutscher Nation hinaufzustilisieren. Daß sich dieses Gebilde dann mehr und mehr in reiner Hofluft auflöste, ist ebenfalls auch ihrem Zutun zu danken. Doch andererseits: Wenn um das Reich gekämpft werden mußte, gehörten sie stets zu den ersten, die sich beim Heereszahlmeister in die Rolle eintragen ließen.

Und irgendwann kamen sie dann wieder zurück aus Wien oder Metz, aus Rom oder Königsberg, mit Titeln geschmückt, von der Gicht geplagt, um en détail zu imitieren, was sie vor kurzem noch en gros erlebt hatten. An die Beute indessen, um die es bei all den Schlachten gegangen war, sind die Franken nie mehr herangekommen. Die hatten plötzlich andere im Sack, die Habsburger und die Hohenzollern, die Württemberger und – ja, und die Bayern.

Zugegeben, die Franken haben vielleicht nur deshalb so hoch verloren, weil sie gleich von Anfang an ein bißchen zu hoch gespielt hatten. Sie waren kaum völlig den germanischen Wäldern entronnen und von den Römern respektvoll zur Kenntnis genommen worden, da begehrten sie auch schon, deren Vettern zu sein. »Franco«, sagten sie, bedeute nicht nur frei und edel, es beziehe sich auch auf einen König dieses Namens, der – ausgerechnet! – in Troja gesessen und diese Stadt gleichzeitig mit Aeneas verlassen habe. Sei jedoch der Sohn der Venus via Karthago nach Italien gelangt und dort zum Urahnen Julius Caesars avanciert, so habe Frankens Franco sich via Rußland an den Rhein begeben. Aus dieser hausgemachten Legende blühte ein Geschichtsbild empor, das noch im späten Mittelalter galt und selbst im Nibelungenlied nachklingt: Hagen von Tronje ist eigentlich ein Franke namens Hagen von Troja. Es war eine kecke, wenn auch halb naive Geschichtsklitterung, doch ist sie nicht untypisch für die Franken gewesen. Nach etwas geringerem als den Sternen haben sie nur selten gegriffen – zumindest mit der einen Hand. Mit der anderen kratzten sie sich dabei ganz ungeniert am Hintern. Womit wir wieder bei den Bayern wären.

Die hatten, als sie zu Beginn des sechsten Jahrhunderts von den böhmischen Bergen herabstiegen, noch nicht einmal einen sicheren Eigennamen. Deshalb mußten sie später, unter allerlei Rückgriffen auf »Boiohemum« und keltische Bojer ein mühsames »Bajuwarii« zusammenschustern; es hat die Römer nicht sonderlich beeindruckt. Gleichzeitig taten sie jedoch etwas, das, langfristig, viel klüger war als jegliches, was die Franken jemals unternahmen. Sie setzten sich breit in die Ebene zwischen Donau und Alpen hinein und vermischten sich mit allem, was ihren nicht gerade vehementen Ansturm mühelos überlebt hatte, mit römischen Legionären, syrischen Marketenderinnen, griechischen Schreibern und spanischen Elitesoldaten. Am Ende kam dabei etwas heraus, das zäh, bedächtig und helle genug war, um alle weiteren Geschichtsorkane nach gleichem Muster bestehen zu können, eine mediterran-germanische Mischung mit vor-

derasiatischen Einsprengseln. Sie war auf Beharren angelegt, resistent gegen jede Art von Donquichotterie und somit für die Franken ein unerklärliches Phänomen. Wieder und wieder stellten sie fest, daß die Bayern immer schon da waren, wenn sie, abgehetzt von ihren Irrfahrten durch bestehende und nichtbestehende Reiche dahergehoppelt kamen. Daß jene einfach hocken geblieben waren, während sie zuletzt nur noch im Kreis herumrannten, fiel ihnen dabei leider nie auf. Solcherart aber zerbröckelte ihr eigenes Revier mehr und mehr, wohingegen das bayerische Land sich mählich ausdehnte und wuchs.

Dies freilich beruhte auch auf inneren Zuständen, die den fränkischen fast diametral entgegengesetzt waren. Aus dem Grafen-, Prälaten- und Ritterwinkel zwischen Odenwald und Thüringer Wald war stets Unruhe und Aufregung in alle Welt hinausgetragen worden. Die Bayern dagegen haben Unruhe immer nur als Importgut gehandelt. Einmal waren es italienische und sogar englische Philosophen, welche für Kaiser Ludwig IV., genannt »der Baier«, den geistigen Unterbau eines neuartigen Volkskaisertums zimmern mußten. Dann strömten Franzosen herein, unter ihnen Montgelas, um den modernen bayerischen Zentralstaat zu schaffen. Nach ihnen kamen fränkische Schwarmgeister, damit auch aus Schwabing etwas werde, kamen fränkische Industrielle, die gut für die Wirtschaft waren, und endlich, Richard Wagner an der Spitze, die übrigen Nordlichter. Doch alle Experimente, die jene unternahmen, gingen in der Regel gut oder glimpflich zu Ende, weil sie abgefedert wurden von der Beharrlichkeit eines Menschenschlags, der allen Exaltationen zutiefst abgeneigt blieb. Selbst von den bayerischen Herrschern wiegten sich ja viele nur in dem Glauben, daß sie ihre Untertanen hart an der Kandare hätten, aber in Wirklichkeit wurden sie selbst am langen Zügel geführt, ohne daß es sie gestört hätte. Und solches Zusammenspiel zwischen den Aufgeregten bei Hofe und den Gelassenen drumherum bewirkte letzten Endes auch, daß der fränkische Hase plötzlich im weiß-blauen Netz gefangen saß. Eben hatte ein Hohenlohe noch mit grandioser Geste Napoleon den Handschuh hingeworfen, schon klopften wittelsbachische Katasterbeamte an die Türen seiner Nachbarn.

Haben sie denn ihren Triumph wenigstens genossen, die Münchner? Nun, am Anfang vielleicht schon, und mittlerweile sind sie eh' an die Beute-Bayern gewöhnt, doch zwischendurch dürfte mancher von ihnen den Grafen Montgelas hinter vorgehaltenem Maßkrug leise, aber intensiv verflucht haben.

Die Franken nämlich purzelten trotz allem mit völlig intakten Illusionen in ihr frischgemachtes Zwangsehebett hinein. Sie waren kassiert worden, dachten aber nicht im Traum daran, ihr Haschen nach den Sternen aufzugeben. Und diesmal – vielleicht weil die Sterne nun niedriger hingen – fingen sie wirklich ein paar davon ein. Daß die Gegend zwischen Garmisch und Hof mittlerweile von ihnen regiert werde, ist eine gerne aufgestellte und nicht völlig widerlegbare Behauptung. Man braucht, um sie zu stützen, nicht einmal Männer wie Chlodwig Fürst zu Hohenlohe-Schillingsfürst anzuführen, der bayerischer Ministerpräsident war, ehe er deutscher Reichskanzler wurde, oder Krafft von Crailsheim, der aus Ansbach kam und in München Ludwig II. absetzte. Schon einige profane Beobachtungen, wie ich sie von meinem Zimmer in einem Vorort der bayerischen Hauptstadt aus machen kann, genügen völlig. Links von mir – räumlich gesehen – umtost von reinem Bambergerisch, liegt das CSU-Hauptquartier. Ein Anruf im Rathaus wird in der Regel auf fränkisch oder schwäbisch beantwortet. Allerdings ergeht es auch in unseren Tagen den im Freistaat Bayern regierenden Franken ein wenig so wie in vergangenen Zeiten den Herzögen und Königen der Wittelsbacher: Sie meinen zu führen und laufen doch nur an der Longe. Man kann es drehen und wenden: Das wäre auch gar nicht anders zu machen.

Der Franke nämlich, der – was er gerne tut – lauthals nach »seinem Recht« schreit, scheint damit stets etwas zu meinen, das ihm der Himmel selbst gewähren müsse. Auf dem Boden der Realität tritt ihm jedoch der Bayer entgegen, und dessen Recht ist eher solide lateinisch geprägt. Um das zu erfahren, muß man keineswegs in Gerichtssäle gehen, schon an jedem zweiten Wirtshaustisch findet sich mindestens einer, der letztinstanzlich dartun kann, warum beim Schafkopfen jener Stich erlaubt, aber dieser gegen alle überlieferten Regeln sei. Aus seinen Erklärungen ist das »ergo« stets deutlich herauszuhören, da wird haarscharf bewiesen, klar gefolgert und umschweifig belegt, bis hin zum eindeutigen »ergo est«. Der Franke, mehr Advokat als Rechtsverkünder, mehr Mantel- und Degenschwinger als Grabenkämpfer, kommt gegen derlei Standfestigkeit im Ausdeuten nicht immer an. So funktioniert der weiß-blaue Staat. So aber funktioniert auch das Zusammenleben der Immer-Dagewesenen mit den Dazu-Geholten.

Die einen nennen es »derblecken«, wenn sie dich auf die Schippe nehmen – schon aus dem Wort selbst schimmert die Abwehrgrimasse der gefletschten Zähne heraus. Die anderen fliegen dich auf weichen Eulenflügeln unvermutet an, sie »uzen« – und drehen auch wieder ab, wenn hinter dem entblößten Gebiß ein Knurren laut wird. Die Kraftausdrücke der einen fallen dampfend wie Roßäpfel auf den sauberen Boden, die anderen mögen es bedeutend mehr fäkalisch. Die Bayern poltern, wenn sie gereizt sind, die Franken werden scharf. Aber erst wenn beide ihre Stimmen mischen, kann man wirkliche Dissonanzen hören.

Weder der bayerische noch der fränkische Dialekt sind letztlich imitierbar, wenn auch aus völlig unterschiedlichen Gründen. Im Alpenländischen, so wie es zwischen Salzach und Inn gesprochen wird, klingt stets eine Art von eingebautem Generalbaß mit, den man keinesfalls erlernen kann. Die Franken dagegen mögen gewiß von vielen Musen geküßt sein, doch jene der Musik war nicht anwesend, als ihnen ihr Idiom in den Mund gelegt wurde. Es hört sich an, als seien die einzelnen Laute weniger von den naturgegebenen Artikulationsorganen geformt als mit den Zähnen zurechtgekaut worden. Das Fränkische ruht auf blechernen ä's oder platten a's und zwingt ein unschuldiges i in die seltsamsten Verbindungen mit beiden. »Päitala« zum Beispiel – was mag das sein? Ganz un-einfach, es ist das Peterla, der Peterling der Nordschwaben und somit nichts anderes als die Petersilie. Ihr kommt zwar, zumal in der Gegend zwischen Bamberg und Nürnberg, eine Bedeutung zu, von welcher man außerhalb dieser Zone kaum etwas ahnt: Petersilie ist das Grundgewürz der fränkischen Küche und wird von deren Liebhabern so hochgeschätzt wie – sagen wir – der Knoblauch von den Bulgaren. Doch wenn sie es gesprächsweise auf die Zunge nehmen – was wird daraus? Ein Quetschlaut. Geht man so mit den kostbarsten Gütern der eigenen Nation um?

Die Franken tun's. Zu ihren vielleicht nicht ererbten, aber erworbenen Kollektiveigenschaften gehört ein erfrischender Mangel an Respekt vor den Zuständen, die hienieden herrschen. Aus der Art, wie sie sprechen, läßt sich auf eine Neigung zum Sarkasmus schließen, doch aus der Art, wie sie formulieren, auf doppelbödiges Denken. In ihren Antworten auf allzu direkte Fragen steckt der Vorbehalt schon drin. Sie handhaben selbst das gröbste Argument wie ein Florett und brillieren in dialektischen Fallrückziehern. Wenn sie aber über ihr normales Maß hinaus höflich werden, sind sie in Wirklichkeit eingeschnappt, und in Extremfällen sprechen sie dann sogar Hochdeutsch. Auch das muß man freilich gehört haben, um es zu glauben. Den Bayern, die das gleiche tun, merkt man gelegentlich an, daß die Wurzeln ihrer Erziehung in irgendein katholisches Pfarr- oder Lehrerseminar hinabreichen; jede Silbe ist mit Weihrauch parfümiert. Der schriftgerecht sprechende Franke indessen erweckt den Eindruck, er sei einem Stift für adelige Fräulein entsprungen, so spitz und zierlich kommen die Wörter daher, oder eigentlich sollte man sagen: so geziert. Ein Schwan, elegant ans Ufer geglitten, watschelte auf den breiten Füßen seines Dialekts an Land und versucht nun gar zu schreiten. Ach, Frankenlos ist Schwanenlos, doch offensichtlich kann es ertragen werden.

In der zerklüfteten fränkischen Welt, in welcher derart viele Stadt- oder Dorfnamen trutzig mit -burg enden und derart viele andere so untrutzig mit -heim, mußte man über die Jahrhunderte hinweg ohnehin ganz andere Fähigkeiten erwerben, wenn man durchkommen wollte, als in einem königlich-kirchlichen Bauern- und Klosterland, wo es mehr -ingt und -bingt und -bacht und -zellt. Es war Schmiegsamkeit gefordert, die Fähigkeit zwischen Bischofsgesetz und Fürstengesetz, zwischen Grafenrecht und Faustrecht, zwischen reichsstädtischem Patrizierhochmut und ministädtischem Bürgerkleinmut, dazu auch noch zwischen Ideal und Wirklichkeit zu bestehen. Da fraß man den Zorn in sich hinein und schuf ihm dann um so gellender Luft, da duckte man sich, bis das Kreuz schier brach, und griff völlig unerwartet zur gerade geschmiedeten Sense. Man folgte den vielen Herrn Frankens gehorsam auf

ihren zahlreichen Feldzügen – aber auch dem Florian Geyer in den Bauernkrieg. Man lernte Recht und Freiheit als etwas begreifen, das stets gefordert werden mußte, und gab sich deshalb als Liberaler so laut wie stachelig – unter anderem. Auch als Patriot war man nämlich in der Lage, Denkmalsreife zu erlangen, so jener Nürnberger Buchhändler Johann Philipp Palm, den Napoleon erschießen ließ, weil er Deutschlands Erniedrigung beklagte, war schwarz-weiß, sofern man Preußen, diese ursprünglich fränkische Exklave im slawischen Osten, mitaufgebaut hatte, oder rot-weiß-rot bis in den Tod, wenn es richtiger erschien, das Reich vom kaiserlichen Wien aus zu verteidigen (was schon voraussehen ließ, daß »man« eines Tages ebenso vehement schwarz-weiß-rot sein würde). Doch kaum hatte man sich auf diese Weise bis ins 19. Jahrhundert durchgebissen und durchgeschlängelt, war man auch schon weiß-blau. Es schien zunächst ein unverdient schweres Los zu sein, aber dann . . .

Dann entdeckten die Franken das, was man die Liberalitas Bavariae zu nennen pflegt, und fingen sofort an, sie weidlich auszunützen. Freilich, die Bayern luden ja auch förmlich dazu ein. Ihre Liberalität ist ja etwas ganz anderes als die fränkische. Sie ruht auf einem Polster aus Selbstzufriedenheit, welche sich als Selbstsicherheit gibt, und läßt jeden leben, der daran nicht ernsthaft zu rütteln sucht. Sie grenzt an Gleichgültigkeit gegenüber allem, das nicht so ist wie der eigene Schlag, und schafft solcherart den Un- und Muß-Bayern in Bayern geradezu luxuriöse Freiräume.

Wollte man den ganzen Sachverhalt auf eine einfachere Formel bringen, so müßte man sagen: Die Franken brauchen Narrenfreiheit, um leben zu können; die Bayern gewähren Narrenfreiheit, damit man sie in Ruhe läßt.

Und so funktioniert er wirklich, der weiß-blaue Staat.

Max von der Grün
Franken – einmal ganz persönlich

Bayern, das war für uns Jungen erst einmal ganz einfach Franken, Franken, das war für uns Oberfranken, Oberfranken, das war für uns nur das Fichtelgebirge, genauer gesagt: das Land vom Steinwald bis an die Grenze Sachsens und von den Ausläufern des Böhmerwaldes bis nach Bamberg, Herzstück blieb natürlich das Fichtelgebirge. Und daß Franken größer war als das hufeisenförmige Bergland, das sich nach Osten, zur Tschechoslowakei hin öffnet und vom Bayreuther Becken her wie eine natürliche Festungsmauer aufsteigt, das erfuhren wir erst in der Schule im Heimatkundeunterricht und in den Geographiestunden.

Später erstrampelten wir uns mit unseren Fahrrädern dieses Franken, und da begriffen wir nicht nur in der Theorie, sondern erlitten auch durch Strapazen, daß nicht nur Bamberg und Nürnberg zum Frankenland gehören, nein, auch Aschaffenburg; mein Gott, von da war es nicht mehr weit bis zum Vater Rhein. Aber zum Rhein, wo die Franken ja einmal gesessen haben, kam ich erst ein Jahrzehnt später.

Als ich nahe Würzburg erstmals kahle Weinberge sah, glaubte ich, ein schwerer Sturm hätte eine Waldschonung zerstört, denn für uns bedeuteten »Kulturen«, von den Feldern abgesehen, ausschließlich Wald – und da wiederum nur Fichten und Tannen, durch die man im Winter mit den Skiern lief, unter denen man im Sommer und Herbst Beeren pflückte und Pilze sammelte zur Bereicherung des Mittagstisches. Die Not war groß; wir lebten von der Hand in den Mund. Als Kinder und Heranwachsende wurden wir von den Bauern, bei denen wir in den Ferien und nach dem Schulunterricht arbeiteten – arbeiten mußten –, nur in Naturalien bezahlt: Milch, Eier, Brot, Weizen.

Unsere Arbeit auf den Feldern bestand im Frühjahr vorrangig darin, daß wir ausgepflügte oder von Eggen an die Oberfläche gehobene Steine mit einer Schubkarre an die Raine karrten und sie dort zu Kegeln schichteten.

Als ich zum erstenmal in meinem Leben zu Ostern vom noch tief verschneiten Ochsenkopf mit einer Horde Gleichaltriger das Steinachtal nach Bayreuth hinunterfuhr, blieben wir auf einer Anhöhe staunend stehen: Da blühten die Kirschbäume. Die Blüten hatten das grüne Land – so weit das Auge reichte – mit weißrosa Sommersprossen besprüht.

Uns Halbwüchsigen wurde damals wahrscheinlich bewußt, daß wir in einer der ärmsten Gegenden Deutschlands wohnten, wenngleich doch der Wald einen unermeßlichen Reichtum verhieß. Auf meine Frage bekam ich von meinem Großvater zur Antwort: Das protestantische Franken ist das Armenhaus, das katholische ist fett, wie die Fleischtöpfe Babylons fett gewesen sein mögen. Dieses Bild ist mir bis heute plastisch im Gedächtnis geblieben.

Trotz Armut hatten wir zu Hause eines im Überfluß: Porzellan. Die gesamte Verwandtschaft arbeitete bei Rosenthal oder bei Hutschenreuther oder bei einer anderen der vielen Porzellanfabriken, und die Beschäftigten konnten stets zu bestimmten Zeiten verbilligt im Werk Porzellan kaufen – nennen wir es Deputat. Bei uns folgte auf einen zerbrochenen Teller keine Ohrfeige, denn der Teller war ersetzbar. Von Weiden bis Hof keine Stadt, in der sich nicht wenigstens eine Porzellanfabrik befand, und die Verwandtschaft, männlich oder weiblich, arbeitete als Schleifer oder Kapseldreher, Goldmaler oder Drucker, am Ofen oder in irgendeinem der vielen Berufe, die zur Porzellanherstellung notwendig waren. Porzellan ging so sehr in das Bewußtsein dieser Menschen ein, daß meine Mutter noch viele Jahre später, als ich es mir leisten konnte, sie in gute Restaurants einzuladen, die Güte des Lokals nicht nach den Speisen beurteilte, sondern danach, auf welchem Geschirr diese Speisen serviert wurden. Völlig ungeniert wendete sie Teller und Tassen, um festzustellen, welchen Stempel sie trugen, und nicht selten sagte sie dann verächtlich: So ein feines Lokal, und das Porzellan ist zweite Wahl.

Ist Oberfranken verhältnismäßig arm an steinernen Kulturgütern, an Zeugnissen christlich-abendländischer Kultur und Kunst, so sind Unterfranken und Mittelfranken, besser gesagt Mainfranken, desto reicher; der Bamberger Reiter, für mich – neben der Uta von Naumburg – das vollendetste Standbild überhaupt, das ich kenne, durfte auf keinem Schulausflug fehlen. Und auch heute noch führt mich, wenn ich nach Bamberg komme, mein erster Weg zum Dom; dort stehe ich dann lange vor dem Reiter und bewundere die unüberbietbare Harmonie des Kunstwerks und den Meister, der es schuf. Natürlich stand auf dem Programm unserer Schulausflüge oder aber unserer Wanderungen in den Ferien auch Schloß Banz, selbstverständlich Vierzehnheiligen, die Perle des Barock. Tilman Riemenschneiders Werke – ob in Creglingen, Rothenburg ob der Tauber oder Bamberg – sind für mich bis heute das Bewundernswerteste, das ein Künstler je aus Holz geschaffen hat. Aber die Zwingburg kirchlicher Pracht- und Machtentfaltung, der Marienberg in Würzburg, blieb für mich bis heute sowohl Ausdruck von Schönheit und Harmonie wie auch für Größenwahn und Unterjochung.

In den Frankenwald sind wir geradelt, zum Döbraberg, wir haben in Zelten und Scheunen übernachtet, haben auf unseren Touren immer wieder einen Tag Rast eingelegt, um bei einem Bauern zu arbeiten für unser Essen, denn kaum einer hatte Geld, unsere Nahrung mußten wir uns verdienen. So haben wir uns den Frankenwald erschlossen, von Kulmbach über Kronach zur thüringischen Grenze, haben auf die vielen Dialekte gehört, von denen es ja gerade in Franken unzählige gibt, wo man schon alle fünf Kilometer anders spricht. Auf den Höhen, nördlich Kronach, arbeitete ein Onkel von mir in einem Sägewerk, denn das Stück Land, das er besaß, die Kuh und die drei Schweine konnten ihn und seine Familie nicht ernähren, dort, wo der Hahnenfuß so hoch wächst wie die Gerste. (Wo der Hahnenfuß wächst, sind die Kartoffeln klein und Gott ganz nah.) Vielen bedeutete damals schon die Flucht in die Stadt die Flucht vor der Armut, damit Heil und Erlösung, die sie auf ihren steinigen Äckern nicht fanden. Aber bald suchten sie in den steingewordenen Fluchten der Städte vergeblich das ersehnte Heil: Die Furcht vor dem Pachtherrn und ihrer eigenen Fron – ein Sechzehnstundenarbeitstag – wich der Furcht, ob morgen noch ein Arbeitsplatz für sie frei wäre.

Aber Brot und Quark hatten die Armen allemal für die noch Ärmeren, für die Wanderer, wie wir es waren; vom Tisch eines »Häuslers« stand keiner hungrig auf.

In der Fränkischen Schweiz haben wir an steilen Sandsteinfelsen Bergsteigen geübt mit zusammengeknoteten Kälberstricken. Barfuß ließen wir uns an den Felsen hochziehen, oben waren die Füße zerkratzt, die Knöchel verstaucht, die Hände zerschunden. Bei einem der Schulkameraden ist der Knoten gerissen, er fiel sieben Meter tief. Außer Abschürfungen blieb er unverletzt. Wir waren damals wie Katzen: Wir fielen immer auf die Pfoten. Leichtsinn hielten wir für Mut. Nur der Schrecken lähmte uns und mahnte uns zur Vorsicht, bis zum nächsten Leichtsinn. Damals sind wir nicht mehr nach Forchheim gekommen, der Schreck war zu mächtig, so daß wir wieder heimwärts zogen. Wir waren sogar stolz auf un-

seren Verletzten, und weil wir damals alle Felix Dahn lasen, dozierte einer auf dem Nachhauseweg: »Macht auf das Tor, das Tor macht weit, es kommen die letzten Goten, sie bringen keine Schätze mit, sie bringen einen Toten.«

Blessuren trug man wie Orden, eine Flasche Jod ersetzte den Medizinkasten und den Arzt dazu. Es war 1940, weit weg von unserem Idyll wurde erobert und gestorben für ein allgermanisches Reich. Einigen von uns ging der Krieg zu schnell, sie hatten Angst, er könnte vorbei sein, noch ehe sie miterobert hatten. Und einer unserer Kameraden, der auf einem Ausflug die Veste Coburg erobern wollte – sein Halstuch an einen Ast als Fahne gebunden –, weil angeblich ein Feind sich hinter den dicken Mauern verschanzt hatte, um das Erbe Luthers, der hier als Junker Jörg die Bibel übersetzt haben sollte, zu retten, er war der erste von unserer Bande, den dann die russische Steppe nicht mehr nach Hause ließ.

Die Wälder, die steinigen Flußtäler von Saale, Eger, Naab und Main und die unwirtlichen Gipfel des so wipfelreichen Landes verführten uns geradezu zum Heldenspiel. Am geographischen Mittelpunkt Europas lebten wir wie Fürsten, wir spielten Cäsar und Spartakus, führten Krieg gegen Abessinien, und natürlich blieb Italien immer Sieger. Klar, weil in den Wäldern die italienische Seite immer die meisten Tannenzapfen hatte, um sie als Wurfgeschosse auf die unkultivierten Äthiopier loszufeuern.

Das Felsenlabyrinth der Luisenburg (genannt nach der von der Nachwelt verklärten preußischen Königin Luise) und die Felsformationen der Kösseine waren Schauplatz unserer Indianerwelt, waren das Terrain eines Winnetou und Old Shatterhand; das lautlose Anschleichen wurde zur Kunst, das Fährtenlesen zum wichtigsten Fach für das Staatsexamen. Es hat uns, was wir damals natürlich schon wußten, nicht im geringsten beeindruckt, daß der Geheime Rat von Goethe hier herumgeklettert war und später grundgescheite Abhandlungen über die Felsen schrieb, die wir für ewige Zeiten für Winnetou und Old Shatterhand reserviert hatten.

Natürlich sollten wir auch für Kultur getrimmt werden, und was lag näher, als daß man uns, geschlossene Schulklassen, zu Generalproben in das Festspielhaus nach Bayreuth schleuste; ich weiß nicht mehr, welcher Wagner zu sehen und zu hören war, zu welcher Oper wir mit heiligem Ernst vergattert wurden, aber der erste Besuch in der »Scheune« machte mich für Jahrzehnte zum

Opernignoranten. Bayreuth, das war der Schlüssel zur deutschen, zur allgermanischen Kultur – das aber hatte Bayreuth nicht verdient.

Wir haben Jean Paul bewundert, weniger den Dichter, den wir, Gott sei's geklagt, lesen mußten, weil er vom Fichtelgebirge schrieb und der Lokalpatriotismus zu allen Zeiten Purzelbäume schlug, wir bewunderten den Dichter als Langstreckenläufer: Wir sind den Weg gelaufen, den er in Bayreuth Jahre lief, und zwar täglich – von seinem früheren Wohnhaus zur Rollwenzelei, wo er schrieb. Wir haben ihn ob dieser sportlichen Leistung bewundert. Später, viel später bewunderten wir erst den Dichter.

Die Liebe zum Wein, wann ist sie gekommen? Heute ist es mir unvorstellbar, nicht wenigstens ein paar Dutzend Flaschen Bocksbeutel im Keller liegen zu haben. Aber damals? Wir schlichen uns in Randersacker durch eine schief in den Angeln hängende Tür in eine Scheune zum Übernachten und entdeckten dort eine eiserne Falltür. Sie war unverschlossen. Was war da unten? Wir fieberten vor Neugierde, das Herz pochte vor Abenteuerlust. Fässer waren unten, in den Fässern Wein. Wir zapften, wahrscheinlich barbarisch. Wir sangen, wir tranken, wir sangen, wir wurden betrunken, wir randalierten. Wir wurden am anderen Morgen, als man uns entdeckte, zur Polizei geschleift, denn stehen konnte keiner mehr oder noch nicht wieder. Auf der Polizeiwache hat man uns nüchtern gebrüllt, uns angeschnauzt, zur Sau gemacht, dann aber herzlich über uns gelacht: Denn echte deutsche Jungen hatten ihr erstes männliches Erlebnis, diese Jungen würden echte Männer werden. Ergebnis: Straffreiheit.

Fahre ich manchmal durch Randersacker, beschleicht mich die Furcht, überfällt mich die Erinnerung, dieses Erlebnis steht vor mir, als ob es gestern gewesen wäre, und damals hätte ich wahrscheinlich tausend Eide geschworen, daß ich in meinem Leben nie wieder einen Schluck Wein trinken würde, schon gar keinen fränkischen.

In der Schule war es Pflicht, den legendären Bürgermeister von Rothenburg ob der Tauber zu bewundern, der, um seine Stadt im Dreißigjährigen Krieg vor Plünderung und Brandschatzung zu retten, diesen sagenhaften Humpen Wein bis zur Nagelprobe ausgetrunken hat. Welch barbarische Forderung der Sieger, welch eine verzweifelte Leistung des Besiegten. Im Schulunterricht servierte man uns diese Tat als Heimattreue, männliche Trinkfestigkeit, als Heldentat eines echten

deutschen Mannes, eines fränkischen Patrioten. Mein Großvater holte täglich mit seinen zwei schweren Gäulen zwei Fuhren Granit aus den Steinbrüchen, er kutschierte den fränkischen Marmor in die Steinschleifereien – der bearbeitete Granit war in aller Welt begehrt. Noch heute habe ich einen untrüglichen Blick dafür, von wo der Granit stammt, ob aus der Gegend von Wunsiedel, Kirchenlamitz oder Marktleuthen, um nur wenige der vielen Granitorte zu nennen. Sie sind mir vertraut wie die vielen Etiketten auf den Bocksbeutelflaschen.

Das war nun also eine glückliche Jugend: Unterwegs mit den Fahrrädern oder auch zu Fuß mit einem schweren Rucksack auf dem Rücken, und das oft mehrere Wochen, gelebt wie Zigeuner und wie zu Hause auch, nämlich von der Hand in den Mund. Zu einer Zeit, wo in immer mehr Ländern gesiegt und gestorben wurde für ein Tausendjähriges Reich. Es dauerte auch nur noch wenige Jahre, und Franken wurde Zufluchtsort von Menschen, deren Wohnstätten in den großen Städten durch Bomben und Phosphor zerstört worden waren. Und nun waren es die »ausgebombten« Jugendlichen, denen wir unsere Erfahrungen weitergeben durften, denen wir die Pfade wiesen, auf denen sie schleichen mußten, um von niemandem entdeckt zu werden; wir lehrten sie, Barock von Gotik, Hafer von Gerste, Granit von Sandstein, den Steinpilz vom Satanspilz zu unterscheiden, lehrten sie, im Freien mit feuchtem Holz ein Feuer zu schüren, um darauf Eintopf zu kochen mit von Feldern oder aus Gärten gestohlenem Gemüse. Es ist mir heute noch unverständlich, wie wir, die wir die Tausend Jahre überlebt hatten, nach dem Krieg also, es schafften, zwischen 1948 und 1951 jeden zweiten Sonntag mit den Fahrrädern (100 Kilometer) nach Nürnberg zu fahren, um unseren geliebten 1. FC spielen und natürlich siegen zu sehen: Frankenland – außer Rand und Band.

Das ist Erinnerung, das ist vorbei, heute wird darüber gelächelt, daß man fast zum Berufsfranken hätte werden können – und wer von uns hätte sich damals träumen lassen, daß ein verträumtes Städtchen, das nur zur Festspielzeit auflebt, Bayreuth, Universitätsstadt würde.

Hat ein großer Dichter Franken besungen? Nur Goethe hat sich hier mit Steinen, mit Mineralien beschäftigt und zur Nachprüfung seiner Farbenlehre die chemische Fabrik Fikentscher in Marktredwitz besucht – sonst war das protestantische Franken unpoetisch. Jean Paul natürlich, wie konnte ich ihn vergessen. Mit diesem Namen wurden wir groß, erwachsen; vom Erzähler Hermann Kesten hörte ich erst später, damals galt er als Jude.

Ein eigenes Herzogtum oder gar Königreich ist Franken nie geworden; Landgrafen und Fürstbischöfe residierten und regierten über Jahrhunderte. Manchmal hatte ich den Eindruck, nur Bischöfe hätten in Franken und auf Franken gesessen, und Wilhelmine, des großen Friedrich von Preußen Schwester, wollte weniger residieren als lustwandeln und gescheite Leute um sich sammeln; ihre Briefe an den Bruder in Potsdam sagen viel über das karge Franken aus, über das protestantische und das preußische Franken. Ihr Bayreuther Auftritt blieb Episode, war ein zu kurzes Aufblitzen gegen das barocke Licht derer von Bamberg und Würzburg, wo man den Untertanen als Lebenselixier verkaufte: »Unterm Krumstab ist gut leben.«

Kein Wild, das wir nicht kannten, kein Baum, den wir nicht benannten, kein Laut, den wir nicht enträtselten, die Natur war unser Erzieher. Das prägt, das begründet Werturteile, die ein Leben lang ausreichen, um Flitter und Tand von wirklichen Bedürfnissen schnell zu unterscheiden.

Landschaft prägt Menschen, Umwelt formt. Deshalb ist es mein ganz persönliches Franken, das niemand mir stehlen kann, denn Erinnerungen kann auch der gewiefteste Dieb nicht mitgehen lassen.

Und die Bäder. Der Norden ist reich an Städtenamen, vor denen das Wort Bad steht. Dieser Landstrich, der im Sächsischen und Böhmischen seine Fortsetzung findet, ist sozusagen ein Gesundbrunnen Bayerns. Während Karlsbad und Marienbad durch namhafte Kurgäste international berühmt und mondäne Weltbäder wurden, blieben die fränkischen Bäder bescheiden, Bad Berneck, Bad Steben sind betuliche Provinz geblieben – erleichtert darf man sagen: Gott sei Dank sind sie keinem modischen Rummel erlegen, der Orte von diesem Anspruch oft unerträglich macht. Sie sind noch immer Stätten echter Erholung. Für uns Jungen waren die Leute, die dort kurten, in Parks wandelten oder sich auf Terrassen sonnten, Objekte des Spotts. Ach ja, nach Jahrzehnten ist man selbst zum Spottobjekt geworden für jene, die nachgewachsen sind.

Das schönste aller Feste war allerorten die Kirchweih. Nicht nur auf den Marktplätzen die Stände mit den bunten und exotisch anmutenden Auslagen und Angeboten faszinierten und vor allem die billigen Jakobs, denen zuzuhören eine Lust war, wie sie ein paar Hosenträger an den Käufer brachten, als wären sie das höchste Glück auf Erden, nein, die Vorbereitungszeit auf die Kirchweih war das Prickelnde, das uns in schlaflose Nächte stürzte: Da wurden Krapfen in heißem Fett oder Schmalz ausgebacken, gezogene, runde, innen dünn und außen wie eine Rolle, sie wurden hernach in eine große Schüssel gelegt und mit Staubzucker bestreut. Am besten schmeckten natürlich die heißen, frisch aus dem brodelnden Gußeisentopf, die man nicht einmal mit der bloßen Hand halten konnte. Und dann die Riesenplatten von Streuselkuchen; jede Hausfrau hütete ihr Rezept wie ein Staatsgeheimnis. War alles gebacken – ein Aufwand, den heute viele junge Frauen als Sklaverei empfinden würden –, so wurden wir Kinder losgeschickt, Krapfen und Streuselkuchen zu den Nachbarn zu bringen, Gastgeschenke sozusagen. Dann wurde gegessen, der Duft des Bohnenkaffees, wo doch sonst das ganze Jahr hindurch Malzkaffee getrunken wurde, füllte Räume und Haus. Das war für uns das begehrte Schlaraffenland, hier brauchten wir nicht mehr zu träumen wie beim Lesen des berühmten Märchens vom Schlaraffenland, hier wurde uns alles erlaubt, wir wurden sogar dazu ermutigt, munter zuzugreifen, uns durch einen Berg von Kuchen zu essen. Die meisten Mütter strahlten in göttlicher Zufriedenheit, wenn ihr Kind zehn Krapfen auf einmal aß, das Ereignis wurde stolz der Nachbarin erzählt. Diese Leistung! Die Armen konnten Feste feiern, eben weil sie nur einmal im Jahr feierten.

Soweit ich mich erinnere, gab es für den Franken nur einen Menschenschlag, dem zu mißtrauen ein Gebot war: den Sachsen. Er kam über die Saale als Händler, Bauchladenmann, Hausierer; sie verkauften den Franken alles, sie besorgten ihm alles, was er haben wollte, für billiges Geld. Man sah sie gerne kommen, noch lieber wieder gehen, sie waren ehrlich in ihrer Schlitzohrigkeit. Noch heute, wenn ich Sächsisch höre, denke ich an Hausierer, die vor unserer Tür standen und meiner Mutter Strumpfbänder verkaufen wollten.

Es ist unmöglich, distanziert über etwas zu erzählen, das in Armut erlebt worden ist. Neulich hat mich der Landrat einer mainfränkischen Stadt gefragt, warum ich als Franke so wenig über Franken schreibe? Ich habe ihm geantwortet: Ich trage es in mir. Ich komme aber jedes Jahr einige Male nach Franken, um meine Erinnerung zu befragen, ob sie noch stimmt.

54   Der bayerische Wald bei Zwiesel. Das böhmisch-bayerische Waldgebirge gilt als die schönste Waldlandschaft Europas
55   Abendstimmung über den Rebhängen an der Volkacher Mainschleife

56   Winterliche Landschaft in der Fränkischen Alb. Diese Jurahochfläche erstreckt sich, von der Schwäbischen Alb durch das Ries getrennt, bis zum Main bei Lichtenfels
57   Die Hohe Rhön zwischen Mainfranken, Hessen und Thüringen wölbt sich bis zu 950 Meter über dem Meeresspiegel

58 Winterstimmung im Oberpfälzer Hügelland
59 Spätherbst in der Oberpfalz: die Ortschaft Utzenhofen bei Amberg

60 Die Harburg im bayerischen Schwaben. Der alte, erstmals 1093 genannte Burgsitz über dem Wörnitztal gehörte bis ins 12. Jahrhundert den Staufern, seither den Fürsten von Oettingen – ein Denkmal tausendjähriger deutscher Burgengeschichte

61 Nicht nur für den Touristen ein reizvolles Motiv: ein mit Holzschindeln verblendetes Haus im Allgäu

62 Vier Jahrzehnte schmerzliche politische Realität, die deutsch-deutsche Grenze – hier in Mödlareuth bei Töpen in der Nähe von Hof

63   Das 18. Jahrhundert war die Blütezeit der Lüftlmalerei, die auch heute noch viele Fassaden bayerischer Häuser und Kirchen des Alpengebietes schmückt

64   König Ludwig I. und sein Baumeister Leo von Klenze sind
die Väter der Walhalla hoch über dem Donauufer nahe Regensburg – eine Nachbildung des Parthenons auf der Akropolis in
Athen, die nach dem Willen des Königs die Marmorbüsten
»rühmlich ausgezeichneter Teutscher« vereint

65/66 Vielfältige Landschaftsformen geben dem Bayerischen Wald sein Gepräge: landwirtschaftlich genutzte Flächen in den Randlagen (65), unterschiedliche Waldformen in seinem Kerngebiet und die einzigartigen Hochmoore (66) weit gestreut in den verschiedenen Höhenlagen dieses Mittelgebirges

67 Einödhaus im fränkischen Vogtland
68 Das größte und schönste Gebiet des Bayerischen Waldes
liegt beiderseits der Großen Ohe an der südlichen Grenze des
Nationalparks: Großer Filz und Klosterfilz

69 Unerwarteter Schmuck auf oberbayerischer Tracht beim
Münchner Oktoberfest-Trachtenzug: die Silbermünzen Preußens, Sachsens und der Freien und Hansestadt Hamburg

70–74   Gut 13 000 Hektar des Bayerischen Waldes wurden 1970 zum ersten deutschen Nationalpark erklärt. Urwaldähnliche Partien (70) sind auch hier selten; die Umwandlung des Zivilisationsforstes wird noch lange dauern. Wölfe sind bislang nur in der Gehegezone des Nationalparks zu beobachten (71)

Zu den ornithologischen Raritäten des Nationalparks gehören der in der Bundesrepublik nur noch hier vorkommende Habichtskauz (72), der durch künstliche Nachzucht vermehrte Uhu (73: zwei Jungvögel) und der Rauhfußkauz (74), der Wappenvogel des Nationalparks Bayerischer Wald

73

74

75–79 Für das sehr selten gewordene Auerwild (75: balzender Hahn) ist im Nationalpark Bayerischer Wald im Jahre 1982 ein Schutzgebiet von 2600 Hektar eingerichtet worden. Der Schwarzspecht (76) ist für viele andere Tierarten, die von seiner Meißelarbeit profitieren, der »Quartiermacher«. Im Berchtesgadener Land (78), im Vorfeld des Nationalparks Berchtesgaden, bieten die fruchtbaren Talwiesen den Schafherden auch noch im Herbst reichlich Nahrung

In den Nationalparks Bayerischer Wald und Berchtesgaden sind wegen des rauhen Klimas und des besonders im Winter geringen Äsungsangebots Rehe (77) seltener als Rothirsche (79). Beide Wildarten verhindern dort, wo sie zu zahlreich werden, die natürliche Verjüngung des Waldes

80–83 Murmeltier (80), Gams (81) und Steinbock (82), typische Bewohner des alpinen Lebensraumes, sind im Nationalpark Berchtesgaden gut zu beobachten. Die Alpensteinböcke – in den deutschen Alpen jahrhundertelang ausgerottet – haben seit einigen Jahrzehnten wieder ihre Einstände im Grenzgebiet zu Österreich. Wie die Murmeltiere leben sie vornehmlich oberhalb der Waldgrenze; das Gamswild zieht dagegen nicht selten auch in tiefere Lagen. Ein weiträumiges Revier (83), das neben anderen Tierarten gelegentlich auch der seltene Steinadler bei der Beutesuche kontrolliert, ist das herrliche Wimbachtal

84 Blick vom Großen Osser (1292 m) bei Lam – einem der ältesten Fremdenverkehrsorte des Bayerischen Waldes
85 Spaziergang in frommer Abgeschiedenheit – Nonne in Irschenberg/Oberbayern

Franz Herre
Was Leib und Seel' zusammenhält

Das bayerische Wappen ist aus vier Feldern zusammengesetzt, so wie der bayerische Staat aus vier Teilen: Pfalz (von der nur die Oberpfalz blieb), Franken, Schwaben und Ober- und Niederbayern. Bayern ist kein Einheitsstaat und die bayerische Küche kein Eintopf.

Der pfälzische Wein muß heute importiert werden. Pfälzische Spezialitäten werden an keinem geringeren Orte als in der Münchner Residenz gepflegt, wo bei Deidesheimer und Saumagen der Irredenta gedacht und Trost darin gefunden wird, daß der eine oder andere Rheinpfälzer nicht mehr als Landsmann bezeichnet werden muß.

»Man muß Gott für alles danken, auch für die Ober-, Unter- und Mittelfranken.« Dieser Seufzer eines Altbayern wird zum Schnalzer, wenn er sich fränkische Gerichte zu Gemüte führt, beispielsweise im »Nürnberger Bratwurstglöckl«, dem fränkischen Wirtshaus, das man neben die Münchner Frauenkirche gelassen hat. Es gibt Franken, die es wie eine Oase inmitten der eintönigen altbayerischen Küchenlandschaft aufsuchen, sich an Bratwurst und Schweinebraten mit einem rohen Klöß gütlich tun, um dann festzustellen, daß es daheim in Nürnberg oder Würzburg doch noch besser schmeckt.

In Bamberg steht eine Statue der heiligen Kunigunde, der Gemahlin Kaiser Heinrichs II. Sie ist so gestaltet, wie sie sich ein Barockkünstler, in Franken zumal, nur vorstellen mochte, üppig und guter Dinge – wie die vielen Frauen im Fränkischen, die ihren Namen tragen, und körperreich sind wie der fränkische Wein und breithüftig wie ein Bocksbeutel.

»Ins Land der Franken fahren« ist nicht nur etwas Sentimentales für Romantiker, sondern auch etwas Handfestes für alle, die eine charaktervolle Eßlandschaft schätzen, das Feine wie das Massive. Die weithin bekannten und beliebten Nürnberger Rostbratwürste sind nur die Spitze des fränkischen Würsteberges, aufgebaut aus Preßsack, weiß und rot, Stadtwurst, Jagdwurst, Schweinskäs und vielen anderen Arten und Spielarten. Wurst ist an und für sich etwas Bodenständig-Derbes. Doch wie sie gewürzt und womit sie gegessen wird, kann, in Franken jedenfalls, in die Sphäre des Delikaten reichen. Nicht von ungefähr werden Nürnberger Bratwürste – verzehrt man die kleinen Dinger in der angemessenen Zahl Zehn – in herzförmigen Zinntellern serviert: Herzhaftes in Herzlichkeit und womöglich mit Hopfenspitzensalat.

Als Schwein unter den Fischen gilt der Karpfen, der Lieblingsfisch der Franken. Die fettesten kommen aus dem Aischgrund. Man ißt sie gebakken oder blau, in den acht Monaten mit »r« – und sollte sie an einen Würzburger »Stein«(-Wein) binden.

Auch im bayerischen Schwaben wächst Wein, sparsam, wie es sich gehört, bei weitem nicht so üppig und prächtig, in der äußersten Südwestekke, bei Lindau im Bodensee. Die dazu gehörigen Fische sind bemerkenswert, wenn sie auch von einem richtigen Schwaben, der Preise wegen, nur selten wahrgenommen werden. Er wendet sich lieber Gerichten zu, die für ihn erschwinglicher und damit ohne Reue zu genießen sind: Allgäuer Kässpatzn oder Rieser Schupfnudeln. Aus der Sparsamkeit hat er eine gastronomische Tugend gemacht: aus wenigem viel, aus dem Einfachen das Beste.

Von der deutschen Kartoffelkommune setzt sich der Schwabe dadurch ab, daß er Kartoffeln als Gemüse nimmt, als saures Kartoffelgemüse etwa, und nicht als Sattmacher. Dazu sind – wie im ländlichen Frankreich – die Suppen da und – wie in Italien – die Teigwaren. Kombinationen sind besonders begehrt: Suppe mit Leberspätzle oder Butterknöpfle, mit Flädle oder Brätstrudel oder gar eine Augsburger Hochzeitssuppe, eine reelle Rindssuppe mit sechserlei Einlagen, in welcher der Löffel steckenbleibt. Was man in die Suppe tue, so pflegt ein schwäbischer Hausvater zu sagen, könne man am Braten sparen.

Nicht nur, was sie essen, sondern auch wie sie essen, unterscheidet die eigenbrötlerischen Schwaben von den geselligen Franken und Altbayern.

161

»Vater«, sagte die Tochter zum Wirt, »was sollen wir nur machen? Da kommen vier einzelne Gäste, und wir haben doch nur drei Tische!«
In Altbayern würde es eher für eine Katastrophe gehalten, wenn der Tisch nicht groß genug wäre, um allen daran Platz zu bieten. Der Biertisch, um den alle sitzen, an dem jeder gleich ist, gilt dortzulande als demokratische Urform und parlamentarisches Plenum. »Versöhnung von Feinden, Abschluß von Eheverbindungen, der beliebte Tauschhandel mit Vieh und sogar die Wahl der Häuptlinge wird meist beim Becher beraten«, konstatierte Ludwig Thoma. »Das Getränk der Bajuvaren ist ein brauner Saft aus Gerste und Hopfen. Häufig beklagen sie den schlechten Geschmack, niemals enthalten sie sich des Genusses. Ihre Kost ist einfach.«
Nichtbayern, ja schon Nichtaltbayern kommt das weiß-blau vor. Der Preuße Theodor Fontane nannte die Bajuwaren »Wurstesser und Biertrinker, unexaminierte Naturmenschen voll wirklichen Charmes«. Es ist einzuräumen, daß ihre Küche nicht zu den Spitzenleistungen der nationalen und internationalen Gastronomie zählt. Doch sie besitzt natürliche Reize, die gebührend zu würdigen es der Beachtung folgender Punkte bedarf:

1. Bier, das »fünfte Element« genannt, ist ein – und ein nicht an letzter Stelle stehender – Urstoff Bayerns.
2. Bier wird aus Steinkrügen getrunken. Dies beläßt dem Wirt die Chance, daß schlechtes Einschenken weniger bemerkt wird, während eine andere Funktion, auch als Handwaffe benützt werden zu können, immer mehr in Vergessenheit gerät.
3. Zunehmend setzen sich gläserne Maßkrüge durch, was ein erfreuliches Ehrgefühl der Wirte, und gläserne Halbliterkrüge und Halbliterbecher, was ein verfeinertes Konsumverhalten verrät: man hat öfter frisches Bier und genausoviel, wenn man öfter bestellt.
4. Anpassungen an außerbayerische Bierbräuche machen Fortschritte, die nicht unbedingt als Rückschritte gewertet werden müssen: Neuerdings wird in München außer Vollbier, Märzen und Bock auch Pils und Alt gebraut.
5. Bier, auch »flüssiges Brot« genannt, gilt als Grundnahrungsmittel. Alle anderen Nahrungsmittel gelten mehr oder weniger als Zubrot. Das erkennt man auch daran, daß Bier sofort auf den Tisch kommt, während man auf das Essen oft lange warten muß.
6. Die altbayerische Küche ist eine bäuerliche Küche. Ihre Hervorbringungen sollen in erster Linie sättigen und kräftigen. Auf den Tisch kommt, was das Land hergibt.
7. Wurst und Fleisch – primär vom Schwein – machen deshalb die altbayerische Küche aus: von Schweinswürstl bis zur Schweinshaxe. Eine Kalbshaxe ist eher urban als rustikal. Rindfleisch gilt als bürgerlich. Wild ist eine Herrenspeise oder ein Wildererschmaus.
8. Beilagen werden hingenommen, doch im Grunde für überflüssig gehalten. Kartoffeln werden am liebsten gegessen, wenn sie die Sau bereits gefressen hat. Gemüse wird meist mit Sauerkraut gleichgesetzt. Es gibt Altbayern, die das Salatblatt erst zum Munde führen, wenn sie es vorher in die Bratensoße eingetunkt haben.
9. Das Mittagessen ist die Hauptmahlzeit, wie in jedem Bauernland, in dem früh aufgestanden und früh schlafen gegangen wird. Zum richtigen Essen sollte man deshalb ein altbayerisches Wirtshaus nur mittags aufsuchen, am besten mit dem Zwölfuhrläuten.
10. Davor und danach und dazwischen gibt es Brotzeit – wobei Brot auch und nicht zuletzt Brezn, remische Weckerln, Salzstangerln, Mohnweckerln, Maurerloibi etcetera bedeutet. Und Brot spielt bei der Brotzeit keineswegs die Hauptrolle, sondern Weißwurst, Leberkäs, Regensburger, G'selcht's, Tellerfleisch.
11. Am besten schmeckt die Brotzeit im Sommer in einem Biergarten oder Bierkeller – wenn der Durst groß, der Radi frisch und der Romadur genau in jenem Zustand ist, wo er es sich überlegt, ob er davonlaufen oder dableiben soll.
12. Man störe eine altbayerische Tischgemeinschaft nicht dadurch, daß man sich wissentlich (durch schnelles und lautes Reden) oder unwissentlich (durch Bestellen einer einzigen Weißwurst mit Salat) als Preuße dekuvriert. Es empfiehlt sich, einschlägigen Äußerungen von Altbayern zuzustimmen, mit vollem Munde, was offenbart, wie gut es bayerisch schmeckt, und kaschiert, daß man Hochdeutsch oder sonst eine fremde Sprache spricht.

Aus vollem Herzen kann man dann den altbayerischen Sprüchen zustimmen, wie »Die schönste Zeit ist die Brotzeit«, »Es gibt nix Besseres als was Guats« oder »Essen und Trinken hält Leib und Seel' zsamm«.

Horst Vetten
Mein Stammtisch

Mein Stammtisch im Gasthof »Stern« mißt reichlich einen Meter mal reichlich drei Meter. Vierzehn Leute können daran sitzen, kommen mehr, wird's eng. Es haben aber schon einmal einundzwanzig Personen in Zweierreihen daran gesessen, dafür kann ich mich verbürgen. Als einmal sechsunddreißig gezählt wurden, war ich leider nicht dabei.

Den Stammtisch deckt eine drei Zentimeter dicke Ahornplatte. Sie ist vielfach vernarbt und versengt, und am unteren Ende kann man ein durchgehendes Loch besichtigen. Das ist von einer Wette, bei der jemand behauptet hatte, er könne mit der Faust, lediglich mit einem Taschentuch umwickelt, einen hunderter Nagel durch die Platte hauen. Das muß gelungen sein, das Loch ist da.

Vor nicht allzu langer Zeit schickte die Brauerei lauter neue Tische für den »Stern«, einen auch als Ersatz für den Stammtisch. Der neue Tisch war kürzer, schmaler und niedriger als unser alter Stammtisch, und er hatte eine Platte von feinstem Kunststoff, die verblüffend nach Holz und Holzmaserung aussah. Normalerweise geht unser Sonntagsfrühschoppen nach der Kirche gegen dreiviertel zehn an. Von dreiviertel zehn bis ungefähr zwei Stunden nach Mittag saßen wir an dem neuen Stammtisch. Erstens einmal saßen wir einander schon bedrohlich nah gegenüber. Dann hatte das alles kaum mehr Platz, die Krüge, die Aschenbecher, die Zigaretten, die Virginias, die Hände. Wenn man die Gläser hin- oder herschob, machte das ein grausliches Kunstgeräusch, nichts Echtes mehr. Mit jedem Krug Bier wuchs unsere Abneigung gegen den neuen Tisch.

Zwei Stunden nach Mittag erfuhren wir, daß der alte Stammtisch noch da war, im Hinterhaus, auf der Tenne. Das Weitere organisierte sich von selbst. Auf einmal saßen anderthalb Dutzend Männer mit ihren Bierseideln in der Hand ohne Tisch da, was ungewöhnlich aussah und eigentlich hätte fotografiert werden müssen. Derweil bugsierten der Xaver und der Hubert das Kunststoffscheusal in die Schwemme hinaus, stiegen zur Tenne hinauf, griffen sich den alten Stammtisch und installierten ihn unter unseren Anfeuerungsrufen am Kachelofen, wo er seit mindestens fünfzig Jahren gestanden hat, manche sagen, seit hundert.

Ich kann nicht leugnen, daß mir die Zugehörigkeit zu meinem Stammtisch innere Befriedigung verschafft. Wie jeder Zuagroaster habe ich hier anfangs unter starken Minderwertigkeitskomplexen gelitten, schon weil ich rassisch nicht klar definierbar bin. West- und ostpreußischen Ahnen, die ich bei Anfragen nicht leugnen mochte, fügte ich sogleich die ebenfalls vorhandene rheinische Blutbahn hinzu; Rheinländer haben in Oberbayern mildernde Umstände. An den Stammtisch selber zu gelangen, ist hierorts nicht schwer; anders als anderwärts wird man hier geradezu gebeten. Dann allerdings kommt die Bewährung.

Sie besteht in jenem geheimnisvollen Vorgang, bei dem Zugezogene ihre Eignung für die bayerische Staatszugehörigkeit beweisen wollen. Sie hüllen sich in Loden, stiefeln doppeltgeschnürt und zwiegenäht, fangen an, Schmalzler zu schnupfen, üben Wortakrobatik wie »Loabidoag« oder »Oachkatzlschwoaf« und bemühen sich, im Gasthaus Surhaxn mit Blaukraut und Knödeln zu bestellen statt Eisbein mit Rotkohl und Kloß. Sie dibbern, wenn sie noch frisch im Lande sind, nach Wolpertingern, jenen geheimnisvollen Fuchs-Has-Reh-Geschöpfen, fahren Floß, schreien Dudeljöh, rupfen Enzian und Almenrausch, saufen Maßkrüge leer, befingern die Balkonkasterln der Dirndln nach Holz vor der Hüttn, fensterln gar, schrecken Has und Hirsch auf, sehen vor lauter Zugspitz das Gänseblümchen unter ihren Nagelschuhen nicht und rechtfertigen mit solchen Fehlern das Wort des Münchner Schriftstellers Rosendorfer:

»Ein Neger kann Bayer werden,
ein Preuße nie.«

Zum besseren Verständnis ist es nötig, die Lage meines Stammtisches näher zu beschreiben. Er liegt grob gesagt auf dem 50. Breitengrad, ungefähr wie östlich die Mandschurei und westlich Neufundland. Die tiefsten Bayern residieren 600 Meter niedriger im 200 Meter über dem Meeresspiegel gelegenen Aschaffenburg, folglich sind sie von hier aus als Bayern fast nicht mehr zu erkennen. Mit fast 900 Meter Höhe über NN dürfen wir uns an unserem Stammtisch zu den höchstsiedelnden Bayern zählen, und je höher ein Bayer lebt, um so bayerischer fühlt er. Zwanzig Kilometer westlich haben wir den Lech als Grenze zu Schwaben, aber wir nennen bereits die Einwohner des nächsten Dorfes in westlicher Richtung Schwaben, weil sie noch g'scherter alemannisch reden als wir. Als Vollbayern haben wir sie bis heute ebensowenig anerkannt wie die Franken. Wie sich meine Zugehörigkeit zum Stammtisch festigte, erkannte ich an kleinen, aber beglückenden Begebenheiten. Im Passionsjahr 1970 stehe ich eines Sommertags vor dem Hotel »Post«, die Hände in den Hosentaschen; Bundhose, Schafwolljanker, und einen Vollbart trug ich damals auch. Eine resolute Dame, Mitte Fünfzig, tritt an mich heran, tippt mir mit dem Zeigefinger auf einen der schönen silbernen Knöpfe an meinem Janker und sagt: »Männeken, wo sind denn hier die Spielhäuser?« Ich erklärte ihr in fließendem Hochdeutsch den Weg zum Passionstheater, und noch während ich rede, nestelt sie an ihrer Handtasche und fingert zwei Groschenstücke heraus. Wie unter Zwang formt sich meine rechte Hand zum Trinkgeldempfang, da tut sie die zwei Zehnerln hinein und sagt: »Vielen Dank, Seppl, trink dir mal einen.«

Im ersten Augenblick glühten die zwei Groschen in meiner Hand. Ich spürte, was ein Bayer fühlt, wenn er sich solch schnelldenkenden, schnellsprechenden, schnellhandelnden Preußen ausgesetzt sieht: Groll, Zorn, Ohnmacht. Aber siehe da, welch glückhaftes Erkennen, das war ja auch bayerisch!

Eine andere Fallstudie am eigenen Leibe gelang mir bei der Lektüre der Hamburger »Welt am Sonntag«. Im Immobilienteil sprang mir die Schlagzeile entgegen: »Kaufen Sie sich ein Stück Bayern!« Ich verspürte einen Stich, aber der war gleichzeitig schmerzhaft wie wohlig. Schlagartig bewies er mir, mein vegetatives Nervensystem oder mein Unterbewußtsein, kurz, mein Bauch, fing an zu verbayern. Wie alle Menschen können natürlich auch Bayern mit dem Kopf lügen. Mit dem Bauch aber nicht. So hatte ich also über der Lektüre einer norddeutschen Zeitung, die zur Annexion bayerischen Grund und Bodens aufrief, aus meinem Leibesinneren unzweifelhaft einen bayerischen Protest erhalten. Meine Ausdauer am Stammtisch begann Früchte zu tragen.

Auch auf anderen Gebieten. Meine Fähigkeiten beim »Watten« nahmen zu und damit mein Verständnis in Mentalitätsfragen. »Watten«, so sagen manche, komme juristisch und moralisch nur knapp vor dem Stehlen, aber das stimmt nicht. Es ist vielmehr ein Kartenspiel voller Psychologie, bei dem gebluft und getürkt werden kann, bei dem man einander sein Blatt zuzwinkert, aber auch das braucht nicht immer zu stimmen, und man kann durch Geschrei und Drohgebärden schöne Einschüchterungserfolge erzielen. Die höchste Karte, den »Max« (Herz König), zeigt man durch ein verstohlenes Lippenzucken an, den »Belli« (das zweithöchste Blatt, den Schell

Siebener) mit einem Zwinkern des rechten Auges, den »Spitz« (Eichel Sieben, dritthöchste Karte) mit dem linken Auge. Die psychologischen Grundregeln sind so, daß man bescheiden tut, wenn man viel hat, und daß man sich aufplustert, wenn das Blatt schlecht ist. Diese Grundmuster entsprechen auch jener bayerischen Lebenserkenntnis, die da sagt: Wenn der Bauer jammert, geht's ihm gut. Gibt er aber an (progelt), dann darf man das Gegenteil annehmen.

Angeberei ist verpönt, kommt aber vor, und der alte Klieber, dem man zu Lebzeiten einen starken Humor nachsagte, muß sogar zur satirischen Übersteigerung fähig gewesen sein, wenn es galt, jagerische oder bäuerliche Sprüchmacherei zu verspotten. Dreißig Jahre nach seinem Tod erzählt man sich am Stammtisch noch jene Geschichte von den hundert Hirschen:

»Heut'«, renommierte der alte Klieber am Stammtisch, »heut' hab' ich hundert Hirschen g'seng.« Allgemeiner lautstarker Zweifel. Einer sagt: »Klieber, gib's zu, 's waren vielleicht doch bloß achtzge.«

»Mei«, sagt der Klieber, »i will mi net versteifen, vielleicht warn's a bloß achtzge.«

»Klieber«, sagen die Bauern, »achtzg Hirschen, des hot's no nia geb'n, fuchzge is des Höchste, wos ma dir glam.«

»Gut«, sagte der Klieber, »no warn's halt fuchzge.«

»Schaug, wia a liagt«, schreien die Bauern, »zwanzge warn's höchstens, und koana mehra.« Der Klieber ist jetzt ganz fest: »Aber zwanzge warn's ganz gwiß.«

Die Bauern: »Jetzt kimmt a auf, der Sprüchmacher, handeln loßt a, vo seine hundert Hirschen is a auf zwanzge roganga. Gor koan hot er gseng, da Klieber, koan oanzigen Hirschen hot er gseng.«

Da tut der Klieber einen guten Zug aus seinem Krug, setzt ihn ab, wischt sich den Schaum vom Mund und sagt: »Und was hatt' no do so g'rauscht?«

Der Vokabel »hatt'« kommt in diesem Zusammenhang eine besondere Bedeutung zu, nämlich die des bayerischen Konjunktivs, eine Besonderheit der bayerischen Mundart, mit der man ungefähr alle Was-wäre-wenn-Positionen des Hochdeutschen durchspielen kann. Ja, was hätte denn da im Gebüsch so gerauscht, wenn nicht hundert Hirschen?

Die Vorliebe der Bayern für solch verschnurrten Humor ist in der Literatur selbst von Autoren weiß-blauen Geblütes nicht immer gebührend gewürdigt worden. Haben sie zu wenig an den Stammtischen gesessen? Einzig Oskar Maria Graf hat gerne Geschichten erzählt, wie die folgende (aber Graf hat natürlich an bayerischen Stammtischen gesessen, sogar in New York).

Die Geschichte also, die an meinem Stammtisch über den äußerst witzigen Förster Schwarzfischer erzählt wird (er lebt und arbeitet im oberen Ammertal bei Schloß Linderhof), die geht so:

Ein paar Steinwürfe hinter dem Schloß führt eine sogenannte Laine, ein Gebirgsbach also, zu Zeiten der Schneeschmelze oder nach Unwettern viel Wasser und damit eine Menge Geröll zu Tal. Mittlerweile türmen sich Kies und Felsen in solchen Mengen, daß eine Wildbachverbauung als letzte Lösung bleibt. So was geht nicht ohne Staatszuschüsse, und die Bürokratie setzt sich in Gang.

Es sagte sich eine Kommission aus München an, und die erschien nach mehrwöchiger Trockenheit justament zu dem Zeitpunkt im Ammertal, da der Bergbach keinen Tropfen Wasser mehr führte.

Die städtischen Herren standen vor der Gesteinshalde, die das reißende Gebirgswasser hier aufgetürmt hatte, und guckten ratlos.

»Bitte schön«, ermannte sich einer, »wo ist denn das Wasser?«

Der Förster Schwarzfischer guckte sich den Städtischen an, wies mit dem Stecken zum Berg hinauf und sagte: »Dös Wasser is grad wieder nauf, neie Stoa hol'n.«

An einem Stammtisch kann man lernen. Wer an einem Stammtisch nichts lernt, ist selber schuld und soll zu Hause bleiben. Es gibt niemanden an meinem Stammtisch, der nicht etwas wüßte, was ich selber noch nicht weiß. Das sind keine Ausreden für meine Frau. Sie kann zwar immer noch nicht begreifen, warum ich mit preußischer Pünktlichkeit in den »Stern« strebe. Die Luft sei fürchterlich, das Geschrei kaum zu ertragen, die Kartenspiele langweilig, der Zustand der Aschenbecher unbeschreiblich und die Gespräche doch wohl auch nicht immer hochrangig und gebildet. Hier jedoch berufe ich mich auf Hebbel, dem ein wunderbarer Ausspruch über Bildung nachgesagt wird. Danach besitzt jeder Bildung, der das hat, was er für seinen Lebenskreis benötigt.

So betrachtet, scheint mir die Quote der Gebildeten an meinem Stammtisch, gemessen an anderen Kreisen, in denen ich verkehre, überdurchschnittlich hoch. Ich brauche nur an Sepp zu denken und seine hintersinnigen Weisheiten: »Ein schlechter Schütz'«, sagt der Sepp, »verschießt im Jahr ein Kalb. Ein guter eine Kuh.«

Der Sepp, siebzigjährig, ehemaliger Forst- und Holzarbeiter, betrachtet diese seine Welt und den Rest drumrum aus einem grimmig-humorigen Blickwinkel. In seinen Sprüchen spiegelt sich die Erfahrung eines Menschenlebens, das er als barfüßiger Kuhhirt begann, der noch zu jener Generation gehört, die ihre durchfrorenen Zehen in einem frischen Kuhfladen wärmte. Er hat zwei Inflationen, einen Krieg, zwei Arbeitslosigkeiten erlebt und ist auf der sozialen Stufe vom Barfußhirten bis zum anständig versorgten Rentner aufgestiegen. Jeden Tag um viertel vier kann man ihn durchs Dorf marschieren sehen; wer die Uhrzeit gerade nicht weiß, der weiß sie jetzt. Für die meisten seiner politischen und philosophischen Einsichten hat der Sepp einen schönen Spruch bereit. »Schwaben und Russen müssen vertilgt werden«, zitiert er hinterlistig eine Behandlungsmethode für ungebetene Insektenbesucher in Küchen und Backstuben. Er trinkt in vier Stunden sechs halbe Bier, manchmal sieben, und zweimal im Jahr flippt er aus und bleibt bis Nähe Mitternacht. Anderntags marschiert er wieder um viertel vier durchs Dorf, und auf die Eskapade angesprochen, zitiert er eines seiner geflügelten Worte: »Jetzt geht's aufwärts, hat der Vogel gesagt, wie ihn die Katz' die Stiegen naufgetragen hat.«

Auch der alte »Eh« war eine beeindruckende Figur am Stammtisch, unlängst ist er gestorben. Seinen Spitznamen hatte er von der reichlichen Verwendung dieser Verlegenheitssilbe. Seinen Charakterkopf hätte man in Holz schnitzen oder in Bronze gießen sollen. Schon fünfzigjährig hatte er schlohweißes, nichtsdestotrotz volles Haar. Unterm Schopf blitzten hellwache, lustige Augen. Niemand hat ihn je zornig gesehen. Stets war er neugierig. Seine erste Frage an mich war immer: »Wo kimmscht grod her?« Und wenn ich grade nirgendwoher kam, war er enttäuscht.

Der »alte Brauner«, das war sein Hausname – als die Todesanzeige mit seinem richtigen Namen in der Zeitung stand, war ich ganz verblüfft, und mittlerweile habe ich ihn auch schon wieder vergessen –, der alte Brauner also hatte vor dreißig Jahren einen Haxn verloren, der Stier hatte ihn an den Zaun gepreßt.

Seitdem trug er einen ordinären Holzfuß. Der Stumpf in halber Höhe des Oberschenkels schmerzte bei Wetterwechsel und entzündete sich. Außerdem war der alte Brauner viel zu schwer; als gewaltiger Esser mochte er am liebsten ». . . 's Fette vom Suppenfleisch«. Er kriegte die üblichen Stoffwechselkrankheiten, mußte ins Krankenhaus, wurde auf Diät gesetzt und nahm ab. Als er zurückkam, war er fröhlich wie eh und je und nahm wieder zu. Im Winter, wenn ich auf Skiern an seinem Hof vorbeikam, mußte ich abschnallen und seinen Stall anschauen. Er hatte schon »übergeben«, das heißt, der junge Bauer war schon am Werk. Aber der alte Brauner, der wohl die Welt begriffen hatte, eiferte nicht auf den Neuen, er ließ ihn gewähren, und er errötete vor Freude, wenn ihn der Schwiegersohn um Rat fragte. Als der alte Brauner starb, so haben sie mir erzählt, hat sich die ganze Familie, die Frau, die Jungen, die Enkel, um sein Bett versammelt und hat ihm Sterben geholfen.

Vor seinem Tode war der alte Brauner schon lange nicht mehr am Stammtisch gewesen, Monate nicht mehr. So ein Stammtisch lichtet sich ganz unmerklich, vor allem der nachmittägliche, an den die Rentner kommen. Über Jahre hinweg muß man am Stammtisch sitzen, um zu bemerken, wie leise sie gehen, wie klein die Anzeichen sind, daß sich wieder einer aufmacht. Der alte Klasar, achtzig zuletzt, wie tapfer hielt er sich, als er seine Frau pflegen mußte, aber auch welche Kräfte entwickelte er. Da starb die Frau. Bis zum achtzigsten Geburtstag des alten Klasar waren es noch zwei, drei Wochen. Zusehends verfiel der Mann, die Frau war tot, er hatte seine Pflicht getan, es war nichts mehr zu tun. Als habe er sich den Termin gesetzt, hielt er bis zum Geburtstag durch. Dann ging er. Es war alles gerichtet.

So ein Stammtisch taugt in den wenigsten Fällen für Sentimentalität und Trauer. Man kennt einander zu gut, als daß man den Toten immer nur Gutes nachsagte. Auch der nunmehr freie Stammplatz des Dahingegangenen ist schnell wieder neu besetzt. Noch bei der Leichenfeier kann sich das Gespräch sehr schnell den Problemen des Alltags zuwenden. Der neue Gemeindestier, ein grauer, springt nicht so recht. Alle Bauern am Stammtisch fallen über den Stierhalter her, weil der graue Stier nicht so recht springt. Der wehrt sich, als ginge es um seine persönliche Ehre. Nicht alle warten den genauen Tag ab, schreit er mit rotem Kopf. Die kommen dann mit der Kuh daher, und die Kuh ist noch gar nicht richtig rinderig. Einfach nur so aufs Probieren kommen sie daher. Klar, daß der Stier nur schleckt. Die Bau-

ern sind schuld, sagt er, nicht der Stier. Einige der Hauptkläger zeigen Anzeichen von Verlegenheit. Wenn der Stierhalter nun Einzelheiten auspackt, was er ja könnte, fürchten sie vielleicht Einbußen an ihrem züchterischen Ruf. Einer findet einen Kompromiß, dem brummend auch der Stierhalter zustimmen kann: Der graue Stier taugt von Haus aus nicht viel, er war ein Fehleinkauf, das sieht man an den Kälbern, die er macht; sie sind ja nur so groß wie eine Katz'. Er zeigt mit den Händen, wie groß. Hinter seinen Händen könnten sich zwei Katzen verstecken.

Hier könnte es sein, daß sich an den Kunststofftischen, drüben auf der Fensterseite, ein paar Touristen belustigen über Lautstärke und Thematik am Stammtisch. Sie essen Weißwürst mit Sauerkraut und amüsieren sich über die Sitten am Stammtisch. Währenddessen graust es die am Stammtisch über die Weißwürst mit Sauerkraut. »Es geht nirgends so zua wie auf der Welt«, pflegt der Holzer i. R., der bärtige Sepp, dann festzustellen.

Einmal kam der Brauchle Sepp mit seinem gerade einjährigen Sohn in die Kneipe, weil seine Frau im Wochenbett lag. Natürlich blieb der Brauchle Sepp länger hocken. Eine Zeitlang hatte er den Buben auf dem Schoß, dann mußte er wohl mal raus, später auch »Watten«, also lag der Knabe derweil auf der Holzbank. Dort wurde es allmählich eng, außerdem ist die Stammtischbank kein geruhsames Lager, also lag die Idee nahe, das Knäblein an seinen Hosenträgern an den Kleiderhaken zu hängen. Dort hing es friedlich und unbehelligt seine zwei oder auch drei Stunden lang im Wattgeschrei und Tabakrauch und tat keinen Mucks. Fremden, die über solche barbarische Säuglingspflege Erstaunen murmelnd die Stube verließen, rief der Klieber Pauli seinen hundertfach erprobten und verballhornten Preußengruß nach: »Tschiß.«

Die Reaktion ist nun schon hundert- und hundertmal dieselbe: Die Fremden drehen sich um und antworten nach der Überraschungssekunde: »Tschüs.« Ja, sagt dann der Pauli, aber nicht in die Hos'.

Ich nähre, tränke, kleide mich an meinem Stammtisch nach Landesart, hier habe ich Erkenntnisse gewonnen und viele Maß Bier verloren. Hier sitze ich gleich rechts, wenn man reinkommt, hier entwickle ich mich schrittchenweise, und wenn ich einmal gehe, und das fällt niemandem sonderlich auf, dann habe ich es geschafft.

Bruno Moravetz
Von Haklern und Eisschützen

Der Schiedsrichter fragt: »Beide Hakler fertig?«

»Jawoi!« kommt die Antwort. »Ja!« Der Schiedsrichter schaut kritisch auf die Fäuste der Männer. Sie sind mit einem Lederring verbunden, jedem der beiden um den Mittelfinger gelegt. Die Finger sind nahezu so dick wie die Arme eines Kindes; die Fäuste sind angespannt, auf den behaarten Handrücken treten die Venen hervor.

Im Festzelt, in drückender Hitze von brennender Sonne draußen und einem schwülen Gemisch von Bierdunst und Tabaksqualm drinnen erstirbt jede Unterhaltung. Nur hinten, in der Ecke, wo die Eiskiste steht und für ein Markl Eis am Stekken zu erstehen ist, plappern Kinder.

Der Schiedsrichter schaut auf die beiden Kampfhähne. Sie hocken auf derben Schemeln, die Beine suchen mit den Fußsohlen Halt auf der Diele. Zwischen den beiden Männern steht ein Tisch, in der Mitte zeigt ein Farbstrich die Kampfgrenze an. Etwa ein Meter Tisch, aus fester, derber Bohle gezimmert, ist zwischen ihnen.

»Beide Hakler fertig?«

»Jaaa . . .« kommt es, fast wie gestöhnt.

»Ziagst o . . .!« So lautet das Kommando des Schiedsrichters.

»Zieht an!«

Und die beiden beginnen zu ziehen. Der Ring um ihre Mittelfinger, etwa 25 Spagatschnüre mit Lederstreifen umwickelt, scheint sich zu dehnen. Die Fäuste pressen die Finger zusammen, die Venen auf den Handrücken schwellen zu Gartenschlauchstärke an.

Die beiden Wettkämpfer ziehen und ziehen und ziehen. Im Festzelt beginnt der heiße Dunst aus Schweiß, Bier, Staub, Tabaksqualm zu vibrieren vom Gebrüll der Menge. Keinen hält es auf seinem Sitz, alle sind aufgesprungen, drängen heran, die beiden Meister im Fingerhakln zu sehen. Wer ist der stärkste Mann in diesem uralten Wettkampf der Bergburschen? Die beiden ziehen. Jeder hat so seine Kniffe. Der eine läßt mitten im Ziehen nur einen Augenblick lang etwas nach, reißt dann plötzlich den Gegner über den Tisch. Beifall, Geschrei, Jubel. »Ja, der Bene, der ko's . . .« nicken sie und stillen den Durst mit einem Schluck aus dem Bierkrug. Der Schiedsrichter hat den Kampf beendet. Es war schon der zweite Durchgang der beiden, denn zweimal muß einer den anderen in seine Tischhälfte herüberziehen, ehe ein Sieger feststeht.

Wenn irgendwo im Bayernland, auf einem der Volksfeste, das Fingerhakln ausgeschrieben ist, dann hat die örtliche Rot-Kreuz-Kolonne Großeinsatz. Da wird Salbe gebraucht und Heftpflaster und viel Verbandsmull – an einem solchen Samstagnachmittag so an die 100 Meter. Da fliegt die Haut in Fetzen von den Mittelfingern, da fließt Blut aus dem gehäuteten Muskel. Doch das ist ihr Risiko; weh tut es keinem. Der Unterlegene gratuliert dem Bezwinger, fordert ihn oft sogleich schon für die Revanche heraus. Da müssen zuvor aber die Finger heilen . . .

Starke Pratzn muß einer auch haben, wenn er sich mit anderen im Drücken messen will. Da werden an einem schmalen Bohlentisch die Ellbogen eines Armes aufgestemmt, die Hände der Kontrahenten packen sich. Auf ein Zeichen des Schiedsrichters beginnt das Drücken: Wer mit der Kraft seines Unterarmes, mit der Kraft seiner Muskeln des anderen Unterarm zuerst zur Seite und mit dem Handrücken auf den Tisch gepreßt hat, ist Sieger.

Ein anderes Bild: Tiefer Winter, klare Luft, Frost um 20 Grad. Der See ist dick zugefroren, das Eis vom Schnee gesäubert; Bahnen sind mit heißem Wasser zu Spiegeleis gemacht. Gestandene Mannsbilder versammeln sich, jeder bringt seine zwei, drei Stöcke mit. Es wird geschossen auf dem Eis: im Mannschaftsspiel, in der »Moarschaft«, auf das Ziel und im Wettkampf um größte Weite. Eisstockschießen – das ist in Bayern allein für nahezu 50 000 Frauen und Männer in Vereinen, organisierte Sportler also, größtes Vergnügen. Da wird schon im Sommer trainiert, auf glatter Asphaltbahn, mit Stöcken, deren Gleitscheiben auf Kugeln aus Kunststoff gelagert sind. Die Stöcke, das sind Holzscheiben mit Durchmessern von etwa 27 bis 30 Zentimeter, von einem Metallring geschützt; Griffe, handlich vom Drechslermeister geformt, wurden hineingeschraubt.

Schwingend aus der Schulter, die Knie leicht gebeugt, wird der Eisstock, fünf Kilo schwer, in die gewünschte Richtung gependelt, sanft auf das Eis zum Vorwärtsgleiten gesetzt. Da gibt es das Zielschießen, bei dem ein solcher Stock in ein Zielfeld, wie eine Ringscheibe, 25 Meter weit geschoben werden muß. Da gibt es Punkte für die Treffer: Der innerste der fünf Ringe, nur 20 Zentimeter im Durchmesser, bringt zehn Punkte; wer noch im Zielfeld landet (Durchmesser des äußersten Ringes 2,60 m) erhält zwei Punkte. Es gibt das Mannschaftsspiel, auf einem Feld von 28 Meter Länge und drei Meter Breite. Am Ende befindet sich die Daube, ein Holzwürfel, der seinen

Namen nicht von einer Taube, sondern noch von den angeblichen Erfindern dieses Sports hat. Jede Mannschaft – richtig: Moarschaft! – soll ihre Stöcke möglichst nahe an der Daube zum Stillstand bringen, wobei Stöcke der Gegner entsprechend hinausgeschossen werden können – und sollen. Im 16. Jahrhundert hätten zwei Brüder aus der Klosterbrauerei Ortenburg an der Donau – heißt es – zur Winterszeit mit Faßböden, an denen sie Griffe befestigt hatten, aus lauter Übermut das Spielchen auf dem Eis betrieben. Ziel sei eine übriggebliebene Faßdaube gewesen – die Erklärung für das heutige Ziel des Mannschaftsspiels: die Daube. Und »Moarschaft« soll etwas mit Meister zu tun haben, mit dem französischen »maître« nämlich, niederbayrisch ausgesprochen: Moar.

Wieviel Kraft und Geschicklichkeit auf gutem, ebenem Eis aber gehört wohl dazu, eine Weltrekordweite mit einem solchen Eisstock zu erzielen! Das hat am Stefanstag, dem 26. Dezember 1976, der Aigner Ludwig geschafft: Sein Stock glitt 369 Meter weit, ehe die mitgegebene Schubkraft erloschen war; 369 Meter – das ist nahezu eine Runde in einem Stadion. Erzielt hat der Aigner diese Weite auf dem Eis eines zugefrorenen Altwasserarmes der Donau in Niederbayern, nur 20 Kilometer von der Klosterbrauerei Ortenburg entfernt . . .

Außer diesen beiden bodenständigen Wettbewerben des bayerischen Mannsvolks (und im Eisstockschießen vermehrt auch des »schwachen« Geschlechts) haben sich in den Dörfern und Tälern des Alpenraumes noch viele urtümliche Sportarten erhalten, leben manche vergessenen Wettbewerbe wieder auf. Zum einen freuen sich die Gäste (im Sommer und im Winter) über Wettkämpfe von kraftstrotzenden Berglern, zum anderen üben auch Ferienleute gern das Eisstockschießen oder gar auch das Platteln. Nun ist ja das Tanzen im Stil der Burschen und Mädchen aus den Bergen nicht unbedingt ein Sport – doch

gibt es schon seit jeher Preis-Platteln, Preis-Tanzen. Da werden Formen und Ausführung beurteilt und Plattl-Preisrichter sollen gelegentlich ähnlich in der Kritik des Publikums stehen wie Preisrichter beim Eiskunstlaufen. In Ruhpolding, wo den Feriengästen besonders viel geboten wird an urtümlichen Wettkämpfen, aber auch in anderen Regionen des Bayernlandes besinnt man sich auf diesen oder jenen Wettbewerb. Da gibt es das Steinheben, einen Wettkampf ganz besonderer Art: Ein Betonklotz von nahezu einer halben Tonne Gewicht, mit einem eingelassenen Griff versehen, ist an einem Meßgestell vom Boden hochzuheben. Einer hat das riesig schwere Trum schon nahezu einen Meter hoch gelupft.

Eisstockschießen und Fingerhakln; Preisplatteln und auch Dirndldrehen (das arme Mädchen muß sich drehen und drehen, bis es ihm schwarz vor Augen wird); die alte alpenländische Form des Ringkampfes, das Rangeln; Holzsägen um die Wette; Baumwerfen und Tauziehen – die Wettbewerbe sind vielfältig, überraschend einfallsreich, bunt. Da hat so mancher seine Freude dran, nicht nur das schaulustige pp. Publikum kommt auf seine Kosten; da gibt es auch – aus dem Nenngeld – recht ansehnliche Preise. Doch der Gewinn materieller Art ist den meisten Burschen zweitrangig: Jeder will zunächst den Wettkampf, das Kräftemessen; mancher nutzt auch die Chance, jemandem zu imponieren – dem Madl, wer weiß? Daß solche und ähnliche Wettbewerbe nur allzuleicht übertrieben werden und ausarten, ist nur allzu menschlich. So manches Dorf möchte in das Buch der Rekorde aufgenommen werden. Und so gibt es dann Weltrekord-Kartler, die mit dem alpenländischen Schafkopfen tage- und nächtelang, über eine Woche und mehr, am Kartentisch in der Wirtschaft hocken und die Blätter auf die Tische dreschen. Mit altem Brauchtum, überliefertem Wettbewerb freilich hat solches überhaupt nichts zu tun.

Lorenz Goslich
Wirtschaftswunder im Freistaat: Zum zweitenmal in den Startlöchern

Manchmal bildet ein Rückstand das beste Fundament für den Aufbau. An Bayern schien die Industrialisierung für längere Zeit vorbeigegangen zu sein. Der Freistaat, mit knapp 71 000 Quadratkilometern Fläche so groß wie Irland und mit mehr als 11 Millionen Einwohnern bevölkerungsreicher als Griechenland oder Portugal, war noch nach dem Zweiten Weltkrieg eine der ärmsten Regionen in Deutschland. Um so mehr hat sich der technische Fortschritt seitdem seinen Weg gebahnt. Während in Westdeutschland das Bruttoinlandsprodukt (die Summe aller im Lande erzeugten Güter und Dienstleistungen) von 1980 bis 1992 um 29,8 Prozent auf 2,24 Billionen DM gestiegen ist, hat es in Bayern deutlich stärker um 39,5 Prozent auf 410 Milliarden DM zugenommen.

Als eine der wesentlichen Ursachen für diesen Aufschwung glauben viele den Magnetismus des größten deutschen Elektro- und Elektronik-Konzerns Siemens, zu erkennen, der nach dem Krieg von Berlin nach München umgezogen ist. Auch die für ihre Meß- und Steuerungsgeräte bekannte Münchner Gesellschaft Rohde & Schwarz hat Ausstrahlung. Dieser Sog hat viele technisch orientierte Unternehmen angelockt, auch ausländische Computer- und Elektronik-Anbieter, wie Digital Equipment, Texas Instruments, Intel, Apple oder Compaq. Die 1983 an der Isar gegründete Computer 2000 AG hat sich eine bedeutende Position im Handel mit Computerprodukten gesichert.

Aber die wirtschaftliche Blüte hätte sich nicht so entfalten können, wenn sich in Bayern nicht eine ideale Kombination aus der besonderen Atmosphäre dieses Landes mit seiner ebenso bodenständigen wie fleißigen Bevölkerung und den mehr als zwei Millionen nach dem Zweiten Weltkrieg zugezogenen wirtschaftlich vielfach agilen Flüchtlingen und Heimatvertriebenen ergeben hätte. Ein zusätzliches Glück ist es für dieses Land, daß es nicht unter krisengeschüttelten Branchen, wie dem Kohlebergbau, der Stahlindustrie oder den Werften, leiden muß.

Der gewerbliche Mittelstand hat jedenfalls in Bayern eine größere Bedeutung als im Bundesdurchschnitt. Am Umsatz des westdeutschen Handwerks von 492 Milliarden DM (1992) ist das bayerische Handwerk allein mit mehr als einem Fünftel beteiligt. In der Summe haben die – meist kleineren – Anbieter von Dienstleistungen auch in Bayern die Industrie längst an Bedeutung über-

flügelt. Sie steuern schon rund 52 Prozent zur Gesamtzahl der bayerischen Erwerbstätigen von fast 5,9 Millionen Personen bei. Es sind aber oft gerade ideenreiche Kleinunternehmer, die der bayerischen Wirtschaft Robustheit verleihen. Die Standort-Entscheidungen großer Konzerne haben zusätzlich anziehend gewirkt. Als der nach einer schweren Krise in den fünfziger Jahren zum Erfolgsunternehmen aufgestiegene Münchner Automobilhersteller BMW in Regensburg und Dingolfing Werke errichtet hatte, gruppierte sich um die gedachte Verbindungslinie zwischen diesen Produktionsstätten und Ingolstadt, dem Sitz des Branchenkollegen Audi, eine Reihe von Zulieferbetrieben für Autoteile.

Viele der mittelständischen Unternehmen haben sich in ihren jeweiligen Branchen wichtige, oft sogar führende Positionen gesichert. Das gilt für den Brillenhersteller Rodenstock in München, dessen Seniorchef Rolf Rodenstock auch deutscher Industriepräsident war, wie für den Traktorenproduzenten Fendt in Marktoberdorf, den Strumpfhersteller Kunert in Immenstadt wie für die Bleikristallwerke Nachtmann in Neustadt an der Waldnaab, das mit Einkaufswagen führende bayerisch-schwäbische Familienunternehmen Wanzl in Leipheim wie für den Münchner Autovermieter Sixt oder die Pfleiderer-Gruppe im oberpfälzischen Neumarkt, eines der größten europäischen Unternehmen der Holzwirtschaft. Von Augsburg aus hat Ignaz Walter einen der maßgeblichen deutschen Baukonzerne aufgebaut. Verschiedene Branchen haben im Freistaat Schwerpunkte, von der Papierindustrie mit Unternehmen wie PWA in Raubling, Haindl in Augsburg, MD-Papier in Dachau und Steinbeis in Brannenburg bis zur Luft- und Raumfahrtindustrie mit den Unternehmen MBB, Dornier und MTU.

Manche Region wird von wenigen Unternehmen oder gar im wesentlichen einer Branche »beherrscht«. In Ostbayern hat die Porzellanindustrie mit bekannten Unternehmen wie Rosenthal, Hutschenreuther oder Seltmann-Weiden, aber auch zahlreichen kleineren Anbietern einen Schwerpunkt. Ingolstadt prägen der zum Volkswagen-Konzern gehörende Automobilhersteller Audi AG und die vom früheren Wirtschaftsminister Otto Schedl dorthin geholten Raffinerien. Augsburg und einige ostbayerische Regionen sind Textilstandorte, Schweinfurt ist die Stadt der Wälzlager. Im Raum Nürnberg residieren die vielseitig tätige Schickedanz-Gruppe mit ihrem Großversandhaus Quelle, der Unterhaltungselektronik-Hersteller Grundig und der Schreibmaschinenproduzent Triumph-Adler. Drei mittelständische Nürnberger Unternehmen, Faber-Castell, Staedtler und Schwan-Stabilo, haben bei Schreib- und Zeichengeräten einen wesentlichen Teil des Marktes im Griff. In Würzburg ist die auf F. Koenig zurückgehende älteste Druckmaschinenfabrik der Welt, die Koenig & Bauer AG, ansässig. Für die betroffenen Regionen hat die Konzentration auf wenige bedeutende Unternehmen allerdings nicht selten gravierende Folgen, die in der Rezession Anfang der neunziger Jahre kraß zutage getreten sind. Augsburg ist vom Schrumpfungsprozeß der Textilindustrie betroffen, in Nürnberg steht die vom niederländischen Philips-Konzern geführte Grundig AG im Zeichen der Marktschwäche, und Triumph-Adler, einst Aushängeschild für Bürogeräte, ist unter seinem italienischen Eigentümer Olivetti nur noch ein Schatten seiner selbst. Manche waren in guten Zeiten blind für Fehlentwicklungen. Der Region Schweinfurt haben die drei Unternehmen Fichtel & Sachs, FAG Kugelfischer und SKF über lange Zeit zu Wohlstand verholfen, doch gegen Zuzüge von anderen Unternehmen wurden dort förmlich Fronten gebildet. Als wegen der Konjunkturschwäche Tausende entlassen werden mußten, fehlte der Ausgleich. Ähnlich haben andere Orte unter einer Monostruktur gelitten, etwa das mittelfränkische Städtchen Herzogenaurach, das von den einst erfolgreichen, später aber wirtschaftlich gedrückten Sportartikelunternehmen Adidas und Puma sowie dem Nadellagerhersteller Ina Schaeffler geprägt wird.

In der Landeshauptstadt München dagegen pulsiert das wirtschaftliche Leben so vielfältig, daß sie auch in einer Zeit der Rezession noch gefestigt dasteht. Sie bildet unter anderem ein Finanzzentrum: Die beiden großen Institute Bayerische Vereinsbank und Bayerische Hypotheken- und Wechsel-Bank haben sich in der Spitzengruppe der deutschen Kreditwirtschaft etabliert, hinzu kommen zahlreiche andere Banken, auch Niederlassungen ausländischer Institute, die München mehr und mehr zum Ausgangspunkt für Geschäfte mit Süd- und Osteuropa wählen. Zwei der größten Versicherungskonzerne der Welt, die Allianz AG Holding und die Münchener Rückversicherungs-Gesellschaft AG, führen ihre weitgefächerten internationalen Geschäfte von einem ruhigen Eck Münchens beim Englischen Garten aus. München gilt heute als Zentrum der Vermögensverwaltung in Deutschland, denn auch viele wohlhabende Unternehmer arbeiten in der Stadt oder ihrer Umgebung. Als Beispiel mag August von Finck gelten, der die Bank seiner Familie, Merck, Finck & Co., vor Jahren überraschend an die große englische Barclays Bank verkaufte, aber von Löwenbräu bis zu den Isar-Amperwerken weitere Beteiligungen hält und sich darüber hinaus, etwa bei der Schweizer Mövenpick-Gruppe, vielfältig engagiert hat. In diese Liste gehört auch der Münchner Bauunternehmer Josef Schörghuber, der die traditionsreichen Brauereien Paulaner und Hacker-Pschorr erwarb. Eine besondere Stellung hat in der Isarmetropole Giesecke & Devrient: Das Familienunternehmen druckt im Auftrag der Bundesbank die Hälfte aller deutschen Banknoten.

Viele in dieser Region ansässige Künstler, Autoren, Übersetzer, Medienkaufleute und Verleger haben den Ruf Münchens als »heimliche Kulturhauptstadt« Deutschlands begründet. Der Medienkonzern Bertelsmann steuert sein Verlagsgeschäft und seine deutsche Musikgesellschaft BMG Ariola von der Isarmetropole aus. Nachdem Leipzig ausgefallen war, ist München in Deutschland zur Verlagsstadt Nummer eins geworden. Neben Zeitungsunternehmen wie dem Süddeutschen Verlag (»Süddeutsche Zeitung«) und dem Münchener Zeitungsverlag (»Münchner Merkur«, »tz«) haben dort namhafte Verlage, von Piper und Hanser über Heyne und Oldenbourg bis zu Langenscheidt, ihre Domizile. Heinrich Hugendubel erregt in dem von Traditionen geprägten deutschen Buchhandel mit großen, modernen Geschäften Aufsehen. In oder bei München arbeiten etliche bekannte Medienunternehmer, von Josef von Ferenczy über Hans K. Beierlein bis zum Filmkaufmann Leo Kirch mit seinen weitverzweigten Interessen bei Fernsehsendern, wie Sat 1, Pro 7 und DSF, oder seiner Beteiligung am Springer-Verlag. Mehrere private Fernsehsender wie Pro 7, Kabelkanal und DSF, aber von 1994 ab auch RTL 2, betreiben in München ihre Zentralen. Die »Bavaria-Filmstadt« in Geiselgasteig hat sich über Film- und Fernsehproduktionen hinaus zu einem Mekka der Vergnügungsanbieter entwickelt. Münchens Vielfalt reicht bis zu Organisationen wie dem Allgemeinen Deutschen Automobil-Club (ADAC), einem Verein mit mehr als 12 Millionen Mitgliedern und ausgeprägten Wirtschaftsinteressen. Als Messestadt beherbergt München für einige Branchen international führende Veranstaltungen.

Das prickelnde wirtschaftliche Leben hier und die sprichwörtliche bayerische Gemütlichkeit dort – sie scheinen auf erstaunliche Weise zueinander zu passen. Die bekannten Münchner Brauereien Augustiner, Hacker-Pschorr, Hofbräuhaus, Löwenbräu, Paulaner und Spaten prägen das Bild, das sich der Besucher von Bayerns Metropole macht. Wenn alljährlich nicht nur während des Oktoberfestes prächtig geschmückte Pferdefuhrwerke mit unerschütterlicher Ruhe durch Münchens Straßen fahren, fühlt sich mancher Gast in eine andere Welt versetzt. Aber der Prunk überdeckt auch Schwierigkeiten. Nicht wenige der noch mehr als 800 und oft sehr kleinen Brauereien in Bayern leben sozusagen von der Substanz, weil sie vielfach über erheblichen Grundbesitz verfügen. Das Biergeschäft selbst steuert oft nur kleinere Anteile zu den Gewinnen bei oder bringt gar Verluste. Weitere Brauereien werden aufgeben müssen.

Aber auch wenn auf diese Weise das eine oder andere charakteristische Attribut verlorengehen sollte, wird Bayerns Traditionsverbundenheit dadurch kaum getrübt. So ist der Freistaat mit 77 Millionen Gästeübernachtungen 1992 auch mit Abstand das »Fremdenverkehrsland Nummer eins« in Deutschland geblieben. Für viele Kommunen »auf dem Land« stellt der Tourismus die einzige ausweitbare Einkunftsquelle dar, zumal die Landwirtschaft in immer geringerem Maß eine ausreichende Basis bildet. Seit 1949 hat sich die Zahl der landwirtschaftlichen Betriebe in Bayern auf 210 000 mehr als halbiert. Wirtschaftliche Tätigkeit findet in Bayern nach wie vor zu einem wesentlichen Teil in genossenschaftlich organisierten Unternehmen statt, wenn diese auch einem gravierenden Strukturwandel unterworfen sind und viele Betriebe schließen oder zusammengehen müssen. Die großen genossenschaftlichen »Zentralen« in Bayern, wie etwa der Fleischvermarkter Südfleisch oder die Warengesellschaft BayWa AG, zählen in ihren Branchen zu den größten Unternehmen Deutschlands. Gerade das Miteinander landwirtschaftlicher und industrieller Aktivitäten hat der bayerischen Wirtschaft seinen Stempel aufgedrückt. Und siehe da: Die Zahl der in der Landwirtschaft Beschäftigten nimmt plötzlich wieder zu. Über einen längeren Zeitraum war sie drastisch gesunken, zwischen 1980 und 1991 hatte sie nochmals von 523 000 auf 348 000 Personen abgenommen. 1992 sind schon wieder fast 352 000 in der Landwirtschaft tätige Personen gezählt worden. Manch-

mal glaubt man gar eine Renaissance des Bäuerlichen zu erkennen, wenn »Öko-Bauernhöfe« entstehen oder die mit unendlicher Einsatzbereitschaft gepflegten ländlichen Feste jeder Art von der Jugend mit modernen Attributen versehen werden, die etwa die in den Bierzelten unentbehrlichen Blasorchester mit aufpeitschenden Swing-Elementen auffrischen. So gerechtfertigt die Kürzung öffentlicher Zuwendungen für die Landwirtschaft aus ökonomischen Gründen ist, so wenig kann sie offenbar eine Blüte des »Bäuerlichen« verhindern. Die Sehnsucht nach einer neuen »Agrarkultur« hat nicht verhindern können, daß der Anteil der Land- und Forstwirtschaft an der gesamten Bruttowertschöpfung in Bayern (das ist der zum vorhandenen Vermögen hinzugefügte Wert), 1980 noch drei Prozent, ständig weiter bis auf 1,5 Prozent (1992) gesunken ist.

Auf die wirtschaftliche Entwicklung ihres Landes haben die bayerischen Politiker stets auf eigenwillige Weise Einfluß zu nehmen versucht. Hier sind wohl auch Erklärungen für die Unterschiede zwischen der Landeshauptstadt und anderen Regionen zu suchen. Die über Jahrzehnte von der CSU beherrschte bayerische Staatsregierung hat es sich zwar seit langem zum Ziel gesetzt, möglichst gleichwertige Lebensbedingungen in allen Landesteilen zu schaffen, doch haben die Umstände, manchmal auch persönliche Interessen, oft genug in eine andere Richtung gewiesen. Der 1988 verstorbene Ministerpräsident und CSU-Vorsitzende Franz Josef Strauß war überzeugter Marktwirtschaftler, hat seiner bayerischen Wirtschaft aber keineswegs immer freien Lauf gelassen. Das hat zu erheblichen Eingriffen geführt. Manche Maßnahme dieser Art betrachten heute selbst bayerische CSU-Politiker im nachhinein als Fehler, zumal die stets als Hauptargument angeführte, aber mit Steuergeldern teuer erkaufte Sicherung von Arbeitsplätzen meist nur vorübergehend und selten im erwarteten Maß gelungen ist. Das gilt für die Erhaltung von Textilwerken nach dem Zusammenbruch des Glöggler-Konzerns Mitte der siebziger Jahre ebenso wie für die Fortführung der 1987 in Konkurs gegangenen Stahlfabrik Maxhütte in der Oberpfalz. Den 1992 abgeschlossenen Bau des Rhein-Main-Donau-Kanals haben die staatlichen Eigentümer der mit dem umstrittenen Mammutprojekt befaßten Münchner Gesellschaft, der Bund zu zwei Dritteln und Bayern zu einem Drittel, gegen vielfältige Kritik durchgesetzt. Die in 30 Jahren für fünf Milliarden Mark geschaffene

Wasserstraße, die eine Binnenschiffahrt von der Nordsee bis zum Schwarzen Meer erlaubt – mit der der nach Affären aus dem Amt geschiedene bayerische Ministerpräsident Max Streibl einen »europäischen Traum« in Erfüllung gehen sah –, hat vorerst wesentliche Mängel. Zwar steht der Kanal jetzt zur Verfügung, doch die Donau selbst ist über weite Strecken zu flach, so daß Großschiffe dort auf Grund laufen würden. Hier und da fällt der Umschlag der Häfen sogar geringer als früher aus, weil verstärkt auf der Schiene transportiert wird. Auch sind zu Lande noch nicht überall die notwendigen Voraussetzungen vorhanden, um die auf dem Wasser dorthin gebrachten Ladungen weitertransportieren zu können. Weitere Baumaßnahmen also sind notwendig, wenn das Prestige-Bauwerk irgendwann ausreichend genutzt werden soll.

Der seit Mitte 1993 amtierende Ministerpräsident Edmund Stoiber versucht wirtschaftspolitisch andere Wege zu gehen als seine Vorgänger. So hat er die Privatisierung von Staatsbeteiligungen, wie etwa bei dem Energieversorger Bayernwerk AG, eingeleitet. Aber auch er verfolgt eine marktwirtschaftliche Politik mit Einschränkungen, stützt staatlich die Sanierung gefährdeter Firmen wie der Werkzeugmaschinenbauer Deckel und Maho oder bindet seine Regierung trotz des Rückzugs von Beteiligungen in Unternehmensentscheidungen ein. So spielt Bayern bei der Verflechtung des Bayernwerks mit der Viag AG zu einer bedeutenden Industriegruppe eine wesentliche Rolle. Das Land beteiligt sich an der erst vor wenigen Jahren teilprivatisierten Viag und sorgt auch gleich für deren Umzug von Bonn-Bad Godesberg nach München. Das ist Wirtschaftspolitik in bayerischer Tradition, wenn sie auch auf der ausgeprägten Attraktivität Münchens fußt, die Unternehmen anlockt. Der Maschinen- und Anlagenbaukonzern MAN, der mit seiner früheren Obergesellschaft Gutehoffnungshütte im Ruhrgebiet ansässig war, hat seine Zentrale in den achtziger Jahren nach München verlegt, weil wichtige seiner Kunden und Lieferanten inzwischen in Bayern ihren Sitz haben. Dennoch war es nicht zuletzt Strauß zuzuschreiben, daß die von Daimler-Benz gebildete Luft- und Raumfahrtgesellschaft Deutsche Aerospace AG in München angesiedelt wurde.

Diese staatliche Politik, die bei allen Plädoyers für eine Angleichung der Lebensverhältnisse in ganz Bayern immer wieder auf eine Stärkung Münchens hinausläuft, steht in nicht wenigen Gemeinden auf dem Lande einer Abneigung gegen Unternehmensansiedlungen gegenüber. Immer wieder werden Industrieprojekte, aber auch andere Vorhaben wie etwa Hotelbauten oder sonstige für touristische Attraktivität wichtige Einrichtungen mit Macht verhindert. Während die einen die Standortentscheidungen von Unternehmen zu fördern versuchen – Kommunalpolitiker wie die von Regensburg etwa geschickt Großunternehmen wie BMW und sogar den japanischen Toshiba-Konzern für sich gewonnen haben –, legen andere der Wirtschaft regelrecht Steine in den Weg. Solche Tendenzen haben sich selbst in der von einer rot-grünen Stadtratsmehrheit regierten Landeshauptstadt ausgebreitet, doch hat deren wirtschaftliche Dynamik selbst verschärften Behinderungen (wie ausufernd lange Genehmigungszeiten für Industriebauten, drastische Gebührenerhöhungen oder übertriebene Verkehrsberuhigungen) bisher souverän widerstanden.

Der Umbruch im Osten hat auch für Bayerns Wirtschaft die Lage in vieler Hinsicht verändert. Manche glauben, die Musik spiele plötzlich anderswo, nun fliege auch den Bayern nicht mehr alles so »automatisch« zu, wie es über Jahrzehnte den Anschein haben konnte. Zusätzlich belasten Betriebsverlagerungen in die Billiglohn-Regionen der nahen Oststaaten den bayerischen Arbeitsmarkt. Aber man sollte auch die positive Kehrseite der Medaille erkennen: Während Bayern durch die Teilung Deutschlands nach dem Krieg von wichtigen seiner traditionellen Märkte abgeschnitten war, ist die Randlage jetzt überwunden. Das setzt überall neue Kräfte frei. Im ostbayerischen Mittelstand entwickelte sich ein wirtschaftlicher Elan, der seinesgleichen sucht. Viele Handwerker haben sich von der ersten Stunde an in den neuen Bundesländern Aufträge gesucht. Manche bayerische Region wie etwa Niederbayern sieht sich schon als Brücke zwischen Ost- und Westeuropa. So scheint die bayerische Wirtschaft zum zweiten Mal in diesem Jahrhundert gewissermaßen in den Startlöchern zu stehen. Inmitten der überall noch belastenden Schwierigkeiten in Folge der Rezession setzt die Aufbruchstimmung nach der Öffnung der Ostgrenzen längst neue Akzente. Wenn erst die Leistungsbereitschaft der Bayern – gepaart mit ihrer Lebensfreude und Gemütlichkeit – auf den fruchtbaren Boden eines neuen wirtschaftlichen Aufschwungs fällt, dann muß man diesem Land angesichts der neuen Verhältnisse in Europa glänzende Wachstumschancen bescheinigen.

Katharina Adler
Allgäuer Kraftproben

Das Allgäu wird eyngeschlossen von Orient mit dem Lech, gegen Mitnacht mit der Thonau, gegen Occident reicht es an Bodensee und gegen Mittag streckt es sich gegen dem Schneegebirg. Es ist ein rauhs winterigs Landt, hat aber schöne und starcke Leut, Weyb und Mann, die können alle trefflich wol spinnen, und es ist den Mannen nicht spöttlich, besunder in den Dörffern. Es hat auch viel Viechs, Küh und Rossz, es zeucht sonderlich gar schöne junge Fülle. Es hat Winterkorn, Gersten und viel Thannwald, Vögel und Fisch umb und umb mit großen und vielen Seen und fischreichen Weyern erfüllt. Es heißt Allgäu von den vielen Alpen, die darinn sindt. Es ist eine Begangenschafft darinn mit Garn, Viech, Milch und Holtz. Der gemein Mann ißt gar rauh schwartz Gersten oder Habern Brot.«
Sebastian Münster: »Von dem Allgäu« in seiner Cosmographia universa 1550

Aus dem »rauh winterig Land« mit seinem armen »Gersten oder Habern Brot« ist ein Urlaubsland mit Feriendörfern, Zweitwohnungen, Hotels, Sanatorien, Bergbahnen und Liften geworden. Zwischen Alpsee und Oberstdorf droht ein von mechanisierten Bergen umrahmtes Megalopolis zu entstehen. Große Firmen kauften das Bauland auf und trieben die Preise so hoch, daß Einheimische sie nicht mehr bezahlen können.
Als trotz aller Proteste auch noch das Weitnauer Tal aufgerissen wurde, um postum Hitlers Plan einer Queralpenautobahn zu verwirklichen, war das Maß voll. Im langen Sonderzug fuhren die Allgäuer nach Bonn und trugen ihre Transparente durch die Stadt: »Unsere Höfe müssen sterben, weil Straßen unser Land verderben.«
Eine Allgäuer Laienspielgruppe zog von Dorf zu Dorf und spielte den »Alptraum« vom Allgäuer Fortschritt. Selbst von den abgelegensten Berghöfen kamen die Leute herbei, denn das ging sie alle an. Wie sollten sie weiter existieren, wenn ihnen immer mehr Land weggenommen wurde, wenn ihre Eigenständigkeit immer mehr den städtischen Zivilisationszwängen unterworfen wurde? Wie sollen Allgäuer Höfe, die seit Jahrhunderten stolz sind auf ihre eigenen Quellen und Brunnen, es hinnehmen, an eine gechlorte Fernwasserleitung angeschlossen zu werden, nur weil die ständig wachsende Zahl der Zweitwohnungen diese Fernwasserleitung braucht? Wie sollen Einödhöfe, die noch immer nicht gelernt haben, Müll zu produzieren, es hinnehmen, an die Müllabfuhr angeschlossen zu werden?

Am Quatembermittwoch im September kam beim Hagspiel, beim Rädler und beim Frommknecht die Kriminalpolizei ins Haus. Es war ein schöner Tag. Die Nagelfluhkette stand im Föhnlicht. Man sah die Wasser zu Tal stürzen. Die drei Bauern wurden verdächtigt, Wasserrohre mit Altöl unbrauchbar gemacht zu haben. Warum die Polizei sich den Hagspiel, den Rädler und den Frommknecht ausgesucht hatte, war nicht zu verstehen. Genausogut hätte sie an die hundert andere Bauern verdächtigen können, denn alle waren entschlossen zu verhindern, was ihnen da zugemutet wurde: Bis zum letzten Berghof sollte eine Fernwasserleitung gelegt werden, so hatten es die Planer beschlossen.
Nun gehört das Allgäu zu den regen- und schneereichsten Regionen des Alpenraumes. Jeder Hof hat seine Quelle, die Haus und Stall versorgt und so stark fließt, daß das Überwasser als ständiger Strahl in den Brunnentrog fällt.
Den Hausquellen galt immer die größte Sorgfalt. Noch heute richtet sich jeder Bauer bei Quellenarbeiten nach uralten, überlieferten Regeln: Nur bei ganz bestimmten Mondstellungen darf an der Quelle gearbeitet werden, sonst kann es vorkommen, daß die Quelle »verschlupft«. Wer das als Aberglauben abtun will, wird belehrt, daß der Mond sogar auf das große Meer seinen Einfluß ausübe.
Die Haussuchungen fielen hart aus, denn es war schon das dritte Mal, daß in nächtlichen Aktionen die teuren Rohre mit stinkendem Öl beschmiert worden waren. Die Allgäuer sind eigentlich keine Rebellen. Obrigkeit hat für sie noch immer etwas vom Glanz des Gottesgnadentums. Sie müssen schon an einem sehr empfindlichen Punkt getroffen werden, wenn sie sich so rabiat zur Wehr setzen.
Rädler, der außer sich geriet, als sogar der Kleiderkasten in seiner Schlafstube durchsucht wurde, schrie, daß er eher verrecken wolle, ehe er das gechlorte Wasser aus der städtischen Wasserleitung saufen würde. Seine Frau preßte sich beide Hände vor den Mund, als ob sie damit ihren Mann am Weiterreden hindern könnte. Rädler hielt einen frischgeschälten Zaunpfahl zwischen den Händen. Ab und zu stieß er mit dem Pfahl so heftig auf den Stubenboden, daß alle Bretter bebten. Der jüngste der Kriminalbeamten trug an einem Goldkettchen eine Friedenstaube um den Hals. Unbeirrt räumte er den Sonntagsstaat samt Brautkleid aus dem Kleiderkasten. Rädler ging mit seinem Zaunpfahl um, als wolle er ihn drau-

ßen in die Erde rammen. »13 000 Mark«, sagte er, »soll mich der Anschluß kosten, wo bei mir Tag und Nacht der Trog überläuft.« Wonach immer die Hausdurchsucher gefahndet haben mochten, sie wurden nicht fündig. In keinem der Höfe. Hagspiel war nicht weniger wütend als Rädler, aber er war von sanfterer Natur. Er stand mit seinen fünf Kindern am Brunnen vor der Haustür, weil sich die Nachricht von der Durchsuchung wie ein Lauffeuer verbreitet hatte. »Unsere Quelle«, sagte Hagspiel zu den Beamten, »schüttet in der Sekunde sieben Liter Wasser. Selbst wenn ich alle Wasserhähne im Haus und im Stall gleichzeitig aufdrehe, läuft das Überwasser weiter. Alle haben wir bei der Wasserversammlung gesagt, daß wir die Fernwasserleitung nicht wollen. Die einzige Antwort hieß: Zwangsanschluß. Daß da einer, der Tag und Nacht seine Quelle rauschen hört, durchdreht und Altöl verschüttet, ist von unserem Standpunkt aus verständlich. Aber daß Sie glauben, die Leut' wären so dumm, daß sie die leeren Kanister hinterher aufheben, das versteh' ich nicht. Die Kanister könnt ihr vielleicht im Buchenegger Graben finden, im Kronholzer Loch, im Tobel oder in der Schmalzgrube oder gar drüben im Vorarlbergischen.«
Hagspiel hatte gehofft, daß er die Durchsuchung abwenden könne. Ställe, Tenne, Scheune und Schuppen, das hätten sie alles absuchen können, aber das Wohnhaus, das würde Franziska weh tun. Sie fing schon an zu weinen, als Rädlers Georg angeradelt kam, um die Nachricht weiterzugeben. Als die Nebengebäude durchsucht waren, nahm Hagspiel allen Mut zusammen. Obwohl es ihm widerlich war, Persönlichstes einzubringen, sagte er: »Meine Frau ist im siebten Monat, können Sie bitte das Wohnhaus verschonen.« »Wir machen es kurz«, sagte der älteste der Beamten, »der Durchsuchungsbefehl liegt vor.« Der Durchsuchungsbefehl, wie der zustande gekommen sein könnte, das beschäftigt Hagspiel heute noch. Wahrscheinlich wurden, da alle Anhaltspunkte fehlten, einfach nach dem Ortsplan drei Höfe ausgewählt. Hagspiel, das wußte jeder, war nicht der Typ, der es fertiggebracht hätte, Röhren im Wert von 90 000 Mark unbrauchbar zu machen.
Am ruhigsten argumentierte Frommknecht. »Schon vor 20 Jahren«, sagte er, »als ich noch ein Bub war, hat man unsere Väter mit ›Grüne-Plan-Geldern‹ bestochen, Ölheizungen in unsere Bauernhäuser einzubauen. Schritt für Schritt hat man uns seitdem zu Abhängigen gemacht. Die letzte Freiheit, die wir noch haben, ist unser Wasser.

Ein Wasser, um das uns alle beneiden.«
»Heute«, sagte einer der Kriminalbeamten, »dreht es sich nur um die Hausdurchsuchung.« In Frommknechts Holzschuppen war überhaupt nicht durchzukommen. Da türmten sich auf einem uralten Holzachser Rennschlitten, Heuschlitten, Milchschlitten, Hörnerschlitten. Frommknecht war davon überzeugt, das alles eines Tages wieder brauchen zu können. Obwohl der Hof nur 17 Kühe ernähren konnte, gab es im Wohnhaus einiges zu bewundern. Im breiten Flur stand eine kleine Orgel. Frommknechts Frau war die Organistin der Dorfkirche. In der Wohnstube saß sie am Klavier und spielte mit einer ihrer Schülerinnen vierhändig. Sie ließ sich von den Hausdurchsuchern nicht unterbrechen. Nicht daß sie besonders stolz gewesen wäre, aber wenn sie musizierte, war sie durch nichts abzulenken. Frommknecht fiel die Treppe zum ersten Stock schwer wie ein Kreuzweg. Im ersten Stock, da lagen die Schlafstuben, und da lag das Kleinod des Hauses, so etwas wie ein Musikzimmer mit Spinett, Harfe, Zither und in der Mitte ein mächtiges Schlagzeug. Mit seinen dunkelblauen Bildern auf weißen Wänden wirkte der Raum feierlich, und da die Verlegenheit der Durchsucher offensichtlich war, sagte Frommknecht beiläufig: »Die Bilder hat meine Frau gemalt.«
Bei dieser Rolle blieb er, er benahm sich einfach so, als ob es sich um eine Führung durch sein Haus handeln würde. Auf dem Dachboden sagte er: »Was hier trocknet, ist Schafgarbe, Huflattich und Bärlapp.« Die dunklen Ecken des riesigen Dachbodens wurden ausgeleuchtet. Da kam ein alter Webstuhl zum Vorschein, wie er bis vor hundert Jahren in fast jedem Allgäuer Bauernhaus zu finden war.
Bevor das Allgäu ein Weideland wurde, war es ein Flachsland. Bis zur fertigen Leinwand wurde der Flachs auf den Höfen verarbeitet. Der Mann mit der goldenen Friedenstaube versuchte, eine niedrige Einschlupftür aufzustemmen. »Dahinter sind nur Landern«, sagte Frommknecht, »große Holzschindeln, wie man sie früher zum Dachdecken verwendet hat.« Die Tür klemmte so heftig, daß sich der Zugring aus der Verschraubung löste. Als sie endlich aufging, erschien auf der Innenseite ein Plakat mit der Aufschrift: »Mander, dengelt die Sensen! 's isch Zit!« »Das Plakat«, sagte der fündige Kriminalbeamte ernst, »ist beschlagnahmt.« Frommknecht schlug den unteren Rand des Plakates auf und las vor: »Allgäuer Laienspielgruppe lädt zu einem humorvollen

Volksstück ein.« Das erhoffte Lachen blieb aus. Unerträglich lang wurde zwischen den alten Dachschindeln herumgestochert.

Am nächsten Tag stand in der Zeitung, daß Hausdurchsuchungen nichts zur Lösung des Problems beitragen könnten. Schon am übernächsten Tag wurde den aufsässigen Bauern eine perfekte Lösung vorgeführt: Sämtliche Wasserröhren, Erdbagger, Lastwagen wurden auf einem Platz deponiert und von einem überdimensionalen Zaun umgeben. Der Zaun war so hoch und abweisend konstruiert, daß sogar ein Akrobat daran gescheitert wäre. Trotzdem wurde das Depot nachts von harten Scheinwerfern ausgeleuchtet.

Noch leuchten die Scheinwerfer, denn es hat sich als sehr schwierig herausgestellt, die Rohre über Berg und Tal zu verlegen. Das Nagelfluhgestein widersetzt sich den noch so scharfen Baggerzähnen, und wo eine der zahlreichen Wasseradern getroffen wird, entstehen Bachläufe, die mühsam umgeleitet werden müssen, weil sie die neue Fernwasserleitung gefährden. Allein von Mai bis November arbeiteten vier Männer an der Verbauung eines Wildbaches. Es wurde eine starke Staumauer errichtet, die in keinem Verhältnis steht zu dem namenlosen Wildwasser. Als dann die großen Regenfälle kamen, zeigte sich, daß der Wildbach inzwischen einen anderen Weg gesucht hatte. Wie eine Fontäne brach er 20 Meter unterhalb des ihm zugedachten Bauwerks aus der Wiese hervor. Eilends wurde das ungestüme Wasser in einer Röhre dem nächsten Abflußloch zugeleitet. Das Staumonument überragt nun wie ein Denkmal das kleine Bachbett. Nur selten wird es von einem Rinnsal befeuchtet.

»Was soll das alles?« fragte Frommknecht bei einer Versammlung, zu der eigens einer aus Augsburg gekommen war. »Wir müssen die Gelder«, sagte der Augsburger wörtlich, »möglichst gleichmäßig auf Stadt und Land verteilen, damit die Lebensbedingungen überall gleich gut sind.« Der Satz löste empörtes Gemurmel aus. »Der Irrtum liegt darin«, sagte Frommknecht, »daß ihr nicht *unsere* Lebensbedingungen verbessern wollt, ihr wollt uns *euere* Lebensbedingungen aufzwingen. Wir brauchen keine städtische Wasserleitung, wir brauchen keine Schnellstraßen, die unsere Höfe ruinieren, wir brauchen keine Zweitwohnungen, die den Baulandpreis so hoch treiben, daß Einheimische abwandern müssen. Wir brauchen keine Schulbusse, mit denen schon unsere Sechsjährigen durch Eis und Schnee gefahren werden, ob-

wohl wir hier ein neues Schulhaus haben. Wir brauchen auch euere Statistiken nicht, die uns einreden wollen, daß wir erst ab 40 Kühen existenzfähig sind. Wir leben hier gut mit unseren 17, 20, 24 Kühen. Aber wir wollen nicht wie die Indianer behandelt werden: Immer weniger Rechte auf dem eigenen Land, bis für uns nur noch die Rolle bleibt, die Landschaft zu pflegen, in der ein paar Bosse ihre Geschäfte mit den Urlaubern machen.« Das Hauptreferat »Wird die bäuerliche Landwirtschaft unmenschlich?« konnte nicht gehalten werden. Die Bauern wollten an diesem Abend selbst reden. Die Tatsache, daß durch die Wasserleitung auf dem Dorf fast eine Million Schulden lasteten, machte die Köpfe rot und die Stimmung laut.

Am nächsten Tag war die teure Staumauer, die von dem Wildbach so tückisch umgangen wurde, mit einem Hakenkreuz beschmiert. Es war auffallend, wie gut das Zeichen zum Stil des Bauwerks paßte.

Die Allgäuer Bauern sind sparsam. Sie haben im 19. Jahrhundert eine Hungerzeit erlebt. Es dauerte lang, bis die Umstellung vom Flachsanbau zum Weideland etwas einbrachte. Sparsamkeit wurde in jener Zeit zu einem Teil der Religion. Ein achtzigjähriger Bauer erinnert sich, wie er als Kind zum erstenmal von seinem Großvater die Leidensgeschichte Christi hörte. Der Großvater nahm das Kruzifix von der Wand und sagte: »Schau, er hat die Füß' übereinander getan, so haben sie nur einen Nagel gebraucht.«

In den abgelegenen Berghöfen ist von dieser Sparsamkeit noch etwas erhalten geblieben. Ein zerrissener Pullover wird dort noch immer fünfmal gestopft, ehe man ihn als Tomatenkompost verwendet. Das soll nun anders werden. Eines Tages stand vor dem Riedhof, 903 Meter über dem Meeresspiegel, ein grauer Mülleimer. Die Bäuerin wehrte sich. »Was sollen wir da rein tun?« fragte sie den Mann, der die Tonne brachte. »Bei uns kommen die Küchenabfälle in den Sautrog oder zum Gartenkompost, Flaschen holt die Landjugend ab, Alteisen sammelt die Feuerwehr ein.« Die Riedbäuerin bestand darauf, daß der Mann mit ins Haus kam. Er mußte sich den Kachelofen anschauen. Das war kein städtischer Ofen, sondern ein Buschelofen, in den man riesige Reisigbuscheln schieben konnte. Die Bäuerin öffnete die fast fenstergroße Ofentür. Es war offensichtlich, daß man in diesem Ofen »gar alles« verbrennen konnte.

Der Überbringer der Mülltonne zeigte sich verständnisvoll. In den abgelegenen Höfen bekam er überall die gleiche Lektion zu hören. Er mußte den Leuten klarmachen, daß ein lückenloses Netz der Müllabfuhr geschaffen werden müsse. Besänftigend fügte er seiner Rede hinzu: »Zuerst kommt's euch überflüssig vor, aber man gewöhnt sich schnell dran.« Das war für die Riedhofer nicht die richtige Besänftigung. 178,20 Mark sollten sie jedes Jahr bezahlen für eine Müllabfuhr, die sie einfach nicht brauchten. Die Bäuerin radelte ins Dorf hinunter. Eine Kanzlei gab es seit der Gemeindezusammenlegung nicht mehr, aber vom Telefonhäuschen aus konnte sie bei der Verwaltung im übernächsten Dorf anrufen. Weder die Schweine noch der Komposthaufen, noch der Buschelofen konnten etwas bewirken. Übrig blieb nur das Wort: Zwangsanschluß. Der Beamte empfahl, die Gebrauchsanweisung zu lesen, die gleichzeitig mit dem Mülleimer verteilt wurde.

Die Gebrauchsanweisung, eine Broschüre von 33 Seiten, widmete sich der Frage: Was sind Abfälle? Die Belehrung begann mit dem Satz: »Abfälle im Sinne des Gesetzes sind bewegliche Sachen, deren sich der Besitzer entledigen will und deren geordnete Beseitigung zur Wahrung des Wohls der Allgemeinheit geboten ist.«

Auf sieben Seiten wurden all die Dinge aufgezählt, die man nicht in den Mülleimer werfen durfte, von »Äthylenchlorid« bis »Körperteile« reichte der Katalog. Am meisten Ärger erregte das Kapitel »Sperrmüll«. Da erfuhren die Riedhofer, daß sie alle viertel Jahr wegzuwerfende Möbel bereitstellen sollten.

Der Mülleimer wurde außerhalb des Hofes hinter die Holunderbüsche am Eschenhag gestellt. Er war nicht mehr zu sehen. Da kein Müllauto kam, hielt man die Sache für erledigt, aber nach sechs Wochen kam die Rechnung. Diesmal erfuhr die Bäuerin bei ihrem Anruf, daß die Anfahrt zu ihrem Hof für das Müllauto zu steil sei, der Mülleimer müsse jeden Dienstag um sieben Uhr früh unter der Buche neben der Kirche in der Ortsmitte stehen. Erst als der Rechnung eine Mahnung folgte, entschloß sich der Riedbauer, zur Verbandsgemeinde zu fahren, obwohl ihm Behördengänge Schlaflosigkeit bereiteten. Den weiten Weg hätte er sich sparen können. In dem Rathaus saßen zwar verwirrend viele Angestellte, aber keiner war in der Lage, sein Problem zu lösen. Schließlich wurde ihm nahegelegt, es direkt beim Landratsamt zu versuchen. Er solle ein Gesuch schreiben mit einer genauen Aufstellung über die Verwertung der Abfälle.

Den ganzen Sonntagnachmittag saßen die Riedhofer über diesem Schreiben. *Er* wollte eine sachliche Aufzählung schreiben, *sie* wollte ihren Zorn loswerden. Er weigerte sich, das Wort »Zwangswirtschaft« oder »Zumutung« zu verwenden. Aber vor sein »Hochachtungsvoll« setzte er dann doch den Satz: Ein Berghof ist keine Stadtwohnung. Noch drei Monate stand der Mülleimer hinter den Holunderbüschen, bis er dann am Allerseelentag abgeholt wurde.

Wie es im Allgäu weitergeht? Am deutlichsten sagt es Marianne B., die junge Bäuerin vom Halden-Hof: »Wenn ich morgens aufwach', muß ich als erstes denken: Was wird heut' wieder los sein? Manchmal sag' ich zu meinem Gebhard: Geh du zuerst vor die Haustür. Ich erschreck' immer so, wenn ich einen neuen Bagger oder einen neuen Baukrahn seh'. Mir wird's da jedesmal schlecht.«

Bruno Moravetz
Hundert Bergtage ohne Romantik: Auf Alm und Alp

Alm-dirndl, riahr di, eho-drio-ho-drio-uu-ii-ooh! Geh her, ü-bers Küah-we-ee-gel – doo bin ii . . . ! Di-oh hu-ii-ri-di-uu-ii-ooh . . . !« Almdirndl – junge Sennerin also – geh herüber, über den Kuhsteig, herüber zu mir, denn ich bin hier . . . So etwa, sinngemäß, lautet die Verdeutschung des überlieferten Hirtenrufs, irgendwo in den Alpen hinausgeschrien, voller Sehnsucht und Hoffnung, hinübergerufen von der einen Hütte zu der anderen, benachbarten. Das ist die Romantik, wie man sie dem Leben der Hirten und Sennen und der Sennerinnen andichtet, aus herzzerreißenden Geschichten, aus Groschenheften, auch aus sogenannten Heimatfilmen. Gewiß, auch heuzutage schreit so mancher Alphirt seine Juchzer hinaus, wie seit Jahrhunderten die Rufe der Älpler gebraucht sind: als Suchschreie nach dem verstiegenen Rind oder Kalb, als Verständigung mit dem Nachbarn weit drüben über dem Tal auf der nächsten Alphütte; einfach so aus Freude am Da-Sein, auch nach einem harten, langen Tag auf dem Berg, »im Berg«, wie sie das nennen, ihr Leben zur Sommerszeit als Hüter von wertvollem Jungvieh, als Melker der Bergkühe, als Sennen, die buttern und käsen. Das Leben der Hirten und Sennerinnen hat sich mit den Notwendigkeiten moderner Landwirtschaft auf den oft abgelegenen »Almen«, wie sie im Altbayerischen heißen, auf den »Alpen«, wie sie im schwäbisch-alemannischen Lebensraum des Allgäus genannt werden, verändert.

Frühmorgens tritt einer in einem Alpendorf sein Motorrad an, fährt über Stock und Stein eines schmalen Bergsteiges hinauf, noch vor der Zeit der Morgendämmerung, um seine übernommene Aufgabe zu erfüllen. Er hat von Kind an das Leben auf der Alpe kennengelernt. Wenn die Schulferien begannen, ist er dem Vater nachgestiegen auf die hoch gelegenen Weidewiesen unter den Felsregionen der heimatlichen Berge. Er hat vom ersten Tageslicht an geholfen: als Halterbub, als Hirtenjunge. Er ist bloßfüßig über die Weiden gesprungen, hat das Jungvieh zusammengehalten; er hat vom Brunnen draußen im Eimer das Wasser hergeschleppt in die Hütte; er hat, drüben im Hochwald, trockenes Holz für den Herd zusammengetragen, wo über offenem Feuer an einem verrußten Eisenarm der große Kessel hing. Er hat auch gelernt, wie der Rahm im Faß zu rühren ist, um Butter zu machen.

Später hat der Bub ein Handwerk gelernt, denn der kleine Bauernhof mit nur wenig Vieh, für das das Gras an steilen Wiesen gemäht werden mußte, hat keinen Platz geboten für mehr als einen aus der Familie; und das war der ältere Bruder. Der Jüngere wurde Mechaniker; an den Sonntagen aber war er stets droben auf der Alp, half mit, den Zaun zu überprüfen, gerissene Drähte zu reparieren; er half beim Holzen, wenn gegen Ende der hundert Tage oder danach im Berg zwei, drei große Fichten gefällt werden mußten, das Holz zu scheiten war, zu sägen und zu spalten und an der Hüttenwand aufzubeigen war, aufzustapeln, für den Winter, für den nächsten und für den übernächsten Sommer . . .

Aus dem Kind des Sennen auf der Alpe wurde ein tüchtiger Mechaniker. Eines Tages heiratete er; es wurde ein kleines Haus gebaut, mit zwei Zimmern für Sommergäste. Aber allmählich wurde vergrößert, angebaut; es entstand eine Ferien-Pension, wie sie in den Bergdörfern Bayerns zwischen Lindau und Berchtesgaden gesucht werden von den »Preißn«, den Gästen aus dem Westen und Norden Deutschlands, auch von Gästen aus dem Ausland. (»Preißn« sind sie alle, wenn man zusammensitzt unter seinesgleichen, auch wenn's keine Preußen sind. Aber dieses »Preißn« ist nun einfach aus dem Laufe der Geschichte des Landes Bayern zum Begriff für alles das geworden, was nicht bodenständig ist.) Es wird schon fast liebevoll gesagt, dieses »Preißn«; denn die Gäste in den Bergdörfern tragen erheblich zu einem gewissen Wohlstand bei, machen Umsatz.

Es wird viel gewandert in den Bergen, und die meisten Steige führen an der einen oder anderen Hütte vorbei. Das Geläut der Kuhglocken, der Schellen aus Messingblech, noch von wenigen letzten Schellenschmieden in Handarbeit kunstvoll hergestellt, gehört zu einer erholsamen, erlebnisreichen Ferienwanderung. Da wird an der Hütte eingekehrt, frische, kühle Milch getrunken, ein Butterbrot dazu gegessen oder Käse. Doch die wenigsten Sennerinnen rühren noch das Butterfaß; auf den wenigsten Alphütten wird gekäst, wird beispielsweise der Allgäuer Emmentaler in riesigen Laiben hergestellt oder der besonders würzige Bergkäse, eine Variante dieses nach schweizerischen Käserezepten aus dem Emmental hergestellten Käses. Denn auf den Almen und Alpen im bayerischen Bergland, auf zusammen rund 1300 Hütten und den Weidewiesen dazu, gibt es nur mehr etwa 5000 Kühe. Aber nahezu zehnmal soviel machen die Jungrinder aus, etwa 54 000 ingesamt. Dazu kommen noch an die 4000 Schafe und sogar Pferde, vielleicht 600 an der Zahl. Die Kühe, eine oder zwei, werden von den Hirten und den Sennerinnen mitgenommen für den eigenen Bedarf, für die eigene Ernährung in den hundert Tagen auf dem Berg, im Berg, zwischen Mitte Juni und Mitte September. Butter macht man nur noch für sich selbst; was nicht benötigt wird, kann an vorbeiziehende Wanderer verkauft werden. Viele beziehen die benötigte Butter und den Käse bereits aus dem Talort, vor allem dort, wo besonders viele Wanderer vorbeikommen.

Romantisch ist das Leben auf dem Berg keineswegs. Viele Alpen, von etwa Mitte Juni an, wenn der Schnee weggeschmolzen ist und die Berggräser wachsen, wenn für das Vieh ausreichend Nahrung gegeben ist, sind nicht mehr ständig von einem Hirten bewohnt. Zuvor, ehe der Berg »beschlagen« wird, wie es im Allgäu heißt – oder im Oberbayerischen: »bestoßen« –, müssen so etliche Vorbereitungen getroffen werden. Die Zaunpfosten sind zu überprüfen; von Schnee und Lawinen, von den Herbst- und Winterstürmen angerichtete Schäden, auch so manche »Spur« der vorbeiziehenden Skiläufer muß beseitigt werden, ehe das Vieh aufgetrieben werden kann. Nun ist der Almauftrieb nicht mehr wie einst eine festliche Angelegenheit. Mit ihren Viehtransportern fahren die Bauern heutzutage recht hoch hinauf in die Berge. Die vielschichtigen Probleme der Grünlandwirtschaft und die Tatsache, daß die Söhne der Bergbauern immer weniger an dem kargen, harten Beruf interessiert sind, haben zu entsprechenden Rationalisierungen auf den Höfen geführt. Es ist, soweit möglich, viel Arbeit durch Maschinen erleichtert worden; Forst- und Alpwege wurden ausgebaut, damit durch geringen personellen Aufwand die Arbeit einigermaßen lohnend wird.

So ist auch die eigentliche Alpwirtschaft zur Sommerszeit weitgehend rationalisiert. Das Beispiel des Bergbauernsohnes, Inhaber eines vielbesuchten und recht gute Erträge abwerfenden Gästehauses, zeigt es: Seine rund 200 Jungrinder, die er aus alter Liebe zu diesem Beruf noch Jahr für Jahr auf der Alpe betreut, besucht er täglich zweimal – mit dem Gelände-Motorrad. In den ersten Tagen blicken seine Kälber erstaunt, erschrocken auf, wenn er über den steilen Waldweg heraufknattert zur Alpe. Doch nach einiger Zeit haben sie sich an das Motorengeräusch gewöhnt, lassen sie erkennen, daß sie den Mann auf dem knatternden Fahrzeug als ihren Hirten akzeptiert haben. So manche Alm zwischen Watzmann und Ho-

hem Ifen wird nurmehr auf solche oder ähnliche Weise inspiziert, täglich, manchmal auch nur jeden zweiten Tag. Das Vieh wird nicht in den Stall getrieben, es sucht sich, Tag und Nacht, draußen sein Futter, hat einen Brunnentrog zum Saufen. In der Mittagshitze, die auf dem Berg nur selten unerträglich wird, weil meist ein kühles Lüftchen weht, suchen sich die Rinder schattige Plätze.

Auf den etwa 60 Sennalpen (oder Almen), die noch mit Milchvieh beschlagen (oder bestoßen) sind, wird allerdings von früh bis spät hart gearbeitet. Nur wenige sind mit Melkmaschinen ausgestattet, ein, zwei Dutzend Kühe mit den Händen zweimal am Tag zu melken, das bedeutet harte Arbeit. Den Stall misten, die Milch zu Butter oder Käse zu verarbeiten, dazu auch noch das Geschäft mit den eigenen Erzeugnissen betreiben, an Wanderer Milch, Butter und Käse verkaufen, die Bänke und Tische sowie das Umfeld der Hütte sauberzuhalten – das alles muß ein Sennerpaar heute oft allein schaffen. So ist der Tag vom ersten Morgengrauen bis in den Abend ausgefüllt mit Arbeit. Dennoch ist dieser Beruf keineswegs uninteressant. Wenn im Winter die Alm(Alp)meister – jene, die in der zumeist genossenschaftlich organisierten Bergbauernschaft die Verantwortung für den Betrieb der Alpen übernommen haben – einen neuen Hirten oder ein Paar für eine Sennalpe suchen, haben sie seit einigen Jahren kaum Schwierigkeiten. Da gibt es Jungbauern, die durchaus zwei, drei Jahre »in den Berg« gehen wollen; da gibt es in zunehmendem Maße auch Studenten oder Studentinnen, die einen solchen Job gern machen (wenn auch viele scheitern, weil sie sich von der Arbeit falsche Vorstellungen machen).

Die »Sünd' auf der Alm«, vielbesungen, vielzitiert? Die Zeiten sind vorbei, da im 18. Jahrhundert die Regierung Vorschriften erließ über das Alter einer Sennerin. Es mußte »kanonisch« sein, »zwegn der Sünd«. Und es gab in jenem 18. Jahrhundert eine »geistliche Untersuchungskommission der Kapuziner«, die zog von Alm zu Alm, die Sennerinnen zu inspizieren, ihnen den unsittlichen Verführungsteufel auszutreiben. Der Volksmund nannte diese Tätigkeit geistlicher Inspektoren das »Wappeln der Almdeandln«.

Die heutige wirtschaftliche Bedeutung der Almwirtschaft, die auf rund 160 000 Hektar Weidefläche in Bayern rund 60 000 Stück Vieh ernährt – Vieh, das später Milch und Milcherzeugnisse, Fleisch und Häute für Leder liefert – hat auch noch andere, wesentliche Aspekte. Schon vor

Jahrhunderten (wie im 12. Jahrhundert, als das Bistum Bamberg eine Alm in den Alpen besaß) wurde Bergland kultiviert. Die Worte eines Oberallgäuer Alpmeisters auf einer Arbeitstagung waren wie ein Aufschrei anzuhören: »Mir will's nicht in den Kopf (»Grind«, sagte er auf gut allgäuerisch), daß jetzt der Naturschutz und alle möglichen Leut' das große Sagen haben wollen, wieviel Rindvieh zur Weide auf eine Alp gehört!« Denn: Immer mehr reden den Bergbauern »studierte Leut'« ins Geschäft; die Alpwirtschaft müsse so und so und so betrieben werden.

Der Bau von Wegen, über die so manche Hochweide erst erreicht werden kann, um rationell bewirtschaftet zu werden – also auch in der immer häufiger personallos betriebenen Alpwirtschaft –, kann allenfalls die schwere Arbeit der Bergbauern erleichtern.

Zwar braucht man kein ständiges Personal mehr, wenn lediglich Jungvieh gehalten wird, doch allein das Setzen der Zaunpflöcke um das Weideland, bergauf, bergab, das Ziehen eines Elektrozaunes oder von Stacheldraht, die tägliche Kontrolle auf dem Berg – das alles erfordert mit viel Arbeit reichlich ausgefüllte Tagesläufe. Dennoch: Vieh von Hochweiden, hundert Tage bei Wind und Wetter von kräftigem, gesundem Grün genährt, bringt dem Bergbauern auf den Märkten den Lohn für seine Mühen. Bergvieh ist gefragt: Es ist widerstandsfähiger als Stallvieh, gesünder, leistungsfähiger später in der Milchwirtschaft, in der Zucht. Es ist nicht mehr nur die Tradition dieses Zweiges der Landwirtschaft, daß die »Almen bestoßen«, die »Alpen beschlagen« werden. Intensiv befassen sich Wissenschaftler mit der Berglandwirtschaft; es gibt Untersuchungen über das »Ertragspotential der Alpweiden bei standortgemäßer Bewirtschaftung«, über den »Einfluß der Älpung auf Leistung und Lebensdauer des Viehs«. Und es gibt weiterhin Untersuchungen und Erfahrungen; schließlich – und das nicht zuletzt – auch aus dem großen Topf der Europäischen Wirtschaftsgemeinschaft Zuschüsse für die weitere Entwicklung der Bergweidewirtschaft.

Wenn ein Hirt, ein Senner, die hundert Tage des Bergsommers mit seiner Herde gut hinter sich gebracht hat, wenn keine Kuh, keines der Jungrinder verloren ist, abgestürzt, erkrankt, wenn sie alle noch da sind, vollzählig wie am ersten Tag, wohlgenährt, mit etwas zottigem Fell vom Aufenthalt im Freien und in der scharfen Bergluft – wenn also die hundert Tage der Saison zu Ende gehen –, dann steht das große Fest an: »Almab-

trieb« heißt es in Oberbayern, »Viehscheid« im Allgäu. Da werden die Glocken und Schellen geputzt, die beste Kuh wird festlich geschmückt, mit Blumen und Grün, mit den breiten, bestickten Schellenbändern, in manchen Landschaften werden Spiegel aufgesteckt.

Die Herde zieht vom Berg zu Tal, wenn der Sommer auf der Hochweide vergangen ist, wenn das Gras nicht mehr nachwächst, das Futter zur Neige gegangen ist. Dann sammeln sich im Dorf die Bauern, ihr Vieh abzuholen, es zu »scheiden«, auseinanderzusuchen aus der Herde. Außerdem findet Markt statt, nach altem Brauch, Tische und Bänke von der Brauerei sind aufgebaut, das Bier schäumt im Krug, man labt sich an der mitgebrachten Brotzeit oder der Bratwurst vom Rost des Gastwirts. Da drängt sich das Volk von nah und fern, die Bauern, das Weibervolk und die Kinder; die »Preißn«, die Gäste, alle drängen zuhauf. Da wird fotografiert und gefilmt, die Blasmusik spielt, und von den Marktbuden dröhnt die heiße Musik der Moderne herüber. (So mancher Bauernbursch, so manches Mädchen lauschen lieber diesen Klängen.) Da ist wirklich alles auf den Beinen, wenn die Herde heranbimmelt. Dong-dong klingt die große, blitzende Schelle der Leitkuh und bing-bing bingelt dazwischen das kleine Geläut der Jungtiere. Voran schreitet der Hirt: Er trägt seinen Stab stolz in der Hand, jenen langen, derben Haselstecken mit der Metallspitze drunter, der ihm beim Steigen, beim Hinterherspringen auf der Alpe treuer Helfer war. Er schaut nicht links und er schaut nicht rechts; die Zurufe von Freunden, Verwandten scheint er nicht zu hören. Der Hirt bringt nach hundert Tagen seine Herde, sein Vieh, gesund und wohlgenährt, den Bauern wieder. In diesen Stunden ist die ganze Mühsal des Bergsommers vergessen, da ist nur noch sichtbar Zeugnis zu geben von der geleisteten Arbeit.

Erst wenn am frühen Nachmittag eines solchen Tages die Teile der Herde weiterziehen zu den heimischen Ställen und die ferner wohnenden Bauern ihre »Stuck« verladen haben, erst dann ist auch der Hirt, ist seine Hirtin oder Sennerin, wieder daheim. Und wenn dann – wie seit vielen Jahren in Immenstadt im Allgäu – ein Berglerball stattfindet, mit der Prämiierung des schönsten Berglerbartes (weil man sich ja nicht rasiert »im Berg«) – dann erst ist der Bergsommer vorbei. Mancher hat droben noch einige Tage zu tun – vielleicht die Hütte, die Zäune zu bereiten für den Winter. Und für die nächsten hundert Tage . . .

Wilfrid Feldhütter
Es geht mir im Maul herum

Bavaria est divisa in partes tres.« – Was zu Gaius Julius Caesars Zeiten für Gallien galt, trifft in gewisser Weise auch für das heutige Bayern zu. Das Ganze besteht aus drei beachtlichen Teilen: einem guten Stück Schwaben, einem tüchtigen Stück Franken und einem schönen Stück Altbayern. Bairisch, Fränkisch und Schwäbisch sind die Landessprachen. Schwäbisch in Gegenden, deren bekannteste Punkte Füssen am Lech, Memmingen und Kempten im Allgäu, Lindau im Bodensee, Mindelheim, Augsburg, Nördlingen im Ries und Dillingen an der oberen Donau sind.

In Weißenhorn, einem liebenswürdigen Städtle dieses nicht minder liebenswürdigen Landstrichs erblickte 1714 Sebastian Sailer das Licht der oberschwäbischen Welt. Die Ordensgelübde legte er bei den Prämonstratensern ab. Als einem bedeutenden Latinisten seiner Zeit wurde ihm der Ehrentitel eines »Cicero Suevicus« zuteil. Beliebt und viel belacht wurden bis zum heutigen Tag seine heiteren, ja ausgelassenen spaßhaften geistlichen und weltlichen »Comödien«. Die himmlischen und höllischen Heerscharen schwätze jenes Oberschwäbisch, wie es Sebaschtian als Bub in Weißnhorenauf Lebenszeit in sich aufgenommen hatte. Sailers »Schwäbische Schöpfung« ist ein mundartliches Singspiel mit Gottvater, Adam und Eva als Hauptpersonen. Im Vollgefühl seiner Schöpferkraft schickt sich der Himmlische Vater zu einer Arie im barocken Stil an:

Ohne Hammer, ohne Schlegel, / ohne Bretter, ohne Nägel, / ohne Schaufel, ohne Kella, / ohne Buaba, ohne G'sella, / ohne Schiefer, ohne Schtoi / i sealbar alloi. / Ohne Ziagel, ohne Blatta, / ohne Sparra, ohne Latta, / ohne Kalch und ohne Meatel, / freyli mit ganz b'sondere Veatel (Vorteil); / ohne Hobel, ohne Seaga (Säge) / haun i älles bracht so z'weaga. / Ohne Feila, ohne Zanga, / ohne Raitel, ohne Stanga, / ohne Zirkel, ohne Schnüera, / ohne Riß, und oh Probiera, / ohne Richtscheit und Lingier / ischt's glei grotha mier. / Ohne Menscha, ohne Goischter (Geister) / bin i seall (selbst) der Zimmermoischter.

Nun zu Ober-, Mittel- und Unterfranken mit den veritablen Residenzen Bayreuth, Coburg, Ansbach und Würzburg. Fränkisch, genauer gesagt, ostfränkisch spricht man zu beiden Seiten der Flüsse Regnitz und Pegnitz, an den Ufern des Mains, im Frankenwald, im Spessart und in der Rhön. Nürnberg fühlt sich als Hauptstadt dieser Region und weiß für diesen Anspruch gute Gründe zu nennen. Es kann als ein Vor-Ort fränkischer Mundartdichtung gelten. Johann Conrad Grübel, 1736 geboren, war Nürnberger Flaschnermeister und Poet dazu. Sein erstes Bändchen mit Gedichten in Nürnberger Mundart erschien 1798 und fand lebhaften Widerhall. Friedrich Schiller meinte zwar, Grübels Poesie habe sich überlebt, Goethe dagegen verglich sie mit den Alemannischen Gedichten Johann Peter Hebels. Als Beispiel das Gedicht »Der Käfer«:

Dau sitz i, siech an Köfer zou, / Tout in der Erd'n kröich'n (kriechen): / Öitz kröicht er aff a Grösla naf, / Dou tout si's Grösla böign (biegen); / Er git si ober alli Möih, / Und rafft si wider af, Und hält si on den Grösla oh, / Will wieder kröichn naf. / Bald kröicht er naf, bald fallt er roh (herunter), / Bannah a halba Stund, / Und wenn er halb oft drub'n is, / So ligt er wider drunt; / Und wöi (obwohl) er sicht, daß's goar nit geiht, / Und daß er goar nit koh, / So brat't er seini Flügl aus / Und flöigt öitz ganz dervoh. / Öitz denk i: Wöi's den Köfer geiht, / Su tout's dir selber göih, / Der hout doch gleiwuhl meih'r Föiß, / Du ober haust ner zwöi (zwei). / Du kröichst scho rum su langa Zeit / Die Läng und in die Quer, / Und kummst döstwögn doch nit weit, / Und wörst aff d'Letzt wöi der: / Wennst lang genoug dau in den Gros / Bist krochn, haust nit g'wüßt vur wos, / So wörst, nach Sorgn, Möih und Streit, / Fortflöign in die Ewigkeit.

Bairisch spricht man innerhalb des altbayerischen Fünfecks. Seine breite südliche Basis endet im Westen bei Füssen am Lech und im Osten bei Berchtesgaden. Zwei weitere Ecken sind das westlich gelegene Neuburg an der oberen Donau und die Dreiflüssestadt Passau. Das fünfte Eck war vor 1945 das Egerland im Norden. Später trat das Stiftsland Waldsassen an seine Stelle. Jede deutsche Mundart hat ihre berufenen und unberufenen Vor-Redner. In Altbayern ist daran kein Mangel. »Der eine is Dante im Hopfenland, der andre Horaz in Ramsau . . .« um ein ursprünglich auf österreichische Verhältnisse gemünztes satirisches Gedicht Josef Weinhebers zu variieren. A propos Satire! Man geht nicht fehl, Anton Bucher, den Kurfürstlichen Geistlichen Rat (und Jesuitenfresser!) als den größten altbayerischen Satiriker vor und neben Ludwig Thoma zu nennen. Er kam im Jahre 1746 in München zur Welt, berechtigte als junger Geistlicher zu den schönsten

Hoffnungen, ließ von den auf seinem Lebenswege stehenden Fettnäpfchen kaum eines aus und mußte schließlich froh sein, die abgelegene, aber reiche Pfarrei Engelbrechtsmünster (südöstlich von Ingolstadt) übernehmen zu können. In diesem über dreißig Jahre währenden Exil schrieb er 1782 anonym den satirischen »Entwurf einer ländlichen Charfreitagsprocession samt einem gar lustigen und geistlichen Vorspiel...«

Es ist eine leibhaftige Sprache, die wir da vernehmen, unmittelbar aus der bairischen Mundart hervorgegangen.

Erster Actus

Gott Vater schaut nach, wie es auf der Welt zugeht und sieht alle Wunder. – Das Theater repräsentiert Himmel und Erde. Auf einer Altane geht Gott Vater in einer kreutzweis gelegten Stole, im reichen Pluvial und dann mit der päbstlichen dreyfachen Krone auf dem Haupt, nicht minder dem dreyeckigten goldenen Schein hinter demselben, und einen könglichen Scepter in der Hand, und in gelb safianenen Pantoffeln auf und ab und spricht majestätisch wie ein regierender Herr.

Ich Gott Vater auserkohrn,
Der Himmel und Erden hat geborn,
Geh immer im Himmel so auf und ab,
Und freu mich, daß ich alles hab,
Was ich gemacht, gemacht so gut,
Daß mir's wohl Niemand nachi thut.
Ist immer schönes Wetter hier,
Habn großes Brod und gutes Bier,
Es z'reißt kein Schuh, es z'reißt kein G'wand,
Hat jeder fast ein eignes Land.
Man giebt kein Zins, man giebt kein Steuer,
Man arbeit't nit, ist immer Feyer-
Tag. Kein Doctor und kein Advokat
Bey uns dahier sein Bleibens hat,
Warum? Es giebt halt kein Prozeß
Es zwickt und grimmt nit in dem Krös.
Wohlauf und lustig, frisch und g'sund
Ist alles trotz ein'm Pudelhund...
Von Krieg und Pest und Bösem viel
Weiß man auch hier kein Pfifferstiel
Hier hat halt niemd in Apfl bissen,
Und Lucifer hat ausgeschissen,
Er fiel und in die Höll' dazu,
Gott gebe ihm die ewige Ruh.
Doch sticht mich wohl der Narr ein wenig
Zu schauen, ob auch Jedermännig
Auf Erden lebt das Leben sein,

Daß er geht in den Himmel ein,
Der offen steht für jeden Christ,
Der fromm gelebt und g'storben ist.
Just recht, find ich auf einen Griff
Mein Augenglas und Perspectiv.

NB. Gott Vater schaut durch's Perspectiv. Man hört eine Musik und hört Jauchzen.

NB. NB. Gott Vater schlägt die Hände überm Kopf zusammen und schreit, was er aus dem Hals bringt.

Herr Jesu Christ, was muß ich sehn!
Es möchten mir die Augen vergehn.

Die Musik kommt näher, und es beginnt die
Iᵐᵃ Exhibitio (1. Akt)

Die sieben Tod- oder Hauptsünden tanzen die sieben Sprüng. Die Teufeln, natürlich alle vermaskiert, aber doch mit Hörnln auf dem Kopf, und kupfrigen großen Nasen bringen ihnen allerhand Delikatessen, als Bratwürste, Saumägen, Leberwürste, Rettig, Bier, Schmalznudl, schweinerne Brätl, Rosenschnitz, Goglhopf, Breyn und Groschenwecken, und die Todsünden fressen und saufen sich alle blitzsternhaglvoll an, – speyen – und fressen und saufen wieder. – Gott Vater sieht das Ding und wirft seinen Zepter hinter die Tür. Patsch donnerts und blitzts, und man hört auf Erden zum Wetter läuten. Gott Vater schneidt ein G'sicht über das andere, indem er in diese Worte ausbricht:

Was hab ich g'sehn, daß Gott erbarm,
Thät Noth, ich nähm ein Eau de Carm (Carmelitergeist)
Potz Blitz, das ist ja zum Krepiern
Ein so liederlichs Leben zu führn!
Ist das, o Mensch, das Leben dein,
Der Henker möcht Gottvater seyn. –
Es tut mich bis in Tod verdrießen,
daß ich dich Schwengl hab machen müssen.

Eine erste, vorläufige Bekanntschaft mit den drei bayerischen Landessprachen wäre somit gemacht!

Kulturen und Sprachen halten sich nur selten an Staatsgrenzen. Schwäbisch schwätze se nit nur zwische Lech ond Iller, sondern erscht recht in Bade-Württemberch. Ostfränkisch redet man in Nordbayern, westfränkisch im Rhein-Main-Gebiet und weit darüber hinaus. Bairisch im weitesten Sinn sprechen derzeit etwa zwölf Millionen Menschen. Sieben davon leben in Österreich (nur in Vorarlberg spricht man alemannisch). Jedenfalls ist Bairisch das Grundelement der in vielen österreichischen Landschaften so gefälligen Sprechweise.

Wenn nicht einmal Staatsgrenzen die Ausbreitung der Sprachen und Mundarten hemmen können, dann Verwaltungseinheiten wie Ober- und Niederbayern erst recht nicht. Dagegen gibt es in Oberbayern wie in Niederbayern Dialektlandschaften wie den Chiemgau, das Werdenfelser Land, das Rottal, den Bayerischen Wald. Deutschlands größtes Hopfenanbaugebiet, die Holledau, wird einerseits von der Regierung von Oberbayern, andererseits von der niederbayerischen in Landshut verwaltet. Das macht der Sprache der Bewohner dort nicht das geringste aus. Ein- und mehrstimmig singt man in ein und derselben Diktion das Holledauer Schimmel- und Schelmenlied:

O heilger Sanct Castulus
und unser liabe Frau –
ös (= ihr) werds uns wohl no kenna:
mir san vo da Holledau:
Fert (voriges Jahr) san unser neune gwen (gewesen),
huir (heuer) san uns grad no drei – und
die sechse san beim Schimmistehln –
Maria, steh eahn (ihnen) bei . . .

Daß diese und noch einige Strophen von den Holledauern als Wallfahrerlied gesungen worden sei, wird von den Einheimischen als üble Nachrede benachbarter Neidhammel qualifiziert.

Wörter wie *fert* (voriges Jahr), *Fasóla* (schwäbisch: Bohnen), da *Éierst* (fränkisch: der Erste) hört man immer seltener, so selten wie das Rauschen der Sensen im Korn, den hellen Schlag des Dengelhammers, den donnernden Rhythmus der Dreschflegel auf der Tenne; nicht zu reden vom herausfordernden Sprechgesang der Scheunendrescher, wie ihn die Lena Christ aus der Zeit vor 1914 überliefert hat:

Buama, hauts ein, / Hauts nur grad drein! / Dirndln, hauts ein, / Drescht's fleißig drein! / Laßts enka Drischl (Dreschflegel) fliagn, / Daß mir an Lobspruch kriagn; / Drischts alle Spitzbuam z'samm, / Daß mir koa Plag it ham / Mit so an Teifisgfraß (Teufelsfressen) / Hauts zua, na habts an Gspaß! / Bauer, hau ein, / Drisch uns an Wein! / Bäuerin, hau ein, / Drisch uns an Brei! / Laßts enka Drischl fliagn, / Daß mir hübsch Gulden kriagn; / Drischts alle Schulden z'samm, / Daß mir koan Schadn ham; / Drischts uns a Feirtagsgwand, / Gebts uns an Guldn auf d'Hand! / Unter der Bettziach (Bettüberzug) drin / Habts enkan Geldsack liegn, / Laarts'n (leert ihn) am Dreschbodn hin, / Na san ma zfriedn!

Die Ursachen für den Schwund der alten Mundarten sind bald genannt: ständig zunehmende Verkehrsmöglichkeiten, der Flüchtlingsstrom nach 1945, banale Amerikanismen, die nimmermüde Suada der Kommunikationsfunktionäre. Jener Bauer, der außerstande ist, über die Spitze des Dorfkirchturms hinauszuschauen, existiert nicht mehr. Die Bilanz zu ungunsten der Mundarten fiele noch ungünstiger aus, gäbe es nicht Gebiete mit Leuten, die den sprachlichen Identitätsverlust entweder noch nicht im vollen Umfang erlitten haben oder ihn nicht hinnehmen wollen, sondern ähnlich wie die Schweizer ihren Gästen mit verständlicher Umgangssprache entgegenkommen, aber zum alten, leibhaftigen Dialekt zurückkehren, sobald sie unter sich sind.

Mundart war schon immer die Rede des »gemain Mannes«, die Sprache der einfachen Leute. Seit den Tagen Herders, des jungen Goethe, der Romantiker gibt es ein mehr und mehr um sich greifendes Interesse, ja eine Vorliebe für Volkssprache, Volkslied, Volkskunst, Volksschauspiel. Das Schäferspiel des sterbenden Rokoko findet sein Gegenstück im modernen Trend zum komfortabel ausgestatteten Bauernhof als einem künstlichen Paradies mit rustikaler Note.

Eines der unschätzbaren Erbstücke der Nachromantik ist das »Baierische Wörterbuch« des Johann Andreas Schmeller (1785–1852). Der etwa gleichaltrige Jakob Grimm zögerte nicht, Schmeller zu bewundern: »Ihm stand ein Genius zur Seite, der ihm zuraunte und ihm eingab, was er unternehmen sollte und was er ausgeführt hat.« Schmellers Stärke war der über philologische Genauigkeit hinausreichende Sinn für lebendige Darstellung und die Erkenntnis, daß die mündliche Rede des Volkes »als die erste und vorzüglichste Quelle« zu werten sei.

Wer mit diesen beiden Folianten, dem Baierischen Wörterbuch und seinen rund 3000 Spalten, der Vorrede, den vielen Abkürzungen zurechtkommt, dessen Gewinn, dessen Vergnügen ist schwer zu beschreiben. Da liest man, daß dieses oder jenes mundartliche Wort im Gotischen seine sprachgeschichtlichen Ahnen hat; man erfährt alles Wissenswerte über das Bier, das Starkbier, über bayerische Schmankerln wie den Strudel, die Sauere Suppen, die Topfen-Kolatschen; über das »Brauchtum« am Kammerfenster, über das Scherzwort, daß Peter und Paul gelegentlich nichts anderes bedeuten als die weiblichen Brüste. Schmeller zitiert Schnaderhüpfeln und Gstanzeln gleich serienweise:

Und 's Deanderl hat schwarzbraune Äugele
und wi-r-a (wie ein) Täuberl schauts her
und wenn i vorm Fenster an Schnackla tua,
wuzlts (kommt sie) im Hemal (Hemdlein)
daher.
oder
Drum san ma aa (auch) d'Madln und d'Weiba
verhaßt:
a jeds hat wia d'Uhrn seine Untugenden fast.
S Herz is de Unruah, da Wecka de Zung,
D'Füaß san de Springfedern, sans (sind sie) alt
oder jung –

Ludwig Thoma, der in puncto Mundart so genau
war wie Andreas Schmeller, erwähnt ihn stets als
vorbildlich. Wer Thomas Werke im Original liest
und seine Lektüre mit der mundartlichen Darbie-
tung durch Film und Fernsehen vergleicht, der
wird bald den Unterschied zwischen dem leibhaftigen Thoma-Bairisch und dem zurechtgestutzten
Fernsehbairisch merken.
Für seine altbayerische Mundart – und nicht nur
für sie – besaß Thoma das absolute Gehör und –
was noch mehr zählt – jene kompromißlose Ge-
wissenhaftigkeit, wie sie in Johann Peter Hebels
Alemannischen Gedichten und in den Werken
des Jeremias Gotthelf zu finden ist. Thoma erhob
das Bairische in den Rang einer literaturfähigen
Sprache und bahnte damit einer neuen Ära des
bayerischen Schrifttums den Weg.
Wenn man heute oder nach der Jahrtausendwen-
de erfahren will, wie die Bauern zwischen Dachau, Aichach, Altomünster und Indersdorf ihr
schweres, unvorstellbar arbeitsreiches Dasein zu-
gebracht, wie sie gefühlt, gedacht und geredet
haben, dann wird man Ludwig Thomas große
Romane, den »Andreas Vöst«, den »Wittiber«,
den »Ruepp«, die Tragödie »Magdalena« zur
Hand nehmen.
Dem Leser solcher Werke, aber auch der kleineren Erzählungen aus dem bäuerlichen Leben
wird sehr bald auffallen, daß die altbayerische
Mundart ohne den Genetiv, ohne das Imperfekt
auskommt, daß es helle und dunkle »a« gibt und
daß die doppelte bis dreifache Verneinung zum
Bairischen ebenso gehört wie zu anderen Mundarten:
»Do (da) hot no nia (niemals) neamd (niemand)
nix gsogt (gesagt).« Ludwig Thoma wird nicht
ohne Grund als Humorist gehandelt. Aber seine
Hauptanliegen waren die Bauernarbeit, das bäuerliche Ethos, die bairische Sprache und der
Kampf ums Recht oder was er dafür hielt. Ein Bei-

spiel möge genügen. Es steht in der Weihnachts-
geschichte »Heilige Nacht«:
Wos eppa (etwa) dös bedeut' / Mit enk (euch),
ös reichn Leut, / Und enkern Geld? / Müaßt's oiwei (allerweil) mehra sparn, / Müaßt's oiwei
z'sammascharrn / Und müaßt's do außifahrn /
Aus dera Welt! – / Ös müaßt's ma's scho va-
laab'n (erlauben) / I ho koan andern Glaabn, /
Als daß 's enk reut. / Kemmt's ös in d'Trucha
(Sarg) nei, / Da seid's ös aa net fei', / Da werd's
ös grad so sei' / Wia'r ander Leut! – / Drum
denkt's, so lang als lebt's: / Wo ös de Arma
gebt's, / Is net verschwend't. / Ös habt's des
Best davo, / So wia ma's hoffa ko, / Kriagts ös
den schönstn Loh' / Amal da drent (drüben).

Die Diskussion um die Bedeutung der Mundart
für Literatur und Schrifttum ist seit langem im
Gang. Walter Benjamin schrieb 1927 über die 1803
erschienenen Alemannischen Gedichte Johann
Peter Hebels: »Die Autorität kommt Hebel nicht
vom Dialekt, wohl aber von der kritischen, ge-
spannten Auseinandersetzung des überkomme-
nen Hochdeutsch mit der Mundart . . .« Das trifft
auf Johann Peter Hebel, das trifft auf die besten
Arbeiten Ludwig Thomas, aber auch auf die mehr
spielerische Konfrontation der pseudohochdeut-
schen Moritat mit bestem Kernbairisch in den
Stücken von Alois Johannes Lippl zu. In den Büh-
nenwerken Martin Sperrs und denen des Franz
Xaver Kroetz wird das hilflose Schwanken zwischen Dialekt und Hochsprache zur »Sprachbar-
riere«, die sich zu bedrohlicher Sprachlosigkeit
und damit zu Aggressivität auswächst.
Das Erscheinen von H. C. Artmanns Gedicht-
band »med ana schwoazzn dintn, gedichta aus
bradnsee« (Wiener Vorstadt) in den fünfziger Jahren war für die Gegenwartsliteratur in Bayern
kaum weniger folgenreich als für die in Wien und
Graz. Man machte Schluß mit der Agrarliteratur
im Industriezeitalter und wandte sich der Großstadt mit ihren Vorstädten zu. Schönfärberei war
von nun an in Mundartgedichten verpönt:
»s handwerk hot an goldan boon (Boden) d landwirtschaft hot an vagiftn«
(Harald Grill »eigfrorne Gmiatlichkeit«)

Welche Kluft zwischen dieser bewußt lapidaren,
kompromißlosen Aussage und den treuherzigen,
schwäbischen Vierzeilern Joseph Bernharts
(1881–1969)!
In Ewigkeit laß i mei Schätzle net,
Und wenn es der Teufel am Kettle hätt,

Am Kettle, am Schnürla, am Bändla, am Seil,
In Ewigkeit is mir mei Schätzle net feil.

In Franken, so scheint es, schäumt die neue literarische Dialektwelle nicht weniger lebhaft als in Altbayern. Der Nürnberger Fitzgerald Kusz, als Bühnenautor erfolgreich mit dem Dialektstück »Schweig Bub!« ist, wie er sagt, zweisprachig aufgewachsen: der Vater Berliner, die Mutter Fränkin. Über die ihm wohlbekannte tradierte fränkische Volkspoesie mit ihren harmlosen Spottversen und Spruchgedichten setzt Kusz sich hinweg. Seine vor allem gegen das Kleinbürgertum gerichteten Verse sind blanker Hohn:

schennä wohnä zäich dei schouh aus / deä debbich houd (hat) / hunnerd mark kosd / mach kann kradzä / aff die diischbladdn / deä diisch houd / sechshunnerd mark kosd / drink ä gloos wei / däi flaschn houd / fuchziä mark kosd / / edz kennermä / ä weng blaudern

Ein Gedicht, von dem man annehmen möchte, daß es weit über unsere Tage hinaus fortbestehen wird, ist Wilhelm Staudachers »Adee«:

Adee. / Des redt si drhii, / sou leicht und sou rund / und's gäeht über d'Lippe / wie Oil, / alli Dooch hunnertmoel, / alli Dooch. / Adee. / Des hat schier ka Gstalt mäehr. / 's is wie verloere, / verstoeße, / verwaist.
Adee. / Obber manchmoel stäeht's auf, / groeßmächti, schwer, / und lejcht auf die Zunge si, / und will nit, / und will über d'Lippe nit / wie alli Dooch hunnertmoel, / wie alli Dooch, / will nit – / denn dr Blick is noogricht / auf Bloeme und Kränz / und der drunte is still, / und's kummt ka Antwort nit rauf, / 's licht schwer auf dr Zunge / und es will nit / und will nit, / will über d'Lippe nit / wie alli Dooch / hunnertmoel.

Zurück nach Altbayern, und zwar zu Carl Orff! Dank Andreas Schmellers »Baierischem Wörterbuch« sah der Dichterkomponist eine enorme Fülle sprachlicher Möglichkeiten, basierend auf uraltem Sprachgut. Dem Staunen folgte die Inspiration: In Schmellers Werk fand Carl Orff das Instrumentarium, die Töne, die Tonarten, den Rhythmus einer unverwelkten Sprache, die zum Medium eines *spectaculum mundi*, seines Bairischen Welttheaters wurde. In der altüberlieferten bairischen Sprache fand er das »faktische, das tödlich-faktische Wort« (Hölderlin), das er in der Bernauerin brauchte, wenn etwa der junge Herzog Albrecht nach der Ermordung seiner Frau Agnes zum Rachefeldzug aufruft:

Steßt's hart in die Hörner, / die Weighörner nein, / daß's schelln, aufgelln / schlagt's Trummeln, / daß drunt die Toten / aufschreckn, / nehmt's hellische Brandwerfer / mit! / Nach Munichen!!

»'s Amixl hat gsunga . . .« So beginnt die Bürgerszene in der Bernauerin. Eine Wendung, die im Munde so manchen Münchners von heute zur gängigen Rede geworden ist, wenn die Frühjahrszeit vor der Tür steht. 's Amixl ist ein altüberliefertes Wort und nicht eine Erfindung Carl Orffs, wie manche meinen. Amuxl heißt die Amsel im Innviertel.

Carl Orff ist in der Bernauerin dank eines äußerst kunstvollen Sprachmosaiks eine Liebesszene gelungen, die zeigt, zu welcher Steigerung, zu welch poetischem Enthusiasmus das Bairische imstande ist. Wörter und Wendungen, wie sie vor 150 Jahren noch lebendig waren, dominieren:

Vogelin rings in den Buschen die zwirgen und zwilgen und zwigezen leis, viel leis und liebselig. Faltervögel, blitzblau und feuerrot, wibben und wibizen auf der Blüh.

Souverän und absichtslos schiebt Carl Orff die sattsam bekannten Spaßettlmacher und Allerweltspoeten in altbairischer Mundart beiseite und eröffnet dem bairischen Wort außerordentliche szenische und lyrische Möglichkeiten:

»Und a Wort, amal gsagt, / des kannst net umbringen, / des hat kein Kopf / und aa keine Füß net / zum Abschlagn, / des hat a Gwalt / wiar a Geist. –«

(Comoedia de Christi resurrectione)

87

86　Bad Tölzer Gebirgsschütze mit Trachtenhut und weiß-blauer Fahne – Symbole lebendigen Brauchtums

87–89　Hinter den romantisch anmutenden Bildern ursprünglicher Lebens- und Arbeitsweise verbirgt sich oft das harte und auch heute noch entbehrungsreiche Leben der Kleinbauern, Handwerker und Gewerbetreibenden im Altmühltal

Das Tal der Altmühl, diese wohl reizvollste Landschaft Mittelfrankens, wird in seiner natürlichen Schönheit in seinem unteren Verlauf durch den umstrittenen Bau des Rhein-Main-Donau-Kanals ernsthaft bedroht

90 Der Starnberger See von der Ilkahöhe aus gesehen – das größte Gewässer zwischen Lech und Isar und populäres Zentrum für Freizeit und Wassersport in Oberbayern

91–93 Oberbayern ist auch das Land der Herrgottsschnitzer
und Holzbildhauer. Wegkreuze – Marterln für den Herrgott –
sind häufig anzutreffende Zeugen alpenländischer Gläubigkeit

94 Südlich von Würzburg erstreckt sich der Ochsenfurter Gau mit seinen ausgedehnten Getreide- und Zuckerrübenfeldern – inmitten touristisch erschlossener Weinlandschaften noch ein Stück Bayern, in dem bäuerliche Traditionen gepflegt werden

95 Szene auf dem Kapellplatz in Altötting – dem ältesten Wallfahrtsort Bayerns

96 Blick vom Herzogstand auf den Walchensee – der mit 16,4 km² größte deutsche Alpensee; 802 m über dem Meer gelegen und bis zu 192 m tief

97 Frauenchiemsee. Die Benediktinerinnenabtei auf der Fraueninsel im Chiemsee stammt aus dem 8. Jahrhundert. 1803 säkularisiert, wurde das Kloster im Jahre 1831 von König Ludwig I. den Benediktinerinnen wieder überlassen

98 Höhepunkt eines Jahres in einem oberbayerischen Dorf: In Festtagstracht tragen die Reichersdorfer Mädchen die Heiligenbilder bei der Fronleichnamsprozession

99   Alltagsszenen aus dem oberbayerischen Reichersdorf: Das Dorf lebt von der Viehwirtschaft; weil der Boden Ackerbau nicht zuläßt, wird jeder Quadratmeter als Weideland genutzt

100   Das Leben ist Arbeit, und sein Rhythmus wird vom Vieh bestimmt. Die Schafflerin beim Kuhschwanzwaschen

101 Beschäftigung nach Feierabend – die Dorfälteste hält mit
102 Die Altbäuerin auf dem Schafflerhof

103 Wamberg, die höchstgelegene Ortschaft Oberbayerns,
vor der grandiosen Kulisse des Wettersteingebirges

104 Oberbayern im Sonntagsstaat: die Fassade eines Ge-
schäftshauses in Garmisch-Partenkirchen

105/106 Männer beim sonntäglichen Frühschoppen. Frauen in
Festtagstracht bei der »Leonhardi-Fahrt« am zweiten Sonntag
im Oktober – ein Fest zu Ehren des heiligen Leonhard, Schutz-
patron des Viehs

107 Die fruchtbaren Wiesen Oberbayerns sind die Grundlage der Viehwirtschaft. Aber viele Dörfer – hier Bayersoien – leben heute schon überwiegend vom Fremdenverkehr

108 Die Bavaria-Buche – berühmtes Naturdenkmal in der Landschaft nördlich von Ingolstadt

109 Die Martinsklause im Nationalpark Bayerischer Wald – ein in früheren Jahrhunderten für die Holztrift angelegter Stauweiher, der heute ein beliebtes Wanderziel ist

110 Die Alpendohlen nutzen für ihre eleganten Flugspiele gekonnt die Aufwinde nahe den Bergmassiven. Sie stellen sich gerne an von Menschen häufig besuchten Gipfelstationen, wie etwa der Zugspitze, ein, um sich füttern zu lassen

111 Winterliche Moorlandschaft bei Schwifting zwischen Lech und Ammersee

112 Herbstlicher Föhnnachmittag im Graswangtal – im Hintergrund die Allgäuer Alpen

Kultur und Kunst, Barock vor allem

Paul Otto Schulz
München – eine Kulturmetropole

Keine Frage: München ist eine Kulturmetropole. Im Konzert der deutschen Städte eine mit hohen Meriten. Aber ist München auch die Kulturmetropole des Freistaates Bayern? Nicht zwangsläufig, wenn man die Potenzen der zentralistisch auf die Münchner Staatskanzlei ausgerichteten Strukturen außer acht läßt. Was man kann. Denn einen Alleinanspruch auf Kulturschaffung oder Kulturwerte, ein Exklusivmandat auf Zuweisungen, Einforderungen oder Ausgrenzungen dessen, was Kultur ist oder sein könnte, besitzt niemand. Keiner staatlichen, amtlichen, organisatorischen oder privaten Stimme (und sei sie noch so prominent) kommt es zu, mit Kultur wie mit einem Stück materiellen Besitztums zu verfahren, und sei es nur, mit kleinkarierter Anmaßung festzustellen, wer Kultur in welchem hohen oder niedrigen Maße habe, wem sie in welcher Form zustehe und wem nicht.

Das sei vorausgeschickt.

Wer München als die Kulturmetropole des Freistaates Bayern schlechthin preist, bewegt sich anscheinend mit geschlossenen Augen zwischen den weißblauen Grenzpfählen: Er nimmt nicht einmal die kulturelle Eigenständigkeit der Franken und Schwaben wahr, ganz zu schweigen von differenzierteren Kriterien. Schon das schwäbische Augsburg, nur sechzig Kilometer von der Landeshauptstadt entfernt, bewahrt seine Eigenheit mit viel Charakterstärke. Das heißt nicht, daß sich die mobilen Bürger der alten Fuggerstadt die Attraktionen der veranstalteten Kultur in der Isarmetropole entgehen ließen. Warum sollten sie darauf verzichten?

Und Regensburg, das sich viel auf seine reichsstädtische Tradition zugute hält, schaut zwar mit einem gewissen Neid nach München, aber wohl mehr wegen dessen Wirtschaftskraft und weniger wegen der Kultur. Gewiß, gastiert etwa der letzte Beatle, Paul McCartney, unterm Olympiazelt, löst sich das junge Volk aus seinen lebhaften In-Kneipen im Altstadtquartier und flippt mal über die Autobahn für einen Abend herüber. Kein Problem. Soviel Anziehungskraft hat die Kulturmetropole München allemal.

Und die Dürerstadt Nürnberg ist eine feste Burg, was die Bürger-, die Kirchen- und Museumskultur anbelangt. Hier wird München eher als Störenfried empfunden.

Würzburg, so scheint es, bräuchte überhaupt keinen Festival-Kalender (er ist dennoch bemerkenswert), denn die Stadt zelebriert das ganze Jahr über das Fest ihrer spezifischen Weinkultur. Der hat München nichts entgegenzusetzen. Schon gar nicht seine dumpfe, barbarische Bierkultur. Warum barbarisch? St. Gambrinus grantelt nun mal lieber, während St. Urban lacht.

Was das reizvoll gelegene Würzburg, in dem ein Künstler wie Tilman Riemenschneider einmal Bürgermeister war, außer seinen Weinkellern, der Residenz, den Domen und der Marienburg – Schatzkästen allesamt – besitzt, ist die ausgeprägte Individualität einer *splendid isolation*. Wenn man hier schon einmal einen Blick riskiert, dann eher nach Frankfurt hinüber als nach München. Es sei denn, das Kultusministerium ruft ...

Und selbst Bayreuth – Bayerns Sommerkönigin von Richard Wagners und Ludwigs des Zweiten Gnaden. Dort würde mancher Besucher über dem mystisch-musikalischen Ereignis sich – auf der Suche nach dem Gral – Bayern ganz entrückt fühlen, würde er nicht in der Pause durch die Anwesenheit der Münchner Potentaten in die Realität zurückgeholt.

Ein Wort noch zum idyllischen Bamberg (zum Vergleich: 72 000 Einwohner, München hat hingegen schon über 100 000 Studenten). Bambergs historisch gewachsene Altstadt wurde von der UNESCO zum schützenswerten »Kulturerbe der Menschheit« deklariert.

Indessen zog kein Münchner Objekt bisher die Aufmerksamkeit dieser Jury auf sich: weder die Residenz, welche die höfische Kultur am Beispiel des vom Herzogtum zum Königtum aufgestiegenen Hauses Wittelsbach so kostbar wie umfassend repräsentiert, noch der Königsplatz als idealistischer Versuch, Geist wie Architektur des Hellenismus über Zeit und Raum zu verpflanzen, noch – Verzeihung – das jährlich von Hunderttausenden Bayern und Nicht-Bayern frequentierte Staatliche Hofbräuhaus, die mit ihrem Trankopfer einer solitären Institution bajuwarischen Charakters zu huldigen meinen.

Die Liste, die der UNESCO-Kommission gewiß zur Auswahl vorliegt, könnte noch weit mehr Beispiele des Schützenswerten enthalten, wie königliche Schlösser oder Straßenzüge, etwa die Ludwig- und die Maximilianstraße, den bürgerlichen Marienplatz mit dem burgartigen Rathaus, den Viktualienmarkt, der immer wieder frisch und jeden Wochentag handfest und neuerdings nicht ohne Raffinessen allen fünf Sinnen demonstriert, worin das Spezifische der bayrischen Kultur, seiner Lebensart und Lebenslust zu finden ist. Wenn nach der Brotzeit um zwölf es von allen Türmen der Landeshauptstadt läutet, sollte das auch einem Preußen dämmern.

Die denkmalswürdige bayrische Lebensart und Lebenslust – sie bilden ja *expressis verbis* den Kern der Reserviertheit gegenüber Europa, wie sie vom Münchner Regierungssitz in barscher Form dem Kanzler angemeldet wurde. München vertritt in diesem Fall zwar den gesamten Freistaat, dennoch ist der Europavorbehalt mehr münchenspezifisch und oberbayrisch als etwa fränkisch oder schwäbisch einzuschätzen. Am Main und an der oberen Donau sieht man durch die Brüsseler Verordnungsflut eher Defizite auf dem Gebiet der Ökonomie auf sich zukommen als auf den Gefilden der Lebensart, -weise und -lust.

Was hat das mit Kultur zu schaffen?

Ein früherer Kulturdezernent Münchens erklärte einmal, ein Mythos sei als Grundlage von Kultur unerläßlich. Mit einer solchen Aussage balanciert man auf dem schmalen Grat der Diskussion, was vorher dagewesen sei, die Henne oder das Ei. Denn unter Mythen sind zwar die Erzählungen der frühzeitlichen Völker über ihre Urerfahrungen religiöser und weltlicher Art zu verstehen, aber die Anstrengungen, sich ihrer bewußt zu werden, gingen ja der Bemühung, sie in Worte zu fassen, voraus. Nicht nur das Wort ist eine Kulturleistung, sondern auch die zu Grunde liegende Erfahrung, die Reflexion, die Prozesse der Bewußtwerdung, der Artikulierung, ob mit Worten, mit den Mitteln des Theaters, der Malerei oder der Musik. So großartig auch manche Produktionen Münchner Provenienz sind, so sei doch das Vor- und Umfeld nicht vergessen, die Sphären der Genese, des Werdens und Wachsens.

»Denken ist interessanter als Wissen.« Ein Goethewort. Das Wissen hat man abgepackt parat in der Staatsbibliothek (mit 5 Mio. Bänden der umfassendsten des Bundes, übrigens sensationell wegen der Handschriften, der Wiegendrucke und Malerbücher) sowie in anderen Bibliotheken, Archiven und Dateien. Die »denkenden« Menschen – und darin sind alle die in den kreativen Prozessen steckenden Menschen einbezogen (weil gedankenlose Schöpfungen dilettantisch bleiben) –, sie sind es, die einer Stadt die Aura eines Frühlingszaubers verleihen können.

Ob München sich tatsächlich durch eine solche Aura auszeichnet?

Das zu befinden sei dem Urteil eines jeden selbst überlassen.

Es gibt die Schönfärber, die bekanntlich ganz München vor kultureller Tüchtigkeit leuchten sehen. Auf Thomas Mann beruft man sich, der damals, etwa 1902, noch in der Schwabinger Giselastraße wohnte, als er die beiden verhängnisvollen Wörter niederschrieb: »München leuchtete«, und Punktum. Verhängnisvoll deshalb, weil man sich dabei nun immer auf das Urteil des »Nobelpreisträgers« (der Preis wurde ihm erst 1929 zuteil) bezieht, so als gelte es auch für unsere Tage. »Die Kunst blüht«, so heißt es in Manns Erzählung »Gladius Dei«, »die Kunst ist an der Herrschaft, die Kunst streckt ihr rosenumwundenes Zepter über die Stadt und lächelt.« Man prüfe doch selbst, ob das noch zutrifft.

Wo die einen München leuchten sehen, beobachten Bescheidenere punktuelle Aureolen. Über den High-Tech-Labors von Siemens etwa. Über einem Filmatelier in Geiselgasteig. Auf den Fluren der Ludwig-Maximilians-Universität, wo sich gestreßte Studenten zur Prüfung drängeln ... In der Widenmayerstraße spannt ein geschätzter, würdiger Schriftsteller ein neues Blatt in die Schreibmaschine, die literarische Welt erwartet von ihm ein weiteres Meisterwerk. Ein Studienrat joggt zur ersten Stunde durch den Englischen Garten und repetiert dabei ein Gedicht von Ingeborg Bachmann für den Unterricht (»Dein Blick spurt im Nebel:/die auf Widerruf gestundete Zeit/wird sichtbar am Horizont«).

So viele Menschen hausen oder gastieren in München (1,26 Mio. Einwohner). Sie werken und wursteln, treten auf oder nur in Erscheinung, schuften oder machen ihren Job ganz easy, aber doch nicht ohne Phantasie. Hat Joseph Beuys nicht von den Menschen behauptet, ein jeder sei ein Künstler? (Beuys mögen die Münchner weniger, es gab Krach, als ein »Steinhaufen« mit dem Titel »Das Ende des 20. Jahrhunderts« angeschafft wurde.)

Ein Besucher hat mir einmal anvertraut, daß der Gesang, der gegen Mittag aus den Garderoben der Staatsoper schallte (das geschieht häufig), ihm mehr als eine Premiere bedeutet habe. Premiere – der Abend der teuersten Karten und Tenöre! Das will in München, wo man in Gala vorfährt, etwas heißen. Ich habe mir einen sonnigen Schneetag zu seiner Bemerkung vorgestellt, den Duft von Gebratenem und Kraut aus dem Franziskaner, vermummte Leute mit Dampfwolken vor den Mündern, die zu ihren Besorgungen und Geschäften eilen, das Geklingel der Tram, und vom Giebel des Mozart, Wagner, Verdi und Strauß geweihten Tempels leuchtet sanft das goldene Mosaik mit dem flügelschlagenden Pegasus und den blütenstreuenden Musen. Dazu sotto voce: »Noch hegt mich der geliebte Ort...« An einem solchen Morgen arbeitete Wassily Kandinsky nach einer »Erleuchtung« in der Schwabinger Ainmillerstraße fieberhaft an der Erfindung des »klingenden« Bildes: Es leitete die abstrakte Malerei ein. Kunst war plötzlich ein lebendiges Ereignis. – Ich glaubte, den Besucher verstanden zu haben, und war ihm dankbar.

Kultur sei nicht nur das Fertige, die Glanzleistung, die Thomas-Mann-Gesamtausgabe in Schweinsleder, der luxuriös ausgestattete Premierenabend mit Mega-Stars wie Placido Domingo. Das wollte mir der Besucher sagen.

Man vergißt das leicht, wenn man lange genug in München gelebt hat. Hier muß alles etwas hermachen, wenn er, sie oder es etwas sein soll. Wie im *Showbusiness* ist Prominenz gefragt, große Namen (oder was man dafür hält), gesicherte Abschlüsse, Titel, anerkannte Werke, möglichst abgeschlossene Lebenswerke, auf daß man gewiß sein kann: Da folgt nichts Skandalöses. Bewährte und beliebte Namen sind angesagt, Uraufführungen zeitgenössischer Komponisten oberhalb des kammermusikalischen Rahmens haben es schwer.

Die Gegenfrage sei erlaubt: Wo haben sie es denn leichter, alle die an die Öffentlichkeit strebenden Musiker, Maler, Autoren, Bühnenkünstler oder whatsoever? Gleichviel: Hier eben nicht. Legt einer so ein Glanzstück vor wie Edgar Reitz mit seinem Film-Epos »Die zweite Heimat« – einer fulminanten Erinnerungsleistung an eine hoffnungsvolle Generation, die sich in München zum Künstlertum durchkämpfte oder scheiterte – so

fielen selbst in dieser zweiten Heimat Worte der Anerkennung schwer... Doch sein München flimmerte über die Bildschirme von vierzehn oder mehr Ländern.

Es ist müßig, an mutige Zeiten zurückzudenken, als München verbürgterweise – Sie wissen schon: – leuchtete. Die ansässige Korrespondentin der »Frankfurter Allgemeinen Zeitung« versah eine Ausstellungsbesprechung mit einem Eröffnungssatz, der ebensogut als markante Schlußfigur dienen könnte. »München, vor dem Ersten Weltkrieg ein Hauptort der Moderne, verödete in den folgenden Jahren rasch.« Man kann diesen Satz nur mit anklagender oder fallender Stimme sprechen. Um die Jahreswende 1918/19, die eine Zeitenwende war, eröffnete sich die Chance, daß die Macht mit dem Geist, mit der Politik und der Kunst zusammengehen würden. Nach der Ermordung des bayerischen Ministerpräsidenten Kurt Eisner aber war der avantgardistische Frühlingstraum vorbei.

München – jeder kennt die Geschichte – wurde von den braunen Usurpatoren zur »Hauptstadt der Bewegung« pervertiert, zuvor sogar zur »Hauptstadt der deutschen Kunst« – nicht von Bayern, sondern vom ganzen Deutschland, versteht sich. Die beiden Apostrophierungen hinterließen in der Stadt ein ungutes Erbe.

Was die politische Kultur betrifft, so sei nur kurz auf den instinkt- wie geschmacklosen Neubau der Staatskanzlei im Hofgarten verwiesen, der den gebotenen historischen Rahmen der königlichen Residenz mit Gewalt sprengt. Mehr noch: Obwohl der Widerstand aus der Bürgerschaft eine verkleinerte Variante des Giganten erzwang, erinnert selbst dieser an die monströsen Bauprojekte, mit denen Hitlers Leibarchitekt Speer nach dem »Endsieg« die Stadt vergewaltigt hätte. Instinktlos auch deshalb: Wenn schon Opfer vom Bürger im Zuge der deutschen Einheit verlangt werden, sollte man ihn nicht mit »kleinstaatlichen« Prestigebauten und Verschönerungsanlagen reizen.

Schädlicher noch als die staatliche Hypertrophie wirkte sich der spießige Gusto aus, den die braune »Hauptstadt der deutschen Kunst« zurückließ. »München und der Nationalsozialismus«, eine lobenswerte Ausstellung des Stadtmuseums 1993/94, deklassierte wie in einem Match die von den Nazis favorisierte Kunst, indem man drei ihrer beispielhaften Objekte mit drei Arbeiten der sogenannten »Entarteten Kunst« – von Belling, Kirchner und Corinth – konfrontierte. Lakonischer ging's nicht: Die substanzlose Nazi-Kunst verblaßte vor der Kraft der Moderne zum Nichts. Liebt man in München die Moderne? Gewiß: den guten alten Expressionismus. Den Blauen Reiter. Kandinskys frühe Abstraktionen, wo man das Bähnle noch gut erkennt, das von Murnau den Alpen entgegendampft, die so farbstarken Gemälde der so tapferen Gabriele Münter, Muse und Meisterin zugleich... Das Lenbachhaus bietet ihr und ihrem Künstlerkreis eine angemessene Heimstatt.

Doch die Avantgarde nach 1945 hat einen schweren Stand und kein Heim.

Es ist bewundernswert, wie die durchaus beachtliche staatliche Sammlung von einem einfallsreichen Museums-Team immer wieder neu arrangiert präsentiert wird in einem Haus, das geschaffen wurde, gerade ihresgleichen auszuschließen: dem »Haus der Kunst«. Es kann der Moderne nur als Provisorium dienen, weil es architektonisch und technisch die Voraussetzungen nicht erfüllt, vor allem aber, weil es aufgrund seiner Vergangenheit politisch unmöglich ist. Fast mit Mißgunst blickt man nach Frankfurt am Main, nach Köln, nach Düsseldorf und nach Hamburg.

Der Museumsneubau beim Areal der Alten und der Neuen Pinakothek wird nach langen Verzögerungen – man munkelt von Rankünen – noch unbestimmte Zeit auf sich warten lassen. Mit Spendenschüben versuchen Privatleute, die Maschinerie der Bauentscheidungen wieder in Gang zu setzen. Jeder weiß es: Nirgendwo kann man bequemer große Summen sparen als bei einem Museumsbau, der nicht stattfindet. Daß es sich ausgerechnet um ein Projekt der Moderne handelt, ist für München symptomatisch.

Dabei ist das Zeitgenössische auch hierzulande längst hoffähig geworden. Prinz Franz von Bayern sammelt Malerei der vordersten Avantgarde. Dennoch mußte eine so grandiose Kollektion wie die des engagierten Galeristen Otto van de Loo als Stiftung nach Berlin abwandern.

Überhaupt Berlin. Die Sogkraft der neuen Bundeshauptstadt macht sich bereits in der bayerischen Landeshauptstadt bemerkbar. Nicht nur die Immobilienpreise stagnieren, auch der Touristenstrom schwenkte von der Isar zur Spree. Berlin, vordem die dämmerige Frontstadt, ist aufgewacht. Es stellt sich den Herausforderungen der deutschen Vereinigung und wurde zur größten Baustelle Europas, Museumsbauten eingeschlossen. Kurz, Berlin, immer schon »menschlich« attraktiv, wurde zum Hauptereignis. Auch die Theater drohen dem besten Münchner Haus, den Kammerspielen, den Rang abzulaufen, das Tanztheater Kresnik dem Ballett, und die Opernbühnen ziehen zumindest pari. Berlin verwies München in der Kategorie Städtereisen bereits eindeutig auf den zweiten Platz.

Was bemängeln die Reisenden an München mit seiner gepriesenen Lebensart und Lebenslust? Eine Umfrage ergab: Verkehrschaos, hohe Preise und »unfreundliche Einheimische«. Dazu geistert noch das Schreckenswort »Schlafstadt« durch die Fremdenverkehrsbranche. Nicht fragwürdige neue Slogans, sondern nur attraktive »junge« und erschwingliche Kulturangebote könnten da Abhilfe schaffen.

Im Konservatismus gipfeln ja die meisten Vorwürfe, die kopfschüttelnd gerade von jenseits der Grenzpfähle gegen das bayrische Wesen, speziell in Gestalt gewisser Politiker, erhoben werden. Man müsse endlich verstehen lernen, daß Kultur nicht ein Luxusartikel sei, sagt Ruth Drexel, Schauspielerin und Intendantin vom ständig gefährdeten Münchner Volkstheater, sondern ein »Lebensmittel«. Eine Notwendigkeit.

Und wo bleibt das Positive? Glanzpunkte gehören ins Finale: Tatsächlich zeichnet sich seit dem Ende der achtziger Jahre ein neuer Trend ab, der nicht wie gewohnt in erster Linie die Gala-Häuser begünstigt. Eine Verdichtung der »Hallenkultur« setzte ein, die dazu führte, daß sich gastierende Gruppen der Jazz- wie der Rock-Szene, Compagnien des Avantgarde-Balletts oder der Performance-Bewegung professionell und publikumswirksam präsentieren können. Eine großartige Chance, die verkrusteten Kulturrituale aufzubrechen.

Und weiter: Wo man andernorts unter dem Druck der Rezession die Kulturetats rigoros dezimierte, sicherten Münchens Stadtväter das Budget mit relativ geringen Streichungen auf dem beachtlichen Niveau von 250 Millionen Mark.

Wo andere Städte Theater schließen, eröffnete München ein neues: die Schauburg, kostenträchtig umgebaut – ein Kindertheater. Dies war ein Akt mit Symbolwert, denn es weist ja einer jungen Kultur die Bahn.

Da ist als Glanzpunkt die weitgestaffelte Sphäre der ernsten Musik mit den Münchner Philharmonikern und dem Bayerischen Staatsorchester sowie weiteren Orchestern und vielen kleinen Ensembles. Applaus der Oper auch an dieser Stelle und dem Ballett, das aus seiner Dornröschenrolle heraustanzt.

Da ist der Gasteig, ein Mehrzweckbau für symphonische Konzerte wie für Leichteres vor 2500 Zuhörern, mit Bühnen für Werkstatt-Theater und Gastspiele, mit Bücherei und Kino. Ein Bau mit Arbeitsatmosphäre, doch auch für feierliche Begebenheiten geeignet, 1983 eingeweiht und von der Bevölkerung gut angenommen. Ein weiteres Glanzlicht bildet das Festival Münchner Filmwochen, das sich nach ungewissen Jahren halten konnte, ja bewährte und im Gasteig sein Zentrum fand. Und überhaupt die standhafte Riege der Programmkinos quer durch die Stadt.

Da ist das 1988 wieder in Betrieb genommene Prinzregententheater, Mehrzweckbühne in einem modernisierten Jugendstilbau, mit breitem Angebot bis hin zur Truppe George Tabori. Nicht zu vergessen die zahlreichen Off- und Off-Off-Bühnen, mehr als in New York sollen es sein (dennoch sollte niemand ernsthaft die Isar mit dem Hudson vergleichen wollen). Applaudieren wir einem für alle, dem Freien Theater München, das sich schon zwanzig Jahre lang erfolgreich in Form hält. Und applaudieren wir dem Kabarettisten Dieter Hildebrandt auch stellvertretend für alle anderen, die sich kunstvoll oder auch nur couragiert gegen allerlei Mißstände und Unfug zu wehren wissen. Die Hände müßten uns eigentlich brennen.

Da ist auch die breite Konzentration der Buchverlage, in deren gewaltigem Ausstoß die schillerndsten Perlen der Literatur zu finden sind. Sogar neugegründete Kleinverlage überstehen zur eigenen Überraschung die ersten Gehversuche, mausern sich und drucken plötzlich hohe Auflagen. In der City trotzen Buchhandlungen dem Kostenzwang der Mieten und wagen sich manchmal sogar mit Gedichten in die Schaufenster.

Aber da gibt es Mitbürger, die vom kulturellen Leben fast ausgeschlossen sind. Nicht weil sie seiner nicht bedürften. Sie werden nicht gefragt. Über viele Jahre nur ein Thema am Rande – weil sie trotz allem dazugehörten – wurden sie unvermittelt zur Schlagzeile: die Ausländer. Ganze 21 Prozent der Münchner Bevölkerung sind Nicht-Deutsche.

Als Zeichen der Freundschaft und des friedlichen Miteinanders bildeten am 6. Dezember 1992 rund 400 000 Menschen eine Lichterkette: Menschen unterschiedlichster Herkunft, sozial wie geographisch, bekannten sich durch ihr Beieinandersein zur Idee der Toleranz und der Demokratie. Die Münchner Lichterkette wurde als Symbol von vielen anderen Städten aufgegriffen. Man frage nicht, was sie nützte. Schon die kleinste Tat, jedes Zeichen des mutigen Auftretens gegen die neofaschistischen Tendenzen, zählt.

Die Lichterkette zählt zu den großen Kulturleistungen der Menschen in dieser Stadt. Denn ist nicht der menschliche Umgang miteinander eine wichtige Voraussetzung für Kultur?

Michael Schulte
Interview mit Karl Valentin

Am Rosenmontag des Jahres 1948 starb Karl Valentin, am Aschermittwoch wurde er zu Grabe getragen. Jetzt, 45 Jahre nach seinem Tod, wollte ich ihn interviewen. Wo sollte ich Karl Valentin suchen? Im Himmel? Niemals! In der Hölle? Schon eher. Aber er hätte sich da wie dort nicht zurechtgefunden, so wie er sich auf der Erde nicht zurechtgefunden hat. Im Diesseits geht so manches schief, das weiß sogar der Papst. Aber im Jenseits muß es eine Ordnung haben, ob Himmel oder Hölle. Und wo es eine Ordnung hat, da paßt der Valentin nicht hin. Weil er nie einverstanden ist, weil er auf seiner Ordnung beharrt. Ich fand ihn in einem Zwischenreich, nein, in einem Nebenreich, das in keiner Chronik oder Bibel steht. König Ubu ist der Herrscher dieses Reiches, die Marx Brothers sind die Staatssekretäre in seinem Kabinett. Lewis Carroll ist verträumter Außenminister für Sprache, Charlie Chaplin ist für Rolltreppen und tragische Mißverständnisse verantwortlich, Laurel und Hardy genießen die Torten, in die sie fallen. Und Jean Paul bittet um Ruhe, da er gerade an einer Valentinchronik schreibt. Johann Nestroy ist so eine Art besserer Petrus; wer sich »Humorist« nennt, wird abgewiesen und ins Fegefeuer der Komik verbannt. Karl Valentin, der geehrte Erzphilosoph dieses Nebenhimmels, ist hier nicht interviewfreudiger als auf Erden, aber immerhin: Er antwortet.

Herr Valentin, wie sind Sie hierhergekommen?

Kreuz Sakra, könnt ich da nervös werden, mit der saudummen Fragerei!

Aber ich darf wissen, ob Sie sich hier wohl fühlen, besser, ob Sie sich hier nicht ganz so unwohl wie auf der Erde fühlen?

Das geht Eahna ein Dreck an.

Nun, wir sind hier ja nicht direkt im Jenseits, sondern in einem Nebenreich, zu dem nur wenige Zugang haben. Sicher haben Sie sich auch im offiziellen Jenseits umgesehen. Aber das sagte Ihnen wohl nicht recht zu?

Auf Erden lebt der Mensch durchschnittlich 60 bis 70 Jahre. Das Leben ist aber mannigfaltig, und es bringt durch Arbeit, Freude, Sorgen, Leid und so weiter Abwechslung in die Bude. Wie ist das nun im Jenseits? Hier besteht keine Altersgrenze, sondern Ewigkeit. Also in Ewigkeit nur im Jenseits umherfliegen und als einzige Beschäftigung, wie uns aus der Bibel bekannt, nur Hosianna singen, das kann die ersten acht Tage ganz unterhaltlich sein, aber, man denke sich das ewig – das muß unbedingt langweilig werden.

Es sollte mich wundern, wenn Langeweile das einzige war, was Sie auszusetzen hatten. Wahrscheinlich haben Sie auch im Jenseits Widersprüche aufgedeckt?

Ganz richtig. Nehmen wir zum Beispiel an, des verstorbenen braven Bäckermeisters Hans Meiers Seele schwirrt im Jenseits. Dem Herrn Meier ist seine liebe, unvergeßliche Frau vor vielen Jahren im Tode schon vorausgegangen, befindet sich also schon im Jenseits. Im Diesseits heißt es aber wie bekannt: Im Jenseits gibt's ein Wiedersehen. Wie kann nun die im Jenseits angekommene Seele des verstorbenen Herrn Meier die ebenfalls unsichtbare Seele seiner schon im Jenseits umherfliegenden Frau wiedersehen? Nun, sei es, wie es sei. Diese beiden wollten sich ja wiedersehen. Wie ist es aber mit der Kehrseite? Hat einer eine böse Schwiegermutter, so ein Ehemann getraut sich ja gar nicht zu sterben, aus Angst vor einem Wiedersehen im Jenseits. Sein einziger Trost ist vielleicht der, daß die böse Schwiegermutter nicht in den Himmel kommt, sondern in die Hölle.

Wo Sie, wenn ich richtig informiert bin, auch eine Zeitlang waren.

Mir gefiel es ausgezeichnet in der Hölle, nur zu viel Teifln sind da herunt – nimmer zum Zählen. Das ist auch ganz logisch. Bei euch auf der Welt ist das ganz anders. Da kommt man auf die Welt, und dann lebt man. War man bei Lebzeiten brav, dann kommt man später in den Himmel. War man aber ein Luder, dann holt einen der Teifl. Und wenn man dann ein Teifl geworden ist, bleibt man ein Teifl in aller Ewigkeit. Oder haben Sie schon gehört, daß einen Teifl noch mal der Teifl holt? Infolgedessen, weil jeder Teifl ein Teifl bleibt, ist die Hölle so voll von Teifln, daß schon fast kein Teifl Platz hat vor lauter Teifln.

Wenn es Ihnen in der Hölle so gut gefallen hat, warum sind Sie nicht geblieben?

Weil wir alle Augenblick auf die Welt rauf sollen und was holen sollen. O mei, wenn wir des alles holen würden, was die Leute wünschen, da würden wir nicht mehr fertig. Haut sich zum Beispiel ein Schustermeister mit seinem Hammer auf die Finger nauf, schreit er: Wenn nur den Hammer der Teifl holen tät! Wartet einer auf die Straßenbahn und dieselbe kommt nicht gleich, schimpft er: Wenn nur die Straßenbahn der Teifl holen tät! – Schwiegermütter soll der Teifl holen, Steuern soll der Teifl holen, sogar die Politik samt den vielen Parteien soll der Teifl holen. Das werden die sich aber reiflich überlegen. So einen Saustall wie ihr oben habt, können die in der Hölle herunt nicht brauchen.

Übrigens, wovon ernähren Sie sich hier?
Semmelknödeln.
Ich frage, weil Sie noch immer so sehr mager sind.
Ich versteh das nicht, in unserer Familie kann das unmöglich liegen, denn mein Vater wog über drei Zentner, meine Mutter über zwei Zentner, und meine Schwester hat einen Bahnexpediteur geheiratet, und gerade ich muß so mager sein. Ja, jetzt tut's ja noch, aber früher sollen S' mich gsehn habn, gleich nach der Geburt, da hab ich ausgschaut wie a Salami. Darum hab ich als kleines Kind auch keine Wiege gebraucht, mich hat meine Mutter ganz einfach in einen Lampenzylinder neingsteckt und mich am Tisch umhergewalkert, so mager war ich.
Aber Sie haben es verstanden, Ihre Magerkeit bühnenwirksam einzusetzen. Hat Sie Ihnen auch sonst genutzt?
Wie ich zur Musterung hab gehen müssen... Wie die mich gsehn habn, habns gsagt: Ja, Kerl, Sie kommen ja daher wie a Bahnwärterhäusl aus Wellblech. Aber trotzdem ich so gebaut war, habens mich nicht genommen zu den Soldaten, nicht amal zum Militär habens mich brauchen können.
Einer der entscheidensten Impulse Ihrer Laufbahn war die Musik. Sie beherrschten schon früh mehrere Instrumente. Sie haben als Musikclown angefangen, und noch in Ihren letzten Werken ist die Musik zuweilen tragendes Element.
Da bin ich meinem Vater noch heute dankbar, daß er mich so streng musikalisch erzogen hat. Ich hab als Kind zu Haus nur mit der Stimmgabel essen dürfen, geschlagen hat mich mein Vater nach Noten. 's Schönste war, wie mir mein Vater 's Zitherspielen hat lernen lassen. Da hat er mir eine ganz alte Zither gekauft, bei einem Tandler um zwei Mark. Auf dieser Zither war keine einzige Saiten mehr drauf, also nicht mal a einzige, aber mein Vater hat gsagt, zum Lernen tut's die auch.
Schade, daß Sie nicht mehr auftreten, Herr Valentin. Gastspiele von Ihnen würden ausverkaufte Häuser garantieren. Davon können viele unserer Intendanten nur noch träumen.
Woher diese leeren Theater? Nur durch das Ausbleiben des Publikums. Schuld daran – nur der Staat. Warum wird kein Theaterzwang eingeführt? Wenn jeder Mensch in das Theater gehen muß, wird die Sache gleich anders.
Aber Herr Valentin, Sie scheinen den Überblick verloren zu haben. Wir leben in einer Demokratie, da gibt es keinen Zwang.

Warum ist dann der Schulzwang eingeführt? Kein Schüler würde die Schule besuchen, wenn er nicht müßte. Beim Theater, wenn es auch nicht leicht ist, würde sich das unschwer ebenfalls doch vielleicht einführen lassen. Schon bei den Kindern könnte man beginnen mit dem Theaterzwang.
Kindertheater?! Brutstätten des Terrorismus! »Rote Rübe«! Das ist bei unseren Politikern nicht sehr beliebt!
Das Repertoire eines Kindertheaters wäre sicherlich nur auf Märchen aufgebaut wie »Hänsel und Gretel« oder »Der Wolf und die sieben Schneewittchen«.
Mir fällt ein Stein vom Herzen! – Erlauben Sie mir, zum Schluß kurz auf Ihr Privatleben einzugehen. Obwohl Sie ungewöhnlich schüchtern gewesen sein sollen, waren Sie doch ein ausgesprochener Frauenheld.
Geheiratet habe ich dann trotzdem. Und wenn meine gute Frau nicht so oft über mich gelacht hätte, hätte sie weiß Gott nichts zu lachen mit mir gehabt. Als wir einmal in Starnberg dem »Nordexpreß« entstiegen waren, ging ich schnell noch einmal zu unserem Abteil zurück und schaute zum Fenster hinein. Mein Weib fragte mich: »Was ist los?« – »Nichts ist los, ich habe nur vorsichtshalber in das Coupé hineingeschaut, ob ich auch wirklich ausgestiegen bin.«
Welchen Frauentyp bevorzugten Sie?
Schon seit meiner Kindheit, als ich zehn Jahre alt war, hatte ich für dicke Frauen etwas übrig. Warum, weiß ich nicht. Wenn mich meine Onkel und Tanten im Scherz fragten: »No, Valentin, wen heiratest du denn einmal?«, gab ich prompt zur Antwort: »Eine ganz dicke Frau!« Diese Leidenschaft ist mir glücklicherweise geblieben, noch heute habe ich den gleichen Geschmack. Für mich geht die Schönheit einer Frau erst mit zwei Zentnern an.
Für mich auch. Die meisten Frauen verstehen das nicht.
Warum?
Weil ihnen ständig suggeriert wird, sie seien nur schön, wenn sie schlank sind. – Aber lassen wir das. Vielleicht interessiert Sie, daß Sie inzwischen von der Literaturkritik ernst genommen werden, daß überall in der Welt Doktorarbeiten über Sie geschrieben werden, daß Valentin-Seminare an Universitäten keine Seltenheit mehr sind, daß man Sie in einem Atemzug mit Beckett und Ionesco nennt, daß Sie...
Ich könnte Ihnen sekundenlang zuhören.

(Alle »Antworten« sind Zitate aus den Werken Karl Valentins.)

215

Herbert Rosendorfer
Die Königsschlösser oder Wenn Quantität in Qualität umschlägt

München verdankt Ludwig I. eine ganze Reihe von Bauten, die aber eher Zweckbauten waren: die Staatsbibliothek, die Alte Pinakothek, die Glyptothek, auch die Ludwigskirche, um nur einige zu nennen. Ein Schloß hat Ludwig I. nicht gebaut; allerdings hat er die Stadtresidenz, die ihm nicht königlich genug erschien, umgebaut und erweitert. Zunächst entstand – unter dem Baumeister Klenze – der sogenannte Königsbau von 1826–35, eine der alten Kurfürstenresidenz vorgesetzte Art erweiterte Fassade im Stil der florentinischen Renaissance, dann 1826–37 die (1944 durch Fliegerangriff zerstörte und nicht wiederaufgebaute) Allerheiligenhofkirche und endlich 1837–42 in unglaublich kurzer Bauzeit der Festsaalbau mit dem Hofgarten und den ausladenden, etwas stillos-historisierenden Trakten an der Nordseite der alten Residenz.

Als Ludwig I. über die Affäre Lola Montez 1848 strauchelte und zugunsten seines Sohnes abdankte, folgte mit König Maximilian II. ein eher farbloser, recht braver König, dessen Interessen mehr den Wissenschaften und der Literatur galten als der Architektur. Dennoch ist er der Bauherr des ersten »Königsschlosses« in Bayern gewesen, eines historisierenden Baues, der ohne Zweifel den späteren, gewaltigen Schöpfungen seines Sohnes die Richtung wies: Hohenschwangau. Schon als Kronprinz erwarb Maximilian das Areal einer verfallenen, 1809 gänzlich zerstörten mittelalterlichen Burg namens Schwanstein in der Nähe von Füssen und ließ dort nach Entwürfen des Bühnenbildners Domenico Quaglio eine romantische Burg errichten. Der Bau wurde 1833–37 von Daniel Ohlmüller als theatralische Voll-Kulisse ausgeführt. Neben der benachbarten Burg Neuschwanstein, von der noch die Rede sein wird, nimmt sie sich heute fast biedermeierlich-bescheiden aus.

König Max II. war mit einer preußischen Prinzessin verheiratet. Das konnte – vom Erbgut her – nicht gutgehen, meinte man später. Der Ehe entsprossen auch nur zwei Kinder; schon das ein besorgniserregendes Signal bei der sonstigen Nachwuchsfreudigkeit der bayerischen Potentaten (Ludwig I. hatte neun, Max I. sogar elf Kinder gehabt). Es waren zwei Söhne: Kronprinz Ludwig und Prinz Otto.

Der Kronprinz, 1845 geboren, folgte als König Ludwig II. seinem Vater 1864 auf den Thron: 18 Jahre alt, jung, schön, fast zwei Meter groß, ein Haupt voller schwarzer Locken, melancholisch und majestätisch – der Traum von einem romantischen König, der bayerische Schwan. Mit dem, was man unter »bayerischen Königsschlössern« versteht, verbinden sich in erster Linie die Bauten Ludwigs II., vor allem die drei Schlösser Neuschwanstein, Linderhof und Herrenchiemsee.

Ludwig II. lebte nicht sein Leben, er lebte einen Traum, besser gesagt: er lebte mehrere verschiedene Träume, zum Teil nebeneinander. Er fühlte sich als Wilder Jäger, wenn er in der Nacht auf seinem Prunkschlitten ziellos durch das verschneite Oberland jagte, er kam sich wie Ludwig XIV. vor (den er als Namensvetter verehrte), er imitierte gotisches, indisches, maurisches und byzantinisches Lebensgefühl, vor allem aber spielte er sich und anderen die Welt der Bühnenfiguren Richard Wagners vor. Die Schlösser, die Ludwig errichtete, waren keine bewohnbaren Bauten mehr – in der Tat hat sie Ludwig auch so gut wie nie bewohnt, mit Ausnahme von Linderhof –, sondern Stein gewordene Träume. Ludwig leistete sich den Luxus, seine Welt, in die er vor der ihn anekelnden Realität floh, selbst Realität werden zu lassen. Auch das konnte nicht gutgehen. Realisierte Träume ernüchtern. Die Geschichte der Bauten Ludwigs ist daher auch die Geschichte königlichen Zorns über mangelhafte Planung, schlechte Ausführung, mißverstandene Aufträge, ist die Geschichte sprunghafter Änderungen, grotesker Stilbrüche, grenzenloser Wutanfälle des Königs und abgenutzter Architekten.

Kurz nach seiner Thronbesteigung berief der König Richard Wagner nach München. Unverzüglich wurde eine Serie von Musteraufführungen der Opern des Meisters vorbereitet, die noch im Dezember 1864 mit dem »Fliegenden Holländer« begannen, ihren Höhepunkt mit der Uraufführung des »Tristan« 1865 und ihr Ende mit der der »Meistersinger« 1868 fand. 1867 reiste der König mit seinem Bruder Otto inkognito nach Sachsen und besichtigte die renovierte Wartburg, im selben Jahr reiste er nach Versailles. Die drei Komponenten: Wagners Opernwelt, die Begegnung mit der Wartburg und mit der Welt Ludwigs XIV. prägten Ludwigs Vorstellungen und Wünsche. Er wollte seine Wartburg und sein Versailles.

Die »Wartburg« kam zuerst dran. Ludwig wählte einen malerischen Winkel im Gebirge, die Pöllat-Schlucht im Allgäu. Ganz in der Nähe stand schon die Burg seines Vaters, Hohenschwangau. Ludwigs Burg, deren Bau 1869 begonnen wurde, hieß deshalb »Neu-Hohenschwangau«; der Name »Neuschwanstein« kam erst nach dem Tod des Königs auf. Den eigentlichen Entwurf fertigte nicht ein Architekt, sondern ein Bühnenmaler: Christian Jank, der sein Augenmerk lediglich auf malerische Romantik und theatralische Wirkung richtete und keine Rücksicht auf technische Gegebenheiten nahm. Der Architekt – Baurat Eduard Riedel – war lediglich Handlanger. Er stand nicht nur vor der enormen Schwierigkeit, die Entwürfe Janks in Statik, Material, Baugrund und nicht zuletzt Preis umzusetzen, seine Arbeit wurde auch durch ständige Eingriffe des Königs erschwert. Ludwig kümmerte sich nicht nur um jedes Detail, er wechselte auch oft seine Meinung, vor allem aber fiel ihm immer wieder etwas Neues (das heißt Altes) ein. Als Wagner den »Parsifal« schrieb, wünschte sich Ludwig sofort eine Gralshalle als Burgkapelle. Am nächsten Tag sagte er dann: nein, lieber als Schlafzimmer. Alle Pläne mußten umgeworfen werden. 1874, als erst der Torbau stand, wurde Riedel vom König entlassen, Georg von Dollmann trat an seine Stelle, der 1884 von Julius Hofmann abgelöst wurde. 1882/83 wurde ein großartiger Sängersaal – wie in der Wartburg oder besser: wie in Wagners Oper – geplant. 1886, als der Bau wegen Geldmangels eingestellt wurde, fehlten nur noch der Burgfried und die Kapelle. Ludwig sah das Schloß nicht mehr. Nach seinem Tod wurde, um dem ganzen Gebäude einigermaßen einen Abschluß zu geben, 1890 der Kemenatenbau angefügt.

Noch während Riedel an »Neu-Hohenschwangau« baute, ließ Ludwig durch den seit 1868 für ihn arbeitenden Georg von Dollmann die Pläne für Linderhof, ein kleines, für seine Verhältnisse intimes Barockschloß in der Nähe von Ettal ausarbeiten. Das Projekt wurde geheimgehalten. Das Codewort, unter dem die Planung lief, hieß »Meicost-Ettal« – ein Kunstwort, das die Buchstaben von »L'etat c'est moi« enthielt. 1870–72 wurden der nördliche, 1873/74 der südliche Teil, 1878 die Gartenanlagen fertiggestellt. So ist dieses Schloß das einzige vollendete der großen Bauwerke Ludwigs, aber auch wieder nicht, denn Ludwig wollte Linderhof durch ein großes Privattheater ergänzen, das freilich nie über die Planung hinaus gedieh. Der Hoftheaterdirektor Franz Seik übernahm lediglich die Ausstattung des Schlosses.

Schon vor Linderhof, praktisch gleichzeitig mit Neu-Hohenschwangau, hatte Ludwig aber den Plan für ein wirklich großes Barockschloß gefaßt, für sein Versailles. Nach langem Suchen wurde die Herreninsel im Chiemsee – wo ein seit der Säkularisation aufgelassenes Kloster stand – für den Standort dieses Neu-Versailles ins Auge gefaßt. Dollmann fertigte zahlreiche Entwürfe an. 1873 kaufte Ludwig das Inselareal von einem Holzspekulanten, 1878 begann der Bau, die Leitung hatte seit 1874 bereits Julius Hofmann. Trotz Linderhof und selbst Neuschwanstein, an dem ja gleichzeitig weitergebaut wurde, war der Aufwand hier noch ungeheurer. Der König kümmerte sich um jedes Detail, buchstäblich bis zum Entwurf des Tintengeschirrs auf dem Schreibtisch und der verzierten Feuerspritze. Das Geld zerrann wie in ein Loch. 1881 waren die Spiegelgalerie und das Paradeschlafzimmer vollendet. 1883 wurde Dollmann, der sich nur noch um die Ausführung Neuschwansteins kümmern sollte, endgültig durch Julius Hofmann ersetzt. 1885 war kein Geld mehr da, der Bau wurde eingestellt. Nach dem Tod des Königs stand der Mitteltrakt, der Südflügel fehlte, ebenso die Kirche. Der Nordtrakt, erst im Rohbau, wurde wieder abgerissen.

So hinterließ Ludwig II. bei seinem noch immer ungeklärten Tod am 13. Juni 1886 neben dem leidlich fertigen Linderhof zwei gewaltige Fragmente seiner unerfüllten und wahrscheinlich unerfüllbaren Träume. Er starb über Plänen für ein »Raubritterschloß«, das er Burg Falkenstein nennen und an noch entlegenerer Stelle als Neuschwanstein erbauen wollte, sowie für einen byzantinischen Palast in der Nähe der Tiroler Grenze im Graswangtal. Und alles sollte nach dem Willen des Königs nach seinem Tod wieder abgerissen werden. Die Nachwelt sollte die Stein gewordenen Träume eines Königs nicht entweihen. Der König vererbte damit, da sein plötzlicher Tod nicht nur die Vollendung oder Ausführung, sondern auch die Vernichtung verhinderte, eine gigantische Gesamtruine perfekter Stilfälschungen. Deren Faszination ist mit dem heutigen Interesse am Historismus des 19. Jahrhunderts nicht hinreichend erklärt, und auch mit dem Wort »Kitsch« wird man dem Phänomen nicht gerecht. Das Unechte an Ludwigs Kunst ist so monströs, daß die Quantität bereits in Qualität umschlägt. Der echte Stil Ludwigs II. ist das Unechte.

Der Prinzregent Luitpold, dessen Rolle im Schicksal seines Neffen Ludwig, gelinde gesagt, nicht ganz klar ist und der sich Zeit seines Lebens – vielleicht aus schlechtem Gewissen? – nie König nannte, sondern nur Prinzregent, öffnete dem Publikum die Schlösser Ludwigs, um durch die Eintrittsgelder notdürftig die Erhaltungskosten zu decken. Ein neues Schloß hat danach kein Wittelsbacher mehr gebaut.

Alois Fink
Bücher und Bilder: Die Klosterbibliothek Metten

Das Benediktinerkloster Metten in Niederbayern, etwa in der Mitte zwischen den Bischofsstädten Regensburg und Passau an der Donau gelegen, ist im Jahr 766 gegründet worden. Seine Kolonisationsarbeit, zunächst im Bayerischen und Böhmerwald, erstreckte sich bis weit nach Österreich hinein. Im vorigen Jahrhundert wurden von Metten aus die Benediktinerniederlassungen in Nordamerika gegründet. Schon früh hatte Metten eine bedeutende Malerschule, aus der kostbare Handschriften hervorgingen, und eine Lateinschule. Die Mettener Bibliothek wurde 1624 erbaut und von 1706–20 in ihrer heutigen Form ausgestattet. In der Säkularisation hat auch aus dieser Bibliothek der Staat einiges »geerbt«, ohne dieses Erbe in wirklichen, fortwirkenden Besitz nehmen zu können. Man kann sich an einem solchen Ort fragen, was mit unserer heutigen Kultur geschähe, wenn sie auch einer Art von Säkularisation anheimfiele, wenn unser zusammengehäufter Kultur-Besitz fortgetragen würde. In der Ruhe einer solchen Bibliothek bestürzt einen die Hilflosigkeit eines Zeitalters, das die von Jahr zu Jahr vermehrte Freizeit des Menschen wie eine Drohung auf sich zukommen sieht, mit sogenannten Freizeiträumen, die, je überfüllter sie sind, um so leerer werden.

Der leere Raum war auch eines der Probleme des Barock. Sein »horror vacui« aber war ein anderer. Er hatte tiefere und höhere Bezüge, genau wie der barocke »Existentialismus«, der den Menschen in die Mitte der Extreme gestellt hat – zwischen Gott und Nichts und in jedem Augenblick vor die Entscheidung zwischen dem Vergänglichen und dem Ewigen. Das Gewicht dieser Entscheidung wurde durch den materiellen Aufwand der barocken Kunst nur bestätigt. Was so oft als überladen empfunden wird, das »barocke Zuviel«, ist unter diesem Gesichtspunkt immer noch ein »Zuwenig« gegenüber dem Reichtum dieser Welt, zuwenig auch als eine Dankesleistung gegen den Schöpfer. Die barocke Sinnenlust ist alles andere als nur eine ästhetische Kunst. Von goldenen Kanzeln geht die große Predigt von der Nichtigkeit der Welt aus; in Gold und Edelsteine sind Gerippe gefaßt; aus der Materialfülle erblüht die Askese.

Die Mettener Bibliothek besteht aus drei Räumen, die durch schwere Mauerpfeiler voneinander getrennt sind. Die Kreuzrippengewölbe werden von Atlanten getragen: zwei im Zentralraum, je ein Paar in den Nebensälen. Diese überlebensgroßen kraftvollen Männerfiguren stützen anstelle von Säulen das Gewölbe. Aber gleichzeitig wirken sie, als seien sie aus glattem weißem Porzellan geformt. Ihre körperliche Realität, in einem feinsten Empfinden auch für das zulässige Maß an Realität, ist nicht perfektioniert; es haftet diesen Leiberpaaren etwas Geisterhaftes an, mehr eine Vision als die Darstellung von Kraft.

Sobald der Besucher die Schwelle überschritten hat, nimmt ihn barocke Festlichkeit auf, der verschwenderische, aus Natur, Geist und Kunst geführte Einsatz für ein überpersönliches höchstes Gut. Ein farbenglühendes Ineinanderwirken von Architektur, Plastik und Malerei: Schrankwände in leuchtendem Rotbraun, mit den goldschimmernden Arabesken der Intarsien, goldenes und grünes Rankenwerk um den feinen weißen Stuck an Wänden und Deckenfeldern. Fremdartig dazwischen spiegelnd schwarze Felder mit verspielten Putten in weißen Stuckreliefs, zierliche Schriftfelder. Gleich die erste Inschrift, über dem Eingang auf der Innenseite, ist jene Passage aus der Regel des heiligen Benedikt, die das Bücherlesen anbefiehlt: Jeder Mönch muß sich aus der Bibliothek ein Buch holen und es lesen; diese Pflicht wurde ihm für die Fastenzeit auferlegt. Das Lesen war eine Arbeit gleich der, ein Stück Land zu roden. Aus der Wildnis wurden Felder und Gärten, aus dem Umgang mit Büchern die benediktinische Bildung, und wie das kultivierte Land wurde auch die Bildung der Benediktiner zum Nutzen für sehr viele, zu einer der Grundlagen der abendländischen »Kultur«.

Alle Pracht und farbige Fülle ist einem Gedanken untergeordnet: dem »Programm« einer Klosterbibliothek, dem Thema des Buches und seines Nutzens in der Welt und für die Ewigkeit. Das Programm der Mettener Bibliothek wird auf zwei Bühnen lebendig, in den Deckenfresken und in den Stuckreliefs. Der »Autor« war ein Theologe des Klosters; die »Darstellenden« waren der Maler Innozenz Waräthi aus Sterzing in Tirol und der Stukkateur Franz Josef Holzinger vom Attersee in Oberösterreich. Dem »theatrum sacrum« des Kultes in der Kirche ist das »theatrum scientiarum« in der Bibliothek gegenübergestellt.

In den 14 Deckenbildern wird das Buch als Fundament der Kirche und als Fundament des rechten Lebens behandelt. Dogmatik, theologische Auseinandersetzung, Askese, Ethik, gegenreformatorische Polemik und die Einordnung der weltlichen Wissenschaften sind, grob zusammengefaßt, die Gesichtspunkte. »Ne nimis!« – nicht zuviel – heißt hier für die weltlichen Wissenschaften der pädagogische Grundsatz. Die Behandlung dieses Themas sei als Beispiel skizziert an den vier Deckenbildern im westlichen Seitenraum.

Erstes Bild: Der Traum des Hieronymus. In der eleganten Tracht eines jungen römischen Ritters hat Hieronymus ein aufgeschlagenes Buch vor sich liegen, ein Buch Ciceros. Da erscheint ihm Christus. Hieronymus sagt: »Ich bin ein Christ.« Aber Christus entgegnet ihm: »Du lügst, du bist ein Anhänger des Cicero.«

Im nächsten Bild der heilige Odo, vor sich ein Buch Vergils. Engel halten ihm von allen Seiten die Bücher des Evangeliums entgegen.

Im dritten Deckenbild dieses Saales sehen wir den heiligen Benedikt beim Schreiben seiner Regeln. Auch zu ihm kommen Engel und halten ihm Bücher vor Augen – als Quellen für die vielen Zitate, die er aus der Heiligen Schrift in seine Klostervorschrift hineinnimmt.

Zuletzt, im vierten Bild, der heilige Bernhard in einer Bibliothek, Engel sind bei ihm, die die Leidenswerkzeuge tragen. Um ihn herum liegen offene Bücher mit den Anfängen seiner berühmten Hymnen. – Wir sehen also in dieser Bildergruppe Hieronymus, der sich mit Cicero beschäftigt, neben Benedikt, der die Regeln schreibt: Cicero, der Jurist, aus dessen Stil auch die Regeln der lateinischen Grammatik geschöpft werden, gegenüber dem Mann der neuen Regeln. Und Odo mit einem Buch Vergils, des klassischen Dichters, neben Bernhard mit seinen Hymnen – der neuen Dichtung.

Die schwarzweißen Stuckreliefs bedienen sich für ihre Aussage allegorischer Putten – sie stellen einfach die Menschen dar. Das Thema ist der richtige Gebrauch der Bücher für Zeit und Ewigkeit. Die erste Gruppe, je vier Felder über den beiden Atlanten im Hauptraum der Bibliothek, veranschaulicht die göttlichen Tugenden Glaube, Hoffnung und Liebe. Hinzu kommt noch die Tugend der »Illuminatio«, der Erleuchtung. Jedes einzelne Relief ist durch eine Inschrift erklärt. Während die »Caritas« etwa einfach durch zwei Putten personifiziert ist, die auf einer Bank sitzen und sich zärtlich umschlingen, wird die »Illuminatio« so dargestellt: Von der Taube des Heiligen Geistes geht ein Lichtstrahl aus auf ein Buch, von dem das Licht reflektiert und in das Herz eines Putto gelenkt wird. In den Relieffeldern über dem zweiten Atlantenpaar sind die vier Kardinaltugenden dargestellt: »Justitia« = die Gerechtigkeit, »Providentia« = die Klugheit, »Moderatio« = die Mäßigkeit und »Fortitudo« = die Tapferkeit. Die »Fortitudo« als Putto in Rüstung mit einem Schild, der einer Schauspielermaske gleicht.

Eine andere Folge von Reliefs an den Wänden der Bibliothek beginnt mit einem Engel, der vom Himmel herunterschwebt, mit einem Buch in der Hand. Der Text darunter ist aus dem zweiten Paulusbrief an Timotheus: »Denn alle Schrift, von Gott eingegeben, ist nütze zur Lehre, zur Widerlegung, zur Besserung, zur Erziehung in der Gerechtigkeit.« Es folgen Hinweise für die richtige Wahl von Büchern, auf das Buch als Schlüssel zum Himmelreich, auf das Buch, das die Finsternis durchdringt und vertreibt, auf das Buch als Mittel auch der Selbsterkenntnis – ein Putto, der in einen Spiegel schaut –, und am Schluß dieser Reihe, dem Anfang entsprechend, ein Putto auf einer Wolke, das Kreuz haltend, mit der Inschrift: »Omnia ab Uno« – Alles kommt von Einem.

Die dritte Gruppe der Reliefs bringt Symbole der nicht-theologischen Literatur und Wissenschaft: der Musik, der Kriegskunst, der Geometrie, der Rechtswissenschaft, der Mathematik, der Astronomie und der Arzneikunst. Und hier haben wir nur acht halbe Felder, womit wohl gesagt werden soll, daß es sich bei den weltlichen Wissenschaften, ohne die Heilige Schrift, ohne den Bezug auf Gott, nur um eine halbe Sache handelt.

Vervollständigt wird das Programm der Bibliothek durch zwölf Schriftfelder, die jeweils einen direkten Bezug auf den Inhalt der Deckenfresken haben und auf den Inhalt der darunter aufgestellten Bücher. Es sind heute ungefähr 160 000 – dreißig Jahre nach der Säkularisation hat man wieder mit dem Sammeln beginnen können.

An den Auftrag der Kultur in ihrem ursprünglichen Wortsinn, aus der Wildnis Gärten zu machen, werden wir im östlichen Seitensaal erinnert, wo man durch eines der Fenster auf den Klostergarten hinausblickt. Unter den Deckenfresken der Seligkeiten und der Laster hält ein Putto einen Rosenzweig mit der Mahnung, nicht die Dornen, sondern die Rosen zu sammeln. Ein Beispiel aus dem Garten für die kritische Auswahl der Bücher. Und das hierher gehörende Schriftfeld besagt: »Was ist die Bibliothek anderes als ein lieblicher Garten, in dem es ebenso angenehm wie nützlich ist, sich zu ergehen.«

Selbstverständlich ist diese Kunst zweckbestimmt. Nirgendwo aber ist der Zweck etwa nur der einer Dekoration. Die Schönheit und die Bedeutung dieser Architektur ruhen in der Kongruenz intellektueller Schulung und künstlerischer Phantasie, beides aber unter einem höchsten Auftrag. Es wird eine tiefe Verbindung zwischen Repräsentation und Religion offenbar: Die re-ligio bezieht auch Macht und Funktion des Fürsten oder Abtes zurück auf Gott; die Re-präsentation, was ja dem genauen Wortsinn nach Wieder-gegenwärtig-Machen heißt, leitet den aufs höchste gesteigerten persönlichen, gesellschaftlichen und politischen Anspruch des Menschen aus seiner göttlichen Erschaffung ab, der in einer hochpathetischen Demonstration immer wieder aufs neue vergegenwärtigt wird. In den immerwährenden Festen des höfischen Lebens begegnet uns der gleiche horror vacui, der Fassaden und Wände füllen läßt, die Flucht vor dem leeren Raum und aus der leeren Zeit, Sinnbild der Angst vor dem Nichts. Auch die religiöse Kunst des Barock kennt etwas Ähnliches; aber hier ist es nicht die Angst vor dem Nichts, sondern vor der ewigen Vernichtung, und die Flucht aus der Leere von Raum und Zeit begnügt sich nicht mit einer illusionären Füllung; es ist nicht nur mehr eine Flucht von etwas fort, sondern zu etwas hin, dorthin, wo nicht nur die Leere, sondern auch der Raum und die Zeit überwunden sind.

Was in der Entwicklung der weltlichen Literatur oder Architektur als getrenntes Nacheinander erscheint, hat im religiösen Bereich »von jeher« tiefere Verbindungen zum Vorher und zum Nachher, zu Anfang und Ende. In der religiösen Konfrontierung des Menschen mit Gott, der Zeit mit der Ewigkeit, der Dinge mit der Idee, des Wissens mit dem Glauben, ist das geschichtliche Nacheinander »präsent«. Im Barock ist alle Repräsentation umfassend, im Gegensatz zu anderen Epochen, die, wie die Gotik, von großartiger Einseitigkeit sind. Die kennzeichnenden Antithesen des Barock also sind nicht die Antithesen nur einer Epoche: es sind die Antithesen der Welt.

So finden wir in den Gedanken der Klosterbibliothek von Metten, gebaut im Hochbarock, ebensoviel Scholastik und 13. Jahrhundert wie festliche Repräsentation im Sinne des augenblicklichen Zeitalters und schon Grundgedanken der Aufklärung. Das »Programm« dieser Bibliothek agiert immer noch von einem weiteren Punkt aus, vertritt gegenüber der jeweiligen Anordnung die überzeitliche Grundordnung, strebt immer wieder auf eine Korrektur hin: die Korrektur einer mystischen Unterschätzung der Welt, eines absoluten Vorrangs der Bildung und dagegen wieder der Vernachlässigung der Bildung auch im Weltlichen, der Vorstellung von der Kirche als Gottesstaat und der Kirche als »Corpus Christi mysticum« allein. Auch in diesem Sinne ist der Bibliotheksbau ein Mittelpunkt – ein mittlerer Punkt.

Schon vor dem Portal, links und rechts vom Eingang, treten uns die Figuren der Wissenschaft und der Theologie in gleicher Größe entgegen; darüber, in der Mitte, das Haupt Christi. Auch in ihrem gemeinsamen Reich bleiben die heiligen und die weltlichen Bücher getrennt, bleiben die getrennten Ordnungen des Diesseits und des Jenseits, wobei seit Thomas von Aquin die durch die Gnade gegebene Hinordnung der Natur auf die Übernatur gilt und anschaulich vorgestellt wird. So stehen in einem Deckenfresko des Hauptraumes der Bibliothek, in dem (nach den Bildern der Gottesgelehrsamkeit, der Patristik und Dogmatik) die »Mystik« dargestellt wird, die heilige Gertrud und die heilige Mechthild mit den Füßen auf einem Stück sehr irdischen Bodens, auf einem ziegelroten Pflaster, sonst aber in einem unwirklichen, schon verklärten lichten Raum, in dem Maria erscheint. Die Mittlerin Maria, die durch eine hinweisende Geste Christus das Buch der heiligen Gertrud »vermittelt«. Danach hält Christus dieses Buch an seine Brust. In diesem Augenblick wird das Buch der Glorie teilhaftig.

Ehe wir Abschied nehmen von Metten, noch einmal ein Blick auf die Atlanten, diese mächtigen und prächtigen Leiber, die das schwere Gewölbe nicht nur tragen, sondern gewissermaßen in der Schwebe halten mit einer Kraft, für die das Gewicht der Materie schon jenseits der Erdanziehung scheint, einer Kraft, die sich aufs äußerste anstrengt, die trotz der Wucht der Gestalten voller Grazie und Heiterkeit ist. Vor der Schönheit und der Heiterkeit wird uns noch einmal die Mühsal vor Augen gestellt, die von allem und für alles hier vorausgesetzt wird: die Bemühung um den Sinn der Bilder und Inschriften, die Bemühung, die das Buch uns auferlegt. Die Atlanten verkörpern eine geistige Gewalt, von der nicht nur die Decke einer Bibliothek gestützt wird.

In Rom, vor der Kirche Santa Maria sopra Minerva, finden wir einen Obelisken, der von einem Elefanten getragen wird. Papst Urban VIII. verfaßte für den Sockel dieses Werks von Bernini folgende Inschrift: »Der du das siehst hier, erkenne es als Zeichen, daß es eines robusten Geistes bedarf, um die Last der Weisheit zu ertragen.« – Es ist ein zierlicher Elefant, und es ist ein kleiner Obelisk. Die Weisheit hat andere Maße für ihr Gewicht.

Jürgen Paul
Barock in Oberbayern

Die Synonymität von Oberbayern und Barock ist kunstgeschichtlich sehr handgreiflich. In keiner anderen Landschaft Deutschlands hat die Architektur des 17. und 18. Jahrhunderts selbst kleinste Ortschaften so stark geprägt und fast alle älteren Bauten überdeckt oder ersetzt. Die romanischen Klosterkirchen in Rottenbuch und Steingaden, spätgotische Bürgerkirchen wie St. Peter in München oder die Stadtpfarrkirche von Landsberg zeigen sich uns zumindest im Inneren im üppig dekorierten Gewand des Barock. In der malerisch über dem Ammersee gelegenen Wallfahrtskirche Andechs ist aus einem strengen gotischen einer der heitersten Räume des Rokoko geworden. An keinem Kirchenbau in Oberbayern sind Barock und Rokoko spurlos vorübergegangen.

Die meisten der großen und kleinen, der berühmten und weniger bekannten Barock- und Rokokokirchen in Oberbayern sind Neubauten, Werke der überaus regen Bautätigkeit zwischen der Mitte des 17. und dem Ende des 18. Jahrhunderts. Bauherren waren jedoch nicht die fürstlichen Stifter und die Bischöfe, sondern die selbstbewußten und mächtigen Äbte, Pröpste und Prälaten der über weite Ländereien und Dörfer herrschenden Klöster und Stifte. Ihre ehrgeizigen Unternehmungen brachten die Handwerke zum Blühen und stellten Baumeister, Maurer, Stukkateure, Holzschnitzer und Maler vor immer neue Aufgaben. In Familiendynastien pflanzte sich das Kunsthandwerk von Generation zu Generation fort, eine Tradition, die sich in Resten – etwa in der Kunst der Lüftlmalerei – erhalten hat.

Die großen Meister, deren Namen für uns mit dem bayerischen Barock und Rokoko verbunden sind, kamen fast alle aus diesem handwerklichen Milieu. Die Gebrüder Asam waren die Söhne eines Freskomalers aus Benediktbeuern; Johann Michael Fischer, der kreativste aller bayerischen Barockbaumeister, war der Sohn eines Maurers. Im Umkreis des Klosters Wessobrunn blühte das Stukkateurhandwerk in den Familien der Schmuzer und Feichtmayr, deren Innendekorationen und figürliche Werke unzähligen Kirchenräumen das festliche Gepräge gegeben haben. Auch Dominikus Zimmermann, dessen heiter-beschwingte Wieskirche den Höhepunkt des süddeutschen Rokoko bildet, kam aus einer Wessobrunner Stukkateurfamilie. Außer den Brüdern Asam, die vom Abt des Klosters Tegernsee nach Rom geschickt wurden, und dem aus dem heutigen Belgien stammenden Hofbaumeister François de Cu-

villiés d. Ä. war keiner der bayerischen Barockarchitekten, -maler und -bildhauer je in Italien und Frankreich. Ihre Kenntnisse bezogen sie aus zweiter Hand über Wien und Prag, wo sie in den Werken des großen Fischer von Erlach, der Dientzenhofer und Johann Lucas von Hildebrandts ihre Vorbilder fanden, sie verarbeiteten und weitervermittelten bis in die kleinste Dorfkirche.

Der in der italienischen Hochrenaissance geschaffene neue Typus der Wandpfeilerkirche, der ganz aus der Masse heraus modellierte Großraum, überspannt von einem breiten Tonnengewölbe, zwischen dessen mächtig tragenden Pfeilern die Seitenschiffe zu Seitenkapellen reduziert sind, hatte in Bayern schon ein frühes Beispiel, das erste in Deutschland überhaupt: Die Münchner Jesuitenkirche St. Michael (Baubeginn 1583) wurde zum Prototyp, den die Baumeister der »Vorarlberger Bauschule«, die Beer, Moosbrugger und Thumb, im späten 17. Jahrhundert zu einem festen Schema mit Emporen über den Seitenkapellen, einem kurzen Querschiff und schmaleren Chor auflockerten und gleichzeitig vereinfachten. Die beherrschende Vierungskuppel, die zum Beispiel noch die Abteikirche in Kempten krönte, fiel nun weg. Außen monumental, aber relativ schlicht, meist von zwei Türmen überragt, innen jedoch voller Bewegung und Pracht der Dekoration: dies wurden die Hauptmerkmale der Barockkirche im Gebiet zwischen Donau und Alpen. Den einfachen Typus der monumentalen Wandpfeilerkirche repräsentiert in besonders eindrucksvoller Weise die ehemalige Zisterzienser-Abteikirche in Fürstenfeldbruck. Ihr Baumeister, Giovanni Antonio Viscardi, hat sich die Münchner Michaelskirche zum Vorbild genommen, doch deren breite Dimensionen zu einem dynamischen Höhendrang gesteigert. Die Emporen sind weit hinauf unter das Gewölbe gezogen, das so über ihnen zu schweben scheint. Charakteristisch für die relativ frühe Entstehungszeit (begonnen 1701) ist der kräftige Farbenpomp der Dekoration: dunkle rotgraue Säulen, dunkles Grün an den Wänden und ein zartrosa getöntes dichtes Netz von Stuckornamenten. Dies bildet den Hintergrund für die kühnen kräftigen Farben der Deckenmalereien des Cosmas Damian Asam.

Es ist der gleiche schwere Farbenpomp, wie ihn die Brüder Asam in ihren Kirchenbauten liebten. Ihre Räume leben vor allem von der Dekoration; als Architekturen sind sie eher einfach. Die kleine St. Johann-Nepomuk-Kirche in München, die berühmte »Asamkirche«, ist als Raum nur ein schlichter langgestreckter Kasten, aber die Kulissenpracht seiner Dekoration, hinter der das Licht geheimnisvoll indirekt hereinleuchtet, verwandelt ihn in ein kompliziertes Gebilde aus schwingender Bewegung und optischen Effekten, in ein raffiniert inszeniertes theatralisches Spiel.

Im Unterschied zu den virtuosen Dekorationskünstlern Asam ging es Johann Michael Fischer um die körperlich-strukturelle Gestaltung des Raumes. Sein Grundthema, das er immer wieder abwandelte, war die Kombination des traditionellen Langhausraumes mit der Zentrierung auf eine beherrschende Mitte. Fischers Meisterwerk ist die Klosterkirche zu Rott am Inn. Hier ist die Durchdringung von Lang- und Zentralbau am vollkommensten gelungen. Beim Betreten des Kircheninneren nimmt man als erstes wahr, daß drei Kuppelräume, ein mittlerer großer und zwei kleinere, hintereinander aufgereiht sind. Erst bei genauem Hinsehen fällt einem auf, daß der Raum zweideutig ist, daß eine zweite Raumschale die Kuppelränder umfängt und durchdringt und daß die Pfeiler mit der Ausrichtung ihrer Kapitelle nicht der in sich geschlossenen Ruhe der Kuppeln, sondern der Zielrichtung des Langraumes folgen. So entsteht eine spannungsgeladene dialektische Ambivalenz, die die Raumerfahrung des Betrachters zum dramatischen Erlebnis werden läßt.

Die Klosterkirche zu Rott am Inn ist das geläuterte Spätwerk eines in seiner Phantasie nie erlahmenden Baukünstlers. Fischer war reiner Architekt. Dekorationen hat er nie entworfen. Aber er hat immer mit den bedeutendsten Meistern der großen Wessobrunner Stukkateurfamilien zusammengearbeitet. Deren auf strahlend weißem Grund, Gold und zarten Pastelltönen basierende helle Farbigkeit bestimmt die Dekoration der Fischerschen Innenräume. In Rott bilden die typischen asymmetrisch hinskizzierten Muschelgebilde der Rocaillen mit den feingliedrigen Figuren des Bildhauers Ignaz Günther ein einzigartiges Ensemble und einen Höhepunkt beschwingter Rokokostimmung. Viscardis denkmalhaftes Pathos, die raffinierten Inszenierungen der Brüder Asam und die geistreichen Raumkunstwerke Johann Michael Fischers waren eine ausgesprochen intellektuelle Kunst. Eine andere, weniger intellektuelle und dafür volkstümlichere Form des Rokoko begegnet uns in der Wieskirche. Schon am Äußeren fällt die flächiggebogene Weichheit auf, die die Mauern fast substanzlos

erscheinen läßt. Vergleicht man die unauffällige, ganz in den sanft gekurvten Umriß des Baukörpers integrierte Fassade mit den früheren von Fürstenfeldbruck und Diessen, so erlebt man ein Stück Stilgeschichte des 18. Jahrhunderts: dort monumentale, fast pathetische Schaufronten – in Fürstenfeldbruck in orthogonaler Strenge Säulen und Giebel übereinandergetürmt, in Diessen ein elegantes Gegeneinanderkurven von Pilastern und gebogenen Flächen – und hier in der Wies nur eine ganz verspielte Andeutung von Giebel und ein paar davorgestellte Säulen, die gar nicht dazuzugehören scheinen – ein fast verschämtes Zugeständnis an die zu Ende gegangene monumentale Tradition. – Die Wieskirche ist das Gegenteil von monumental. Schon die ornamentalen Fenster, die von außen wie mit Backformen ausgestochen erscheinen, zeigen, daß hier die Architektur nur noch eine Folie ist für eine Dekoration von heiterster Verspieltheit. Auch hier handelt es sich um die Zusammenarbeit eines kongenialen Bruderpaares: Dominikus und Johann Baptist Zimmermann, der eine Architekt, der andere Maler und Stukkateur.

Eine ineinander übergleitende Grundrißfigur aus einer Ellipse und einem Querrechteck bildet den Raum. Schlanke Stützenpaare, deren Kapitelle wie züngelnde Flammen anmuten, heben ein breites Muldengewölbe empor, in dem sich – von flatternden Ornamenten umspielt – der gemalte Himmel öffnet. Der Grundton ist gleißendes Weiß, auf dem die Linien und Farben wie vom Winde bewegt dahinzuhuschen scheinen. Obwohl die Wieskirche früher gebaut worden ist als die Klosterkirche zu Rott am Inn (Wies: Baubeginn 1745, Rott: 1759), scheint über dieses Maß an Formenauflösung in Verspieltheit eine weitere Entwicklung des Rokoko nicht mehr denkbar. Tatsächlich kann man in Rott am Inn, bei aller geistvollen kompositorischen Vieldeutigkeit der Raumform, schon etwas vom neuen Ernst des beginnenden Klassizismus spüren.

Die Wieskirche ist Symbol eines Stücks Kulturgeschichte: Süddeutschland, Bayern, Katholizismus, Barock, Rokoko. Dazu gehört auch das Erlebnis der Einsamkeit dieser Wallfahrtskirche. So war es noch vor 20 Jahren. Die Wies heute, riesige Parkplätze, Andenkenbuden, der Kirchenraum erfüllt vom Klicken der Fotoapparate – auch das ist, Bedauern hin, Bedauern her, ein Stück Kulturgeschichte: moderne Touristenkultur.

Max H. von Freeden
Großbaustelle des Barock: Die Würzburger Residenz

Wilhelm von Scholz hatte mit dem stolzen Wort vom »Schloß über allen Schlössern« die Formulierung für das Phänomen der Würzburger Residenz als Höhepunkt der Schloßbaukunst gefunden. Was als die Vollendung des Barock in Europa angesprochen wurde, war auch in anderer Sicht bemerkenswert, nämlich als gelungene Demonstration des Lebenswillens der Vielzahl kleiner geistlicher Fürstentümer im Alten Reich.

So besehen, war die Würzburger Residenz, als sie 1744 vollendet stand, ein halbes Jahrhundert vor dem Untergang der geistlichen Staaten, ein Sieg in dem schleichenden »Kalten Krieg« dieser Dezennien um das Überleben der Machtlosen zwischen den hochgerüsteten Mächten und inmitten der sich überlagernden Interessensphären. An ihrem Baubeginn standen gefährliche innerdeutsche Spannungen, in ihre mittleren Jahre fiel der polnische Erbfolgekrieg, und in die Zeit der Vollendung platzte der unerbittliche Schlesische Krieg zwischen Preußen und Österreich hinein, nun mit der klaren Drohung der Säkularisation der Mainbistümer. Friedrich Karl Schönborn, Fürstbischof von Bamberg und Würzburg, kam in die ebenso ehrenvolle wie fatale Situation, daß der vom König von Preußen und von Frankreich ausgehaltene Wittelsbacher Kaiser Karl VII. ihn als Reichsvizekanzler in seine Frankfurter Exilregierung holen wollte und Maria Theresia ihn gleichzeitig als Premierminister nach Wien rief; eine fast tödliche Alternative für die Existenz des Staates, während Balthasar Neumann eben dabei war, das riesige Stiegenhaus der Residenz und den Kaisersaal einzuwölben. Schönborn nahm es hin, daß die einen ihn als »abgefeimten Schurken«, die anderen ihn als »Filou« bezeichneten, weil er auf beiden Schultern trug; so aber hielt er seine Bistümer frei vom einen wie vom anderen Besatzer, und als der Friede 1745 kam, an dem er eifrig mitgewirkt hatte, war sein Lebenswerk, das Würzburger Schloß, schon vollendet, während Friedrich der Große sein Sanssouci erst begann. Bald darauf konnte sein Neffe Greiffenclau als »Fürst und Bischof zu Würzburg und in Franken Herzog« zur großen Demonstration für seine nun angreifbar gewordene Herzogswürde ausholen, als es ihm gelang, Tiepolo, den größten Freskenmaler der Jahrhundertmitte, nach Würzburg zu verpflichten; sein erster Auftrag waren die historischen Szenen im Kaisersaal: Barbarossas Hochzeit in Würzburg im Jahr 1156 und die Verleihung der fränkischen Herzogswürde durch den Kaiser an den Bischof von Würzburg im Jahr 1168. Zu Füßen dieser Gemälde konnte der Fürstbischof des Rokoko vor Kaiser und Reich, vor fürstlichen Gästen, vor auswärtigen Botschaftern bei der Hoftafel sich ebenso zufällig wie nachdrücklich auf die Privilegien des Mittelalters berufen, welche die Herzogswürde Frankens absicherten gegen den Zugriff der Großmächte auf das geistliche Fürstentum. Man konnte dabei sehr deutlich werden: Schönborns Neffe Greiffenclau ließ hier aktuelle Tagespolitik, von Tiepolos Pinsel gestaltet, auftreten; sein Nachfolger, Schönborns anderer Neffe Seinsheim, ließ sogar Münzen schlagen, auf denen kurz und bündig zu lesen war: Adam Friedrich, in Franken Herzog! Da war kein Fürstbistum zu säkularisieren – freilich nur, solange Kaiser und Reich noch existierten.

Ein Hauch von persönlicher Tragik umweht die geistlichen Fürstensitze hier wie überhaupt: Der Fürstbischof von Würzburg, Johann Philipp Franz von Schönborn, der 1719 den Plan zum Schloßbau faßte, hatte vom Vater weder Schloß noch Thron geerbt, und er hatte keinen Sohn, dem er das Schloß vererben konnte; er war geistlichen Standes und schon fast ein Fünfziger, als Mitra und Fürstenhut ihm nach schwieriger Wahl gegen gewichtige Kandidaten zufielen. Wenn er sich zum Bau einer neuen Residenz entschloß, die größer wurde als alles, was seine Standesgenossen sonst gebaut hatten, so mußte er doch ein Problem mit seinesgleichen teilen: Er war nicht als Kurprinz oder Erbprinz groß geworden, sondern das Glück wurde, wohl ersehnt, aber oft unerwartet, erst dem reifen Manne zuteil.

Der eben gewählte Fürstbischof begann sofort, schon wenige Wochen nach der Wahl, mit dem Schloßbau, und er zog bald vom Marienberg, dem alten Schloß auf der Festung, hinab, um ein Palais neben der Baustelle zur Wohnung anzumieten, weil er den von ihm stark forcierten Baufortgang ständig beobachten wollte. Er ließ aber auch eine Straße vom Residenzplatz zum Dom durchbrechen, um später aus dem vollendeten Schlosse von der Hoftafel aus die Grabkapelle als letzte Wohnung auf dieser Erde sehen zu können. Merkwürdig genug die Nähe der Todesahnung beim Werken am Denkmal eigener fürstlicher Unsterblichkeit – er hatte recht: 1724 ereilte ihn der Tod schon Anfang der Fünfzig, vier Jahre nach Baubeginn, als das Schloß eben erst zu einem Fünftel vollendet stand.

Aber die »fortune« der Familie bewährte sich wieder, denn 1729 wurde sein Bruder Friedrich Karl, eben Fürstbischof von Bamberg geworden, auch zur selben Würde in Würzburg berufen, und der war entschlossen, das Werk fortzusetzen, an dem längst die Reputation der Familie hing.

Der Glanz von Mitren, Krummstäben und Kronen, die auf dem Gaibacher Familienbild gehäuft zu Füßen der Familie liegen, reflektiert sich in Plan und Anspruch des größten Bauwerks der Familie – der Würzburger Residenz.

Daß sie so gelang, dazu bedurfte es nicht nur eines hochgemuten Bauherrn, sondern auch eines kongenialen Architekten. Schönborn und Balthasar Neumann – das war eine Konstellation wie etwa zwischen Papst Urban VIII. und Bernini ein Jahrhundert zuvor. Neumanns Chance war es, daß er, an dem riesigen Auftrag wachsend, bald die maßgebende künstlerische Autorität in dem Schönbornschen Familienreich der Kurfürsten und Fürstbischöfe wurde.

Balthasar Neumann, der gelernte Geschützgießer, hatte mit 25 Jahren das erlernte Handwerk aufgegeben und mit Rat und Hilfe seines »Entdeckers«, eines Würzburger Ingenieuroffiziers, sich der Baukunst zugewendet, Geometrie, Mathematik, Feldmesserei, etwas Englisch und Französisch dazugelernt, war Fähnrich geworden, war unter Prinz Eugen als Leutnant mit den Würzburger Truppen bei der Eroberung Belgrads 1717; dann hatte er den Mut, die Protektion auszuschlagen, die ihm das kaiserliche Hauptmannspatent in Wien zugedacht hatte – er war doch mehr Architekt als Soldat; so stand er 1719 parat, als ihm, dem 32jährigen, mit dem Würzburger Residenzbau der größte Bauauftrag zufiel, der damals in Europa zu vergeben war. Neumann erlebte mit seinem Bauherrn das Glück, den großen Plan durch Verdoppelung des Grundrisses bald ins Riesige hinaufsteigern zu können, weil sein Herr aus einem Bestechungsprozeß einen Guldenbetrag einziehen konnte, der nach heutiger Kaufkraft auf dem Baumarkt wohl an die 50 Millionen DM ausmachte und ganz zum Schloßbau bestimmt wurde.

Neumann hat nun die Chance, mit den großen Baumeistern seiner Zeit zusammenarbeiten zu können, die Schönborn als Berater zuzieht; Dientzenhofer übernimmt die Bauleitung als erfahrener Baumeister auf großen Baustellen, Maximilian von Welsch aus Mainz und Lucas von Hildebrandt aus Wien kommen zur Planung nach Würzburg; schließlich kann Neumann mit den Residenzplänen sogar nach Paris reisen, wo ihm das Wort des Kardinals Schönborn beim Kardinal Rohan die Türen öffnet zu Baukonferenzen mit Boffrand und de Cotte, den Architekten des Königs von Frankreich.

Bald nach der Rückkehr aus Paris starb der Bauherr und alles schien umsonst gewesen, bis sich das Blatt 1729 so unerwartet wendete; der zweite Schönborn, in der Mitte der Fünfzig, Herr über zwei mainfränkische Fürstbistümer und noch Vizekanzler des Reiches, beginnt mit großem Eifer sofort die fehlenden vier Fünftel des Schlosses zu bauen. Nicht daß er keine Bleibe in seinen neuen Landen gehabt hätte – an Haus und Raum fehlte es wirklich nicht; aber der »Bauwurmb«, wie sie es in der Familie unter sich nannten, ließ ihm keine Ruhe. Was der Bäckermeister Renniger auf der Alten Mainbrücke an sein neues Haus geschrieben hatte: »Bauen ist eine Lust – was es mich kostet, das hab ich nicht gewußt«, verrät, wie sehr diese Bauleidenschaft damals überall in Stadt und Land verbreitet war.

Balthasar Neumann wird noch 1729 nach Wien geschickt, um dort den neuesten »goût« zu studieren, und dann wird er Oberbaudirektor zweier Staaten; ihm unterstehen das gesamte Militär- und Zivilbauwesen samt vier Festungen, der Hoch- und Tiefbau, die Schlösser- und Kirchenbauten beider Hochstifte, die Privatschlösser des Bischofs, das Stadtbauwesen mit einer alles prüfenden und planenden Baukommission in Würzburg, der Straßenbau, auch die Heilquellen in Kissingen, von denen er ja selbst eine neue mitentdeckte. Dazu kommen Privataufträge, wie die großen Kirchen in Münsterschwarzach, zu Gößweinstein, Vierzehnheiligen und Neresheim, die seinen Ruhm als Kirchenbaumeister begründen; dazu kommen die Anforderungen der Schönborn-Brüder: Der Kardinal ruft ihn nach Bruchsal für Treppenhaus und Festsäle des Schlosses und für Meersburg, der Kurfürst fordert ihn an für St. Paulin in Trier, für die Mosel-Festungen und den Ehrenbreitstein, die »Generalin«-Witwe Schönborn ruft ihn zum Kirchenbau nach Heusenstamm bei Frankfurt.

Und dann kommen unvermeidlich auch die Nachbarfürsten der Schönborn-Brüder, die dort von ihm hören und sehen: Clemens August von Köln bekommt von Neumann Treppenhaus und Festsäle im Schloß Brühl gebaut, also das Hauptwerk des rheinischen Rokoko und heute Festgebäude der Bundesrepublik, Kurpfalz fragt ihn wegen Schloß Schwetzingen und als Gutachter in

Mannheim, die Stadt Frankfurt lädt ihn ein zum Gutachten für die Mainbrücke, der Herzog von Württemberg und der Markgraf von Baden für Schloßpläne in Stuttgart und Karlsruhe, schließlich auch das Kaiserpaar für Pläne zur neuen Wiener Hofburg. Obendrein hatte Schönborn noch ein neues Sommerschloß gewollt, das Neumann gleichzeitig mit dem Würzburger Schloß in Werneck bei Schweinfurt errichtet.

Neumanns Ansehen wächst mit den Aufträgen; Offiziere und Architekten von nah und fern, aus Nord und Süd kommen nach Würzburg, um bei ihm zu volontieren; so erhält er einen Lehrauftrag für Militär- und Zivilbaukunst an der Universität. Als Hauptmann hatte der 38jährige 1725 in eine der einflußreichsten Beamtenfamilien eingeheiratet, und die Familie wuchs rasch; er betätigt sich auch kommerziell, indem er eine Glashütte im Steigerwald pachtet; mit ihren Erzeugnissen liefert er das Fensterglas für alle seine Schlösser und Kirchen, richtet in Würzburg noch dazu eine Spiegelschleiferei ein, um nun alle Schlösser in Franken, auch die markgräflichen, mit Spiegelglas zu beliefern – beides hatte man vorher aus Nachbarstaaten importieren müssen; sein Glasexport wird bis nach Holland und England organisiert. Neumann ist inzwischen im militärischen Rang avanciert, der die Grundlage seiner wirtschaftlichen Existenz ist; 1741 wird der tüchtige »Armeleutesohn« Oberst der Artillerie des Fränkischen Kreises.

Vor allem aber ist Neumann über dreißig Jahre Chef einer Großbaustelle, eben der Würzburger Residenz; Planung und Bau samt Ausstattung beschäftigen ihn von 1719 an bis zum Lebensende 1753. Der »Sog« dieses Unternehmens ist enorm, Handwerker und Kunsthandwerker, Bildhauer und Maler strömen aus Deutschland, Österreich, Frankreich, der Schweiz, aus den Niederlanden und aus Italien hier zusammen, werden notfalls auch – wie der Hofschlosser Oegg – beim Prinzen Eugen »abgeworben«.

Neumanns Ruf als Barockarchitekt ist oft geschildert worden; er ist darüber hinaus bei diesem letzten und großartigsten Dokument des sterbenden Alten Reiches aber auch schon der erste moderne Architekt mit Baubüro, Künstlerstab und Designern, mit einem Ausstatterteam, das auch auswärts eingesetzt werden kann, in Worms und Brühl oder Bruchsal. Das alles lief noch ohne Fernschreiber oder Telefon nur mit Taxis Post, mit Brief und Kutsche

Allein die physische Leistung ist bewundernswert angesichts der Aufzählung von beruflicher und freier Tätigkeit, wobei man auch bedenken muß, daß Neumann meist nur im Winter reisen konnte, denn zur Bausaison ließ ihn sein Herr nur ungern fort, und auch die Brüder mußten ihn sich dann erbetteln. Allein 22 Reisen an den Rhein bis nach Koblenz und zwölf Reisen nach Bruchsal in zwanzig Jahren, drei Reisen nach Eger, fünf nach Wien – das ist, auf damaligen Reisekomfort und die Reisedauer projiziert, die dauernden zahllosen Reisen in Franken nicht mitgerechnet, schon eine beachtliche Leistung.

Tiepolos Verpflichtung und seine Arbeit in Würzburg von 1750–53 waren der letzte Höhepunkt in Neumanns Schaffen; Friedrich Karl Schönborn hatte das Schloß 1744 im Rohbau ganz, aber die Ausstattung nur zur Hälfte vollendet; 1746 ereilte den 72jährigen der Tod; sein nachfolgender Opponent Ingelheim hatte – wie der Nachfolger des Bruders 1724 – nur vier kurze Jahre; der nachfolgende Neffe Greiffenclau war nobel genug, im Kaisersaal, den er nur erst verputzt und kahl übernommen hatte, Porträt und Wappen Schönborns anzubringen. Tiepolo war gern gekommen, denn so große Säle, wie sie Neumann ihm in der Residenz zeigte, hatte Italien ihm noch nie geboten.

Aus beider Zusammenarbeit – als Ereignis eine unerhörte Begebenheit in der Geschichte der abendländischen Kunst – erwuchs die Krönung des europäischen Rokoko: Der *Ingenieur* Neumann war in der Lage gewesen, ohne statische Berechnungen im heutigen Sinne das riesige Treppenhausgewölbe für den *Künstler* Neumann stützenfrei zu wölben, das moderne Bautechniker sich nicht zu kopieren getrauen; Tiepolo schmückte es mit der Huldigung der irdischen und himmlischen Welt an seinen Mäzen, Fürstbischof Greiffenclau, dem er damit für nur fünf Jahre Regierungszeit ewigen Nachruhm schuf auf einem Gemälde, das – nicht nur den Ausmaßen von rund 600 Quadratmetern nach – heute noch das größte der Welt ist und gewiß das schönste Geschenk, das Italien je Deutschland gemacht hat.

Auch Neumanns Porträt ist von Tiepolo, wie sein eigenes, in die Szenerie hineinkomponiert – beider Blicke begegnen sich, Dank und Respekt ausdrückend; mit Selbstbewußtsein schauen sie auf ihr gemeinsames Werk, erfüllt vom fröhlichen Gefühl des hohen Tages, der die Vollendung sah.

Horst Krüger
Bayreuther Szene – zehn Tage mit Richard Wagner

Das Festspielhaus: Auf den ersten Blick wirkt der Zuschauerraum merkwürdig enttäuschend. Nichts da von üblicher Pracht und glanzvoller Opernverschwendung. Als Fremder, der das zum erstenmal sieht, fühlt man sich eher an einen wunderlichen Bahnhofswartesaal zweiter Klasse, kurz vor der Jahrhundertwende, erinnert. Das Eisengestänge, die Welt der Dampfmaschinen. An der Decke zieht sich in ausgeblichenem Graugrün ein Muster, das offenbar eine Muschel im Jugendstil sein soll. Die Sitze sind eng, hölzern, hart und bemerkenswert unbequem. Jeder Gefängnisinsasse sitzt heute in Deutschland bequemer. Die Besucher müssen stehenbleiben, bis auch der letzte seinen Platz gefunden hat. Von den Wänden leuchten weiße Kugeln, wie man sie aus Badezimmern und WCs kennt. Drei Minuten vor Beginn wird der Strom herabgesetzt. Die Badezimmerkugeln breiten ein fahles aschgraues Licht über die Festversammlung. Die Türen werden verschlossen. Das Gemurmel verstummt. Es wird still, ganz dunkel. Was passiert, wenn jetzt einer ohnmächtig wird? Muß ein Herzinfarkt bis zum Ende des Aufzugs warten?

Ich habe diese Prozedur zehn Tage mitgemacht. Es gab keinen Herzinfarkt, niemand wurde ohnmächtig. Von den »Meistersingern« bis zur »Götterdämmerung« immer getreulich gesessen und zugehört: sechs Stunden pro Tag. Das sind immerhin gut vierzig Wagnerstunden. Ein ganz klein wenig kenne ich die Szene. Und was ich jetzt sagen werde, sage ich nicht von ungefähr. Nicht aus ironischer Distanz oder kalter Schreiber-Routine. Ich sage es sehr bewußt, wohlwissend, was ich damit alles sage. Jetzt beginnt ein Wunder, sage ich. Das Wunder heißt Wagner, heißt: die Welt, in Musik gesetzt. Das Leben als Rausch, als Klang, als ganz raffinierter Rhythmus. Das Orchester setzt ein. Der Vorhang geht auf, und wie es immer bei wirklichen Wundern ist: Es ist alles ganz anders als ich dachte, erwartete, zu wissen meinte. Wagner? Das ist nicht dieser dröhnende und wabernde Germanenfürst, an den ich mich zu erinnern meinte aus Jugendtagen. In der Ära des deutschen Faschismus hatte sich mein Wagnerbild geformt. Aber jetzt höre ich, das ist ein unglaublich sensibler und raffinierter Artist. Ein Zauberer und Allesbetörer. Das ist große Dekadenz: Zartheit und Wucht des Verfalls. Für so etwas habe ich schon einen Riecher.

Das Wunder ist zunächst akustischer Art. Plötzlich versteht man die kahle Einrichtung, den strengen Holzkult. Das ganze Haus ist wie ein Instrument gebaut, ist wie ein Cello oder eine Stradivarigeige. Auf wunderbare Weise ist in diesem Raum, in dem jetzt fast 2000 Menschen sitzen, jeder Ton überall immer vollkommen rein zu hören, ohne technische Verstärker natürlich. Das Schweigen ist überwältigend. Niemand hustet. Niemand räuspert sich. Keiner kommt auf die klassische Abonnentenidee, jetzt ein Stück Schokolade aus knisterndem Silberpapier zu lösen. Die Leute sind wie gebannt. Unsere Welt ist verloschen. Eine andere Zeit beginnt: Klingsors Zeit. Was geschieht in Bayreuth immer wieder, wenn der Dirigent den Taktstock erhebt? Musik beginnt: zärtlich und wild, verführerisch und erschreckend. Der Raum des Menschen, unser Leben wird dargestellt, ein Kosmos menschlicher Leidenschaften blüht auf. Alles, was zwischen Liebe und Tod, Hoffnung und Haß, Glück und Verzweiflung für uns erlebbar ist, wird hier musikalische Szene, ist in dem Zauber vollkommener Klänge Kunst, die die Ohren betört.

Wie zärtlich, wie weich, wie beinah volksliedhaft das kommen kann, etwa in der Szene, wo Siegfried und Sieglinde sich in der »Walküre« zu erkennen beginnen: Winterstürme wichen dem Wonnemond! Wucht des Tabubruchs dann, wie die Schwester in den Bruder versinkt vor Glück. Das sind ja alles ziemlich skandalöse Themen, die Wagner aufgreift. Lauter Fälle für den Staatsanwalt, haben Spötter gesagt. Wahr ist: diese Musik ist gefährlich. Sie ist unglaublich erotisch. Sie ist eigentlich ein immerwährender Liebesakt. Kommt daher ihr Reiz, ihr Sog, ihre ganz offenkundige Verführungskraft? Ist Wagner ein Fest des entfesselten Eros?

Kunst ist gefährlich. In ihr glimmt immer der Funken der Anarchie. Kunst ist Revolte – das habe ich in Bayreuth gelernt.

Natürlich kann man fragen: Was kostet solche Erfahrung? Was ist der Preis für den Zauber? Was geht auch verloren von unserer Wirklichkeit? Metamorphosen des Ichs: Man wird sensibilisiert, vertieft, verinnerlicht. Das Festspiel ist eine Kur für Ohren. Man bekommt ein neues Gehör geschenkt. Und das macht einen merkwürdig allergisch gegen die Geräusche der Welt, die es ja auch noch gibt, nebenher. Man ist einfach empfindlicher, hellhöriger geworden.

Und wenn man dann wieder nach der Aufführung in seinem Auto sitzt, wie gewohnt nach dem Anlassen des Motors das Autoradio einstellen möchte – das sind so automatische Reflexe im technischen Zeitalter, die eigentlich gar nichts bedeuten, fast wie das Zigarettenanzünden –, dann spürt man: Das geht nicht mehr. Es ist unmöglich, jetzt Nachrichten, Lottozahlen, Kommentare, Tanzmusik entgegenzunehmen. Aus dieser Welt bist du herausgeschleudert. Das alles gibt es wohl, wirkt aber jetzt unglaublich banal und flach, eben wie Blechgeschepper, das aus dem Radio kommt. Man sagt immer: Nun stell das Zeug ab, bitte! Ich kann's nicht mehr hören! Jetzt kann ich überhaupt nichts mehr hören von draußen. Ich höre nur noch Wagner. Ich bin von Kopf bis Fuß auf den »Ring« eingestellt. Ich lebe in wachsenden Ringen. Ob morgen der Siegfried die Brünhilde verlassen wird? Man kann es nicht wissen. Diesem Burschen ist viel zuzutrauen. Also? Gewinn und Verlust, Weltmetamorphosen, die Wagner erzeugt, immer noch. Ein anderes Leben entsteht, ein neuer Takt. Er fordert seinen Tribut. Es ist durchaus ein Full-time-Job, ein ernsthafter Festspielteilnehmer zu sein. Man hat zu tun, um über die Runden zu kommen. Man hat kräftig zu rudern, um rechtzeitig zum Ufer des nächsten Stücks zu kommen. Also Zeitprobleme, Tageseinteilung, ein strenger Ritus des Festspielgasts. Man lebt in geregelten Verhältnissen. Es ist wie beim Roulette: nichts geht mehr. Es dreht sich alles im Kreis um den Meister. Die Welt ist ein »Ring«, und du sitzt da mittendrin; schon ziemlich verwagnert.

Das Tagespensum sieht so aus: Neun Uhr aufstehen, halb zehn das Frühstück; schon beim Frühstück ist Theaterbericht, also Kritik, Lob oder Tadel der gestrigen Aufführung im Kreis der anderen ganz unvermeidlich. Präzise Kurzrezensionen sind erwünscht, beim Kaffee-Einschenken. O Gott! Ich, morgens eher müde bis maulfaul, bin genötigt, mich begeistert oder gedämpft über die »Meistersinger« gestern abend zu äußern. Immer wollen die Leute wissen, wie der Ridderbusch, Theo Adam, der Kollo, die Bode denn nun waren gestern abend? Ja, wie waren sie eigentlich? frage ich mich. Ich fand sie stark. Aber darf man das so sagen? Ich spüre: Bayreuth ist kein leichtes Stück. Ich bin in einen Kongreß von lauter Musikwissenschaftlern geraten. Jede Zimmervermieterin, jeder Kellner ist mir hoch überlegen. Die kennen den Laden – ich nicht.

Vormittags dann Stadtgänge, aber nicht zu lange. Man muß scharf disponieren: Von elf bis halb eins ist lokaler Freiraum gegeben, nicht mehr. Man sieht dies und das. Man fährt auf einen Sprung in die Eremitage. Man geht kurz ins Neue Schloß, besucht das alte Markgräfliche Opernhaus. Einen Augenblick lang ist man entzückt über seine prachtvolle Barockschönheit. Aber was hat das mit Wagner zu tun, bitte? Du wirst doch nicht vom Thema abkommen? Doch, doch, das hat schon damit zu tun, registriert man nicht ohne Aufatmen. Hier fing doch die ganze Geschichte an. Wagner wäre wohl nicht nach Bayreuth gezogen, wenn ihn nicht Hans Richter, sein erster Kapellmeister, damals auf dieses Knusperhäuschen des Spätbarock hingewiesen hätte. Bitte, bin ich nicht gut, `als Historiker? Komm, komm, rasch, rasch! Es ist schon halb eins. Wir müssen essen.

Die feineren, opulenteren Häuser habe ich mir längst abgewöhnt. Es dauert zu lange. Verwagnert sein, heißt auf Gasthöfe, Kneipen, kleinere Wirtschaften zurückgreifen. Nur schnell! heißt die Parole. Es droht »Parsifal«. Nur rasch den Schoppen Frankenwein, die Knödelsuppe, das Kasseler, oder soll es Sauerbraten sein? Um vier Uhr geht es weiter, und ehrlich: Ich habe das Textbuch zum »Parsifal« nicht im Kopf. Irgendwie weiß man natürlich, was kommen wird. Aber das eben nützt nichts, wenn der Vorhang aufgeht. Dann muß man präzis wissen, was los ist. Wörter im Gesang sind nur gelegentlich zu verstehen. Sätze so gut wie nie. Der Text ist das Skelett. Ohne das Skelett zerfällt alles zu einem konfusen Gefühlshaufen. Also fang an mit Vorlesen. Wo waren wir gestern stehengeblieben?

Spätestens um halb drei muß man dann aufspringen; Ankleideriten. Ob man das Hemd von gestern noch einmal? Ob man heute nicht doch eine ernstere Krawatte wählen sollte? Keine Oper, ein Bühnenweihspiel steht auf dem Programm. Merkwürdigerweise wird hierzulande nichts über die Bayreuther Kleiderordnung publiziert. Ich bedauere das. Ich Greenhorn hatte tatsächlich meinen Smoking zu Hause gelassen. Hier wäre er nötig gewesen. Alle Protestwellen, Sexrevolutionen und fröhlichen Emanzipationsbewegungen unseres jüngsten Jahrzehnts haben nichts an der Tatsache ändern können, daß man das Festspielhaus nur in klassischer Abendtoilette betritt. Großbürgerlich, nicht spätbürgerlich. Niemand schreibt das vor. Niemand wird abgewiesen, wenn er anders kommt. Es versteht sich von selbst, in festlicher Robe aufzutreten.

Selbst Zwanzigjährige kommen im Smoking, allerdings auf den jüngsten Stand gebracht, also mehr modisch geputzt und mit feinsten Spitzen garniert. Es ist ja auch dieses Vorurteil zu revidieren, daß Bayreuth eine Sache der Älteren sei, ein Kult der Väter. Ach, keine Spur: Jugend ist hier genauso vertreten. Nachwuchsprobleme sind nicht zu erkennen. Immer stehen vor Beginn junge Leute herum, Jünglinge im schwarzen Anzug, halten ein Schild in der Hand: »Siegfried gesucht!« Oder: »Tausche Walküre gegen Tannhäuser!« Das sind keine Schwarzhändler. Die Jugend selbst ist verwagnert.

Weiter, was ist von unserem konventionellen Bayreuthbild noch zu revidieren? Ich meine jetzt das Gerücht, daß das Absitzen der Stücke, des ganzen »Rings« etwa, Strapazen des Körpers seien. Es stimmt nicht. Nur Ignoranten können so etwas verbreiten. Es ist so organisiert: Ein Aufzug dauert im Schnitt etwa eine Stunde und 20 Minuten. Das ist doch nicht zuviel? Es ist weniger als ein Kinoprogramm, rein zeitlich gesehen. Das hält man mühelos durch. Für den Beifall am Aktschluß sind vorsorglich noch zehn Extraminuten einzukalkulieren. Danach beginnt die Pause, die eigentlich keine Pause ist, sondern ein ausgewachsenes Freilichtstück, das nun das Publikum spielt.

Was geschieht? Man ergeht sich im Grünen. Man sitzt in den Parkanlagen. Man erquickt sich in dem Restaurationstrakt, wo für teures Geld bemerkenswert schlechte Speisen gereicht werden, meist im Selbstbedienungsverfahren. Ich rate von größerem Verzehr ab. Man sollte sich wieder für den nächsten Aufzug präparieren. Was geschieht denn da? Man muß den Text wortwörtlich wissen. Also fang an mit Lesen. Lies vor! Ich esse inzwischen ein Käsebrot vom kalten Büfett. Was kommt jetzt? Lies lauter, wie war das? Ich höre: »Gurnemanz (rüstig greisenhaft) und zwei Knappen (von zartem Jünglingsalter) sind schlafend unter einem Baum gelagert. Von der linken Seite, wie von der Gralsburg her, ertönt der feierliche Morgenweckruf der Posaunen. Gurnemanz, erwachend und die Knaben rüttelnd: He! Ho! Waldhüter ihr – Schlafhüter mitsammen –, so wacht doch mindestens am Morgen. Die beiden Knappen springen auf!« Ich aber unterbreche. Ich sage: »Das ist doch falsch. Das haben wir doch schon hinter uns. Das ist doch der erste Aufzug. Du mußt den zweiten Aufzug vortragen, bitte!«

Aber da hört man vom Festspielhaus schon die Trompetenstöße. Jeder Aktbeginn wird vom Balkon, dem Königsbau, neu eingeblasen. Also wandert man wieder ins Haus. Auch der zweite Aufzug erweist sich als nicht viel länger als einszwan-

zig. Zehn Applausminuten sind wieder hinzuzurechnen. Wenn man danach heraustritt, ist es gegen halb acht. Dämmerung, Abendlicht sinkt langsam nieder. Erst jetzt wird die Szene schön. Ich meine: Erst im Hereinbrechen der Dunkelheit, im ersten Glitzerschein der Lampen kommen die großen Abendroben der Damen zur Geltung. Festlichkeit, Verführung und Glanz sind nur im Dunkeln möglich. In der Augustsonne eines Nachmittags wirkt die Festversammlung eher komisch. Dann ein letzter Trompetenruf gegen halb neun: Der dritte Aufzug beginnt. Er ist wegen der aristotelischen Regel »Untergang des Helden im letzten Akt« etwas länger anzusetzen. Sagen wir: einsdreißig im Schnitt. So kurz vor 22 Uhr ist alles vorbei. Man kann nicht sagen, daß diese Festfolge strapazierend sei.

Danach findet sich die Wagnergemeinde in den Hotelrestaurants zum Umtrunk zusammen. Jetzt kann man sie genau betrachten. Unternehmergesichter, richtige Herren, richtige Damen, unsere Führungskräfte, sagt man nicht so in Zeitungsinseraten? Es gibt interessante Ausnahmen, aber in der Regel sind es jene etwas leeren und doch repräsentativen Gesichter der Oberschicht, die in Gelsenkirchen eine Filiale der Commerzbank leitet, die in Baden-Baden dem Tennisclub vorsteht oder in Hamburg Bananenfrachter laufen läßt nach Rio. Etwas Ledernes, altdeutsch Gegerbtes mit Sinn für das Höhere ist zu vermerken. Man erkennt sich. Ältere Damen in strengen Miederkleidern küssen sich innig, aber nicht zu innig. Sie liegen sich kurzfristig in den Armen mit all ihrem Goldgeschmeide. Rheingold, dachte ich. Das ist doch alles Rhein-Ruhr-Industrie, die hier sitzt. »Sind Sie wieder hier, Frau Doktor? – Nein, wie schön, Herr Professor; nach drei Jahren also wieder am Ball? – Trotz aller Sparpolitik immer noch auf den Höhen des Festspielhügels?«

Bitte, dachte ich: So ist das hier. Ein Genius und seine Gemeinde. Ein Mythos vom wahren Leben und seine Konsumenten: Mercedes-Benz-Klasse. Unzerbrechlich wie Plexiglas. Und doch: Seine Musik ist herrlich. Sie hat mit ihren Konsumenten wenig zu tun. Es ist ein Stück Wahnsinn, was da mit Richard Wagner in die Welt kam, musikalisch.

Bayreuth ist nichts als eine Utopie der Tiefe. Die Welt wäre arm ohne solche wahnsinnigen Versuche, das Leben verstehbar und einsichtig zu machen. Wir leben, wir wachsen, wir glühen, wir sterben. Im Untergang sind wir Auferstehende. Das etwa ist meine Bilanz aus dieser Stadt.

228

Herbert Rosendorfer
Von Orlando di Lasso bis Orff

Die Musik hat im Leben Bayerns stets eine wichtige Rolle gespielt, wobei diese Feststellung gleichermaßen gilt, ob man mit »Bayern« den bayerisch-österreichischen Volksstamm, die altbayerisch-pfälzischen Herrschaftszentren des Hauses Wittelsbach mit den angrenzenden oder eingesprengten geistlichen und reichsstädtischen Territorien oder aber den heutigen Freistaat Bayern meint. Allein: eine »bayerische Musikgeschichte« gibt es nicht. Die Geschichte der Hofmusik in München ist wichtig, neben ihr aber sind oft selbständige, vielfach auch miteinander und mit München verknotete Entwicklungen in den bischöflichen Residenzen (Augsburg, Bamberg, Würzburg), den Städten (vor allem Nürnberg), den kleineren Höfen (Neuburg, Bayreuth, Ansbach) und in den vielen Klöstern zu berücksichtigen. Die bayerische Musik ist ein breites, auch nach außen mit italienischer und norddeutscher Musik vielfach verbundenes Netz, das sich erst im 19. Jahrhundert im Zug des Kulturzentralismus auf München konzentrierte.

Dennoch bedeutete auch schon im 16. Jahrhundert die Berufung Orlando di Lassos nach München einen Höhepunkt der Musikentwicklung im süddeutschen Raum. Das Herzogtum Bayern hatte zu Anfang des 16. Jahrhunderts das Glück, daß alle in Altbayern regierenden Nebenlinien des Hauses Wittelsbach, die das Land in kleine Duodezfürstentümer aufgesplittert hatten, binnen weniger Jahre ausstarben und das ganze Land in der Hand eines Regenten vereinigt wurde. Dieser Regent, der kunstsinnige Herzog Wilhelm IV., war ein vernünftiger Mann, der – im Vollzug eines Hausgesetzes, das schon sein Vater erlassen hatte – dafür sorgte, daß in Zukunft das Land nicht mehr geteilt werden durfte. Es galt von da ab die Primogenitur. Sein Sohn und Erbe, Herzog Albrecht V., der von 1550–79 regierte, berief im Herbst 1556 Orlando di Lasso nach München. Aber dessen eigentlicher Förderer wurde Erbprinz Wilhelm, der spätere Herzog Wilhelm V. (1579–97), der die Bedeutung dieses großen Meisters erkannte und sein persönlicher Freund wurde.

Orlando di Lasso, 1530 in Mons im Hennegau geboren, war bei seiner Berufung nach München 24 Jahre alt, hatte bereits seine Lehr- und ersten Meisterjahre in Frankreich und Italien hinter sich, war schon berühmt. Fast vierzig Jahre (Lasso starb 1594) wirkte dieser Meister in München und kann mit Fug und Recht (wie Händel als Engländer) als bayerischer Musiker gelten. Lasso war zunächst Tenorist in der Hofkapelle, später dann »magister capellae«. Sein Dienst umfaßte die Versorgung kirchlicher und weltlicher Festlichkeiten mit Musik, von Hochämtern zu feierlichen Gelegenheiten bis zu familiären und höfischen Festen wie Hochzeiten, Tafelmusiken und der Musik bei der Jagd. Lasso, der zwar mehrfach Reisen unternahm, auch mit auswärtigen Höfen, Klöstern und Reichsstädten in Verbindung blieb, widerstand allen Verlockungen durch andere glänzende Angebote und blieb in München. Hier schuf und vollendete er in stetiger Arbeit und mit unglaublichem Fleiß und schöpferischem Ernst sein Werk. Ähnlich wie später Bach zog Lasso mit seinem Werk die Summe aller bisherigen Musik und wies gleichzeitig in großartiger Weise über seine Zeit hinaus. Seine Spätwerke, etwa die Bußpsalmen oder die späten Motetten, sind nicht mehr zeitgebunden, keinem Stil mehr verpflichtet, nur noch Ausdruck einer genialen Musikerpersönlichkeit, Bachs »Kunst der Fuge« oder den späten Streichquartetten Beethovens an die Seite zu stellen.

Dabei war Orlando di Lasso auch eine originelle Persönlichkeit, die sich in die schillernde Zeit der späten Renaissance einfügte. So beteiligte er sich bei den Vermählungsfeierlichkeiten des Erbprinzen Wilhelm mit Renata von Lothringen (1568) unter anderem an der Aufführung von Harlekin-Possen, spielte sogar selber den »Doctor Magnifico«, schrieb übermütige Madrigale und war weltlichem Glanz (1570 wurde er geadelt) nicht abgeneigt. Im Lauf seines späteren Lebens nahm aber seine zutiefst katholische Geisteshaltung – die ihn nicht hinderte, seine Werke bei einem betont protestantischen Verlagshaus in Nürnberg in Druck zu geben – einen zunehmenden Zug ins Grüblerische und Mystische an, den übrigens sein Freund, der Herzog, teilte. In den letzten Jahren, in denen er sein Spätwerk verfaßte, zog sich Lasso immer mehr in eines seiner beiden Landhäuser nach Putzbrunn oder Schöngeising zurück, von Todesahnungen erfüllt und – wie seine Briefe an den Herzog ausweisen – von Gemütstrübungen heimgesucht. Wenige Jahre nach Lassos Tod zog sich 1597 auch der Herzog von der Welt zurück und übergab die Regierung seinem Sohn, dem späteren Kurfürsten Maximilian I. Mit ihm kam für Bayern eine neue Zeit heran.

Die Leiden des Dreißigjährigen Krieges suchten Bayern besonders heftig heim. Das kulturelle Leben erstarb. Eine neue, die zweite Glanzzeit der

Musik in Bayern setzte erst unter Kurfürst Ferdinand Maria ein, der kurz nach dem Westfälischen Frieden 1651 die Regierung antrat (bis 1654 unter Vormundschaft) und von seinem Vater und Großvater die Liebe zur Musik geerbt hatte. Die italienische Gemahlin des Kurfürsten, Adelaide von Savoyen, pflegte in München vor allem die neu aufgekommene Musikgattung der Oper. Diese festliche Kunst fügte sich in ihrem Glanz und Anspruch gut in den Rahmen der fürstlich barokken Repräsentation ein, die die Bayern immer geliebt haben und die, nachdem die Wunden des großen Krieges geheilt waren, das höfische, aber auch bürgerliche Leben der Residenz und des ganzen Landes bestimmte. 1653 wurde im Herkulessaal der Residenz G. B. Maccionis »L'arpa festante«, die erste Oper, aufgeführt. Bald danach (1657) wurde das Opernhaus am Salvatorplatz errichtet, das – neben der Oper in Wien – die wichtigste Pflegestätte dieser neuen Kunst in Süddeutschland wurde. Damit war – abgesehen von dem italienischen Geschmack, den die Kurfürstin am Hof ganz allgemein in Mode brachte – auch das Musikleben italienisch geprägt.

1656 – genau hundert Jahre nach der Berufung Orlando di Lassos – wurde daher ein italienisch ausgebildeter Musiker als Leiter der Hofmusik nach München berufen: Johann Kaspar von Kerll. Kerll (1627–93) stammte aus dem Vogtland. Er trat als junger Mann in die Dienste eines österreichischen Erzherzogs, wurde von diesem nach Italien geschickt, wo er Schüler des großen Giacomo Carissimi wurde, den »stile nuovo« und selbstverständlich die Oper kennenlernte. Nach kurzen Diensten in Brüssel am Hof des Statthalters der Niederlande wurde Kerll an den Hof nach München berufen. Er schrieb für die Opernaufführungen am Salvatorplatz mindestens zehn Opern, die alle verlorengegangen sind. Aus Aufzeichnungen und nach Rückschlüssen aus anderen, erhaltenen Werken Kerlls kann man aber annehmen, daß es sich um eine Musik voll prächtigem Aufwand, mit selbständiger Orchesterbehandlung, Tonmalereien und Echoeffekten gehandelt haben dürfte. Es waren die ersten Opern, die auf deutschem Boden für einen deutschen Hof geschrieben wurden.

Anders als Lasso blieb Kerll nicht in München. Er klagte über Zurücksetzungen gegenüber italienischen Musikern, die von der Kurfürstin favorisiert wurden, und andere Unzuträglichkeiten. 1673 ging Kerll nach Wien, obwohl die ihm dort angebotene Stelle weit bescheidener war als die in München. Ein Jahr nach Kerlls Weggang (1674) brannte auch das Opernhaus ab, womit dieser Teil des Musiklebens der bayerischen Residenz beendet war.

Zwar erlosch das Musikleben nicht – immerhin wirkten in München so bedeutende Musiker wie Evaristo Felice dall'Abaco oder Pietro Torri –, aber als Kurfürst Max II. Emanuel, seit 1680 Ferdinand Marias Nachfolger, 1691 Generalstatthalter der Spanischen Niederlande wurde, nahm er die Hofkapelle nach Brüssel mit und das musikalische Leben in München verödete. Die Wirren des Spanischen Erbfolgekriegs, in denen Kurfürst Max Emanuel auf das falsche Pferd setzte und zeitweilig seines Landes verlustig ging, waren ebenfalls nicht dazu angetan, daß sich die Kultur – und damit auch die Musik – entfalten konnte.

Max III. Joseph (1745–77), der stille Kurfürst, der nach den Nöten und Schulden, in die sein Großvater Max II. Emanuel das Land gestürzt hatte, und nach den bitteren Folgen des kaiserlichen Abenteuers seines Vaters Karl VII. Albrecht, der für drei Jahre die Römische Kaiserkrone trug, durch vorsichtiges und kluges Regiment dem Staat und den Finanzen wieder aufzuhelfen trachtete, war auch ein begeisterter und ausübender Musiker. Er spielte gut Cello und komponierte selber. Ein Stabat mater aus der Feder des Kurfürsten – 1766 anonym herausgegeben – wurde unlängst ausgegraben und wieder aufgeführt und erwies sich als Werk von künstlerischem Gewicht und beachtlicher Qualität. Auch die Schwester des Kurfürsten, die Prinzessin Maria Antonia Walpurgis, später verheiratet mit dem Kurfürsten von Sachsen, war eine begabte Komponistin, eine gebildete, geistreiche Frau, in allen diesen Dingen ihrer Zeitgenossin Wilhelmine, der Markgräfin von Bayreuth, vergleichbar.

In den letzten Jahren der Regierung Max' II. Joseph wurde – ein Ruhmesblatt für die Musikpflege in München – Mozarts Oper »La finte giardiniera« hier uraufgeführt (1775). Weniger ruhmreich war das Verhalten des neuen Kurfürsten Karl Theodor (1777–99) nach der 1781 erfolgten Uraufführung von Mozarts »Idomeneo« in München. Mozart machte sich damals Hoffnungen auf eine Anstellung am kurfürstlichen Hof. Mozart war zwar erst 25 Jahre alt, aber bereits kein Unbekannter mehr, im Gegenteil, nach seinen großen Reisen stand er auf dem Gipfel seines Ruhmes. In München war seine Oper ein Erfolg. Dem Kurfürsten war Mozart aus Mannheim – seiner früheren Residenz – her bekannt, wo Mozart mehrfach gewesen war, und mit dessen Musikern ihn viele Beziehungen verknüpften. Es ist völlig undenkbar, daß der Kurfürst, der nicht nur ein Musikliebhaber, sondern – nach Schubarts Zeugnis – ein Musikenthusiast, wenn nicht sogar ein Musiknarr war, die Bedeutung Mozarts verkannt hätte. Karl Theodor hatte, das beweist seine Musikpflege am Mannheimer Hof, ein unbestechliches Gespür für Qualität. Daß er dennoch Mozarts Bewerbung mit dem grantigen Satz: »Es ist keine Vacatur da« – also mit einer bürokratischen Ausrede abtat, ist völlig rätselhaft und unerklärlich. Aber für Bayern und München war damit die Chance vertan, diesem Genie eine schöpferische Heimat zu geben. Die musikalische Klassik ging nach Wien.

Dafür kam später, für manche ein vollkommener Ersatz, am 4. Mai 1864 Richard Wagner nach München. Es war die erste »Regierungshandlung« des jungen Königs Ludwigs II. (1864–86), Wagner suchen und nach München einladen zu lassen. Der Aufenthalt Wagners in München, der nur knapp zwei Jahre währte, endete mit einem Mißklang und einer menschlichen Enttäuschung für den König, was nichts an dessen künstlerischem Engagement für Wagners Werk änderte. Weittragender als Wagners kurze Münchner Zeit waren die Musteraufführungen im Hof-(dem heutigen National-)Theater, in dem nach und nach alle Opern in werkgerechten und musikalisch einwandfreien und beispielhaften Inszenierungen geboten wurden. Höhepunkte waren die Uraufführungen des »Tristan« 1865 und der »Meistersinger« 1868. Kein Komponist hatte bis dahin das Glück, daß sein Gesamtwerk derart »gebündelt« und damit eindrucksvoll der Welt vorgeführt wurde. Zweifellos hätte sich Wagners Werk im Lauf der Zeit auch ohne die Hilfe des Königs und ohne die Wagnerpflege in München durchgesetzt, aber sicher nicht so schlagkräftig und schnell; Bayreuth, das ja eigentlich erst nach Wagners Tod wirkliche Bedeutung erlangte, baute auf alldem auf, was Wagner in München für sich verbuchen konnte. München war die Wagnerstadt, damit die Stadt der »Zukunftsmusik«, die Metropole der progressiven Musik.

Das war nicht allein, vielleicht sogar am allerwenigsten, das Verdienst Wagners, sondern vielmehr eines Mannes, der das gar nicht so wollte: Joseph von Rheinberger (1839–1901), der aus Vaduz stammte und über vierzig Jahre in München tüchtig und ehrlich wirkte. Berühmt oder sogar berüchtigt als »Fugenseppl« war er unmittelbar oder mittelbar Lehrer einer ganzen Komponistengeneration, die sich die »Neudeutschen« nannten. Er – und auch die anderen alten Lehrer der Akademie, etwa Franz Lachner – statteten die wilden »Neudeutschen« mit dem handwerklichen Rüstzeug aus, mit dem sie, unter Berufung auf Berlioz und Liszt, vor allem aber selbstverständlich auf den deutschesten der deutschen Meister, auf Wagner, die herkömmlichen Formen zertrümmern wollten. Wenige Namen sind von diesen »Neudeutschen« übriggeblieben, hie und da wird Alexander Ritter genannt, zu Unrecht vergessen ist Ludwig Thuille. Die »Zukunftsmusik« Wagners war – so aufgefaßt – ein Irrtum. Sie war geniale, aber Gegenwartsmusik des 19. Jahrhunderts. Diese progressive Musik welkte rasch, die wirkliche Innovation der Musik kam aus Wien, ohne daß diesmal ein Kurfürst die Chance vertan hätte. Nur drei Meister sind aus der »neudeutschen« Bewegung hervorgegangen, haben sie aber auch überwunden: Richard Strauss, Max Reger und Hans Pfitzner; im Leben und Wirken aller drei spielte München eine entscheidende Rolle. Für Pfitzners (1869–1949) Werk setzten sich in München sehr früh die beiden großen Generalmusikdirektoren Felix Mottl und Bruno Walter ein. Mottl führte 1906 das »Christelflein« auf, Bruno Walter leitete 1917 in München die Uraufführung von Pfitzners Hauptwerk »Palestrina«. Pfitzner übersiedelte 1918 nach München, blieb in Bayern bis in seine letzten Lebensjahre, fand hier ein Forum, um zu schaffen und zu lehren, aber auch – etwa in den »Süddeutschen Monatsheften« – eine Plattform für seine bissige publizistische Aggressivität, die sich in einer originellen Mischung von Witz und Grant nahtlos in die bajuwarische Mentalität einfügte.

Max Reger (1873–1916), ein Oberpfälzer, hat nur wenige Jahre – von 1901 bis 1907 – in München gewirkt, dennoch ist die ingrimmige Schaffenskraft dieses merkwürdig unhandlichen Meisters ohne den bayerischen Grundtenor von Derbheit und Sensibilität nicht denkbar. Reger, der sich dadurch auszeichnete, daß er Berge von Werken schrieb, ohne daß ihm das geringste einfiel, ist sozusagen das Extrem der abstrakten Inspiration, eine gezügelte Anarchie, die ja schon immer ein bayerischer Traum war.

Richard Strauss (1864–1949) endlich, einer der wenigen gebürtigen Münchner unter den Meistern der Tonkunst, gilt als der Musiker, der das bayerische Selbstwertgefühl am reinsten verkörpert, obwohl er als Dirigent seine Karriere in Weimar und Berlin gemacht hat, seine Hauptwerke in Dresden uraufgeführt wurden und seine Meisteropern in Jerusalem, Mykene und Wien spielen. Aber sein Lebenszentrum hat Strauss immer in Bayern gehabt, und ohne Zweifel ist in der Musik dieses letzten Ritters der Tonalität noch einmal das ferne Leuchten der barocken bayerischen Sinnenfreude zu spüren, die auch vor Banalitäten, sofern sie in den momentanen Überschwang passen, nicht zurückschreckt.

Die zwölf Nazi-Jahre waren auch für Bayern finster. Aber immerhin wirkten in der Zeit die Dirigenten Hans Knappertsbusch, Oswald Kabasta und Clemens Krauss in München, und das Regime erkaufte das Stillhalten der Bürger unter anderem mit hervorragenden Konzert- und Opernaufführungen – Aufführungen von Meisterwerken, sofern sie nicht von »nichtarischen« Komponisten stammten. Selbstverständlich war auch die »entartete« Musik verpönt. Ein Meister dieser Form schuf in München in dieser Zeit zurückgezogen und ohne Aussicht auf baldige Aufführung seiner Werke, 1937 die erste seiner insgesamt acht Symphonien: Karl Amadeus Hartmann (1905–63), neben Schostakowitsch wohl der vorerst letzte große Symphoniker der Weltmusik. Von Bedeutung ist Hartmann auch als Gründer der Konzertreihe »musica viva«, in der er sofort nach 1945 begann, den Nachholbedarf des Publikums zu befriedigen. Durch Hartmann und seine »musica viva« lernte man die bis dahin verfemten oder verbotenen Werke Strawinskys, Hindemiths, der Wiener Schule und anderer kennen.

Auch ein gebürtiger Münchner war Carl Orff (1895–1982), der sich nach und nach – und wieder ganz anders als Richard Strauss – als Vertreter einer in der barocken Tradition stehenden Musik verstand, bei der der Ausdruck »bodenständig«, sofern er in subtiler und differenzierter Weise begriffen wird, angebracht ist. In seinen cantiones profannae »Carmina Burana« hat er ein musikalisches Welttheater geschaffen, das ins Universale ebenso zielt wie ins heimatlich Bayerische und das eine geglückte Mischung oder besser Umfassung von musikalischer Qualität, intellektuellem Anspruch und Popularität ist, wie sie sonst kaum einem Komponisten gelang, Orff selber danach auch nicht mehr. Orff, dessen Bedeutung nicht zuletzt durch sein weltweit akzeptiertes »Schulwerk« manifestiert ist, war der Nestor der Musik in Bayern bis zu seinem Tod im Jahr 1982. Werner Egk (1901–83), Mark Lothar (1902–85), Günter Bialas (geboren 1907) und Harald Genzmer

(geboren 1909) sind weitere Repräsentanten der älteren Generation der gemäßigten Moderne in Bayern. Die Namen, die auswahlweise und stellvertretend für die jüngere Generation hier genannt werden, sind bereits Geschmacksfrage und persönliche Ansichtssache, denn einerseits ist die Zahl der Musiker, die sich in München aufhalten, tummeln, herumtreiben – je nachdem –, unübersichtlich groß, und andererseits hat ein Komponist, solange er lebt, keinen Anspruch auf allgemeingültige Beatifikation. Es seien deshalb nur fünf Namen genannt: die jungen, originellen und erfrischend schul- und richtungsfreien Komponisten Wilfried Hiller, Klauss Obermayer, Max Beckschäfer und Paul Engel sowie der etwas ältere Wilhelm Killmayer, den man auch mit Fug und Recht als einen Meister von schöpferischem Ernst und eigener Kraft ansehen darf, dessen Musik den Verdacht nahelegt, sie könnte die Zeiten vielleicht überdauern.

Zu den folgenden Abbildungen:

113 Die Wieskirche bildet den Höhepunkt des süddeutschen Rokoko. Die Architektur von Dominikus Zimmermann ist nur noch die Folie für die heiter verspielte Dekoration von Johann Baptist Zimmermann – hier ein Detail der Kanzel

114 Der Hochaltar der Klosterkirche Mariä Himmelfahrt von Egid Quirin Asam im niederbayerischen Rohr bei Rottenburg zeigt in theatralischer Inszenierung die von Engeln himmelwärts getragene Muttergottes; um den Marmorsarg die überlebensgroßen Apostelgestalten

115 Zu den prunkvollsten Kirchenräumen des 18. Jahrhunderts zählt die Würzburger Hofkirche, 1733–35 von Balthasar Neumann erbaut und nach Ideen Lucas von Hildebrandts ausgestattet

116 Putten im Garten von Schloß Linderhof

117 Deckengemälde von Chr. Thomas Scheffler in der ehemaligen Jesuitenklosterkirche Heiligkreuz in Landsberg am Lech: Kaiser Konstantin erblickt das Siegeszeichen des Kreuzes an der Milvischen Brücke

118/119 Das prächtige Stiegenhaus in der Würzburger Residenz, eines der schönsten Schloßbau des deutschen Barock, ist überwölbt vom größten Deckenfresko der Welt, das G. B. Tiepolo 1752/53 schuf. Rings um Apoll und die olympischen Götter gruppieren sich die Erdteile in allegorischen Darstellungen

120 Die Klosterkirche der Benediktinerabtei Ottobeuren – des »Schwäbischen Escorial« – ist ein weiterer Glanzpunkt des Barock. Die gesamte Abschlußwand des Chores bis zum Gewölbefresko füllt der Hochaltar aus, ein höchst pathetisches Werk

121 Die Klosterbibliothek Metten zeigt die ganze Spannweite des bayerischen Barock: Atlanten tragen Marmorgesimse und Gewölbe; verspielte Putten-Szenen sind umrahmt von goldenem, weißem und grünem Stuck; alle Gemälde haben einen Bezug zu den Buchgruppen in den Regalen

122 Das Markgräfliche Opernhaus in Bayreuth gehört dank seiner Innenausstattung von Giuseppe und Carlo Galli-Bibiena, den führenden Theaterdekorateuren des Spätbarock, zu den schönsten Theaterbauten Europas

114

115

116

123–126   Die meisten Bayern sind katholisch, viele strenggläu- big. Madonnen und Kruzifixe sind weit verbreitete Symbole des Glaubens: (123) in der Wallfahrtskirche St. Anton zu Gar- misch-Partenkirchen; (124) auf einem Bauernhof bei Amberg; (125) in der Stadt-Pfarrkirche zu Landsberg; (126) in Altötting auf dem Pilgerweg zum Gnadenbild der Schwarzen Madonna in der Heiligen Kapelle

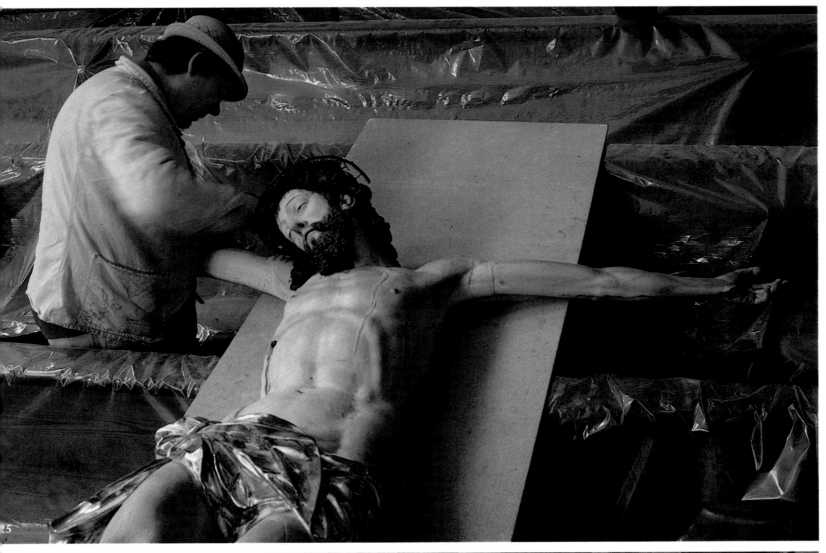

127 Die Siegesgöttinnen – Symbole der deutschen Staaten – in der Befreiungshalle zu Kelheim. Zum Gedenken der Befreiungskriege gegen Napoleon von Ludwig I. geplant und aus der Privatschatulle bezahlt

128 Teil der Gartenfront des Juliusspitals in Würzburg. Für »Arme, Bresthafte und Kranke« im Jahre 1576 von Fürstbischof Julius Echter von Mespelbrunn gegründet

129 Innenhof der Festung Marienberg in Würzburg. Die restaurierte Festung beherbergt heute das Mainfränkische Museum, zu dessen schönsten Exponaten Werke Tilman Riemenschneiders gehören

130   Schloß Herrenchiemsee, als letztes der Schlösser König
Ludwigs II. im Jahre 1878 begonnen, nachdem der König die
Chiemseeinsel 1873 erworben und zum Standort seines Neu-
Versailles bestimmt hatte

131   Schloß Linderhof: Detail der Hauptfassade mit der Figur
des »bayerischen« Herkules (des Atlanten), der einzige Schloßbau, der zu Lebzeiten König Ludwigs II. fertiggestellt wurde

131

Bayerische Geschichte

Eckardt Opitz
Von den römischen Provinzen Noricum und Raetia zum Freistaat Bayern

Die bayerische Landesgeschichte hat es mit zwei unterschiedlichen Bereichen zu tun. Da ist zunächst das ältere, kleinere Herzogtum (später Kurfürstentum) Bayern, dessen Kerngebiet zwischen Alpenkamm und Donau-Stromland (etwa zwischen Lech und Enns; dazu entlang der Naab in einen Nordgau ausgreifend) als ein geschlossenes Territorium erscheint und das historisch als »Altbayern« begriffen werden kann. Dieses Altbayern bildet auch den Kern und einen wichtigen Integrationsfaktor für das jüngere, größere Bayern – das Königreich und den späteren Freistaat –, das 1803 bis 1816 entsteht und in das die Geschichte zahlreicher Einzelherrschaften unterschiedlichsten Status eingegangen ist. Zusammengefaßt erscheinen diese Territorien und Herrschaften in den heutigen Regierungsbezirken. Neben Niederbayern (Landshut), Oberbayern (München) und Oberpfalz (Regensburg) sind dies Unterfranken (Würzburg), Mittelfranken (Ansbach), Oberfranken (Bayreuth) und Schwaben (Augsburg). Bis 1946 gehörte auch die linksrheinische Pfalz zu Bayern. Die folgende knappe Skizze wird sich – da eine Auswahl zu treffen unumgänglich ist – auf Altbayern konzentrieren. Die historische und kulturelle Entwicklung Schwabens und Frankens muß in den Hintergrund treten.

Die Anfänge des Herzogtums Bayern

Die Suche nach den Anfängen der bayerischen Geschichte war lange Zeit verbunden mit der Frage nach der Herkunft des Stammes der Bajuwaren. Eine »bayerische Staatsideologie« (K. Bosl), die sich auf viel Gelehrtenfleiß gründete, sah in den Bajuwaren einen germanischen Stamm, der – geführt von einem Herzog – gegen Ende des 5. Jahrhunderts in das Donaugebiet einwanderte, das von den Römern geräumte Land eroberte und besiedelte. Aus dieser geschlossenen Landnahme und einer einheitlichen ethnischen Herkunft wurde bis in unsere Zeit gern die Kontinuität der Eigenständigkeit Bayerns im Rahmen der deutschen Geschichte hergeleitet. Diese Auffassung von den Anfängen Bayerns hat aber einen gravierenden Nachteil; sie ist weder durch schriftliche noch durch archäologische Quellen zu begründen. Dagegen hat sich in der jüngeren landesgeschichtlichen Forschung ein anderes Bild durchgesetzt: Die Bajuwaren sind in ihrem Ursprung kein geschlossener germanischer Stamm, sondern aus verschiedenen Komponenten zusammengewachsen.

Als Ursubstrat des bayerischen Stammes müssen die Keltoromanen angesehen werden: Nachkommen der keltischen Urbevölkerung, die sich im Verlauf der römischen Herrschaft in den Provinzen Raetia und Noricum mit römischen Elementen vermischten, zu denen in der Spätzeit noch germanische Söldner verschiedener Herkunft traten, so daß sich eine provinzialrömische Mischkultur entwickelte. Bereits in den Anfängen ist von einer aristokratischen Herrschafts- und Sozialstruktur auszugehen: seit keltischer Zeit lebte die Masse der agrarischen Bevölkerung in persönlicher Abhängigkeit. Die klaren Dienst- und Unterordnungsverhältnisse der Grundherrschaft kannten neben den Leibeigenen noch Halbfreie und darüber die aristokratische Oberschicht. An dieser Struktur änderte sich in römischer Zeit wenig. Lediglich das straffe Netz der staatlich-militärischen Verwaltung Roms legte sich über die Provinzen, regionale Herrschaften damit zusammenfassend. Der Zusammenbruch des weströmischen Reiches (476) war nur bedingt mit einer kulturellen Entleerung des Donauraumes verbunden. Die im 6. Jahrhundert von Nordosten und Osten her in mehreren Wellen eindringenden germanischen Gruppen fanden zwar ein von der alten Oberschicht (Militärs, Verwaltungsbeamte, Großgrundbesitzer, Geistliche) geräumtes, ansonsten aber durchweg besiedeltes und teilweise bereits christianisiertes Land vor. Woher sie kamen und welchen Stämmen sie angehörten (Alemannen, Langobarden, Markomannen, Thüringer und Rugier werden in den Quellen genannt), ist nach wie vor umstritten. Als halbwegs gesichert kann aber angenommen werden, daß die Germanen eher gruppenweise nach Bayern einsickerten als in einem großen Eroberungszug über das Land herfielen. Ohne politische Führung dürfte der Donauraum auch nach dem Zusammenbruch der römischen Herrschaft nicht lange geblieben sein. Der Gotenkönig Theoderich bezog das strategisch wichtige Voralpengebiet in seinen Machtbereich ein; damit bekam es die Funktion, den Expansionsdrang der Franken aufzuhalten. Nach der Vernichtung des Thüringerreiches (531) erlangten die Merowinger aber auch im Donaugebiet das politische Übergewicht.

Der erste nachweisbare bayerische Herzog ist Garibald (ca. 550–90) aus dem Geschlecht der Agilolfinger. Auf welchen Agilolf das Geschlecht zurückzuführen ist, woher die Familie stammte und wer sie eingesetzt hat, ist unsicher. Überliefert sind lediglich dynastische Verbindungen zu den Langobarden und den Franken. Unter Garibalds Herrschaft wurde das vor allem in der Oberschicht bereits seit längerem verbreitete Christentum allgemein stabilisiert und intensiviert. Dabei kam den fränkischen Bischöfen Emmeram in Regensburg, Korbinian in Freising und Rupert in Salzburg besondere Bedeutung für die Mission zu. Die eigentliche Organisation der Kirche in Bayern im Jahr 739 ist aber auf Bonifatius zurückzuführen, der in fränkischem Auftrag auch die Bistümer Würzburg (741) und Eichstätt (745) gründete; das kirchliche Zentrum wurde Salzburg.

Paris, die Metropole der merowingischen Herrschaft, war weit, der Einfluß auf die Politik der bayerischen Herzöge demgemäß auf Dauer verhältnismäßig gering. Andererseits dürfte aber die Kompetenz der merowingischen Verwaltung auch zur Konsolidierung der agilolfingischen Herrschaft beigetragen haben. Auch die »Lex Baiuariorum« (das Stammesrecht der Bayern) weist auf merowingischen Einfluß hin.

Wenn Paulus Diaconus, der Geschichtsschreiber der Langobarden, die Bayernherzöge als »Könige« bezeichnet, dann unterstreicht er damit nicht nur die Gleichrangigkeit des langobardischen und des bayerischen Fürstenhauses, sondern auch die unabhängige Position der Agilolfinger gegenüber den Merowingern. Dies gilt ganz besonders für den letzten Herzog dieses Geschlechtes, Tassilo III., der sich zwar durch Vasalleneid der fränkischen Monarchie untergeordnet hatte, aber dennoch eine selbständige Politik verfolgte, die bis zur Verweigerung der Heerfolge ging. Mit der Unterwerfung der Langobarden durch

Karl den Großen (774) verloren die Agilolfinger eine wichtige Stütze für ihre Politik. Zwar konnte Tassilo sein Herzogtum noch territorial ausdehnen und durch bedeutende Klostergründungen auf einen hohen kulturellen Stand bringen, dem imperialen Drang des Frankenkönigs war er jedoch nicht gewachsen. Die Absetzung Tassilos III. durch Karl den Großen 788 auf der Reichsversammlung zu Ingelheim stellt in mehrfacher Hinsicht eine Zäsur in der Geschichte Altbayerns dar: Die bajuwarische Stammesbildung war zu diesem Zeitpunkt abgeschlossen, ebenfalls die Christianisierung. Unter der Herrschaft der Agilolfinger war territorial, kulturell und strukturell eine Region zu einer politischen Einheit geworden. Zum anderen bedeutet das Ende der agilolfingischen Herrschaft die Einverleibung des bayerischen Stammesherzogtums in das Frankenreich. Dabei erhielt Bayern eine neue Funktion im Rahmen der karolingischen Politik: Grenzsicherung nach Osten und Südosten, verbunden mit Aufgaben der (bereits unter den Agilolfingern begonnenen) Kolonisation und Missionierung. Die bisher dominierende Orientierung nach Süden (Kärnten und Tirol) trat in den Hintergrund.

Die karolingische Herrschaft brachte für Bayern zunächst fränkische Statthalter; nach der Reichsteilung (Vertrag von Verdun, 843) erhielt Bayern unter Ludwig dem Deutschen die Rolle eines Zentrallandes (»Königsprovinz«) im ostfränkischen Reich.

Bayern als Territorialherzogtum und als deutsches »Kronland«

Seit dem Ende des 9. Jahrhunderts sah sich Bayern einer wachsenden Bedrohung durch die Kriegszüge der Ungarn ausgesetzt. An eine Unterstützung durch die Karolinger war nicht mehr zu denken. In dieser Situation trat Markgraf Luitpold von Karantien und Pannonien an die Spitze des bayerischen Adels. Sein Versuch, die Ungarngefahr in einer Feldschlacht zu beseitigen, endete 907 bei Preßburg mit der Vernichtung des bayerischen Heerbannes. Auch Luitpold fiel in der Schlacht. Sein Sohn Arnulf übernahm die Herrschaft; er sicherte das Land politisch und militärisch gegen die Ungarn. Innerhalb kurzer Zeit gewann er eine königgleiche Stellung nach innen wie nach außen. Nach König Konrads Tod (918) wurde Arnulf sogar zum Gegenkönig Heinrichs I., Konrads designiertem Nachfolger auf dem Königsthron, gewählt. Er einigte sich aber 921 mit

Heinrich I., den er als König anerkannte, sich aber gleichzeitig ein hohes Maß an Unabhängigkeit garantieren ließ. Erst Otto der Große vermochte es, Bayern seiner Macht eindeutig unterzuordnen, indem er die Erbfolge der Luitpoldinger ignorierte und seinen Bruder Heinrich als Herzog einsetzte.

Herzog Heinrich I. (948–55), dem Begründer der bayerischen Linie des sächsischen Kaiserhauses, gelang es, sich gegen den Widerstand der Luitpoldinger durchzusetzen, und die Grenzen des Herzogtums weit nach Süden auszudehnen: 952 belehnte ihn sein kaiserlicher Bruder mit den italienischen Marken. Der Sieg des Reichsheeres über die Ungarn auf dem Lechfeld (955), an dem das bayerische Aufgebot maßgeblich beteiligt war, eröffnete für das Herzogtum erneut den Weg der Ostkolonisation; die Ostmark, das spätere Österreich, hat hier ihren Anfang.

Unter Heinrich II. (955–76 und 985–95), der von der späteren Geschichtsschreibung mit dem wenig schmeichelhaften Beinamen »der Zänker« belegt worden ist, erreichte Bayern seine größte Ausdehnung, doch zugleich lieferte seine oppositionelle Politik den Grund dafür, daß Kaiser Otto II. Kärnten abtrennte und zu einem eigenen Herzogtum erhob (976). Auch der Nordgau wurde dem Einfluß des Bayern entzogen.

Herzog Heinrich IV. (995–1024), dem Sohn des »Zänkers«, gelang ein Ausgleich mit Ungarn. Er vermählte 995 seine Schwester Gisela mit König Stephan I. von Ungarn und unterstützte die Christianisierung im Reich seines Schwiegersohns. Als letzter Nachkomme des sächsischen Kaiserhauses im Mannesstamm wurde er als Heinrich II. 1002 zum deutschen König (Kaiser 1014; Heiligsprechung 1146) gewählt. Bayern wurde als Königsprovinz von Amtsherzögen verwaltet.

Die Gründung des Reichsbistums Bamberg (1007) vollendete das ottonische Reichskirchentum, hatte aber für die Geschichte Altbayerns nachhaltige Folgen, weil Heinrich II. das Bistum mit altem bayerischen Herzogs- und Königsgut ungewöhnlich reich ausstattete und dabei den Nordgau, d. h. die Urzelle der späteren Oberpfalz, geradezu zerstückelte.

Nach 1024 wurde Bayern zu einer Bastion der salischen Königsherrschaft. Über 50 Jahre lang verwalteten die Salier das Land, ohne daß formell ein Herzog amtierte. Dadurch ist die Ausbildung eines sich kontinuierlich entwickelnden, regional geprägten Stammesherzogtums verhindert worden. Bayern verbrauchte einen erheblichen Teil

seiner Kräfte im Dienste des Reiches. Allerdings brachte seine enge Verbindung mit dem Reich auch wichtige kulturelle Impulse mit sich. Besonders ragte die literarische Produktion in den Reichsklöstern Niederaltaich (die Jahrbücher des Reiches, »Annales Altahenses [Maiores]«, wurden hier abgefaßt) und Tegernsee heraus. In Tegernsee schrieb um die Mitte des 11. Jahrhunderts ein Mönch mit der Dichtung »Ruodlieb« den ältesten – allerdings in lateinischen Hexametern abgefaßten – deutschen Ritterroman. Von Passau und Regensburg (St. Emmeram) gingen wichtige Impulse für die Kirchenreform des 11. Jahrhunderts aus.

Ein eigenes politisches Gewicht erhielt Bayern erst wieder mit der Einsetzung eines Herzogs aus der jüngeren Welfenlinie (Welf IV.) durch König Heinrich IV. im Jahr 1070. Herzog Welf (1070–1101), der seine Macht nicht nur auf das Herzogsamt, sondern auch auf Positionen in Schwaben und Oberitalien stützen konnte, ergriff im Investiturstreit zunächst die Partei des Papstes, während der Großteil des Adels und des Klerus auf der Seite Heinrichs IV. stand. Im Jahr 1077 wurde Welf als Herzog abgesetzt, auch einige Bischöfe verloren ihre Diözesen. Doch ihr Einfluß blieb weiterhin bestehen, da die Auseinandersetzung des Königs mit dem Papst eine wirkliche Herrschaft im Lande nur periodisch zuließ. Die ungeklärten Verhältnisse in Kirche, Reich und Herzogtum kommen in den Augsburger Annalen des Jahres 1078 anschaulich zum Ausdruck: »Alle sind wir gedoppelt, die Päpste gedoppelt, die Bischöfe gedoppelt, die Könige gedoppelt, die Herzöge gedoppelt.« Nach fast zwanzigjährigem Kampf kam es 1096 zur Aussöhnung zwischen Heinrich IV. und dem Welfen, der erneut mit Bayern belehnt wurde und dabei auch eine neue Erblichkeit des Herzogtums durchsetzen konnte. Seine Nachfolger unterstützten die salische Reichspolitik und festigten gleichzeitig die welfische Herrschaft in Bayern durch dynastische Verbindungen mit bayerischen Magnaten.

Heinrich IX., der mit Wulfhild, einer Tochter Herzog Magnus' von Sachsen, des letzten Billungers, verheiratet war und damit den Welfen ihren Anteil am bedeutenden Erbe der Billunger einbrachte, vermählte seine Tochter Judith mit dem Staufer Friedrich II., dem »Einäugigen«, Herzog in Schwaben. Damit wurde der Keim für den welfisch-staufischen Gegensatz gelegt, der die deutsche und ganz besonders die bayerische Geschichte im 12. Jahrhundert bestimmte.

In der bisherigen Schilderung der altbayerischen

Geschichte dominierten die Fürsten- und Adelsfamilien; ihre »Familienangelegenheiten« wurden »Staatsaktionen« gleichgesetzt. Das wird auch für die welfische und besonders für die wittelsbachische Zeit der Fall sein; scheint eine Begründung angebracht: »In der archaischen Zeit hochfeudaler, agrarischer Adelsgesellschaft ist Reichs- wie Stammesgeschichte, wenn man sie verstehen will, sowohl Königs- wie Adelsgeschichte (Aristokratie mit monarchischer oder herzoglicher Spitze). Der abstrakte Begriff ›Stamm‹ ist nur transparent in seiner führenden Adelsschicht, die das politisch handelnde ›Volk‹ darstellt, obwohl das Volk = die Unterschichten als produzierender Teil der Gesellschaft, das der Adelsschicht ihr Sonderdasein dienend ermöglicht, indirekt doch nicht ohne Gewicht ist« (K. Bosl).

Bei der Königswahl von 1125 entschied sich der Bayernherzog nicht für seinen Schwiegersohn, sondern für den sächsischen Herzog Lothar von Supplinburg, wohl um das sächsische Erbe nicht zu gefährden. Diese Politik zahlte sich zunächst aus, denn Herzog Heinrich X., »der Stolze« (1126–39), wurde der Schwiegersohn des neuen Kaisers und erbte 1137 das Herzogtum Sachsen und die supplinburgischen Hausgüter. Betrachtet man den Gesamtbesitz der Welfen, d. h. die Verklammerung des bayerischen Gebiets mit Oberitalien und Niedersachsen, dann wird die königsgleiche Stellung der Welfen erklärlich. Doch als 1138 nicht der Bayernherzog zum deutschen König gewählt wurde, sondern Konrad (III.) von Schwaben, verkehrten sich die Fronten.

Heinrich der Stolze wurde 1139 seiner Herzogtümer entsetzt und in die Reichsacht getan. Innerhalb kürzester Zeit gelang es dem Stauferkönig zusammen mit dem Babenberger Leopold IV., Markgraf der bayerischen Ostmark, eine so starke Macht gegen die Welfen zu errichten, daß die Mutter Heinrichs des Löwen nach dem Tod des Herzogs 1142 im Vergleich von Frankfurt für ihren unmündigen Sohn auf Bayern verzichtete. Doch seit 1148 erhoben die Welfen neue Ansprüche auf Bayern. Kaiser Friedrich Barbarossa führte einen Ausgleich herbei, um den Frieden im Reich zu sichern und seine Italienpläne nicht zu gefährden: 1156 belehnte er Heinrich den Löwen mit Bayern. Gleichzeitig aber schuf er aus der alten bayerischen Ostmark das selbständige Herzogtum Österreich, mit dem der Babenberger Heinrich Jasomirgott belehnt wurde. Die Urkunde der Herzogserhebung, das »Privilegium minus«, enthielt weitreichende Privilegien u. a. im Hinblick auf die Erbfolge der Babenberger. Österreich war damit ein Territorialherzogtum neuen Stils. Bayern aber wurde entgegen seiner bisherigen Tradition zu einem Binnenland degradiert.

Heinrich der Löwe gehört zu den herausragenden Herrschergestalten des deutschen Mittelalters; seine Bedeutung für die bayerische Geschichte ist aber vergleichsweise bescheiden. Bayern erscheint im Rahmen der selbständig geführten Außenpolitik der Welfen eher als Nebenland; von einer Territorialpolitik Heinrichs des Löwen in Bayern kann kaum die Rede sein. Am nachhaltigsten hat der große Welfe die Spur seines bayerischen Wirkens mit der Gründung der Stadt München (1158) hinterlassen.

Der Prozeß gegen Heinrich den Löwen und seine Absetzung 1180, gegen die sich in Bayern keinerlei Widerspruch erhob, beendeten den gefährlichen Dualismus zwischen Staufern und Welfen. Gewinner in der Auseinandersetzung war aber nicht so sehr der Kaiser als vielmehr der Reichsfürstenstand, der hier erstmals handelnd auftrat. Für Bayern bedeutet das Jahr 1180 den tiefsten Einschnitt in seiner Geschichte vor 1800, nämlich das Ende des Stammesherzogtums und damit das Ende einer dem Stamm der Bayern gemeinsamen Geschichte. »Was folgt, ist selbständige Geschichte von Teilen des Stammes, von Ländern, Territorien, von geschlossenen, mit Grenzen umhegten Gebieten, die auf Stammesland, auf dem Stammesboden erwachsen waren. Vorher liegt der großräumige bayerische Stammesstaat...; nachher folgt der kleinräumige Territorialstaat, das wittelsbachische Landesfürstentum, das im Kernraum des bayerischen Stammesgebiets als Bewahrer des Stammesnamens und der Stammestradition die bayerische Geschichte als Territorialstaat bis ans Ende des Alten Reichs fortsetzt« (M. Spindler).

Kaiser Friedrich I. betrieb zwar eine Reichspolitik, die den Einfluß der Herzöge durch Verkleinerung der Herzogtümer schwächen sollte; da er aber gleichzeitig die Zahl der Herzogtümer vermehrte, mußte die erhoffte Stärkung der Zentralgewalt ausbleiben. Mit der Absetzung Heinrichs des Löwen war auch für Bayern eine weitere territoriale Verkleinerung verbunden: Die Steiermark wurde zum selbständigen Herzogtum erhoben und an Markgraf Ottokar vergeben. Das mächtigste bayerische Adelsgeschlecht, die Andechser, erhielten das ebenfalls aus altbayerischen Gebieten gebildete Herzogtum Meranien (Dalmatien); auch sie stiegen in den Reichsfürstenstand auf. Mit dem dergestalt verkleinerten Herzogtum Bayern belehnte der Kaiser im September 1180 einen seiner getreuesten Anhänger, den Pfalzgrafen Otto von Wittelsbach aus dem Gesamthaus der Grafen von Scheyern und Dachau. Damit begann eine mehr als 700 Jahre während ununterbrochene Herrschaft der Wittelsbacher in Bayern.

Der Landesstaat Bayern unter den Wittelsbachern

Die innere Struktur des Herzogtums an der Wende vom 12. zum 13. Jahrhundert ist gekennzeichnet einerseits durch das Bestreben der weltlichen und geistlichen Feudalherren, der Grafen, Bischöfe und Äbte, sich zu Eigenherren aufzuschwingen und ihre Besitzungen und Rechte zu geschlossenen Territorien auszubauen; andererseits durch die Bemühungen der Wittelsbacher, dem entgegenzutreten und ihrerseits eine territoriale Basis für die Ausübung der herzoglichen Gewalt zu schaffen. Damit einher ging eine geschickte Heiratspolitik. Ferner verstanden es die Wittelsbacher, das Aussterben einiger bedeutender Hochadelsgeschlechter auszunutzen, um ihre Hausmacht zu vergrößern; so traten sie 1242 das Erbe der Grafen von Bogen an, von denen sie auch das Wappen übernahmen: die weiß-blauen Rauten. Für die neugewonnenen Grundherrschaften, Grafschaften und Vogteien schufen sie ein wirksames Verwaltungssystem, in dem die Ministerialen (Amtsadel) eine wichtige Rolle spielten. Auch die Wittelsbacher gründeten Städte (Landshut, Straubing, Landau) oder bauten sie zu Zentralorten der Administration (Deggendorf) und zu einträglichen Finanzquellen aus, damit die Ausbildung eines modernen Staates in ihren Territorien vorantreibend.

Einen bedeutenden Machtzuwachs brachte der Übertritt Herzog Ludwigs I. (1183–1231), der als eigentlicher Begründer des bayerischen Landesstaates gilt, auf die Seite des Stauferkönigs Friedrich II., der ihn und seinen Sohn Otto II. reichsrechtlich mit der Pfalzgrafschaft bei Rhein belehnte (1214). Die Wittelsbacher begannen sofort, die Pfalzgrafschaft als Landesfürstentum auszubauen. 1225 wurde Heidelberg, altes Wormser Kirchenlehen, zum Mittelpunkt des neuen Staates. Der »bayerische« Löwe im Landeswappen entstammt der »staufischen« Pfalz.

Während sich ein Teil der politischen Interessen der Wittelsbacher nach Westen verlagerte, nutzten die Bischöfe der bayerischen Kirchenprovinz die als Folge der Parteinahme für den Staufer ausgesprochene Exkommunikation Herzog Ottos III. aus, um sich dem bayerischen Landesstaatsverband zu entziehen und ihre Bistümer als Hochstifte zu eigenen Territorien auszubauen: Salzburg, Passau, Regensburg und Freising. Dazu gewannen noch einige Klöster und Stifte die Reichsfreiheit. Von den Städten wurde nur die alte bayerische Metropole Regensburg reichsunmittelbar; sie verfügte aber nicht, wie etwa Nürnberg oder Ulm, über Territorialbesitz im Umland. Schwer wog auch der Verlust von Tirol, das sich am Ende des 13. Jahrhunderts unter den Grafen von Görz zu einem eigenständigen Territorium, dem »Land der Grafschaft Tirol«, entwickelte. Trotz dieser Abstriche stellte das bayerische Herzogtum vor der Erbteilung von 1255 das größte Territorialfürstentum im Reich dar.

1255 kamen die Söhne Ottos II. nach kurzer gemeinsamer Regierung überein, das Land zu teilen, das sie als ihr ererbtes Eigentum ansahen und über das sie verfügten wie ein Bauer über seinen Hof. Da derartige Erbteilungen nach bayerischem Muster bald überall im Reich üblich geworden sind, kann man leicht übersehen, daß der Vorgang damals in Deutschland noch ohne Vorbild war, zudem auch dem geltenden Reichsrecht widersprach, das die Unteilbarkeit der Fürstentümer vorsah. Entsprechend den Abgrenzungen erhielt Ludwig II. bei der Teilung die Pfalz und Oberbayern und wählte als Hauptstadt die mit wenig Tradition belastete Bürgerstadt München; Heinrich I. (XIII.) erhielt Niederbayern und entschied sich für Landshut als Hauptstadt. Beide Herzöge waren der staufischen Politik besonders verpflichtet, wobei Ludwig als Vormund seines Neffen Konradin, des letzten seines Geschlechts, und als Pfalzgraf – und damit erster weltlicher Fürst im Reich und Vertreter des Königs bei Abwesenheit – die aktivere Reichspolitik betrieb. Heinrich sah seine Interessen stärker im Osten und Südosten. Das tragische Ende Konradins 1268 war für die bayerischen Herzöge mit einem erheblichen Macht- und Territorialgewinn verbunden: der sogenannten Konradinischen Erbschaft, die aus einem Teil des staufischen Hausgutes bestand, unter anderem Besitzungen am Lech, der Grafschaft Dillingen, Donauwörth und der »staufischen Landbrücke« im bayerischen Nordgau. Ihre Ansprüche auf die ihre Reichsfreiheit erstrebenden Handelsstädte Augsburg, Nördlingen und Nürnberg vermochten die Herzöge allerdings nicht mehr durchzusetzen.

Nach dem Tode der Herzöge Heinrich und Ludwig erfolgte eine Aufsplitterung der Territorien durch weitere Allodialteilungen, mit denen ein Substanzverlust herzoglicher Macht einherging, der im Gegenzug die Position des Adels und der Städte stärkte, auf deren Finanzzuweisungen die Landesherren angewiesen waren. Bereits zu Anfang des 14. Jahrhunderts bildeten sich Ansätze einer landständischen Verfassung in Bayern heraus; der landsässige Adel, die Prälaten und die Bürgerschaft der Städte und gefreiten Märkte traten den Landesherren als Repräsentanten des Landes entgegen; sie setzten für sich stets neue Privilegien durch, schufen aber andererseits auch die Voraussetzungen für die Etablierung einer modernen Verwaltung. Ihre Bedeutung verloren sie erst im 17. Jahrhundert.

Das 13. und 14. Jahrhundert brachte – abgesehen von der Pest um 1350 – einen stetigen Bevölkerungszuwachs mit sich. Trotzdem gelang es in einigen Landesteilen den Bauern, ihre wirtschaftliche Lage zu verbessern, und zwar durch Umwandlung der Naturalabgaben in fixierte Renten. Möglicherweise sind hier die tieferen Ursachen für die erstaunliche Tatsache zu sehen, daß das altbayerische Gebiet von der Revolution von 1525/26, vom »Bauernkrieg«, nicht erfaßt wurde.

Mit Herzog Ludwig aus der oberbayerischen Linie gewann 1314 ein Wittelsbacher die Königs- und 1328 die Kaiserwürde und wurde als »Ludwig der Bayer« zu einer der populärsten deutschen Kaisergestalten an der Wende des späten Mittelalters, der Kaiser der Bettelmönche und des breiten Volkes, der Freund der Bürger. Die Kandidatur des Wittelsbachers gegen den habsburgischen Bewerber (Friedrich der Schöne) und die zwiespältige Wahl von 1314 steigerten die Rivalität zwischen den beiden süddeutschen Fürstenhäusern. Ludwig der Bayer konnte den Thronstreit erst 1322 durch die Schlacht von Mühldorf für sich entscheiden. Und nachdem er sich 1317 über die Rechte seines Bruders Rudolf hinweggesetzt hatte, schuf er 1329 mit dem Hausvertrag zu Pavia einen Ausgleich mit den Nachkommen seines vertriebenen Bruders. Er fand seine Neffen ab mit der Pfalzgrafschaft bei Rhein, dieser wichtigen Außenposition des bayerischen Territoriums, und dem größten Teil des Nordgaues, seit dem 15. Jahrhundert »Obere Pfalz« genannt. Die Oberpfalz war zu dieser Zeit ein bedeutendes Wirtschaftszentrum. Das »Ruhrgebiet des Spätmittelalters« war das Haupteisengebiet Deutschlands.

Seit 1329 bestanden nebeneinander zwei wittelsbachische Linien, die ludovizianische in Altbayern und die rudolfinische in der Pfalz, von der aus die Oberpfalz als Nebenland mitregiert wurde. Ludwig der Bayer betrieb als Kaiser Hausmachtpolitik im Stil der Habsburger und Luxemburger. So übertrug er die Mark Brandenburg nach dem Aussterben der Askanier (1323) seinem Sohn Ludwig dem Älteren und stellte ferner dynastische Verbindungen her zur Grafschaft Tirol und zur Grafschaft Hennegau, womit der Erwerb von Friesland und Holland verbunden war. Doch konnten diese Außenpositionen nicht lange gehalten werden. Nach Kaiser Ludwigs Tod setzten die Wittelsbacher die alte Teilungspolitik in Bayern fort und zersplitterten somit ihre Kräfte. Die Kurwürde sollte – so sah es der Hausvertrag zu Pavia vor – zwischen der Pfalz und Bayern wechseln. Doch erwies sich die rudolfinische Linie als die stärkere. Sie setzte es durch, daß Kaiser Karl IV. in der Goldenen Bulle 1356 die Wittelsbacher Kur ausschließlich den Pfälzern zuwies. Damit trat das Herzogtum Bayern vorerst in der deutschen und europäischen Geschichte, in der es so lange ein bedeutendes Gewicht gehabt hatte, hinter die Pfalz zurück.

Die zweite Häfte des 14. und das 15. Jahrhundert sind gekennzeichnet durch Landesteilungen. Dabei entwickelten sich vier wittelsbachische Teilterritorien in Bayern: neben München und Landshut noch Bayern-Straubing (mit Holland) und Bayern-Ingolstadt.

Die Teilherzöge waren so intensiv mit der Festigung ihrer Herrschaft und den Streitigkeiten untereinander beschäftigt, daß sie keine Anstalten unternahmen, die Machterweiterung der Habsburger und Luxemburger zu behindern, ja, sie förderten eher diesen Prozeß. So vor allem als Herzog Otto V., »der Faule«, die Mark Brandenburg (und damit die wichtige Kurstimme) an Kaiser Karl IV. für eine halbe Million Gulden verkaufte (Vertrag von Fürstenwalde, 1373), was später als »schändlicher und liederlicher Kauf« für Bayern angesehen wurde. Aber die Phase der Teilherzogtümer hat in Bayern auch positive Spuren hinterlassen: Die Hofhaltungen in den Residenzstädten waren verbunden mit der Förderung von Kunst und Wissenschaft, sie waren manchem Zentrum größerer Herrschaften durchaus ebenbürtig. Die zumeist erhaltenen Residenzen, Schloß Ingolstadt, Burg Trausnitz in Landshut und Burghausen, Deutschlands längste Burganlage, aber auch Straubing und Amberg legen davon noch Zeugnis ab. Auch den Städten sieht man an, daß ihre große Zeit die Epoche der eigenen Herzöge, also die der Landesteilungen war.

Zahlreiche Herzöge dieser Epoche wurden von ihren Untertanen mit höchst bemerkenswerten Beinamen charakterisiert, so die Landshuter Heinrich XVI., Ludwig IX. und Georg, die den Beinamen »der Reiche« tragen, Albrecht IV., »der Weise«; weniger schmeichelhaft: Stephan II. »mit der Hafte«, Stephan III. »der Kneißl« oder Ludwig »der Bucklige«, dessen Vater Ludwig »im Barte« oder »der Gebartete« die modische Barttracht von Frankreich nach Bayern brachte und sicher der prachtliebendste, aber auch streitbarste Ingolstädter Herzog gewesen sein dürfte. Ludwig der Reiche von Bayern-Landshut gründete 1472 in Ingolstadt, das an seine Linie gefallen war, eine Universität, die 1802 nach Landshut und 1826 nach München verlegt wurde. Die Ingolstädter Hohe Schule wurde schnell ein Zentrum des Humanismus in Deutschland. Ihr bedeutendster Schüler war Johann Turmair aus Abensberg, genannt Aventinus (1477–1534), Begründer der bayerischen Geschichtsschreibung.

Die Rivalität unter den wittelsbachischen Teilherzögen brachte es auch mit sich, daß alle Eheschließungen Perspektiven auf Erweiterung des Territoriums liefern mußten. Eine Mesalliance, wie die Albrechts III. von Bayern-München mit der Augsburger Baderstochter Agnes Bernauer, gefährdete die dynastischen Pläne des Vaters, Herzog Ernsts, der seine Schwiegertochter deshalb in einem mehr als zweifelhaften Prozeß als Hexe verurteilen und in der Donau ertränken ließ (1435). Das Schicksal der Agnes Bernauer hat viele Autoren beschäftigt; die bekannteste literarische Umsetzung ist die Tragödie Friedrich Hebbels. Diese nun ist in doppelter Hinsicht ein Stück bayerischer Geschichte: Mußte das Stück doch gleich nach der Uraufführung im Münchner Hoftheater (1852) abgesetzt werden, weil die Zeitgenossen es auf Verhältnisse im bayerischen Königshaus bezogen; die Lola Montez-Affäre war noch in aller Gedächtnis.

Das Herzogtum Niederbayern fand 1503 mit dem Tode Herzog Georgs sein Ende. Es hatte noch einen glanzvollen Höhepunkt erlebt, als 1475 Herzog Ludwig IX. der Reiche seinen Thronfolger Georg mit der polnischen Königstochter Hedwig vermählte. Dieser berühmten Landshuter Hochzeit wird noch heute in einem historischen Spiel gedacht; die 500. Wiederkehr wurde besonders festlich begangen.

Nach Aussterben der Landshuter Linie fiel Niederbayern, geschmälert durch einige Abtretungen im Landshuter Erbfolgekrieg (1503–05), an die oberbayerischen Wittelsbacher. Der Krieg um die Landshuter Erbfolge brach aus, weil Herzog Georg entgegen den Bestimmungen des Hausgesetzes von Pavia sein Herzogtum testamentarisch an Pfalzgraf Ruprecht den »Tugendhaften«, seinen Schwiegersohn, und nicht an die oberbayerischen Vettern als Erben vermacht hatte.

Am Ende brachte der Konflikt ein neues Territorium hervor: das Fürstentum Pfalz-Neuburg (die »Junge Pfalz«), das aus sieben niederbayerischen und oberbayerischen Gebietsstreifen bestand. Diese Nebenlinie spaltete sich weiter, wurde aber 1777 zum Träger der wittelsbachischen Gesamtlinie in Bayern. Darüber hinaus profitierte das Haus Habsburg von der Unterstützung der oberbayerischen Interessen: Kaiser Maximilian behielt die Landgerichte Kufstein, Rattenberg und Kitzbühel, die seitdem zu Tirol gehören. Dennoch bedeutet das Ende des Erbfolgekrieges die Wiedervereinigung der wittelsbachischen Hauptlinien im alten Herzogtum Bayern, denn Herzog Albrecht IV. erließ 1506 – unter Zustimmung der Landstände – das Primogeniturgesetz, durch das die Erbfolge nach dem Erstgeburtsrecht und damit die staatliche Einheit Altbayerns festgelegt wurde.

Reformation und Gegenreformation in Bayern

Im Gegensatz zu den meisten deutschen Ländern, die sich erst im Verlauf der großen konfessionellen Auseinandersetzungen des 16. und 17. Jahrhunderts zu modernen Fürstenstaaten entwickelten, trat Bayern als innerlich geschlossener und wohlorganisierter Landesstaat in die Neuzeit. Der Adel war – im Gegensatz zu Schwaben und Franken – landständisch. Wichtigster Träger des Staates war neben den Herzögen das Beamtentum, das im Zeitalter der Landesteilungen aufgestiegen war. Das Herzogtum war in Gerichtsbezirke (Landgerichte) eingeteilt, eine Amtsorganisation, die bis zum 18. Jahrhundert bestand. Die Verwaltungs- und Rechtspraxis mit einer klaren Zuordnung von Landesherr und Untertan schufen bereits im 16. Jahrhundert ein starkes Bewußtsein der Zugehörigkeit zu einem Staatsganzen, aus dem sich dann ein bayerischer Patriotismus entwickelte, der sich bei der Eingliederung Frankens, Schwabens und der Pfalz auch auf diese Landesteile ausdehnte. Dieses bayerische Eigenbewußtsein blieb bis heute ein Politikum; es hat aber auch nach 1945 vermocht, Flüchtlingen und Vertriebenen eine neue, bayerische Identität zu geben. Das föderalistische Element der Bundesrepublik hat von Bayern aus stets die stärksten Impulse erhalten.

Das verhältnismäßig hohe Maß an Staatlichkeit in Bayern wirkte sich auch auf die Kirche aus. Die Feudalisierung der Kirche bis hinunter zum letzten Prediger, die ungleiche Verteilung der zahllosen Pfründen, der Niedergang der klösterlichen Kultur in vielen Orden und das schlechte Beispiel des Papsttums hatten zu Grobianismus aufgrund unzureichender Bildung beim Klerus und zu mangelhafter Betreuung der Gläubigen geführt. Herzog Wilhelm IV. und sein mitregierender Bruder Ludwig X. schritten energisch und erfolgreich gegen diese Mißstände ein. Bereits vor der Reformation gab es in Bayern Ansätze für ein Staatskirchentum. Zwar fand Luthers neue Lehre zunächst auch in Bayern weitgehend Aufnahme, doch es gelang den Herzögen – unterstützt vom Ingolstädter Theologen Johannes Eck –, die Reformation einzudämmen. Die Maßnahmen gegen den Protestantismus waren begleitet von solchen, die auf eine Erneuerung des Klerus durch bessere Bildung abzielten. 1549 begannen die Jesuiten, die der Herzog nach Ingolstadt berufen hatte, mit der Gegenreformation, die unter Herzog Albrecht V. (1550–79) im ganzen Land durchgesetzt wurde. Lediglich die Reichsstädte und ein geringer Teil des Adels blieben protestantisch. Zur Wahrung des römisch-katholischen Glaubens in Bayern auf der Grundlage des Augsburger Religionsfriedens von 1555 hatten die Bischöfe am wenigsten beigetragen; sie war ein Werk des Landesherrn, der allerdings im engen Einvernehmen mit dem Papst handelte und auch dafür sorgte, daß seine straffe Landeskirchenherrschaft in einem Konkordat (1583) sanktioniert wurde.

Im Norden und Westen des Herzogtums (Franken, Oberpfalz und Schwaben) bildete sich gleichzeitig eine protestantische Abwehrfront gegen die katholischen Habsburger und Wittelsbacher. Die Gemeinsamkeiten in der Religionsfrage zwischen Wien und München waren aber kaum begleitet von gemeinsamen Zielen in der Außenpolitik, eher im Gegenteil. Nach der Vertreibung des Herzogs Ulrich von Württemberg (1519) und dem Erwerb der böhmischen Königskrone durch Ferdinand I. von Österreich (1526) war Bayern praktisch von habsburgischen Territorien umklammert. Durch geschicktes Lavieren, bei dem auch Verbindungen mit protestantischen Reichsständen und Frankreich gesucht wurden, versuchten Herzog Wilhelm IV. und sein Kanzler Leonhard von Eck, sich unabhängig zu halten.

Ihnen kam zugute, daß die großen Päpste der Gegenreformation in Bayern, stärker als in Österreich, eine Bastion des römischen Katholizismus gegen den Protestantismus des Nordens sahen und zu stärken suchten. Dies geschah vor allem, als der Kölner Erzbischof Gebhard zu Waldburg 1582 zum Protestantismus übertrat, im Käfnerkrieg (1583/84) von einem bayerisch-spanischen Heer vertrieben und der Kölner Erzstuhl mit einem bayerischen Wittelsbacher besetzt wurde. Damit begann nicht nur eine allgemeine Stabilisierung des Katholizismus am Niederrhein und im Münsterland, sondern auch eine fast zweihundertjährige bayerische Sekundogenitur am Rhein. Die bayerische Linie der Wittelsbacher wurde mit dieser Machterweiterung wieder zu einem Faktor in der europäischen Politik. Das Hineinwachsen in diese neue Rolle war verbunden mit ungeheuren kulturellen Anstrengungen. Während unter Albrecht V. dem »Großmütigen« der Späthumanismus in Wissenschaft, Architektur und Musik seinen Höhepunkt fand, begann unter seinen Nachfolgern die Ausbreitung des Barock, mit dem – wie Karl Bosl meint – die Jesuiten die Seele des Volkes gewannen. »Der einfache Mann erfaßte den Glauben mit den Augen durch Bild und Architektur, mit den Ohren durch Predigt und Musik. So wurde das katholisch gebliebene Bayern das Land des rauschenden Barock auch in den kleinsten Dorfkirchen« und das gegenreformatorische Pathos weit über seine Grenzen hinaus nach Mainfranken (Bischof Julius Echter von Mespelbrunn ließ zur Festigung des katholischen Glaubens in seiner Diözese allein 300 Kirchen bauen), Baden und Innerösterreich getragen.

Das Mäzenatentum und die Prunkentfaltung Wilhelms V., die nicht nur in München ihre Spuren hinterlassen haben, brachten das Land an den Rand des Staatsbankrotts. Um dem zu entgehen, gab der Herzog dem Druck der Stände nach und dankte zugunsten seines Sohnes ab. Maximilian I. (1597–1651) gehört zu den hervorragenden Gestalten in der bayerischen Geschichte. Ihm gelangen trotz der allgemeinen europäischen Wirtschaftskrise zu Beginn des 17. Jahrhunderts (man denke an den Zusammenbruch der großen oberdeutschen Handelshäuser sowie an die Staatsbankrotte in Spanien und Frankreich) innerhalb kurzer Zeit die Ordnung des Finanzwesens und der weitere Ausbau einer systematischen Staatsverwaltung unter gleichzeitigem Abbau des Ständeeinflusses. Fünfzig Jahre vor dem Großen Kurfürsten von Brandenburg begann er mit dem Aufbau eines stehenden Heeres, dessen wichtigster Organisator und Feldherr der Wallone Johann Tserclaes von Tilly wurde. Eine Revision des gesamten bayerischen Landrechtes durch den Codex Maximilianeus schloß sich 1616 an. Jede Maßnahme zur Straffung des Staates war zugleich ein Schritt zum landesherrlichen Absolutismus.

Auch in der Außenpolitik zeigte Maximilian beachtliche Fähigkeiten. Er suchte kriegerischen Verwicklungen aus dem Wege zu gehen. Obgleich er 1609 der von seinen Pfälzer geführten »evangelischen Union« eine »katholische Liga« entgegengesetzt hatte, trat er 1618 nicht sofort in den Krieg ein. Vielmehr ließ er sich im Münchner Vertrag von 1619 für die Unterstützung Kaiser Ferdinands II. gegen die böhmischen Rebellen unter Friedrich V. von der Pfalz, dem »Winterkönig«, erhebliche Zugeständnisse machen, nicht zuletzt die Übertragung der Pfälzer Kurwürde. Eine rasche Ausweitung des Krieges verhinderte er durch einen Frieden mit Markgraf Joachim Ernst von Ansbach, einem Vertreter der Union. So abgesichert, begab er sich auf den böhmischen Kriegsschauplatz, wo der »Winterkönig« 1620 in der Schlacht am Weißen Berge bei Prag geschlagen wurde. 1623 erhielt Maximilian die zugesicherte Pfälzer Kurwürde; 1628 wurde ihm als Kriegsentschädigung die Oberpfalz übertragen, die er umgehend von Jesuiten, Benediktinern und Paulanern rekatholisieren ließ.

Aber auch Kurfürst Maximilian, der stets eine Lokalisierung des Krieges anstrebte, konnte nicht verhindern, daß sich der Konflikt, der als Konfessionskrieg begonnen hatte, zu einem Kampf um die Hegemonie in Europa entwickelte. Mit dem Kriegseintritt Schwedens wurde auch Bayern in Mitleidenschaft gezogen; die inzwischen kriegserprobte »bayerische Reichsarmada« konnte die Verwüstung weiter Landstriche nicht abwenden. Auch der Kriegseintritt Frankreichs zur Verhinderung einer habsburgischen Übermacht führte neue Peiniger nach Bayern – Glaubensgenossen zwar, doch deshalb nicht weniger habgierig und grausam. Seit 1640 forderte Maximilian Friedensverhandlungen, nach 1645 einen Frieden um jeden Preis. Durch einen eigenmächtigen befristeten Waffenstillstand mit Schweden und Frankreich drängte er schließlich den Kaiser zum Friedensschluß. Im Frieden von Münster und Osnabrück konnte Maximilian den Besitz der Oberpfalz und die Kurwürde behaupten. Die Opfer, die sein Land dafür zu erbringen hatte, waren

dennoch erheblich, wenn auch die Bilanz der Kosten noch nach nahezu dreißig Jahren Krieg für Bayern glimpflicher ausfiel als für fast alle anderen am Krieg beteiligten Länder: der Kurfürst hatte »nur« 5,5 Millionen Gulden Schulden, die zum größten Teil von den Landständen übernommen wurden. Über die Kriegsschäden im Land ist damit aber wenig ausgesagt. Erst um die Mitte des 18. Jahrhunderts erreichte die Zahl der bebauten Bauernhöfe wieder die Höhe von 1618. Kurfürst Maximilian wußte, was Krieg für die Untertanen bedeutet; in seinem politischen Testament heißt es: »Wer von Krieg redet, redet nur Übles; die können es bezeugen, die es erfahren, die seine Grausamkeit mit eigenen Augen gesehen haben; nicht die, die solches nur angeordnet und nicht gesehen haben.«

Unter Kurfürst Maximilian hatte Bayern zeitweilig eine Rolle in der europäischen Politik gespielt, die vergessen ließ, daß die Basis nur die einer Mittelmacht war. Seine Nachfolger zeigten zwar größere Ambitionen, doch mußten sie erfahren, daß ihnen bestenfalls die Rolle eines geschätzten Bundesgenossen bei den Auseinandersetzungen der Großmächte zugedacht war, nicht aber die eines gleichberechtigten Partners oder Konkurrenten. Diese Konstellation hatte zur Folge, daß Bayern bis zum Ende des alten Reiches in nahezu alle europäischen Händel hineingezogen wurde, seine Herrscher weitgesteckte Pläne verfolgten, sie sich am Ende aber stets auf die den Wittelsbachern angestammten Territorien beschränken mußten.

Bayern auf dem Höhepunkt des Absolutismus und der barocken Kultur

Der in Münster und Osnabrück geschlossene Friedensvertrag hatte für alle Fürsten des Reiches auch eine Erweiterung ihres außenpolitischen Handlungsspielraums gebracht, so daß es stärker als vorher Praxis wurde, daß sich die Einzelstaaten Bundesgenossen jenseits der Reichsgrenzen suchten. Davon machte Bayern nicht weniger Gebrauch als Sachsen und Brandenburg-Preußen.

Die Weichen für die neue Phase der bayerischen Außen- und Innenpolitik nach Maximilian I. wurden weniger vom Nachfolger Kurfürst Ferdinand Maria als vielmehr von dessen Kanzler Kaspar von Schmid gestellt, der als einer der bedeutendsten bayerischen Minister gilt. Er war ein betont bürgerlicher Politiker, außenpolitisch mehr nach Paris als nach Wien orientiert und als Wirtschaftspolitiker mehr praktischer Landwirt als theoretisierender Merkantilist, von dem die für ihn selbst wie für die bayerische Entwicklung gleichermaßen typische Sentenz überliefert ist: »Der Bauer ist ein ganz anderer Untertan als der Fabrikant. Mir sind hundert wohlhabende Bauern lieber als die sechshundert Tuchmacher. Der Bauer nimmt hundertmal mehr Anteil am lieben Vaterland und am Landesfürsten als der Fabrikant.«

Mit Leopold I. wurde 1658 ein Habsburger zum Kaiser gewählt, aus dessen Aktivitäten sich für die bayerische Politik kaum Perspektiven ergaben. Dies erklärt das Überwechseln Bayerns in das französische Lager bis zum Abschluß einer förmlichen Allianz (1670), die Bayern zwar französische Subsidien einbrachte, andererseits aber zu bewaffneter Neutralität verpflichtete. Diese Politik wurde als ausschließlich bayerische Angelegenheit interpretiert; und von dieser Position ließ sich der Kurfürst trotz verlockender Aussichten nicht abbringen, denn Gebietszuwachs schien ihm allemal sicher. Zudem winkte stets die Möglichkeit, die römische Kaiserkrone für das Haus Wittelsbach zu gewinnen. Als ob sie sich auf solche Würden vorbereiten müßten, entfalteten die Kurfürsten eine lebhafte Bautätigkeit. Die barocke Architektur erfuhr unter Ferdinand Maria und Max Emanuel einen Höhepunkt; die Schlösser Nymphenburg und Schleißheim legen davon Zeugnis ab. Kurfürst Max II. Emanuel (1679–1726) kann geradezu als Prototyp eines Barockfürsten gelten: ehrgeizig, leichtlebig, großzügig, ein verschwenderischer Mäzen, ein tapferer Soldat und ein kühner Feldherr – doch ohne klassisches Maß in Politik, Kunst und Lebensstil.

Bayerns Stellung zwischen Habsburg und Frankreich hatte für das Land während der großen europäischen Auseinandersetzungen um die spanische Erbfolge zu Beginn des 18. Jahrhunderts eine der härtesten Belastungsproben seiner Geschichte zur Folge. Max Emanuel setzte den außenpolitischen Kurs seines Vaters nicht fort, sondern ging 1683 eine Allianz mit dem Kaiser ein und kämpfte mit großem Erfolg gegen die Türken, sowohl beim Entsatz vor Wien wie auch in der Schlacht von Mohács und bei der Erstürmung von Belgrad. Der Sieger über die Türken wurde als »Blauer König« gefeiert. Seine Verbindung mit dem Hause Habsburg wurde noch enger, als er 1685 Maria Antonia von Österreich heiratete, die einzige Tochter aus der Ehe Kaiser Leopolds I. mit Margarete Theresia von Spanien, wodurch für den Kurfürsten eine Anwartschaft auf die

Niederlande erwuchs; und es eröffneten sich auch Aussichten auf die spanische Erbfolge, als König Karl II. von Spanien den bayerischen Kurprinzen Josef Ferdinand – den einzigen Sohn der 1692 verstorbenen halbspanischen Erzherzogin Maria Antonia – zum Universalerben der spanischen Monarchie einsetzte. Als Joseph Ferdinand aber 1699 nach kurzer Krankheit in Brüssel starb, war der spanische Sukzessionstraum zu Ende. Bayern blieb die Rolle, Anhängsel einer Weltmacht zu sein, erspart.

Die kühnen Unternehmungen und Pläne des Kurfürsten hatten Bayerns Schuldenlast auf über zwanzig Millionen Gulden gesteigert. Aus Wien waren keine Garantien für eine Entschädigung der Türkenkriegskosten zu erhalten. Auch die Statthalterschaft in Brüssel (1691) erwies sich als Vorschußunternehmen.

Im Spanischen Erbfolgekrieg (1701–13/14) ergriff Bayern die Partei Frankreichs. Nach Anfangserfolgen gegen verschiedene kaiserliche Truppenkontingente unterlag die französisch-bayerische Armee in der Schlacht bei Höchstädt (1704) den vereinigten Truppen des Prinzen Eugen und des Herzogs von Marlborough. Der Kurfürst mußte sich hinter den Rhein zurückziehen und Bayern den Kaiserlichen ausliefern, die das Land ausplünderten. Während Max Emanuel versuchte, in Flandern den Krieg gegen das Haus Habsburg weiterzuführen, erhoben sich 1705 die bayerischen Bauern gegen die kaiserlichen Unterdrükker. Der Vorstoß auf München scheiterte aber in der »Mordweihnacht« von Sendling. Die von bayerischem Patriotismus getragene Volkserhebung brach damit zusammen. Kurfürst Max Emanuel wurde 1706 mit der Reichsacht belegt und verlor sein Land, das er erst im Frieden von Rastatt 1714 zurückerhielt.

Das Land war ausgeplündert und wurde von einer riesigen Schuldenlast niedergehalten, die auch durch eine konsequente Steuerpolitik kaum abgebaut werden konnte. Doch trotz der Not überall nahm im 18. Jahrhundert die Kunst des Rokoko in Bayern ungeahnten Aufschwung. Nicht nur der Landesherr, sondern auch der Adel ließen Paläste bauen, die Prälaten und das Volk errichteten Kirchen; aus allem ergab sich ein nie wieder erreichter Akkord bayerischer Kultur.

Weil Max Emanuel seine hochfliegenden Pläne auch nach dem jähen Sturz nicht aufgab, wurde Bayern auch in den Österreichischen Erbfolgekrieg hineingezogen. Der Kurfürst hatte seinen Sohn Karl Albrecht 1722 mit einer Tochter Kaiser

Josephs I. vermählt und geglaubt, damit die Pragmatische Sanktion Kaiser Karls VI. durch ältere Ansprüche der Wittelsbacher umgehen zu können. Als der Erbfall 1740 akut wurde, fehlte aber Bayern die Macht, seine Ziele zu verwirklichen. Während Preußen unter Friedrich II. zu einer europäischen Macht aufstieg, besiegelte das Scheitern Bayerns in der Auseinandersetzung mit Maria Theresia den Rückzug aus den großen europäischen Konflikten. Zwar wurde der bayerische Kurfürst 1742 mit allen Kurstimmen gewählt und als Karl VII. zum Kaiser gekrönt, doch durchzusetzen vermochte er sich nicht. Wieder mußte das Land unter den endlosen Hin- und Hermärschen der kaiserlichen Truppen leiden.

Kurfürst Max III. Josef, der nach dem Tode des Kaisers 1745 die Nachfolge in Bayern antrat, verzichtete auf alle Erbansprüche. Er konzentrierte sich darauf, seinem Land weitere Opfer zu ersparen. Seine Reformmaßnahmen im Innern, vor allem die Justizreform, waren bereits vom Denken der Aufklärung getragen. Die Gründung der Bayerischen Akademie der Wissenschaften in München (1759) hatte auch das Ziel, dem Einfluß der Jesuiten zu begegnen. Die Maßnahmen gegen die große Wirtschaftsmacht der Klöster zeigen eine Parallele zur Kirchenpolitik Kaiser Josephs II.

Mit Max III. starb 1777 der letzte altbayerische Wittelsbacher. Bayern fiel gemäß den Hausverträgen an den Pfälzer Kurfürsten Karl Theodor aus der Linie Pfalz–Neuburg–Sulzbach, der an diesem Erbe zunächst nur bedingt interessiert war und nur ungern von Mannheim nach München übersiedelte, um von dort aus den vom Niederrhein bis zu den Alpen verstreuten Kurstaat Pfalz-Bayern zu regieren. Er zeigte sich rasch bereit, auf Pläne Kaiser Josephs II. einzugehen, Bayern gegen die Österreichischen Niederlande zu vertauschen. Gegen diese Politik trat König Friedrich II. von Preußen auf den Plan. Im Frieden von Teschen 1779 wurde zwar das bayerische Inn- und Hausruckviertel an Österreich abgetreten, die Existenz des Staates von Pfalz-Bayern aber vom Kaiser sowie von Preußen, Frankreich und Rußland garantiert.

Die Entstehung des modernen bayerischen Staates im Zeitalter Napoleons

Bei Ausbruch des Reichskrieges gegen die französischen Revolutionstruppen befand sich Bayern in einer denkbar schlechten inneren Verfassung, die vor allem durch eine vom Geist der Zeit sich deutlich abhebende reaktionäre Politik seines Landesherrn verursacht wurde; Bayern war ein Polizeistaat, in dem aufklärerisches Denken auf Zensurverordnungen und Verfolgung stieß.

Die Beteiligung am Krieg gegen Frankreich war deshalb eher nachlässig. Der Revolutionsarmee gelang es bereits 1792, in die linksrheinische Pfalz einzumarschieren und 1795 die kurpfälzische Hauptstadt Mannheim zu erobern. Danach trugen Franken und Bayern die ganze Schwere des Krieges, als 1796 die Revolutionstruppen bis in die Oberpfalz und zur Isar vorstießen und der Kurfürst sich zur Flucht entschloß. Als er 1799 starb, fiel Pfalz-Bayern an Max IV. Josef aus der Linie Pfalz–Zweibrücken–Birkenfeld. Der neue bayerische Kurfürst brachte als Berater einen vor den Verfolgungen seines Vorgängers nach Zweibrücken geflüchteten Mann nach München zurück: den aus französisch-savoyischem Adel stammenden Freiherrn (seit 1809 Grafen) Maximilian von Montgelas, der zum bedeutendsten bayerischen Regierungschef zu Beginn des 19. Jahrhunderts wurde. Seine überlegene Politik führte während der napoleonischen Neuordnung Europas zu einem neuen bayerischen Staat, der sich territorial und politisch deutlich von seinen Vorgängern unterschied. Für kurze Zeit traten noch einmal die verschiedenen Tendenzen der bayerischen Expansionspolitik in wechselnden außenpolitischen Konstellationen hervor.

Der zweite Koalitionskrieg endete in der Schlacht bei Hohenlinden mit einem französischen Sieg über die bayerisch-österreichische Armee. Da bereits vorher deutlich geworden war, daß von Österreich keine Entlastungen oder gar Unterstützung zu erwarten waren, sich Bayern vielmehr der Begehrlichkeiten seines Verbündeten würde zu erwehren haben, vollzog Montgelas die schrittweise Schwenkung in das französische Lager. Der Reichsfrieden von Lunéville (1801) brachte beträchtliche Gebietsverluste; Pfalz-Bayern mußte die gesamte linksrheinische Kurpfalz, die Herzogtümer Pfalz-Zweibrücken und Jülich sowie Besitzungen im Elsaß an Frankreich abtreten, erhielt aber von Frankreich in einem Sondervertrag die Garantie für vollständige Entschädigungen auf dem rechten Rheinufer, und zwar auf Kosten der geistlichen Territorien.

Für die aufgeklärten Staatsmänner Frankreichs, aber auch die weniger aufgeklärten Rußlands, auf deren Betreiben sich der große Länderschacher vollzog, hatten Fürstbistümer und Fürstabteien, weltliche Herrschaften unter geistlicher Leitung also, keine Existenzberechtigung mehr. In den Sturz dieser Herrschaften wurde die Masse der Reichsstädte und -dörfer, faktisch auch die meisten reichsritterschaftlichen Territorien, verwikkelt. Es handelte sich dabei um Willkürakte, bei denen neben politischen Gründen kaum verhüllte Korruption eine entscheidende Rolle spielte; wer konnte, suchte von der Agonie des Reiches zu profitieren.

Nach dem Reichsdeputationshauptschluß vom 25. Februar 1803 erhielt Bayern bis 1806 mit Unterstützung Frankreichs im wesentlichen jene Territorien, die Montgelas bereits in einem Arrondierungsplan 1797 skizziert hatte: die säkularisierten Hochstifte Würzburg, Bamberg, Augsburg, Freising, Eichstädt und Passau, die Salzburger Enklave Mühldorf sowie dreizehn Reichsabteien und fünfzehn Reichsstädte in Franken und Schwaben. Alle diese Gebiete hatte Bayern bereits vor dem Abschluß der Verhandlungen militärisch besetzt. Abzutreten hatte Pfalz-Bayern aber über die linksrheinischen Gebiete hinaus noch die rechtsrheinische Kurpfalz um Mannheim und Heidelberg an Baden. Trotzdem stand am Ende der Säkularisierung und Mediatisierung im Zuge der politischen Flurbereinigung Napoleons in Deutschland Bayern als einer der Hauptnutznießer da.

Für die Abkehr von Österreich und das Überschwenken in das französische Lager im 1805 abgeschlossenen Bündnisvertrag erhielt Bayern weitere Gebiete, unter anderem die Markgrafschaft Ansbach, zugesprochen. Die Rheinbundakte (1806) und der Pariser Vertrag von 1810 brachten einen erneuten Umbau Bayerns mit sich. Auch die Markgrafschaft Bayreuth ging von Preußen an Bayern über; ferner wurde die bisher reichsunmittelbare Stadt Nürnberg (die sich allerdings im Zustand totalen Bankrotts befand) mit ihrem Umland nun der Landeshoheit unterworfen. Der Weg zum Bodensee wurde durch Gewinn ehemals österreichischer Besitzungen in Oberschwaben frei. Die Großmachtpläne Napoleons brachten zwar einige Verschiebungen mit sich, beispielsweise in der Zuordnung von Würzburg (»Großherzogtum Toskana«), Tirol und Salzburg; im großen und ganzen konnte Bayern sich aber im Bündnis mit Napoleon konsolidieren.

Die Bindung an Frankreich stand durchaus im Einklang mit der Volksmeinung, die Rheinbundpolitik sei mehr als ein Gebot nüchterner Staatsräson. Die Haltung der süddeutschen Staaten ist von der kleindeutsch geprägten Geschichtsschreibung des 19. und frühen 20. Jahrhunderts als Verrat am Reich verurteilt worden. Abgesehen davon, daß eine solche Interpretation ahistorisch ist, wurde dabei die Haltung Preußens nach 1795 verschwiegen.

Die 1805 mit Frankreich getroffenen Vereinbarungen enthielten für Bayern und Württemberg auch das Recht der Standeserhöhung. Davon machte Kurfürst Max IV. Josef am 1. Januar 1806 Gebrauch. Als König Max I. ließ er nun zwar Kroninsignien anfertigen, verzichtete aber auf eine Krönung; auch die späteren Könige Bayerns ließen sich nicht krönen. Die Krone war von Anfang an Staatssymbol, nicht persönliche Insignie.

Der größte Teil der durch die Armeereform schlagkräftig gemachten bayerischen Armee ging im Rußland-Feldzug 1812 unter; von 33 000 Bayern, die mitgezogen waren, kehrten nur 3000 zurück. Nach der Katastrophe von Moskau erfolgte, wesentlich auf Betreiben von Kronprinz Ludwig, ein erneuter Wechsel der bayerischen Politik. 1813 schlossen sich im Vertrag von Ried die Bayern den Verbündeten gegen Napoleon an und schufen damit die Voraussetzung für die im Vertrag von Paris, beim Wiener Kongreß und im Vertrag von München 1816 geregelten und bis heute kaum veränderten Grenzen. Tirol und Salzburg gingen endgültig verloren. Dafür erhielt Bayern die aus 44 verschiedenen Landfetzen zusammengesetzte Rheinpfalz. 1816 fand Bayern seine endgültige Form. Zugleich begann seine Rolle als dritte Macht im Deutschen Bund.

Das 1803 mit äußerster Rücksichtslosigkeit säkularisierte Kirchengut machte 46 Prozent des anbaufähigen Bodens aus. Mit der Umwandlung in staatlichen oder staatlich kontrollierten Besitz waren zahlreiche wirtschaftliche Veränderungen verbunden, die sich gleichzeitig mit den territorialpolitischen Umstrukturierungen vollzogen. Bereits 1802 begann die Befreiung der Bauern in Bayern (der Anfang lag also früher als in Preußen; der Abschluß allerdings wesentlich später: 1848/49). 1808 verwandelte Kurfürst Max IV. Josef das seit 1572 wie ein Fideikommiß begriffene Bayern in ein Staatsgebilde, in dem der Monarch zum Staatsorgan wurde; damit erfolgte eine »Verstaatlichung der Herrscherrechte« einschließlich des fürstlichen Kammergutes.

Das nahezu alle Lebensbereiche erfassende Reformwerk des Grafen Montgelas, mit dem die mittelalterlich geprägte Agrar-, Gerichts-, Militär- und Wirtschaftsverfassung beseitigt wurde, brachte für

Altbayern und für die neuerworbenen Gebiete einen ungeheuren Modernisierungsschub mit sich, der einer Revolution (von oben) gleichkam. Voraussetzung dafür war die Auflösung des Reiches 1806, durch welche die deutschen Staaten erst ihre Souveränität erhielten; diese gab den Regierungen im Innern volle Bewegungsfreiheit gegenüber den Ständen, da die übergeordnete Reichsgerichtsbarkeit aufgehoben war.

Die Arbeit an einer Verfassung für das Königreich Bayern konnte Montgelas nicht mehr zum Abschluß bringen. Er verlor 1817 nach 21 Jahren das Vertrauen des Königs, wozu der Kronprinz wesentlich beigetragen hatte. Die von Georg Friedrich Freiherr von Zentner vollendete Verfassung von 1818 wurde auch in Franken und Schwaben begrüßt und leistete damit einen wichtigen Beitrag zur Einverleibung dieser Neuerwerbungen in das bayerische Königreich. Der bayerische Staat ruhte verfassungsmäßig bis 1918 auf den Grundlagen, die unter Max I. und Montgelas gelegt worden waren, geographisch – von der 1946 abgetrennten Pfalz und kleineren Veränderungen im Norden abgesehen – und in seiner Verwaltungsstruktur sogar bis in unsere Tage. Bayern war seit 1818 eine konstitutionelle Monarchie und damit der erste größere deutsche Staat mit einer modernen Verfassung.

*Das Königreich Bayern im Deutschen Bund
und im Deutschen Reich bis 1918*

Für Bayern stand nach 1815 neben der Beseitigung der Kriegsfolgen die Integration der neuen Gebietsteile in den Gesamtstaat sowie die Ausbildung eines eigenen, am König orientierten Staatsbewußtseins im Vordergrund seiner politischen Aktivitäten. Dies erklärt eine ablehnende Haltung gegenüber der Schaffung von Gemeinschaftseinrichtungen des Bundes mehr als eine spezifisch bayerische Lust zur Obstruktion. Bayern blieb auch im 19. Jahrhundert weitgehend ein Agrarland, stärker noch als Preußen. Dennoch bewirkten auch hier die Anfänge der Industrialisierung (in Augsburg und Nürnberg-Fürth) und der Sog der Hauptstadt München eine Bevölkerungsbewegung, durch die eine rasche Eingliederung der Neubayern nicht unwesentlich beschleunigt wurde.

Seit seinem Regierungsantritt 1825 war König Ludwig I. (1825–48, gest. 1868), der »patriarchalische Romantiker« (K. Bosl), bestrebt, München nicht nur zur politischen Metropole, sondern

auch zum geistigen Zentrum und kulturellen Mittelpunkt der Monarchie zu machen. Er war es, der München ein klassizistisches Gepräge gegeben hat, nicht zuletzt, indem er als Kunstmäzen großen Stils wirkte. Er bereicherte die Wittelsbacher Gemäldesammlungen durch bedeutende Ankäufe und ließ die Alte Pinakothek und die Glyptothek errichten; außerdem aber auch die Kelheimer Befreiungshalle und die Walhalla bei Regensburg. Sein Philhellenismus blieb aber nicht nur auf die Kunst beschränkt: 1832/33 sorgte er dafür, daß sein Sohn Otto zum König von Griechenland gewählt wurde. Die bayerische Hauptstadt gewann im Laufe des 19. Jahrhunderts zunehmende Anziehungskraft für Schriftsteller, Künstler und Gelehrte. München wurde so sehr Mittelpunkt, daß die alten Zentren von Gesellschaft, Bildung und Kultur wie Würzburg, Ansbach, Bamberg, Bayreuth, Regensburg, Dillingen, Augsburg, Landshut und Passau mehr und mehr an Bedeutung verloren. Nur in wirtschaftlich-industrieller Hinsicht konnten Nürnberg, Schweinfurt und Augsburg die Hauptstadt überflügeln.

Der alte fränkische Reichsadel gewöhnte sich nur unter Schwierigkeiten an die neuen politischen Verhältnisse. In den Markgrafentümern trauerte das Bürgertum noch lange der preußischen Zeit unter Hardenberg nach. Nürnberg tat sich ebenfalls schwer mit seiner neuen abhängigen Stellung. Und in Schwaben schrieb ein Pfarrer: »Wir sind also bayerisch. Gott gnade uns allen.«

Der neue bayerische Staat bewies seine Lebensfähigkeit während der Revolution von 1848. Hier zeigte es sich, daß innerhalb einer Generation eine geduldig geführte Politik ein Staatsbewußtsein geschaffen hatte, das den Stürmen der Zeit widerstehen konnte. Bayern ist nie ein typischer Industriestaat geworden, und doch erwies sich das Land der Technik gegenüber besonders aufgeschlossen. Die erste deutsche Eisenbahn verkehrte 1835 zwischen Nürnberg und Fürth, also auf bayerischem Territorium.

Bayerns König lebte seit 1830 in steter Angst vor dem »Kommunismus«. Doch ein Vorposten der Arbeiterbewegung wurde Bayern gewiß nicht. Es ist in mancherlei Hinsicht sogar bezeichnend für die bayerische Geschichte des 19. Jahrhunderts, daß sich die Veränderungen des Jahres 1848 in Ursachen, Verlauf und Erscheinungsform von denen in Preußen und Österreich erheblich unterschieden. Die Revolution trug in München nicht jene haßerfüllten Züge wie in Berlin und

Wien. Die in Österreich und Preußen geforderten Reformen wurden in Bayern teilweise reformerisch umgesetzt, zum anderen Teil ohne sonderlichen Druck realisiert. Die Revolution in Bayern entzündete sich eher am Verhältnis des Königs mit der Tänzerin Lola Montez und an der Erhöhung des Bierpreises als an konkreten politischen und sozialen Konflikten. König Ludwig I. trat aus persönlichen, nicht aus politischen Gründen zurück. Mit diesem Hinweis soll nicht die Tatsache verschwiegen werden, daß der Staat Ludwigs I., gemessen an den Forderungen des liberalen Zeitgeistes, erheblich zurückgeblieben war. Das von Ludwig I. gelebte patrimonial-absolutistische System des hausväterlichen Königs befand sich nicht mehr im Einklang mit dem Geist des Konstitutionalismus moderner Prägung, ja, es stieß sogar auf Widerstand bei den bayerischen Reichsräten. Der Liberalismus gewann im Lande an Bedeutung, nachdem er – ausgehend von der Oberschicht – die Beamtenschaft (»Beamten-Liberalismus«) sowie die Professoren und Studenten erfaßt hatte. Das Bürgertum verhielt sich konservativ und liberal zugleich, übte aber so viel Druck aus, daß der König zurücktrat und die Krone seinem Sohn Maximilian II. Joseph (1848–64) übergab, der dem Liberalismus die geistige und politische Führung überließ. Pressefreiheit, Justizreform, Aufhebung der Patrimonialgerichtsbarkeit und Beseitigung der noch verbliebenen Beschränkungen für die Bauern sowie die Abschaffung des Zunftzwanges und des Konzessionssystems erfolgten zwar erst durch die »Sozialgesetzgebung« der sechziger Jahre, doch waren wichtige Voraussetzungen bereits unmittelbar nach 1848 geschaffen worden. Vor allem trat eine Liberalisierung im parlamentarischen System ein. Die Bildung von politischen Parteien vollzog sich allerdings in Bayern langsamer als anderswo.

Das Festhalten an der Triasidee, die ein drittes Deutschland der Mittel- und Kleinstaaten neben den im Deutschen Bund dominierenden, stärker an der europäischen Politik als an der Sicherung des deutschen Bundesstaates interessierten Mächten Österreich und Preußen erstrebte, bestimmte die politische Orientierung Bayerns, so auch in der Frage der von der Paulskirchenversammlung verabschiedeten Reichsverfassung und der Wahl des preußischen Königs zum deutschen Kaiser.

Trotz des Beitritts zum Deutschen Zollverein (1834), der den Anschluß an das von Preußen geführte Wirtschaftsgebiet bedeutete und der eine

Zollmauer gegenüber Österreich entstehen ließ, suchte Bayern sich stets an einer großdeutschen Lösung der deutschen Frage zu orientieren, nicht zuletzt um seine eigene Souveränität zu erhalten.

Mit Max II., der am 10. März 1864 unerwartet starb, endete eine Epoche der bayerischen Geschichte. Die drei ersten Könige waren starke Persönlichkeiten, die eine hohe Meinung von ihrer Aufgabe hatten und die Geschicke ihres Landes deutlich beeinflußt haben. Die nachfolgende Zeit wurde kaum noch durch die Persönlichkeiten der bayerischen Herrscher strukturiert. Es ist schon verwunderlich, daß sich in breiten Kreisen der Bevölkerung, auch über Bayern hinaus, mit der »guten alten Zeit« nicht die Erinnerung an die tüchtigen Könige bis 1864 verbindet, sondern die an den für die Staatsführung ungeeigneten »Märchenkönig« Ludwig II. Der Politik schenkte König Ludwig kaum Beachtung, zu weit waren die politische und wirtschaftliche Wirklichkeit von seinen Idealen entfernt. Mit seinen Schloßbauten und mit der Förderung der Wagnerschen Musik suchte er sich einen Rahmen für seine neoabsolutistische Herrschaftsauffassung zu schaffen. In seinem Anachronismus blieb er konsequent. Die Staatsgeschäfte wurden derweil vom Kabinett und vom Gesamtministerium mehr verwaltet als geführt.

Ludwig Freiherr von der Pfordten, der mit dem Amt des Außenministers de facto auch das des Ministerpräsidenten wahrzunehmen hatte, war ein Verfechter der Triasidee und versuchte, eine Konfrontation zwischen Preußen und Österreich zu verhindern, so wie er deren Eingreifen in den Krimkrieg verhindert hatte. Es gelang ihm aber nicht, einen Ausgleich herbeizuführen, denn »der Krieg von 1866 ist nicht aus Notwehr gegen die Bedrohung der eigenen Existenz entsprungen, auch nicht hervorgerufen durch die öffentliche Meinung und die Stimme des Volkes; es war ein im Kabinett als notwendig erkannter, längst beabsichtigter und ruhig vorbereiteter Kampf nicht für Ländererwerb, Gebietserweiterung oder materielle Gewinne, sondern für ein ideelles Gut – für Machtstellung«. So die preußische Sicht in den Worten Helmut von Moltkes. In Bayern fehlte derart nüchternes Kalkül. Die Regierung blieb bei ihrer großdeutschen Haltung; auch der Landtag und nicht zuletzt die Öffentlichkeit traten für Österreich ein.

Der Zustand des bayerischen Heeres ließ erheblich zu wünschen übrig; eine längst fällige Reform war immer wieder verschoben worden. Dies machte die preußische Überlegenheit noch größer. Die preußische Main-Armee stieß nach einigen Gefechten im Saaletal (von Bad Kissingen bis Hammelburg) bis nach Nürnberg vor. Von der Pfordten drängte auf Waffenstillstand, der nach anfänglichem Zögern Bismarcks am 28. Juli 1866 zustande kam. Im Friedensvertrag, der in Berlin unterzeichnet wurde, mußte Bayern u. a. ein zunächst geheim gehaltenes Schutz- und Trutzbündnis akzeptieren, in dem es seine Truppen im Kriegsfall dem König von Preußen unterstellte. Die Jahre 1866 bis 1870 waren für Bayern die einzigen seiner gesamten Geschichte, in denen es de jure die volle Souveränität besaß, das heißt, nicht eingegliedert war in einen übergreifenden Staat oder Bund. In Wirklichkeit hatte es aber bereits 1866 seine außenpolitische Selbständigkeit verloren; es war »fest an den preußischen Wagen gekettet« (K. Bosl).

An die Stelle des zurückgetretenen von der Pfordten berief König Ludwig II. im Einvernehmen mit Bismarck den preußenfreundlichen Fürsten Chlodwig von Hohenlohe-Schillingsfürst zum Ministerpräsidenten und Außenminister. Bis zu seinem Sturz 1870 führte Hohenlohe eine liberale Politik, oft gegen den Strom des zunehmend konservativer werdenden Parlaments, in dem die Patriotenpartei den Ton angab.

Der neue Ministerpräsident und Außenminister, Graf Otto von Bray-Steinburg, versuchte zunächst alles, um den drohenden Krieg zwischen Frankreich und Preußen zu verhindern. Als jedoch Frankreich den Krieg erklärt hatte, war die bayerische Haltung eindeutig: Der König und die Abgeordneten der Kammer sahen den Bündnisfall für gegeben an; die Mobilmachung wurde angeordnet.

Nach dem Sieg von Sedan ergriff Bismarck auch in der Frage der Reichsverfassung die Initiative, um das Metternichsche System vollends zu revidieren. Da er mit den süddeutschen Staaten einzeln verhandelte und in der Anwendung seiner Mittel nicht wählerisch war, ferner in Bayern weder der König noch die Regierung initiativ wurden, um dem »dritten Deutschland« bei den Verhandlungen Gewicht zu geben, und da schließlich die Bereitschaft, den national-liberalen Sehnsüchten des Bürgertums nachzugeben, groß war, erschien die Bildung des kleindeutschen Reiches, in dem Preußen dominierte, unausweichlich. Daß die deutsche Geschichte damit ihr Ziel erreicht hatte, wie nicht nur die borussisch geprägte Historio-

graphie glauben machen wollte, kann aus der Perspektive der bayerischen Entwicklung bezweifelt werden. Daran ändert sich weder etwas durch die Tatsache, daß Bayern einige Vorrechte im Reich, auch in diplomatischer Hinsicht eine Sonderstellung hatte sowie die Justiz-, Verwaltungs- und Finanzhoheit behielt, noch durch die Erfahrung, daß die Bedürfnisse des Großteils der deutschen Bürger, auch der Untertanen des bayerischen Königs, im Deutschen Reich befriedigt wurden und daß diesem Staat ein hohes Maß an Loyalität entgegengebracht wurde.

Die rasch zunehmende Industrialisierung und der Aufstieg der Arbeiterbewegung – beide Erscheinungen historisch unbelastet – trugen erheblich zur Konsolidierung des Reiches in einer verhältnismäßig langen Friedenszeit bei. Auch für Bayern stellte die Zeit bis zum Ersten Weltkrieg eine wirtschaftliche und kulturelle Blütezeit dar. Die »Prinzregentenzeit« begann allerdings mit einer Krise, ausgelöst durch den Skandal um die Krankheit und den unaufgeklärten Tod König Ludwigs II. Weil die bayerische Regierung (Ministerpräsident Lutz) alles tat, um die Hintergründe zu vertuschen, vor dem Parlament und der Öffentlichkeit gegenüber zu Ausflüchten und widersprüchlichen Aussagen griff, wurden Gerüchte genährt, die Prinz Luitpold eine Mitschuld am Tod des Königs gaben. Es dauerte lange, bis sich die Wogen der Erregung wieder glätteten und bis die menschliche Tragödie, die mit dem Namen Ludwigs II. verbunden ist – romantisch verklärt –, zum Gegenstand schwärmerischer Verehrung wurde.

Prinzregent Luitpold (1886–1912) war 65 Jahre alt, als er die Regierungstätigkeit übernahm. Das eigentliche Regieren überließ er dem Präsidenten des Geheimen Rates, was zur Folge hatte, daß die Staatsgeschäfte im wesentlichen von einer mehr oder minder anonymen Ministeroligarchie geleitet wurden. Luitpold wurde aber zum gesellschaftlichen Mittelpunkt des Landes; er kam seinen Repräsentationsaufgaben mit großer Zuverlässigkeit nach. Daß in der bayerischen Politik bis zum Ersten Weltkrieg jede monarchische Initiative fehlte, wurde von der Bevölkerung kaum bemerkt. Die innere Entwicklung verlief in Bayern sehr viel fortschrittlicher im Sinne eines freiheitlichen Staatswesens als in Preußen. So konnten das zur Volkspartei gewordene Zentrum unter Georg Heim und die gemäßigte, undoktrinäre (»königlich bayerische«) Sozialdemokratie unter Georg von Vollmar 1906 gemeinsam das allgemeine, gleiche und geheime Wahlrecht durchsetzen. Auf die großen Linien der europäischen Politik nahm Bayern entgegen seiner Tradition keinen Einfluß mehr. Hier gingen die Impulse eindeutig von Berlin aus.

Während Berlin zur politischen Hauptstadt des Reiches wurde, erhielt München in der Prinzregentenzeit den unbestrittenen Rang der kulturellen Metropole. München erlebte eine einzigartige Blüte der bildenden Kunst, der Musik, des Theaters, der Literatur und der Wissenschaften. Das »klassische Schwabing« zog immer neue Talente an. Dem Glanz und der Freiheitlichkeit Münchens haben Kultur und Wissenschaft in den beiden Jahrzehnten vor und nach der Jahrhundertwende seine wichtigsten Impulse zu verdanken.

Als Luitpold am 12. Dezember 1912 einundneunzigjährig starb, wurde Bayern erneut mit der Regentschaftsfrage konfrontiert. Der Bruder Ludwigs II., Otto, befand sich seit 1872 in der Anstalt Fürstenried; Aussicht auf Heilung bestand nicht. Eine weitere Regentschaft durch den Sohn Luitpolds hätte eine Gefährdung der Monarchie bedeuten können. Deshalb wurde auf Betreiben der Regierung und der Abgeordnetenkammer am 5. November 1913 Prinzregent Ludwig als König Ludwig III. proklamiert.

Während der Julikrise 1914 hatte Bayern keinen Anteil an den Entscheidungen über Krieg und Frieden. Mit Kriegsbeginn war die bayerische Armee verfassungsgemäß dem Oberbefehl des Kaisers unterstellt worden. Verlauf und Ausmaß des Krieges verstärkten und beschleunigten den Prozeß der Zentralisierung und Vereinigung, der mit Bismarcks Reichsgründung begonnen hatte. König Ludwig III. beteiligte sich intensiv an der Kriegszieldiskussion und ließ keinen Zweifel daran, daß er als Ergebnis eines siegreichen Krieges eine territoriale Erweiterung Bayerns – Elsaß-Lothringen war im Gespräch – erwartete.

Erst zum Ende des Krieges gab es wieder Ansätze für eine die bayerischen Interessen in den Vordergrund stellende Politik. Dabei hatte die bereits im zweiten Kriegsjahr sich verschlechternde Ernährungslage aufgrund der in Berlin zentralisierten Kriegswirtschaft, die das Agrarland Bayern seiner Lebensmittel weitgehend entleert hatte, zu einem Preußenhaß geführt, der rasch um sich griff und begleitet war von der Neigung, Preußen und Reich zu identifizieren. Am Ende des Krieges hatte die Abneigung gegen Preußen und seine politischen und militärischen Repräsentanten auch den Kronprinzen und den König erfaßt, der sich zudem noch dem Vorwurf ausgesetzt sah, Paladin des verhaßten Kaisers zu sein. Zu dieser antipreußischen Stimmung traten noch Friedenssehnsucht und Ansätze von Defätismus, wodurch die Bereitschaft zum Umsturz noch verstärkt wurde. Eine Abkoppelung Bayerns aus dem zum Zusammenbruch der alten Ordnung führenden Verlauf der Reichsgeschichte war aber nicht mehr möglich. In den von den Siegermächten diktierten Friedensbedingungen gab es keine Separatklauseln für Bayern.

Der Freistaat Bayern in der Weimarer Republik

Das Problem einer bayerischen Eigenstaatlichkeit wurde 1918 von einer ganz anderen Seite her akut als der »altbayerisch«-monarchischen. Bei der Unabhängigen Sozialdemokratischen Partei (USPD), deren Führer in Bayern Kurt Eisner war und die sich 1917 von der SPD, die dadurch zur Mehrheitssozialdemokratischen Partei (MSPD) wurde, abgespalten hatte, herrschte die Vorstellung, daß nur durch Distanzierung vom »militaristischen Preußen« die Schaffung eines Volksstaates in Bayern möglich sei. Kurt Eisner und seine Anhänger eröffneten die Revolution gerade in dem Augenblick, als der Führer der MSPD, Erhard Auer, nach Auflösung einer Kundgebung glaubte, einen Umsturz abgewandt zu haben. In der Nacht vom 7. zum 8. November 1918 rief der Arbeiter- und Soldatenrat Eisner zum Ministerpräsidenten aus. Als erster der deutschen Monarchen verlor damit König Ludwig III. von Bayern seinen Thron. »Keine Hand, weder Adlige noch Bürger, weder Bauern noch Handwerker oder Arbeiter, weder Offiziere noch Soldaten, weder Minister noch Beamte, versuchte, die Revolution aufzuhalten oder den König und das Königtum zu verteidigen« (L. Hüttl).

Auch wenn es während der ersten Phase der Revolution keinen Widerstand im Lande gab, kann nicht übersehen werden, daß der Umsturz weithin eine Angelegenheit der Landeshauptstadt München war. Auf dem Lande waren die Menschen am Frieden, nicht an der Revolution interessiert. Das zeigte sich deutlich bei der ersten Landtagswahl am 12. Januar 1919. Die USPD erhielt nur drei von 180 Mandaten; damit war Eisners Position politisch unhaltbar. Als er auf dem Weg zum Landtag war, um abzudanken, wurde er ermordet.

Der Weg Bayerns zum parlamentarisch-konstitutionellen Freistaat im Rahmen der Weimarer Republik war mit erheblichen Anfangsschwierigkeiten verbunden. Zunächst löste die Ermordung Eisners die angesichts der allgemeinen Notlage bereits vorausgesehene »zweite Revolution« aus, der dann noch zwei weitere folgten; die letzte stellte den Versuch der äußersten Linken dar, mit Gewalt – die bis zum Geiselmord ging – eine Räterepublik durchzusetzen. Die Reaktion war nicht weniger blutig. Unter kriegsmäßigem Einsatz gingen Reichswehr und Wehrverbände gegen die »Rote Armee« in München vor und beseitigten mit äußerster Brutalität die Räteherrschaft.

Ruhe trat noch lange nicht ein; denn die Verhärtung der politischen Fronten nahm nach den Bluttagen des Jahres 1919 und den sich anschließenden politischen Prozessen eher noch zu. Zudem begann als Reaktion auf den Terror von links die äußerste Rechte virulent zu werden. Das politische Klima war dem Sektierertum und dem Radikalismus gleichermaßen günstig. Und hier begann die Karriere Adolf Hitlers.

Die innere Krise Bayerns hatte auch zur Folge, daß die Interessen der nach Preußen größten politischen Einheit bei der Beratung der neuen Reichsverfassung nicht gebührend wahrgenommen wurden. Die Beschlüsse der Weimarer Nationalversammlung hatten einen starken Zentralismus und damit eine »Verreichlichung« zur Folge. Den süddeutschen Ländern verblieben keine verfassungsrechtlichen Sicherungen. »Bayern wird dadurch in eine folgenschwere Republikfeindlichkeit gedrängt« (E. Deuerlein), die zugleich als Gegensatz zwischen dem Reich und Bayern von nahezu allen politischen und gesellschaftlichen Kräften empfunden wurde.

Daß die politische und wirtschaftliche Situation in Bayern zu Beginn der Weimarer Republik von den Nachbarn immer noch als verhältnismäßig günstig angesehen wurde, zeigte sich, als im Landesteil Coburg des ehemaligen Herzogtums Sachsen-Coburg und Gotha über die Zugehörigkeit zu Thüringen oder zu Bayern zu entscheiden war. Mehr als 90 Prozent der Wahlberechtigten entschlossen sich für einen Anschluß an Bayern. Ohne die betont konservative und nationalistische Politik der sogenannten Beamtenkabinette, aus Bayern eine »Ordnungszelle« für die Neuordnung des Reiches im Geiste der Obstruktion gegen »Weimar« und gegen die Berliner Reichsregierung zu machen, ist der Hitlerputsch vom 9. November 1923 kaum zu erklären. Dieser scheiterte letztlich am Widerstand der Reichsre-

gierung, der Reichswehr und dem Realitätssinn des bayerischen Volkes, dem der Radikalismus längst zuwider war.

Die Ruhepause, die für Bayern 1924 mit der Wahl Heinrich Helds zum Ministerpräsidenten eintrat, stellte zugleich eine Phase relativer Stabilität dar. Held konnte sich auf die sich als konstante politische Größe erweisende Bayerische Volkspartei stützen, an die sich zeitweilig auch die Hoffnungen der Monarchisten knüpften. Die bayerischen Sozialdemokraten waren eher bereit, dem Wittelsbacher Kronprinzen Rupprecht eine führende Stellung im Staat einzuräumen als Adolf Hitler zu unterstützen.

Bayern unter dem Hakenkreuz

Die Machtübernahme der Nationalsozialisten vollzog sich in Bayern besonders dramatisch. Der Einzug Hitlers in die Reichskanzlei ließ von vornherein befürchten, daß auch in Bayern ein den neuen Machthabern willfähriger Mann als Reichskommissar eingesetzt und damit die Eigenstaatlichkeit aufgehoben, Bayern also das gleiche Schicksal ereilen würde wie Preußen 1932.

Tatsächlich drängte Hitler unmittelbar nach der Reichstagswahl vom 5. März 1933, bei der die NSDAP auch in Bayern 43,1 Prozent der Stimmen erhielt (Reichsdurchschnitt 43,9), auf die Gleichschaltung der Länder. Die Ausschaltung der Landesregierungen vollzog sich in den anderen Ländern sofort durch die Einsetzung von Reichskommissaren. In Bayern hatte es die Reichsregierung aber nicht nur mit der Regierung Held zu tun, sondern auch mit der Münchner Parteispitze der NSDAP, vor allem mit Gauleiter Adolf Wagner, mit dem Stabschef der SA, Ernst Röhm, und mit dem Reichsführer SS, Heinrich Himmler, die versuchten, durch Druck »von unten« die bayerische Staatsregierung zur Kapitulation zu zwingen, die Herrschaft des Nationalsozialismus somit auf revolutionäre Weise zu etablieren. Der SA-Terror in den Straßen steigerte sich; die Landespolizei war dagegen machtlos, und die Reichswehr erklärte, sie sei für »interne Auseinandersetzungen« nicht zuständig.

Als am 9. März 1933 dann doch der Reichstagsabgeordnete der NSDAP General a. D. Franz Xaver Ritter von Epp aufgrund einer zweifelhaften Rechtsauslegung als Reichskommissar eingesetzt wurde, gab es für Ministerpräsident Held keine Möglichkeit mehr, die legitime staatliche Autorität auszuüben; er trat am 15. März zurück.

Die Gesetze zur »Gleichschaltung der Länder mit dem Reich« brachten nicht nur die Institution des »Reichsstatthalters« in Bayern mit sich, sondern lösten eine ganze Welle von Maßnahmen zur Destruktion der alten politischen und rechtlichen Ordnung aus. Zugleich begann sich das System konkurrierender Herrschaft mit der für die NS-Zeit typischen Anarchie der Kompetenzen auszubreiten. Regierung, Partei und Organisationen wie SA und SS verfolgten unkoordiniert ihre Ziele. Das von SA und SS eingerichtete Konzentrationslager Dachau wurde für viele willkürlich definierte Regimegegner zur schrecklichen Endstation. Die außerhalb jeder Rechtsordnung praktizierte »Schutzhaft« machte die Betroffenen zu wehrlosen Opfern einer Willkürherrschaft. »Auf dem Experimentierfeld Bayern konnten Himmler und Heydrich ungestört erproben, was später Gestapomethode geheißen wurde und das Reich Hitlers zum SS-Staat stempelte« (L. Volk).

Nach Verkündigung des »Gesetzes über die Aufhebung des Reichsrates« (14. 2. 1934) hörte Bayern auf, ein Staat zu sein. Die linksrheinische Pfalz verlor bereits während der NS-Herrschaft die Verbindung mit Bayern; am Ende des Krieges war der Zusammenhang gänzlich zerrissen.

Die Auflösung der Parteien (im Falle von KPD und SPD deren Verbot), aber auch die feindselige Haltung der Nationalsozialisten gegenüber den Kirchen führten zur Bildung von Widerstandsgruppen, getragen zunächst von den Kommunisten und organisiert von den Sozialdemokraten unter Waldemar von Knoeringen. Ein besonderer Ehrenplatz im Widerstand gebührt der um den Philosophieprofessor Huber gescharten Gruppe »Weiße Rose«, deren Mitglieder 1942/43 durch Flugblattaktionen gegen Hitler und die Verlängerung des Krieges auftraten und dafür mit dem Leben bezahlen mußten: Kurt Huber, Christian Probst, Hans und Sophie Scholl, Willy Graf und Alexander Schmorell.

Die geographische Lage Bayerns hat dazu geführt, daß die direkten Kriegsschäden im Lande verhältnismäßig gering blieben. Hunderttausende von Evakuierten aus dem Westen und Norden Deutschlands fanden gegen Ende des Krieges Zuflucht in Regionen, für die Angriffe der alliierten Bomberflotten nicht zu erwarten waren. Mit dem Vorrücken der Roten Armee nahm der Strom der Flüchtlinge ständig zu.

Opfer der systematischen Bombardierung wurden die großen Städte und Industriezentren: Nürnberg, Aschaffenburg, Bayreuth, Schweinfurt, München und Augsburg (in der Reihenfolge des Ausmaßes der Zerstörung). Am schwersten wurde noch drei Wochen vor dem Einmarsch der amerikanischen Truppen die Barockstadt Würzburg heimgesucht. 75 Prozent seiner Bauwerke sanken unter einem sinnlosen Bombenhagel in Schutt und Asche.

Am 20. April 1945 erreichten die Angriffsspitzen der amerikanischen Armee Nürnberg, die »Stadt der Reichsparteitage«, und am 29. April München, die »Hauptstadt der Bewegung«. Die Hakenkreuze verschwanden. Bayern wurde amerikanische Besatzungszone.

Die Wiedererrichtung des Freistaates Bayern und seine Entwicklung in der Bundesrepublik Deutschland

Unter der Hoheit der amerikanischen Militärregierung nahm Ende Mai 1945 die neue bayerische Landesregierung ihre Arbeit auf. Zum Ministerpräsidenten war Fritz Schäffer, den der Münchner Erzbischof Kardinal Faulhaber der Militärregierung empfohlen hatte, ernannt worden.

Schäffer ließ keinen Zweifel daran aufkommen, daß für ihn und die Landesregierung eine Loslösung Bayerns aus dem deutschen Reichsverband undenkbar sei. Wegen Meinungsverschiedenheiten über die Entnazifizierung des Verwaltungsapparates kam es zum Konflikt Schäffers mit amerikanischen Dienststellen und zu einer Kampagne in der amerikanischen Presse, die zu seiner Absetzung und zum Verbot der politischen Betätigung führten. Zum Nachfolger wurde der Sozialdemokrat Wilhelm Hoegner ernannt. Hoegners Regierungsbildung erfolgte, als die ersten Schritte zur Gründung politischer Parteien unternommen werden konnten. Die SPD und die KPD wurden wiedergegründet. Eine Neugründung stellte die CSU dar, die personell und ideologisch allerdings an die Bayerische Volkspartei anknüpfte. Die CSU lehnte sowohl in der Phase ihrer Gründung als auch nach 1949 eine unmittelbare Verbindung mit der CDU ab. Auch die FDP stellte eine Neugründung dar; in ihr fanden sich die Anhänger des politischen Liberalismus wieder.

Wie in anderen Teilen des westlichen Besatzungsgebietes auch erschien es dem neueingesetzten Ministerpräsidenten Hoegner selbstverständlich, daß die politischen und administrativen Aufgaben von einer Allparteienregierung getragen wurden. Bei den ersten Gemeindewahlen, aber auch bei weiteren Urnengängen, errang die neugebildete CSU stets deutliche Mehrheiten und gewann damit überall im Lande führende Positionen. Die Erarbeitung einer neuen Verfassung erfolgte auf der Grundlage eines Entwurfs von Ministerpräsident Hoegner. Vertreter aller Parteien waren an den Beratungen beteiligt. Die Verfassung wurde in einem Volksentscheid am 1. Dezember 1946 mit fast 71 Prozent der Stimmen angenommen und trat am 8. Dezember 1946 in Kraft.

Nach der Landtagswahl 1946 wurde Hans Ehard (CSU) zum Ministerpräsidenten gewählt. Auch Ehard erwies sich als Verfechter der Reichsidee, was in seinen die Einheit Deutschlands voraussetzenden Bemühungen, die wirtschaftlichen Probleme in einer Konferenz der Ministerpräsidenten aus den Ländern aller vier Besatzungszonen zu beraten, sichtbar wurde. Dieser Versuch scheiterte bereits im Vorfeld der Verhandlungen. Die wirtschaftlichen und sozialen Probleme hatten infolge der Bevölkerungsbewegungen durch Flucht und Vertreibung aus den deutschen Ostgebieten über das allgemein kriegsbedingte Maß hinaus enorm zugenommen. Die Aufnahme der Heimatvertriebenen vermehrte die Bevölkerung Bayerns bis 1950 um etwa zwei Millionen Menschen. Der Anteil der Flüchtlinge und Vertriebenen betrug bereits 1947 23,4 Prozent; 1950 war jeder fünfte Einwohner Bayerns ein Heimatvertriebener. Zunächst schien die Fähigkeit zur Rezeption, vor allem aber zur Assimilation von Flüchtlingen hoffnungslos überfordert zu sein. In den Jahren nach 1950 zeigte sich jedoch, daß Bayern imstande war, die wirtschaftliche, gesellschaftliche, politische und kulturelle Integration der Vertriebenen zu leisten.

Sehr viel schwerer war es, damit fertig zu werden, daß Bayern als Folge des Krieges wirtschaftlich in eine Randlage gedrängt worden war. Die traditionell besonders gepflegten Verbindungen zu Thüringen und Sachsen wurden schlagartig unterbrochen; die Beziehungen zur Tschechoslowakei wurden nachhaltig beeinträchtigt. Nur die Kontakte zu Österreich konnten nach anfänglichen Restriktionen problemlos intensiviert werden. Dies machte Anstrengungen in wirtschaftlicher Hinsicht erforderlich, die mit nachhaltigen Eingriffen in die agrarische Grundstruktur Bayerns verbunden waren.

Die bayerische Landesregierung glaubte, ihre Aufgaben am ehesten in einem Bundesstaat lösen zu können, dessen Zentralgewalt lediglich über solche Rechte und Pflichten verfügte, die für die Wahrnehmung der Gesamtinteressen unabdingbar seien. Infolgedessen bemühte sich Bayern um Unterstützung jener Länder, die ebenfalls das Bundesstaatsprinzip vertraten. Trotz vielerlei Kompromißlösungen sah sich die Mehrheit der CSU-Vertreter im Parlamentarischen Rat außerstande, dem verabschiedeten Entwurf des Grundgesetzes für die Bundesrepublik Deutschland ihre Zustimmung zu geben. Allzu groß erschienen die zentralistischen Tendenzen des neuen Staates. Andererseits wollten die bayerischen Vertreter der Gründung der Bundesrepublik, der sie im Prinzip zustimmten, nicht unüberwindliche Hemmnisse in den Weg legen. Deshalb fanden sie die Formel, daß Bayern sich trotz grundsätzlicher Ablehnung des Entwurfs den Mehrheitsentscheidungen der deutschen Länder unterwerfen werde.

Bayern hielt stets an seinem Grundsatz fest, daß bei allen politischen Entscheidungen die im Grundgesetz festgelegten Prinzipien des Föderalismus im Vordergrund stehen müßten. Diese radikalföderalistische Position Bayerns und die stete Betonung seiner mehr als tausendjährigen Geschichte hat dem Freistaat Bayern oft den Vorwurf der Opposition um der Obstruktion willen eingetragen.

Bereits Otto von Bismarck konnte nach der Gründung des Deutschen Reiches feststellen, daß Bayern »vielleicht das einzige deutsche Land [sei], dem es durch materielle Bedeutung, durch die bestimmt ausgeprägte Stammeseigentümlichkeit und durch die Begabung seiner Herrscher gelungen ist, ein wirkliches und in sich selbst befriedigtes Nationalgefühl auszubilden«. Davon blieb, so scheint es, mehr erhalten, als nach den großen Umbrüchen des 20. Jahrhunderts zu erwarten stand. Wenn trotz aller Integration in die politische und wirtschaftliche Kultur der Bundesrepublik Deutschland das Land Bayern eine spezifische Anziehungskraft als besonders liebens- und lebenswertes Land ausübt, wenn es wie schon im 19. Jahrhundert als Dorado der Künstler und Kunstliebhaber, der Musiker und Schriftsteller, der Wissenschaftler und Studenten und der Touristen aus aller Welt gilt, dann nicht zuletzt, weil es sich stets zur Tradition seiner 1500jährigen Geschichte sichtbar bekannt hat.

Chronologischer Überblick

488
Zusammenbruch der römischen Herrschaft in der Provinz Noricum.

6. Jh.
Unter ostgotischem, später langobardischem und fränkischem Einfluß Bildung des Stammes der Bajuwaren.

ca. 550–90
Garibald aus dem Hause der Agilolfinger erster nachweisbarer Stammesherzog der Bayern.

um 630
Kodifizierung des Stammesrechts in der »Lex Baiuariorum«; Vorstufen des Gesetzes reichen ins 6. Jh. zurück; weitere Redaktionen im 8. Jh.

um 700
Missionstätigkeit der Bischöfe von Salzburg (Rupert), Regensburg (Emmeram) und Freising (Korbinian).

716
Beginn der Kirchenordnung in der »Provinz« Bayern.

739–45
Der päpstliche »Legatus Germanicus« Bonifatius reorganisiert die Bistümer Regensburg, Passau, Freising und Salzburg und gründet die Bistümer Würzburg und Eichstätt.

748
Nach dem Tode Herzog Odilos, Stifter der Herzogsklöster St. Emmeram in Regensburg und Niederaltaich, übernimmt der fränkische Hausmeier Pippin die Vormundschaft über den jungen Tassilo III.

757
Herzog Tassilo leistet Pippin den Vasalleneid.

764
Gründung des Benediktinerklosters Ottobeuren.

788
Absetzung und Verbannung Tassilos durch Karl den Großen.

798
Karl der Große erhebt Salzburg zum Erzbistum und damit zur Metropole der bayerischen Kirchenprovinz.

843
Vertrag von Verdun: Teilung des Fränkischen Reichs. In der Folgezeit entwickelt sich Regensburg als »sedes ac metropolis ducatus Bavariae« zur Residenz des Ostfränkischen Reiches.

877
Erste Erwähnung der Pfalzkapelle in »Otinga« (Altötting).

nach 907
Aufstieg der Luitpoldinger, die Bayern eine weitgehende Unabhängigkeit verschaffen.

919
Herzog Arnulf von Bayern wird erster deutscher Gegenkönig.

947
König Otto überträgt Bayern seinem Bruder Heinrich, einem sächsischen Herzog.

952
Der Gewinn der Markgrafschaften Verona und Aquileja mit Istrien bringt dem bayerischen Stammesherzogtum seine größte räumliche Ausdehnung.

955
Die Ungarn werden in der Schlacht auf dem Lechfeld besiegt.

955 (968)–76 und 985–95
Herzog Heinrich II., »der Zänker«.

973
Kaiser Otto II. ernennt den fränkischen Babenberger Luitpold zum Markgrafen der bayerischen Ostmark (bis 1246 herrschen die Babenberger über die Ostmark = Österreich).

976
Kärnten wird als selbständiges Herzogtum von Bayern abgetrennt.

995
Mit dem Tod Heinrichs des »Zänkers« scheiden Verona und Aquileja endgültig aus dem bayerischen Herzogtum aus.

1002
Herzog Heinrich IV., Sohn des »Zänkers« und letzter männlicher Nachkomme des sächsischen Herrscherhauses, wird als Heinrich II. zum König gekrönt.

1007
König Heinrich II. gründet das Bistum Bamberg.

1070
Welf IV., aus der Linie der jüngeren Welfen, wird nach der Absetzung Ottos von Northeim als Welf I. Herzog von Bayern (1070–77 und 1096–1101).

12. Jh.
Blütezeit der mittelhochdeutschen weltlichen Dichtung im Donauraum.

um 1115
Die Grafen von Scheyern erwerben die Burg Wittelsbach bei Aichach; aus diesem Besitz leitet sich der künftige Name des Geschlechts ab.

um 1130
Errichtung der Burg Andechs durch die Grafen von Diessen und Wolfratshausen.

1155
Graf Otto von Wittelsbach erhält für seinen Einsatz im Kampf um die Veroneser Etschklause das Amt des bayerischen Pfalzgrafen.

1156
Durch das »Privilegium minus« wird die bayerische Ostmark unter den Babenbergern zu einem selbständigen Herzogtum Österreich. Heinrich der Löwe wird mit Bayern belehnt.

1156
Erstes Augsburger Stadtrecht.

1157/58
Gründung der Stadt München auf Initiative Heinrichs des Löwen.

1169
Reichenhall gelangt an Bayern, das sich jedoch viele Jahre mit Salzburg um den Besitz der ältesten Salinen Deutschlands streitet.

1180
Absetzung Heinrichs des Löwen. Kaiser Friedrich Barbarossa überträgt Bayern dem Pfalzgrafen Otto von Wittelsbach, der in Kelheim seine Residenz nimmt.

1183–1231
Herzog Ludwig I., der Kelheimer, wird zum eigentlichen Begründer des bayerischen Territorialherzogtums.

um 1200
Das Nibelungenlied wird in Passau vollendet. Im Donauraum Höhepunkt der mittelhochdeutschen höfischen Dichtung: Walther von der Vogelweide, Wolfram von Eschenbach u. a. Bau des Bamberger Doms unter Bischof Ekbert.

1204
Gründung der Stadt Landshut und der Herzogsburg Traunstein.

1208
Ermordung König Philipps von Schwaben in der Bamberger Kaiserpfalz durch den wittelsbachischen Pfalzgrafen Otto.

1214
Kaiser Friedrich II. überträgt Ludwig I. von Bayern die rheinische Pfalzgrafschaft.

1218
Straubing erhält Stadtrechte.

1219
Nürnberg, »caput Bavariae«, wird im sogenannten »Großen Freiheitsbrief« Friedrichs II. unter Königsschutz gestellt.

1242
Mit der Übernahme des Erbes der Grafen von Bogen durch die Wittelsbacher gelangen die blau-weißen Rauten in das bayerische Herzogswappen.

1248
Nach dem Aussterben der Andechs-Meranier erhalten die Wittelsbacher und die zollernschen Burggrafen von Nürnberg bedeutende Teile des frei werdenden Besitzes.

1255
Erste Teilung der wittelsbachischen Herrschaft in Oberbayern und Pfalz (Residenz München) und Niederbayern (Residenz Landshut).

1260–62
Albertus Magnus (1193–1280) Bischof von Regensburg.

1268/69
Aus der »Konradinischen Erbschaft« erhalten die Wittelsbacher einen großen Teil der Oberpfalz, zudem welfisch-staufisches Hausgut in Südwestbayern und Schwaben.

1282
Ausscheiden der Grafschaft Tirol aus dem bayerischen Herzogsverband.

1302 und 1311
Die »Schnaitbacher Urkunde« für Oberbayern und die »Ottonische Handfeste« für Niederbayern markieren die Anfänge der landständischen Verfassung.

1314
Doppelwahl des Wittelsbachers Herzog Ludwig IV. und des Habsburgers Herzog Friedrich der Schöne zu Königen.

1322
Bei Mühldorf siegt Ludwig der Bayer über seinen habsburgischen Rivalen (1328 erlangt er auch die Kaiserwürde).

1323
Nach dem Aussterben der Askanier überträgt Ludwig der Bayer seinem Sohn Ludwig V. die Mark Brandenburg.

1329
Hausvertrag von Pavia zwischen Kaiser Ludwig und seinem pfälzischen Neffen: Das Herzogtum Bayern und die Pfalz mit der Oberpfalz werden personell getrennt. Fortan regiert in der Pfalz die rudolfinische und in Bayern die ludovicische Linie der Wittelsbacher.

1340
Wiedervereinigung von Ober- und Niederbayern.

1336 und 1346
Kodifikation des »Bayerischen Landrechts« unter Kaiser Ludwig.

1349–53
Zweite Teilung Bayerns.

1356
Die Goldene Bulle verleiht – unter Hintansetzung von Bayern – nur der pfälzischen Linie die Kurstimme.

1363–69
Mit Meinhard III. stirbt die Wittelsbacher Linie Oberbayern/Tirol aus. Im Frieden von Schärding verzichten die bayerischen Herzöge gegen eine Entschädigung von 200 000 Gulden auf ihre Ansprüche auf Tirol.

1385
Elisabeth, Tochter Herzog Stephans III. von Bayern-Ingolstadt (Isabeau de Bavière), heiratet in Amiens den französischen König Karl VI. Die Ehe fördert das europäische Ansehen des Hauses Wittelsbach.

1392
Dritte Teilung Bayerns: Bayern-Ingolstadt, Bayern-Landshut, Bayern-München.

15. Jh.
Nürnberg steigt zum wirtschaftlichen, wissenschaftlichen und künstlerischen Zentrum Frankens auf. Seit 1450 wirken Konrad Celtis, Willibald Pirckheimer und Martin Behaim in der Stadt. Das künstlerische Schaffen wird geprägt von Peter Vischer, Adam Krafft, Veit Stoß, Albrecht Dürer, Barthel und Hans Sebald Beham, Georg Pencz, Melchior Pfinzing, Hans Sachs u. a.

1415
Kaiser Sigismund belehnt den Burggrafen von Nürnberg Friedrich VI. von Hohenzollern mit der Mark Brandenburg.

nach 1426
Kloster Tegernsee wird zu einem wichtigen Zentrum des Frühhumanismus.

1435
Herzog Ernst von Bayern-München läßt seine Schwiegertochter Agnes Bernauer wegen angeblicher Hexerei bei Straubing in der Donau ertränken.

1447
Bayern-Ingolstadt kommt zu Niederbayern.

1459–1525
Jakob II. Fugger, »der Reiche«, in Augsburg. Von ihm gehen wichtige Impulse für einen Wandel des Wirtschaftssystems aus.

1468
Der Bau der Münchener Frauenkirche wird im Auftrag Herzog Sigismunds von Bayern-München begonnen.

1472
Eröffnung der Universität zu Ingolstadt.

1473
Mit der »Dispositio Achillea« ernennt der brandenburgische Markgraf Albrecht III. Achilles seinen ältesten Sohn Johann zu seinem Nachfolger in der Mark, während er seine beiden nachgeborenen Söhne zu Erben der fränkischen Fürstentümer Ansbach und Kulmbach (-Bayreuth) macht.

1475
Landshuter Fürstenhochzeit: Herzog Georg der Reiche von Bayern-Landshut heiratet die polnische Königstochter Hedwig.

1476
Gefangennahme und Verbrennung von Hans Böhm, dem sogenannten »Pfeifer von Niklashausen«, in Würzburg. Seine revolutionären Predigten bewirkten erste vorreformatorische und soziale Unruhen.

seit 1480
Aufstig der Fugger und Welser in Augsburg.

seit 1483
Tilman Riemenschneider wirkt als Bildschnitzer in Würzburg; wird 1520 Bürgermeister der Stadt.

1500
Franz von Taxis begründet die Post in Augsburg.

1504/05
Landshuter Erbfolgekrieg: Konflikt zwischen den pfälzischen und bayerischen Wittelsbachern um das Erbe von Bayern-Landshut.

1506
Primogeniturgesetz Herzog Albrechts IV. des Weisen: Für die

im Herzogtum Bayern vereinigten Fürstentümer wird die Unteilbarkeit und das Recht der Erstgeburt im Mannesstamm festgelegt.

1516
Bayerisches Reinheitsgebot für Bier.

1522
Beginn der Gegenreformation in Bayern.

1525
Bauernaufstände im fränkischen Taubertal. Im Bistum Bamberg werden fast 150 Klöster und Schlösser zerstört. Götz von Berlichingen wird zum Feldhauptmann der fränkischen Bauern gewählt. Die »Zwölf Artikel« finden eine starke Anhängerschaft bei den Bauern des Allgäus, die sich in Sonthofen zum Allgäuer Bund gegen die Fürstabtei Kempten zusammenschließen. Eine Strafexpedition des Schwäbischen Bundes unter Georg II. Truchseß von Waldburg beendet den Bauernkrieg.

1533
Brandenburgisch-nürnbergische Kirchenordnung des Markgrafen Georg des Frommen von Ansbach-Kulmbach.

1537–43
Bau des Renaissanceschlosses in Landshut (Trausnitz).

1550–79
Herzog Albrecht V., Kunstmäzen und Sammler. An seinem Hof wirkt Orlando di Lasso als Leiter der Hofkapelle. Als Repräsentant des Frühabsolutismus versucht Albrecht eine bayerische Großmachtpolitik.

1573–1617
Julius Echter von Mespelbrunn, Fürstbischof von Würzburg, setzt die Gegenreformation in Mainfranken durch. Rege Kirchenbautätigkeit (Juliusstil).

1583
Errichtung einer bayerischen Sekundogenitur im Erzbistum Köln (bis 1761).

1598–1651
Herzog (nach 1623 Kurfürst) Maximilian I.

1608
Gründung der Protestantischen Union.

1609
Herzog Maximilian gründet die Katholische Liga.

1614
Pfalz-Neuburg erhält im Vertrag von Xanten die Herzogtümer Jülich und Berg zugesprochen.

1620
Unter entscheidender Beteiligung des bayerischen Herzogs wird der von den böhmischen Ständen zum König gewählte Kurfürst Friedrich V. von der Pfalz in der Schlacht am Weißen Berg besiegt.

1623
Bayern erhält die pfälzische Kurstimme.

1628
Kurfürst Maximilian erhält die 1621 von ihm besetzte Oberpfalz und leitet sofort die Gegenreformation ein.

1632
Tilly wird in der Schlacht bei Rain am Lech tödlich verwundet. König Gustav II. Adolf von Schweden erobert München.

1634
Nach dem Sieg über die Schweden bei Nördlingen wird fast ganz Süddeutschland von den Kaiserlichen zurückgewonnen.

1648
Die pfälzischen Wittelsbacher werden in der Unterpfalz restituiert und erhalten im Westfälischen Frieden die achte Kurstimme. Die Oberpfalz bleibt endgültig bei Bayern. Gründung der bischöflichen Akademie Bamberg (seit 1723 Universität).

1669
Letzter Landständetag im Kurfürstentum Bayern.

1680–1726
Kurfürst Maximilian II. (Max) Emanuel. Seine Versuche, eine bayerische Großmachtpolitik zu betreiben, bleiben erfolglos.

1688
Maßgebliche Beteiligung Max Emanuels an der Eroberung Belgrads.

1691
Der bayerische Kurfürst wird Generalstatthalter der Niederlande.

1704
In der Schlacht bei Höchstädt und Blindheim besiegt das englisch-österreichische Koalitionsheer unter John Churchill, Herzog von Marlborough, und Prinz Eugen das bayerisch-französische Heer unter Kurfürst Max Emanuel und Marschall Tallard. Der Kurfürst geht zunächst nach Brüssel ins Exil.

1705/06
Bayern wird der österreichischen Verwaltung unterstellt. Erhebung der Bauern des Ober- und Unterlandes gegen die habsburgische Herrschaft. Nach dem fehlgeschlagenen Versuch, München einzunehmen, wird das Bauernaufgebot bei Sendling und Aidenbach niedergeschlagen.

1714
Frieden von Rastatt: Der bayerische Kurfürst wird vollständig restituiert.

1724
Wittelsbacher Hausunion zwischen Kurfürst Max Emanuel, dem Pfälzer Karl III. Philipp über die Erbschaft für den Fall des Aussterbens einer der beiden Linien.

1719–24
Bischof Johann Philipp Franz von Schönborn läßt durch Balthasar Neumann die Würzburger Residenz bauen. Bis 1746 »Schönbornzeit« in Franken mit reger Bautätigkeit; Blütezeit des Barock und Rokoko.

1730–72
Balthasar Neumann baut die Wallfahrtskirchen Gößweinstein und Vierzehnheiligen.

1742
Wahl des Kurfürsten Karl VII. Albrecht zum deutschen Kaiser. Maria Theresia reagiert mit der Eroberung Münchens durch österreichische Truppen. Schreckensherrschaft habsburgischer Panduren- und Kroatenregimenter in Bayern.

1759
Gründung der Bayerischen Akademie der Wissenschaften in München durch Kurfürst Max III.

1769
Vereinigung der Fürstentümer Kulmbach (Bayreuth) und Ansbach.

1773
Aufhebung des Jesuitenordens durch Papst Clemens XIV.

1777/78
Mit Kurfürst Maximilian III. Joseph stirbt die altbayerische, ludovicische Linie der Wittelsbacher aus. Bayern wird an die pfälzische, rudolfinische Linie übertragen. Der bis dahin in Mannheim lebende Karl Theodor residiert fortan in der Münchner Residenz. Er bietet Kaiser Joseph II. den Tausch Bayerns gegen die österreichischen Niederlande an.

1778/79
Bayerischer Erbfolgekrieg.

1779
Im Frieden von Teschen erhält Österreich das Innviertel, Ansbach und Bayreuth werden preußisch.

1792
Ansbach und Bayreuth werden als preußische Provinzen unter die Verwaltung des Fürsten von Hardenberg gestellt, der die ehemaligen Markgraftümer reformiert und mediatisiert.
1799–1817
Maximilian Graf von Montgelas bayerischer Minister: Beginn der Reformära; Toleranzpolitik; Aufbau des modernen bayerischen Staates.
1802–06
Verlegung der Universität von Ingolstadt nach Landshut.
Säkularisation und Mediatisierung bringen Bayern großen Landgewinn: die Bistümer Würzburg, Bamberg, Augsburg, Freising, Teile von Eichstätt und Passau (1805 werden die Restbistümer erworben), 15 Reichsstifte und 13 Reichsstädte in Franken und Schwaben. Abtretung der rechtsrheinischen Pfalz an Baden.
1806
Bayern unter Kurfürst Maximilian IV. Joseph Königreich und souveräner Staat. Ansbach und Nürnberg fallen an Bayern.
1808
Erlaß der durch Montgelas ausgearbeiteten Konstitution, die die Leibeigenschaft aufhebt.
1810
Anläßlich der Vermählung des Kronprinzen Ludwig (I.) findet in München das erste Oktoberfest statt. Bayreuth fällt an Bayern.
1812
Am Rußlandfeldzug Napoleons nehmen 33000 Bayern teil.
1815
Aufnahme Bayerns in den Deutschen Bund.
1816
Leo von Klenze (1784–1864) wird als Architekt nach München berufen (später Hofbaumeister). Seine klassizistischen Bauten haben das Stadtbild Münchens wesentlich geprägt.
Erwerb der linksrheinischen Pfalz.
1817
Sturz Montgelas'.
1818
Oktroyierte Verfassung mit Zweikammersystem.
1819
Zusammentritt der ersten Bayerischen Ständeversammlung.
1821
Verlegung des Bischofssitzes von Freising nach München.
1825–48
König Ludwig I. führt ein neoabsolutistisches Staatsregiment.
1826
Baubeginn der Alten Pinakothek in München.
Verlegung der Landesuniversität nach München.
1828
Bayerisch-württembergischer Zollverein.
1832
Hambacher Fest (Pfalz): Auf der ersten politischen Volksversammlung der neueren deutschen Geschichte demonstrieren über 20000 Menschen für die Einheit und Freiheit Deutschlands.
1833
Neugestaltung des Schulwesens.
1835
Eröffnung der ersten deutschen Eisenbahn von Nürnberg nach Fürth.
1836–45
Bau des »Ludwig-Donau-Main-Kanals« zwischen Rednitz und Altmühl.

1837
Der Wiederaufbau von Hohenschwangau wird abgeschlossen. König Ludwig I. läßt die Dome von Würzburg, Speyer und Bamberg restaurieren.
1840
Errichtung der Maschinenfabrik Augsburg (MAN).
1841
Erste bayerische Arbeitsschutzverordnung zugunsten der Kinder.
1843
Ein kleiner Hafen am Rhein wird als »Ludwigshafen« zum Industriezentrum ausgebaut.
1848
Das Begräbnis Joseph von Görres in München wird zu einer Demonstration der Studentenschaft und der parlamentarischen sowie außerparlamentarischen Opposition gegen das Regime des Königs. Die Affäre um Lola Montez führt zum Sturz des Königs.
1848–64
König Maximilian II. Joseph.
1849
Niederschlagung des Aufstandes radikaldemokratischer Vereine in der Pfalz mit Hilfe preußischer Truppen. Die Separation von Bayern wird rückgängig gemacht.
1852
Gründung des Germanischen Museums in Nürnberg.
1854
Erste deutsche Industrieausstellung in München.
Die bayerische Prinzessin Elisabeth (»Sissi«) heiratet Kaiser Franz Joseph I. von Österreich-Ungarn.
1863
Eröffnung der »Befreiungshalle« auf dem Michelsberg bei Kelheim.
1864–86
König Ludwig II.
1864/65
König Ludwig setzt sich für Richard Wagner ein, den er vor dem Ruin bewahrt.
1866
Im preußisch-österreichischen Krieg wird Bayern im Mainfeldzug geschlagen. Schutz- und Trutzbündnis mit Preußen.
1868
Gründung der Technischen Hochschule, der Kunstgewerbeschule und der Musikhochschule in München.
1869
Beginn der Schloßbauten des Königs: Grundsteinlegung der Burg Neuschwanstein.
1870
Bayern beteiligt sich am Krieg gegen Frankreich.
In dem von Bismarck vorbereiteten »Kaiserbrief« schlägt Ludwig II. dem preußischen König die Wiederherstellung der deutschen Kaiserwürde und eines Deutschen Reiches vor.
1876
Richard Wagner eröffnet mit dem »Ring des Nibelungen« das Festspielhaus und die ersten Bayreuther Festspiele in Anwesenheit König Ludwigs.
1886
Tod König Ludwigs II. unter nicht vollständig geklärten Umständen bei Schloß Berg am Starnberger See.
1886–1912
Prinzregent Luitpold.
1893
Die Arbeiterbewegung gewinnt auch in Bayern an Einfluß.

Erstmals werden sozialdemokratische Abgeordnete in den Landtag gewählt.

1903
Grundsteinlegung für das Deutsche Museum in München, das zum größten technischen Museum Europas wird.

1906
Einführung des allgemeinen, gleichen, direkten und geheimen Wahlrechts.

1911
Wassily Kandinsky und Franz Marc gründen die Künstlervereinigung »Der Blaue Reiter«.

1913–18
König Ludwig III.

1914–18
Erster Weltkrieg.

1918
Revolution. Sturz der wittelsbachischen Monarchie und Proklamation der Republik Bayern durch Kurt Eisner (7. 11.).

1919
Wahl des ersten souveränen Landtages (12. 1.). Ermordung des Ministerpräsidenten Eisner (21. 2.). Ausrufung der Münchener Räterepublik (7. 4.) und deren Auflösung durch Regierungstruppen (1. 5.).

1920
Das thüringische Sachsen-Coburg kommt nach einer Volksabstimmung an Bayern.

1923
Hitlerputsch in München: Hitler und Ludendorff scheitern mit ihrem Versuch einer »nationalen Revolution«.

1933
Nach der Machtübernahme Hitlers verliert Bayern im Zuge der Gleichschaltung der Länder seine Eigenstaatlichkeit.
Errichtung des Konzentrationslagers Dachau.

1938
»Anschluß« Österreichs an das Deutsche Reich (März). Das »Münchener Abkommen« sieht die Abtretung der sudetendeutschen Gebiete an das Reich vor.

1939
Errichtung des Konzentrationslagers Flossenbürg in der Oberpfalz.

1939–45
Zweiter Weltkrieg.

1943
Widerstand der Münchener Studentengruppe »Weiße Rose« gegen die nationalsozialistische Diktatur.

1945
Bayern wird US-Zone. Die Militärregierung setzt eine provisorische Landesregierung unter Fritz Schäffer ein.

1946
Verfassung des Freistaates Bayern. Wahl des ersten Ministerpräsidenten und Wahlen zum ersten Landtag.

1946–54
Hans Ehard Ministerpräsident.

1947
Scheitern der auf Initiative Ehards einberufenen Münchener Ministerpräsidentenkonferenz (6./7. 6.).

1949
Trotz Ablehnung des Grundgesetzes wird der Freistaat Bayern Land der Bundesrepublik Deutschland.

1954
Nach der Landtagswahl Bildung einer Viererkoalition (SPD, Bayernpartei, FDP und GB/BHE) unter Ausschluß der CSU. Wilhelm Hoegner wird Ministerpräsident.

1955
Mit Aufhebung des Besatzungsstatus entfällt die politische Sonderstellung des Stadt- und Landkreises Lindau/Bodensee.

1956
Versuche, die Pfalz zurückzugewinnen, bleiben ergebnislos. In einem Volksbegehren spricht sich die Mehrheit gegen einen Anschluß an Bayern aus.

1957
Die Viererkoalition zerbricht; Rücktritt des Kabinetts Hoegner. Hanns Seidel (CSU) neuer Ministerpräsident (aus Gesundheitsgründen 1960 Rücktritt).

1960
Hans Ehard bildet bis 1962 ein Übergangskabinett.

1961
Franz Josef Strauß wird Landesvorsitzender der CSU.

1962
Die Errichtung einer vierten Landesuniversität (neben München, Würzburg und Erlangen) in Regensburg wird beschlossen. Diese nimmt 1967 den Vorlesungsbetrieb auf.

1962–1978
Alfons Goppel Ministerpräsident.

1966
Mit Beginn der 6. Legislaturperiode Alleinregierung der CSU.

1972
XX. Olympische Spiele in München.

1978–1988
Franz Josef Strauß Ministerpräsident (gest. 3.10.1988).

1980
»Wittelsbach und Bayern«: In einer der größten historischen Ausstellungen des Landes wird in Landshut und München ein Rückblick über 800 Jahre bayerischer Geschichte versucht.

1982
Die 30. Europäischen Wochen in Passau stehen im Zeichen des heiligen Severin, dessen 1500. Todestag sich jährt.

1989–1993
Max Streibl Ministerpräsident

1989
Durch das Ende der sozialistischen Staaten öffnet sich Bayerns Ostgrenze

1993
Edmund Stoiber wird am 28. 5. bayerischer Ministerpräsident.

Zu den folgenden Abbildungen:

132 Symbol bayerischer Gemütlichkeit: ein »gestandenes Mannsbild« mit Trachtenhut und Gamsbart im sommerlichen Biergarten
133 Tradition auf dem Gottesacker: die hölzernen Grabkreuze des Friedhofs in Segringen bei Dinkelsbühl
134 Rothenburg ob der Tauber – wo die Vergangenheit die Gegenwart einholt
135 Landschaft im Allgäu zwischen Kempten und Wangen
136 Ländlicher Prunk vergangener Tage: Im Ochsenfurter Gau zwischen Würzburg und Rothenburg o. d. Tauber halten alte Bäuerinnen den prachtvollen Trachten noch die Treue
137 Bauernhof bei Neuötting am Inn
138 Blick vom Sonnenbichel in Murnau auf die gewaltigen Gipfel des Wettersteingebirges
139 Ettal: Die berühmte Benediktinerabtei wurde im 14. Jahrhundert von Kaiser Ludwig dem Bayern als Mönchskonvent zusammen mit einer Ritterstiftung gegründet. Die Klosterkirche mit ihrer 68 m hohen Barockkuppel wurde 1752 vollendet
140 Landschaft bei Garmisch-Partenkirchen mit Blick auf den Waxenstein und das Wettersteingebirge

Franz Herre
Freistaat, den ich meine

An seinen Grenzen hat er Schilder aufgestellt, mit dem von Löwen gehaltenen Wappen und einer Inschrift, die anzeigt, wie er sich repräsentiert und als was er respektiert sein will – der »Freistaat Bayern«.

Ausländer kann das verwirren. Am Grenzübergang Kiefersfelden deutete die Sizilianerin auf die hintereinander stehenden schwarz-rot-goldenen und weiß-blauen Schilder und fragte: »Kommen wir jetzt nach Deutschland oder nach Bayern?« Die Erklärung fiel nicht schwer; schließlich kam sie aus Palermo, wo es zweierlei Briefkästen für Post nach »Sicilia« und dem »Continente« gibt. Der Freund aus San Francisco hatte es sogleich begriffen; denn dortzulande wird die kalifornische Flagge gemeinsam mit den Stars and Stripes gehißt.

Deutsche, die keine Bayern sind, reagieren verwundert oder verstört. Die einen nehmen das Freistaat-Zeichen als weiß-blaues Kuriosum hin, ähnlich wie Maßkrüge, Gamsbärte und Jodler. Die anderen halten es für ein Anzeichen der Abgrenzung vom gemeinsamen deutschen Vaterland und nehmen Anstoß. So werden immer wieder Grenzschilder entwendet, als Souvenir mitgenommen oder als Ärgernis beseitigt.

Ein Bayer aber, der vom Urlaub zurückfährt oder gar – wie ich – nach jahrzehntelanger Abwesenheit heimkehrt, empfindet beim Anblick des Grenzschildes ähnliches wie weiland Moses, als er von Ägypten nach Kanaan kam.

Eine Zeitlang hatte ich mit dem Gedanken gespielt, an meiner Tür in Köln eine Nachbildung des Grenzschildes anzubringen. Ich bin davon abgekommen. Dadurch wäre ich weder vom Fremden abgeschirmt noch vom Heimweh abgehalten gewesen. Die Exklave hätte nur in der Einbildung, nicht in der Wirklichkeit bestanden, was eher dem Genius loci als bayerischem Tatsachensinn entsprochen hätte.

Ein einziger Bayer macht noch keinen Freistaat. Und jedem Besucher zu erläutern, was das ist und was es mit ihm auf sich hat, hätte meine Nachsicht mit jenen, die ganz Deutschland im Herzen, nicht aber Einzelheiten seiner Vielfalt im Kopf tragen, derart strapaziert, daß mit Ausbrüchen zu rechnen gewesen wäre, die gewisse Vorurteile gegenüber Bayern hätten bestätigen können.

»Freistaat« ist für Nichtbayern ein Reizwort und ein Fremdwort. Dabei ist es quasi eine deutsche Übersetzung von »Republik«. Das geht auf die Weimarer Zeit zurück. Die Verfassung des Deutschen Reiches vom 11. August 1919 bestimmte in Artikel 17: »Jedes Land muß eine freistaatliche Verfassung haben.« Bayern, das wie das Reich von der monarchischen zur republikanischen Staatsform übergegangen war, erhielt am 14. August 1919 seine Verfassung als »Freistaat«, die am 15. September in Kraft trat.

Nach dem Ende des »Dritten Reiches«, das Freiheit und Freistaat beseitigt hatte, konnte Bayern wieder an seine republikanische Tradition anknüpfen. Durch Volksentscheid trat die »demokratische Verfassung« am 8. Dezember 1946 in Kraft. Artikel 1, Absatz 1 lautet: »Bayern ist ein Freistaat.«

Für einen gestandenen Bayern ist »Freistaat« nicht nur ein Verfassungsbegriff, sondern die Verfassungswirklichkeit, mehr noch: eine Lebensform, in der Vergangenheit geprägt, in der Gegenwart bewährt, eine Hoffnung für die Zukunft.

Das Wort »Freistaat« ist aus zwei Begriffen zusammengesetzt: »Frei«, das heißt Freiheit des Einzelnen, und »Staat«, das heißt Ordnung des Ganzen. Es sind Gegensätze, die oft genug auseinanderklaffen, im Extrem in Libertinage und in Totalitarismus. Im glücklichen Bayern sind sie oft zusammengekommen, im Zweiklang von Freiheit und Ordnung – im Freistaat eben.

Das war schon so, bevor man für die Sache den Namen gefunden hatte. Bereits im 16. Jahrhundert konstatierte Johannes Turmair, genannt Aventinus: Der gemeine Mann dürfe sich zwar »nichts ungeschafft der Obrigkeit unterstehen«, doch »ist er sunst frei, mag auch frei ledig Eigengut haben, dient seinem Herrn, der sonst kein Gewalt über ihn hat«, und »tut sonst, was er will«.

So lebten sie, freizügig und sich einordnend, in die menschlichen Gemeinschaften und in ihre Kirche. »Das baierische Volk ist geistlich«, heißt es bei Aventinus. Das ist die dritte Dimension des Bayerischen: Über dem Privatbereich und der Res publica wölbt sich, wie eine Kuppel, alles zusammenfassend und alles zusammenhaltend, das Gottesreich.

Barock ist deshalb in Bayern nicht nur eine Epoche der Kunstgeschichte, sondern der bayerische Stil besthin. Er ist die Fortsetzung der bayerischen Lebensform mit künstlerischen Mitteln, ihre höchste und schönste Vollendung. Was der Philosoph die Coïncidentia oppositorum, den Zusammenfall der Gegensätze, nannte und als

Grundcharakter der Wahrheit definierte, wird noch in der geringsten Dorfkirche demonstriert: Endlichkeit und Unendlichkeit, Sinnlichkeit und Übersinnlichkeit, Kraftfülle und Verspieltheit, Ordnung und Ornament.

Als dann – in Deutschland vom Norden, nicht vom Süden her – Klassik und Klassizismus vordrangen, wurde selbst in Bayern der Barock in den Hintergrund geschoben – in einer Zeit, in der im politischen Bereich eine echt bayerische Coïncidentia oppositorum begann: die Zusammenfügung von reichsunmittelbaren Territorien mit dem Staat der Wittelsbacher, das Zusammenfassen von Altbayern, Franken und Schwaben im Königreich Bayern.

Die weiß-blaue Integrationskraft blieb nicht an die Staatsform gebunden: Nach dem Zweiten Weltkrieg gliederten sich Sudetendeutsche als »vierter Stamm« ein. Dies wurde dadurch erleichtert, daß der Zentralismus gelockert worden war, der weniger dem bayerischen Wesen als dem Gebiet der Aufklärung entsprach. Erst im Laufe der Zeit wurde zu freiwilliger Einfügung, was – unter Montgelas – als verordnete begonnen hatte.

Als Augsburger weiß ich, wie schwer das damals gefallen und wie schwierig das manchmal heute noch ist. Unmittelbar nach 1945 gab es provinzielle Ausdeuter der Herderschen Volksgeistlehre, die alle Schwaben, die bayerischen wie die württembergischen, in einem Großschwaben vereinigt haben wollten. Sie kamen über ihren Stammtisch nicht hinaus. Denn schon der Reichseiniger Bismarck hatte festgestellt, Bayern sei vielleicht das einzige deutsche Land, dem es gelungen sei, »ein wirkliches und in sich selbst befriedigtes Nationalgefühl auszubilden«.

Den Preußen Bismarck hätte das bayerische Grenzschild kaum gestört, eher schon die Inschrift »Freistaat«. »Kammeramphibien«, wie er die Parlamentarier nannte, hatte es in Bayern lange vor Preußen gegeben. Friedrich Wilhelm IV. oktroyierte erst 1848 Preußen eine Verfassung. Maximilian I. Joseph hatte sie Bayern bereits 1818 gegeben, seinem Volk die »kräftigste Gewährleistung« versprochen – die »Freiheit der Gewissen und gewissenhafte Scheidung und Schützung dessen, was des Staates und der Kirche ist. Freiheit der Meinungen, mit gesetzlichen Beschränkungen gegen den Mißbrauch«.

Der Zweiklang von Freiheit und Ordnung war wieder angeschlagen, ertönte in zeitgemäßen Variationen. Die »Verfassungsurkunde« von 1818 wurde laufend ergänzt. Über Freiheit, Gleichheit und Brüderlichkeit wurde auch in Bayern geschrieben und geredet, doch Liberalität, Demokratie und Solidarität waren und sind hier nicht eine papierene Obliegenheit, sondern eine lebendige Sache.

Der bayerische Sozialdemokrat Georg von Vollmar suchte das dem sozialistischen Theoretiker Franz Mehring in Berlin klarzumachen: »Es existieren erheblich geringere Einkommensunterschiede als anderwärts, weniger Luxus, weniger Bettelarmut... Infolgedessen und infolge des ausgeprägten demokratischen Gefühls ist geringerer Klassenhaß, weniger gegenseitige Absperrung und Überhebung, aber Verkehr auf gleichem Fuße vorhanden.«

Und Hitler? Wenn er München zur Hauptstadt seiner Bewegung proklamieren konnte, so ist das ein warnendes Beispiel dafür, daß man das »laissez faire, laissez aller« bis zur Selbstaufgabe, die Toleranz bis zur Selbstvernichtung strapazieren kann. Was die Bayern vom Nationalsozialismus hielten, zeigten sie – wie in einer Demokratie ausschlaggebend – mit dem Stimmzettel. Bei den Wahlen vom 5. März 1933 erhielten das Zentrum und die SPD – die beiden großen republikerhaltenden Parteien – im Reich außerhalb Bayerns zusammen nur mehr 29,7 Prozent, in Bayern die Bayerische Volkspartei und die Sozialdemokratie immerhin noch 43,2 Prozent.

Als das »Tausendjährige Reich« nach zwölf Jahren beendet war, gab sich das bayerische Volk wieder eine freistaatliche Verfassung, »eingedenk seiner mehr als tausendjährigen Geschichte«, wie es in der Präambel heißt. Die Tradition ist ein Lebenselement Bayerns. Wie Freiheit im Zusammenhang mit Ordnung gesehen wird, so ist Beharren ohne Bewegung nicht vorstellbar. Die goldene Mitte zwischen Tradition und Fortschritt zu suchen, ist weiß-blaues Gebot, und sie wird oft gefunden, öfter als anderswo in Deutschland.

Dies macht das alte zu einem jungen Land, zu einem Land der Zukunft. Sein Puls geht langsamer, aber regelmäßig; es hat einen ruhigen und langen Atem. Der Himmel ist blauer, die Landschaft weniger zersiedelt, die Umwelt intakter. Über Lebensqualität braucht nicht geredet zu werden, denn sie ist da. Das alternative Leben ist nicht ein ideologisches Anliegen, sondern eine natürliche Angelegenheit. Das Provinzielle führt zum Europäischen, ohne beim Nationalen stehenzubleiben; was Bretonen oder Katalanen neuerdings erstreben, ist Bayern längst gelungen.

Der »Bavarian way of life« ist auch für Nichtbayern attraktiv: die Freizügigkeit, die Freiräume, der Freizeitwert. Auf den Bergen wird die dort seit jeher wohnende Freiheit gesucht. Nachfahren der Norddeutschen, die Bayern heim ins Reich holten, wollen sich hier von daheim erholen. München ist – jedenfalls für die Deutschen außerhalb Münchens – für Deutschland das geworden, was Paris für Frankreich ist: eine kulturelle Metropole.

»Ein festlich Land – ein menschlich Land!« Nichtbayern loben es, Bayern preisen es. Und ein Bayer wie ich, der lange draußen lebte und viel Heimweh hatte, ist dankbar für seine Rückkehr in die Heimat – in den Freistaat, den ich meine, den ich kenne, schätze und liebe.

Ich freue mich auf die königliche Ludwigstraße in München, die bürgerliche Behäbigkeit Augsburgs, die fränkische Weinseligkeit Würzburgs; auf den Main, der die bekannte »Trennungslinie« zwischen Nord und Süd mit barocken Schnörkeln zieht, und die Donau, die Bayern bei Neu-Ulm als schwäbischer Fluß betritt und bei Passau als europäischer Strom verläßt; auf die sanfte Dramatik des Voralpenlandes und die Alpenmauer, über die mit dem Föhn der Süden herübersteigt; auf Wälder, Wiesen, Kornfelder, Bauerngärten, Zwiebelhauben, Putten und den bayerischen Löwen aus Kehlheimer Marmor am Molenkopf von Lindau im Bodensee.

Ich freue mich auf die gesunde Luft, die hier weht, und nicht nur in der freien Natur, ein Klima, das körperlich erfrischt und seelisch erwärmt; auf Spaziergänge in Städten aus Stein und nicht Beton, und Wanderungen durch Landschaften, in denen keine Masten von Fernleitungen anzeigen, daß sie nur als Übergänge von Stadt zu Stadt gelten; auf Bäche, in denen es Fische gibt, und Seen, die Spiegel sind.

Ich freue mich auf die Kirchen, in denen es prächtig glänzt und geheimnisvoll schimmert; auf die Wirtshäuser, in denen man einkehrt, weniger beim Wirt als bei sich selber; auf Kinder, die Erwachsene noch grüßen, und Frauen, an denen der Franzose Stendhal die Gesichter rühmte, »deren Oval viel zu vollendet war, als daß es nach Deutschland gehörte« – wobei er nur einen und nicht einmal den wichtigsten Vorzug bayerischer Weiblichkeit hervorhob. Und ich freue mich auf die Männer, mit denen man diskutiert, nicht diskutiert, die Mannsbilder mit den kräftigen Worten und großen Gebärden – und dem zartbesaiteten Gemüt und der stillen Bescheidenheit.

»Wen Gott lieb hat, den läßt er fallen in dieses Land«, meinte Ludwig Ganghofer. Der Sinnspruch vom alten Jagdschlößl zu Esting an der Amper ist mir nie aus dem Sinn gekommen: »Extra Bavariam nulla vita, et si est vita, non est ita« – auch außerhalb Bayerns kann man leben, aber man kann nicht so gut, so schön, so richtig leben wie innerhalb der Grenzschilder des Freistaats.

Nachwort

Ein Buch über Bayern aus Hamburg – kann das ein bayerisches Buch sein? Überhaupt: einfach BAYERN, also ganz Bayern und nicht etwa nur Altbayern – als wenn das so einfach wäre. Was werden dazu die Franken und die Schwaben sagen, die sich als Bayern womöglich nur bei Landtagswahlen verstehen und verhalten? Sie können alles (was sie wollen) und doch nichts Stichhaltiges dagegen sagen: Denn hier geht es um das Bundesland Bayern, den Freistaat, der Deutschen liebstes Urlaubsziel – im eigenen Land. Man fährt schließlich nach Bayern, ob das Ziel nun Würzburg oder Nürnberg heißt oder im Allgäu liegt.

Was aber ist dem Zweifel entgegenzuhalten, aus Norddeutschland könne doch wohl kein brauchbares Buch über Bayern kommen? Nun: Im selben Verlag erscheint immerhin die Zeitschrift MERIAN, zuständig für die Darstellung von Ländern, Städten und Landschaften in Text und Bild – und zwar schon, als die Bundesrepublik noch gar nicht bestand.

Apropos zuständig: Die hier vertretenen Autoren kennen ihr Bayern, nicht nur den Teil oder das Stück, worüber sie schreiben. Sie sind von Geburt ausgewiesen als Bayern, sind Franken oder Schwaben und Zuagroaste oder gar »Preußen«, die Land und Leuten mit deutlichem Engagement, mit Zuneigung oder wenigstens kritischer Sympathie gegenüberstehen. So spielt jeder sein Solo in diesem Konzert – und alle diese verschiedenen Stimmen und Temperamente vereinigen sich letztlich zu einem respektablen Orchesterstück in sechs Sätzen mit Ouvertüre und Nachspiel – das zusammengebracht zu haben, die Frage nach der Zuständigkeit der Herausgeber vielleicht erübrigt.

Herausgeber hin oder her – unser Buch »Schleswig-Holstein, Land zwischen den Meeren« hat bei zahlreichen Lesern und Buchhändlern offenbar den Wunsch nach einem ähnlichen Text-Bild-Band über Deutschlands größtes und – wie alle meinen – schönstes Bundesland geweckt; wir haben uns dieser schwierigen Aufgabe jedoch erst nach einigem Zögern gestellt. Erst als wir sahen, was über Bayern in den Buchhandlungen angeboten – und was nicht angeboten – wird, meinten wir, das Wagnis eingehen zu können, ein Buch dieser Konzeption zu realisieren.

Unser Buch ist keine Anthologie – jedenfalls nicht im üblichen Sinne. Denn hier ist nichts gesammelt und zusammengestellt; dem Leser wird im Gegenteil (bis auf wenige Ausnahmen) Neues geboten: Die meisten Texte sind Originalbeiträge, für jedes Thema mußte erst *der* Autor gefunden werden.

Vollständig kann ein solches Buch nicht sein, statistisch (in Prozentanteilen) gerecht sollte es nicht sein – der Proporz schadet allemal der Qualität. Auch wo Lücken bleiben, erkennt man doch das große Ganze, das bekanntlich auch immer mehr ist als die Summe seiner Teile.

Neununddreißig »Stücke« suchten ihren Autor: dreiunddreißig – renommierte Schriftsteller, Journalisten, Wissenschaftler – haben neununddreißig Beiträge geschrieben, sieben von ihnen jeweils zwei. Der Themenvielfalt entspricht ein großes Meinungsspektrum. Und auch in der Art der Darstellung ist für Abwechslung gesorgt: Eher wissenschaftliche Beiträge stehen neben mehr journalistischen, sachlich-informative Artikel neben literarischen Texten.

Größer noch ist die Zahl der Fotografen, die uns ihre besten Farbaufnahmen zur Verfügung stellten. In der Fachwelt haben alle einen Namen – einige gehören in den Gotha der Fotografie.

Die Konzeption, die Gliederung ist – meinen wir – übersichtlich, bedarf daher keiner Erläuterung. Nur ein Wort zum ersten und zum letzten Beitrag, zu Vor- und Nachspiel: Beide führen hin und ein, machen – salopp gesagt – Appetit auf Bayern. Ein Preuße zeigt sich, obwohl widerstrebend, am Ende von Bayern überwältigt – ein bayerischer Schwabe kehrt, obwohl auch am Rhein nicht unzufrieden, glücklich heim. Da wird nichts mehr verheimlicht, sprechen sich Zuneigung und Liebe aus.

Aber nichts ist vollkommen. Der Gerechtigkeit halber werden deshalb auch kritische Untertöne und Stimmen nicht unterdrückt. Es handelt sich schließlich um den *Frei*staat Bayern.

Hans Joachim Bonhage
Hans-Helmut Röhring

Sie schrieben für dieses Buch

Katharina Adler
war nach dem Studium Lektorin in Tübingen. Seit 1958 lebt sie im Allgäu und arbeitet als Autorin für verschiedene Rundfunkanstalten.

Roger Anderson
begann nach dem Krieg journalistisch zu arbeiten, veröffentlichte zwei Bücher und wurde 1977 mit dem Egon-Erwin-Kisch-Preis ausgezeichnet.

Wolfgang Boller
arbeitete zehn Jahre in München, lebt heute aber in einem rheinhessischen Weindorf. Er hat sich als Reiseschriftsteller (u.a. über Neuseeland) einen Namen gemacht. Zuletzt erschien der Bildband »Hessen im Herzen Deutschlands«.

Wolfgang Buhl
war Leiter von Studio Nürnberg des Bayerischen Rundfunks. Er stammt zwar aus Sachsen, veröffentlichte aber zahlreiche Bücher über seine zweite Heimat Franken.

Utta Danella
Die gebürtige Berlinerin lebt seit vielen Jahren in München. Nach journalistischen Anfängen verfaßte sie Romane. Inzwischen hat ihre Gesamtauflage die Zwei-Millionen-Grenze überschritten.

Karlheinz Deschner
ist ein exzellenter Kenner seiner fränkischen Heimat. Der streitbare Schriftsteller veröffentlichte außer Romanen vor allem kritische Werke zur Kirchengeschichte.

Sigfrid Färber
stammt aus Regensburg. Er war von 1956–76 Fremdenverkehrsdirektor für Regensburg und Ostbayern. Für seine kulturgeschichtlichen Publikationen empfing er mehrere Auszeichnungen.

Wilfrid Feldhütter
war Chefdramaturg des Münchener Volkstheaters und langjähriger Mitarbeiter beim Rundfunk. Er befaßte sich in Theorie und Praxis mit den Bereichen Volkssprache, -lied und -schauspiel.

Alois Fink
stammt aus Gotteszell im Bayerischen Wald und besuchte das Gymnasium im Kloster Metten. Nach dem Studium wurde er Journalist. Er arbeitete in leitenden Positionen beim Bayerischen Rundfunk.

Max von Freeden
war viele Jahre lang Direktor des Mainfränkischen Museums in Würzburg. Der Kunsthistoriker verfaßte zahlreiche Publikationen zur fränkischen Kunst- und Kulturgeschichte sowie über die Mainmetropole.

Hermann Glaser
war Schul- und Kulturdezernent der Stadt Nürnberg. Er veröffentlichte zahlreiche Bücher, u. a. zur Kulturgeschichte der Dürerstadt und zu literaturhistorischen Themen.

Lorenz Goslich
ist seit 1979 Mitglied der Wirtschafts-Redaktion der »Frankfurter Allgemeinen Zeitung« mit Sitz in München. Er wohnt in Tutzing am Starnberger See.

Max von der Grün
wuchs in Oberfranken auf. Nach dem Krieg arbeitete er als Bergmann unter Tage und begann, über die Arbeitswelt im Ruhrrevier zu schreiben. Seit 1963 lebt der Bayreuther als Schriftsteller in Dortmund.

Gerhard Herm
war lange Fernseh-Journalist. Heute veröffentlicht der Franke vor allem kulturhistorische Bücher.

Franz Herre
aus Fischen im Allgäu ist in Augsburg aufgewachsen. Als Journalist arbeitete er von 1962–81 bei der Deutschen Welle in Köln. Nach Bayern zurückgekehrt, trat er mit einer Reihe historischer Bücher hervor.

Ernst Hess
lebt als Journalist und Rechtsanwalt in Heidelberg. Seine Liebe gilt europäischen Städten und Landschaften mit großer Vergangenheit.

Wolfgang Koeppen
wurde berühmt durch seine Romane »Tauben im Gras«, »Das Treibhaus«, »Der Tod in Rom«, die zu den bedeutendsten Werken der deutschen Nachkriegsliteratur gerechnet werden. Der in München lebende Autor publizierte außerdem Essays und Reiseberichte.

Sie schrieben für dieses Buch

Rainer A. Krewerth
lebte von 1971–82 in und bei Augsburg als Journalist und Schriftsteller. Er kehrte wieder in seine westfälische Heimat zurück, wo er bei einer Zeitung wirkt.

Horst Krüger
kann als Doyen der deutschen Reiseliteratur bezeichnet werden. Er stammt aus Berlin, lebt aber seit zweieinhalb Jahrzehnten in Frankfurt am Main. Er ist Mitglied der Deutschen Akademie für Sprache und Dichtung.

Bruno Moravetz
arbeitete als Sportjournalist für das ZDF, schrieb jedoch auch Beiträge für Printmedien.

Eckardt Opitz
ist Professor für Neuere Geschichte in Hamburg. Er publizierte zahlreiche Schriften über die deutsche Geschichte.

Jürgen Paul
stammt aus Dresden und lehrt als Professor Architekturgeschichte in Tübingen.

Herbert Riehl-Heyse
studierte zwar Jura, machte sich aber bald einen Namen als politischer Reporter bei der »Süddeutschen Zeitung«, der er heute als Leitender Redakteur angehört.

Herbert Rosendorfer
ist hauptberuflich Richter am Oberlandesgericht in Naumburg sowie Professor für Bayerische Literatur an der Universität München. Seine erfolgreiche schriftstellerische Tätigkeit ist jedoch kaum als »Nebenbeschäftigung« zu bezeichnen.

Hans Eckart Rübesamen
wurde nach seinem Studium Schriftsteller und Reisejournalist. Sein besonderes Interesse gilt dem Alpinismus.

Peter Sartorius
arbeitet als Redakteur bei der »Süddeutschen Zeitung« und lebt in Gauting, Kreis Starnberg. Er wurde mit dem Egon-Erwin-Kisch- sowie mit dem Theodor-Wolff-Preis ausgezeichnet.

Herbert Schneider
wurde als Münchner Journalist und Schriftsteller mit mehreren Preisen geehrt.

Michael Schulte
lebt als gebürtiger Münchner als freier Schriftsteller in Hamburg. Wie an seinem Beitrag ersichtlich, hat er sich ein besonderes Interesse an Karl Valentin bewahrt.

Paul Otto Schulz
arbeitete u. a. bei den Berliner Festspielen sowie als »Merian«-Redakteur, als Chefredakteur von »Westermanns Monatsheften« und der deutschen Ausgabe des internationalen Kunst- und Kulturmagazins »FMR«. Er lebt als freier Autor in München und Berlin.

Carl-Albrecht von Treuenfels
ist Rechtsanwalt, zudem Vorstand der Umweltstiftung WWF-Deutschland (World Wildlife Fund). Außerdem engagiert er sich seit vielen Jahren als Autor und Fotograf für die Belange des Naturschutzes.

Horst Vetten
hat sich vor allem als Sportjournalist seinen Ruf und diverse Auszeichnungen erworben. Wo er am liebsten lebt, verrät sein Beitrag.

Josef Othmar Zöller
war Hauptabteilungsleiter beim Bayerischen Rundfunk. Er veröffentlichte mehrere Bücher, und seine Artikel erscheinen in in- und ausländischen Zeitschriften.

Fotonachweis und Impressum

Fotonachweis

Titelfoto: Bavaria Bildagentur, Gauting bei München
Königssee mit Blick auf St. Bartolomä

Vor- und Nachsatz: Hans Günther Kaufmann
Historische Schießscheiben des Schützenvereins Tegernsee

Alphapress: Anselm Spring 59

Archiv 53

Archiv Fremdenverkehrsamt Stadt und Land Coburg 47

Wilfried Bauer 1, 6, 9, 19, 35, 36, 42, 43, 46, 48, 60, 62, 65, 84, 91, 93, 94, 108, 118, 124, 128, 129, 133, 136

Raphael Betzler 3

Frieder Blickle 5, 54, 68, 90, 95, 126

Urte Bzuik 33, 34

Roger Fritz 137, 139

Ernst Haas 13

Hans Günther Kaufmann 85

Klammet und Aberl 37, 50

Till Leeser 4, 28, 29

Magnum: Rene Burri 31, 38; Dennis Stock 7, 63, 110

Guido Mangold 10, 11, 12, 14, 15, 16, 20, 22, 23, 24, 26, 27, 30, 40, 44, 45, 64, 69, 97, 130, 138

Thomas Mayer 87, 88, 89

Stefan Moses 25

Horst Munzig 86, 92, 96, 103, 107, 113, 116, 131

Ernst Neukamp 67, 112

Werner Neumeister 122

Michael Prasuhn 134

Monika Robl 8, 18, 98, 99, 100, 101, 102, 105, 106, 132

Michael Rosenfeld 17, 21, 49

Dr. Wolfgang Scherzinger 74

Amos Schliack 32, 39, 55, 70

Toni Schneiders 114, 115, 119, 120, 121

Achim Sperber 41

Anselm Spring 2, 52, 56, 57, 58, 111, 117, 125, 135

Stern: Max Scheler 127; H. R. Uthoff 51, 61

Carl-Albrecht v. Treuenfels 66, 71, 72, 73, 75, 76, 77, 78, 79, 80, 81, 82, 83, 109

Bernhard Wagner 104, 123, 140

Textnachweis

Sigfrid Färber
Zweitausend Jahre in zwei Stunden
aus: MERIAN-Heft »Regensburg« (1/XXI)

Max H. von Freeden
Großbaustelle des Barock
aus: MERIAN-Heft »Würzburg« (7/XXV)

Wolfgang Koeppen
Würzburg – Mittelpunkt einer beseelten Welt
aus: FAZ vom 17. 2. 1979

Jürgen Paul
Barock in Oberbayern
aus: MERIAN-Heft »Oberbayern vom Lech zur Isar« (9/XXXIV)

Alle Beiträge wurden leicht gekürzt.

Produktion

Redaktion Bild:
Hans Joachim Bonhage, Hans-Helmut Röhring

Redaktion Text:
Hans Joachim Bonhage, Hans-Helmut Röhring,
Dr. Renate Jürgens, Ulrike Rickert

Dokumentation: Carl-August Blome

Redaktionsassistenz: Doris Leuthold, Ursula Nissen

Schutzumschlag: Adolf Bachmann, Reischach

Gestaltung: Peter Albers

Lithographie: Otterbach Repro KG, Rastatt

Satz: Otto Gutfreund, Darmstadt

Gesamtherstellung: Parzeller, Fulda

Copyright © 1994 by Hoffmann und Campe
Verlag Hamburg
Printed in Germany
ISBN 3-455-08748-5

Prosit z. Neuenjahr · 1906